콤팩트 전산회계 1급

이론편 + 실습편

김범준

나우 퍼블리셔

머리말

본서는 전산회계 1급 시험에 대비하기 위하여 만들어진 교재입니다.

다른 시험과는 달리 전산회계 및 전산세무 시험은 이론과 실무능력을 종합적으로 평가하는 시험입니다. 따라서, 이론적인 기초와 실습을 통해 세무회계 프로그램에서 어떤 과정을 거쳐 재무제표가 만들어지는지 연습해야 합니다.

이미 시중에는 다양한 전산회계 및 전산세무 교재가 출간되어 있지만 대부분 시험에 대비하기 위한 용도로 구성되어 이론에서 공부한 내용이 실습에 녹아들기 어려워서 이론과 실습이 조화되지 못하는 점을 느끼게 되었습니다.

이러한 문제의식에서 본 교재를 집필하는 데 있어서 다음과 같은 사항에 중점을 두었습니다.

첫째, 이론과 실습을 조화시키기 위하여 이론의 회계순환과정이 세무회계 프로그램에서 어떻게 구현되고 있는지 확인할 수 있도록 설명하였습니다.

둘째, 교재의 물리적 부피를 최소화하고 효율적인 학습이 가능하도록 장황한 서술을 피하고 일목요연하게 내용을 정리하였으며 부족한 부분에 대하여는 추가적으로 설명하였습니다.

셋째, 각 본문의 내용 다음에는 ○ × 문제를 통해 내용 이해에 대하여 확인하도록 하였고, 연습문제를 통해 시험에 대비하도록 하였습니다. 연습문제는 모두 기출문제를 그대로 실었으며 해설은 별도로 이해하기 쉽도록 재구성하였습니다.

전산회계 1급 시험은 제조업을 영위하는 법인 회사를 전제로 하여 회계순환과정과 간단한 부가가치세 신고서 및 세금계산서 합계표 작성에 초점을 맞추고 있습니다.

따라서, 전산회계 1급 시험은 기초 과정에 해당합니다. 그만큼 회계 입문으로서 중요하다고 할 수 있습니다. 상위 과정에서 볼 때에는 쉬운 과정이라 여길 수 있겠으나 초보자에게는 그만큼 어렵게 느껴질 수도 있습니다.

본서는 단기간에 재무제표가 만들어지는 과정을 체계적으로 익힐 수 있는 최적의 시험 준비서가 되어 줄 것입니다. 독자 여러분께서는 이러한 점을 고려하셔서 효율적인 학습 계획을 세우고 조금씩 꾸준히 반복적으로 학습해 주시기 바랍니다.

부단한 노력으로 여러분의 목표를 이루시길 바라며, 본서가 여러분들이 그 목표에 다가서는 데 큰 도움이 되길 바랍니다.

교재 집필은 저자의 몫이지만 본서의 출간을 위해 애써 주신 「미래경영아카데미」의 송문종 원장님과 직원 여러분 그리고, 「나우퍼블리셔」의 김대명 대표님과 이용호 님의 노력이 있었습니다. 이에 본서 출간에 즈음하여 감사하는 마음을 전합니다.

2023년 6월

저 자

시험 안내
전산회계 1급 시험의 성격

* 한국세무사회 국가공인 자격시험 https://license.kacpta.or.kr/ 발췌

Ⅰ 목적

전산세무회계의 실무처리능력을 보유한 전문 인력을 양성할 수 있도록 조세의 최고전문가인 1만여 명 세무사로 구성된 한국세무사회가 엄격하고 공정하게 자격시험을 실시하여 그 능력을 등급으로 부여함으로써, 학교의 세무회계 교육방향을 제시하여 인재를 양성시키도록 하고, 기업체에는 실무능력을 갖춘 인재를 공급하여 취업의 기회를 부여하며, 평생교육을 통한 우수한 전문 인력 양성으로 국가발전에 기여하고자 한다.

Ⅱ 자격 구분

국가공인 전산회계 1급

이론시험 30% (4지선다형) 와 실무시험 70% (컴퓨터 프로그램이용)

Ⅲ 시행근거

1. 법적근거 : 자격기본법
2. 등록번호 : 제2008-0259호
3. 공인번호 : 고용노동부 제2021-1호
4. 자격의 종류 및 종목 및 등급 : 공인민간자격 전산회계 1급
5. 자격 취득에 드는 총 비용 : 접수 수수료 30,000원, 자격증 발급비용 5,000원
6. 자격 관리기관 및 자격관리자 : 한국세무사회 한국세무사회장

Ⅳ 전산회계 1급 검정요강

1. 검정기준

전문대학 중급수준의 회계원리와 원가회계, 세무회계(부가가치세 중 매입매출전표와 관련된 부분)에 관한 기본적 지식을 갖추고, 기업체의 회계실무자로서 전산세무회계 프로그램을 활용한 세무 회계 기본업무를 처리할 수 있는지에 대한 능력을 평가한다.

2. 검정방법 및 평가범위 (60분)

* 현행 『세법』과 『일반기업회계기준』을 중심으로 출제한다.

(1) 이론시험 (30%)

1) 회계원리 중 당좌 · 재고 · 유형 · 무형자산, 유가증권, 부채, 자본금, 잉여금, 수익과 비용

2) 원가회계 중 원가의 개념, 요소별 · 부문별 원가계산, 개별 · 종합(단일, 공정별)원가계산

3) 세무회계 중 부가가치세법(과세표준과 세액)

(2) 실무시험 (70%) : 전산세무회계 프로그램 (KcLep 케이렙) 이용

1) 기초정보의 등록 · 수정 - 회사등록, 거래처 등록, 계정과목 및 적요등록, 초기이월

2) 거래자료의 입력

① 제조기업의 일반전표 입력, 결산자료 입력

② 부가가치세의 매입 · 매출거래 자료 입력, 부가가치세 신고서의 조회

③ 전표입력 자료 및 제장부 조회

(3) 시험 진행

1) 세무 및 회계의 이론과 실무지식을 갖춘 자가 30%의 비중으로 출제되는 이론시험문제(4지선다형, 객관식)와 70%의 비중으로 출제되는 실무시험문제(컴퓨터에 설치된 전산세무회계 프로그램을 활용함)를 동시에 푸는 방식이다.

2) 답안 매체로는 문제 USB 메모리가 주어지며, 이 USB 메모리에는 전산세무회계 실무 과정을 폭넓게 평가하기 위하여 회계처리 대상 회사의 기초등록사항 및 1년간의 거래 자료가 전산 수록되어 있다.

3) 답안수록은 문제 USB 메모리의 기본 DATA를 이용하여 수험용 프로그램상에서 주어진 문제의 해답을 입력하고 USB 메모리에 일괄 수록(저장)하면 된다.

Ⅴ 합격자 결정기준

100점 만점에 70점 이상으로 한다.

Ⅵ 응시자격기준

응시자격은 제한이 없다. 다만, 부정행위자는 해당 시험을 중지 또는 무효로 하며 이후 2년간 시험에 응시할 수 없다.

Ⅶ 응시원서 접수방법

각 회차별 접수기간 중 한국세무사회 홈페이지(http://license.kacpta.or.kr)로 접속하여 단체 및 개인별 접수(회원가입 및 사진등록)

Ⅷ 기 타

궁금한 사항은 홈페이지를 참고하거나 아래 전화로 문의하면 된다.
문의 : TEL (02) 521-8398, FAX (02) 521-8396

Ⅸ 전산회계 및 전산세무 자격증 활용분야

1. 직원채용, 가산점, 부여, 직무 필수, 진급 등 인사평가 반영, 자격수당 지급
   (1) 전산회계 1급부터 자격 난이도에 따라 공무원 및 군 기술행정병 : 가산점 부여
   (2) 전산회계 1급부터 자격 난이도에 따라 학점 부여
   (3) 공공기관, 지방 공기업, 대학교, 기업 등 인사평가 반영 및 자격수당 지급
2. 세무회계사무소 및 일반 회사 경리 · 회계 부서 취업시 우대

효율적인 학습과 시험 합격을 위한 로드맵

회계를 처음 공부하는 초보자는 이론 부분을 우선 잘 공부한 후에 실습을 진행하면서 이론과 실습을 조화시키는 것이 좋다.

1. 이론을 모두 학습한 후 이론을 복습하면서 실습을 병행한다.

2. 효율적인 학습을 위한 캘린더

1일차	제 1 장 회계개념 및 재무상태와 경영성과의 측정
2일차	제 2 장 재무보고를 위한 개념체계
3일차	제 3 장 당좌자산
4일차	제 4 장 재고자산
5일차	제 5 장 투자자산
6일차	제 6 장 유형자산
7일차	제 7 장 무형자산 및 제 8 장 기타비유동자산
8일차	제 9 장 부채
9일차	제 10 장 자본
10일차	제 11 장 수익과 비용
11일차	제 1 장 원가관리회계의 개념 및 제 2 장 원가의 개념과 분류
12일차	제 3 장 원가의 흐름
13일차	제 4 장 보조부문원가와 제조간접비의 배분
14일차	제 5 장 개별원가계산
15일차	제 6 장 종합원가계산
16일차	제 1 장 부가가치세의 의의 및 제 2 장 납세의무자
17일차	제 3 장 과세기간 및 제 11 장 부가가치세의 신고와 납부
18일차	제 4 장 납세지 및 제 5 장 부가가치세의 과세대상거래
19일차	제 6 장 재와와 용역의 공급시기 및 공급장소
20일차	제 7 장 영세율과 면세
21일차	제 8 장 과세표준과 매출세액의 계산 및 제 9 장 매입세액의 계산
22일차	제 10 장 세금계산서 및 제 11 장 부가가치세의 신고와 납부, 제 12 장 간이과세

23일차	제 1 장 기초정보등록 : 회사등록, 환경등록, 거래처등록, 전기분 재무제표
24일차	제 2 장 전표 입력 일반전표 입력
25일차	제 2 장 전표 입력 매입매출전표 입력
26일차	제 2 장 전표 입력 결산 / 재무제표
27일차	제 3 장 부가가치세 및 제 4 장 장부 조회
28일차	기출문제 연습
29일차	기출문제 연습
30일차	기출문제 연습

차 례

PART 1 이론편 - 재무회계

PART 2 이론편 – 원가회계

PART 3 이론편 – 부가가치세법

PART 4 실습편

PART 1

재무회계

CONTENTS

Chapter 1

회계개념 및 재무상태와 경영성과의 측정

Guide

제 1 장에서는 회계의 기본 개념 및 회계순환과정에 따른 재무제표 작성 과정에 대하여 설명하고 있다. 어떤 원리에 의해 어떠한 과정에 따라 재무제표가 작성되는지에 주목하면서 각종 개념과 용어들을 이해하도록 한다.

제1절 회계정보

1. 회계정보의 필요성

회계정보이용자(이해관계자)의 합리적 의사결정을 위해 필요

2. 회계의 개념

(1) 부기 (Bookkeeping)

경제 주체의 재산의 변화를 일정한 기준에 따라 기록, 계산, 정리하는 방법

(2) 회계 (Accounting)

경제적 사건으로부터 회계 정보를 식별 · 측정, 정보이용자에게 전달하는 모든 활동

* 회계정보 재무상태 → 재무상태표 (B/S : Balance Sheet)
  경영성과 → 손익계산서 (I/S : Income Statement)

• Balance Sheet의 Balance는 잔액이란 뜻으로서 '대차평균의 원리'를 생각하여 균형의 의미로 여기면 재무상태표의 정의와 앞뒤가 맞지 않게 된다.

3. 재무상태

(1) 정태적 개념

일정시점의 기업의 재무상태 →『재무상태표』작성

A회사 재무상태표 12월 31일

차변	대변
자 산	부 채 자 본

• 일정시점
보고기간 말 · 재무상태표일
· 결산일

• 왼쪽을 차변(Dr : Debit), 오른쪽을 대변(Cr : Credit)이라 한다.
앞으로 분개나 계정 등 T-계정 형식의 각종 표에서도 마찬가지로 같다.

(2) 구성요소

1) 자산 (Asset)

① 과거의 거래 · 사건의 결과로써 특정 실체가 취득했거나 통제할 수 있는 미래 경제적 효익을 창출할 수 있는 자원

② 현금, 상품, 비품, 건물, 토지, 대여금 등

• 재산(property) 중 화폐가치로 측정할 수 있는 것이 자산(asset)이다.

2) 부채 (Liability)

① 과거의 거래 · 사건의 결과로써 특정 실체가 다른 실체에 대하여 미래에 경제적 자원을 이전해야 할 현재의 의무

② 매입채무, 차입금, 미지급금 등

3) 자본 (Equity) : 순자산

기업의 소유자가 기업의 자산에 대하여 갖는 청구권으로 자산에서 부채를 차감한 잔액

• 따라서, 자본은 자산과 부채가 측정된 후 종속적으로 측정할 수밖에 없다.

4) 등식

① 재무상태표 등식 : 자산 = 부채 + 자본

② 자본 등식 : 자산 − 부채 = 자본

• 재무상태표 등식과 자본 등식은 수학적으로는 동일한 등식이지만 회계학에서는 완전히 다른 등식이라는 점에 주의한다.

4. 경영성과

(1) 동태적 개념

일정기간의 기업의 경영성과 → 『손익계산서』 작성

* 일정기간 : 보고기간, 회계기간

보고식

A회사	손익계산서	1.1~12.31
수 익		× × ×
(−) 비 용		× × ×
순이익		× × ×

계정식

A회사 손익계산서 1.1~12.31	
비 용	수 익
순이익	

(2) 순이익(순손실)의 크기로 측정

1) 수익 − 비용 = (+) 순이익 · (−) 순손실

2) 수익 (Revenue) : 순자산 증가(자산 ↑ 부채 ↓)를 수반
 ① 통상적 경영활동에서 발행하는 경제적 효익의 총유입
 ② 매출, 이자수익, 배당금수익 등

3) 비용 (Expense) : 순자산 감소(자산 ↓ 부채 ↑)를 수반
 ① 통상적 경영활동에서 발행하는 경제적 효익의 총유출
 ② 매출원가, 이자비용, 광고선전비, 급여 등

• 통상적 경영활동
 영업활동, 일반적 상거래

5. 회계기간

(1) 재무상태와 경영성과를 효율적으로 파악하기 위해 기업의 존속기간을 일정 단위로 구분한 기간

(2) 기업이 인위적으로 정하되 일반적으로 1월 1일 ~ 12월 31일

	전기		당기		차기	
1. 1		12.31		12.31		12.31
		기 초		기 말		

제2절 회계순환과정

1. 회계순환과정

재무제표를 작성하기까지의 일련의 과정

회계거래 ↓		
분개 (분개장) ↓		
전기 (총계정원장) ↓		
수정전시산표 ↓	• 현금주의	결산과정
기말수정분개 ↓	• 현금주의를 발생주의로 전환	결산과정
수정후시산표 ↓	• 발생주의	결산과정
장부마감 ↓	• I/S 계정 마감 → B/S 계정 마감	결산과정
재무제표 작성		결산과정

2. 회계거래

(1) 기업 활동 수행 과정에서 발생하는 경제적 사건 중 B/S 및 I/S 구성요소인 자산 · 부채 · 자본 · 수익 · 비용의 증감을 일으키며 화폐적으로 측정 가능한 거래

(2) 사례

	일반적인 거래	회계거래
① 각종 계약의 체결, 주문서 발송, 담보설정	✓	
② 재해, 도난, 파손, 자산 가치의 변동		✓
③ 상품의 구입, 현금 차입	✓	✓

3. 분개 및 거래의 8요소

(1) 분개 (회계처리)

회계거래를 발생 일자별로 각 계정과목과 금액을 차변과 대변에 나누어 기록하는 것

(2) 거래의 8요소

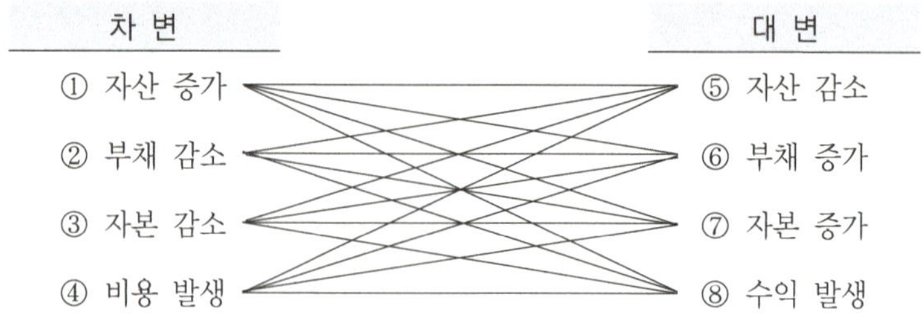

(3) 거래의 구분

1) 교환거래 : 『재무상태표』상의 거래로 자산 · 부채 · 자본만 변동
2) 손익거래 : 수익 · 비용에 변동이 발생하는 거래
3) 혼합거래 : 한 거래에 교환거래와 손익거래가 혼합되어 있는 거래

(4) 거래관계

1) 현금 100원으로 비품 구입 : 교환거래

①－① (차) 비 품 100 (대) 현 금 100

2) 상품 100원을 외상 구입 : 교환거래

①－⑥ (차) 상 품 100 (대) 외상매입금 100

3) 현금 100원을 출자하여 영업을 개시 : 교환거래

①－⑦ (차) 현 금 100 (대) 자본금 100

4) 이자 100원을 현금 수취 : 손익거래

①－⑧ (차) 현 금 100 (대) 이자수익 100

5) 외상매입금 100원을 현금 지급 : 교환거래

②－⑤ (차) 외상매입금 100 (대) 현 금 100

6) 사채 100원의 만기가 보고기간 말로부터 1년 이내로 도래 : 교환거래

②－⑥ (차) 사 채 100 (대) 유동성장기부채 100

7) 주식배당 100원에 대하여 주식 발행 지급 : 교환거래

③－⑦ (차) 미처분이익잉여금 100 (대) 자본금 100

8) 외상매입금 100원을 면제받음 : 손익거래

② - ⑧	(차) 외상매입금	100	(대) 채무면제이익	100

9) 차입금 100원과 이자 10원을 현금으로 지급 : 혼합거래

② - ⑤	(차) 차입금	100	(대) 현 금	110
④ - ⑤	이자비용	10		

(5) 계정과 계정과목

1) 계정 : 회계거래를 기록하고 계산하는 단위

2) 계정과목 : 계정에 부여된 구체적인 명칭

3) 계정의 분류

① 「재무상태표」 계정

- 자산계정 : 현금, 매출채권, 상품, 차량운반구 등
- 부채계정 : 매입채무, 차입금 등
- 자본계정 : 자본금, 이익잉여금 등

② 「손익계산서」 계정

- 수익계정 : 매출, 이자수익, 수수료수익, 임대료수익 등
- 비용계정 : 매출원가, 이자비용, 광고신전비, 감가상각비 등

4) 계정 형식 (T-계정)

(차변) 계정과목 (대변)

(6) 분개 방법

1) 거래의 원인과 결과를 파악 (거래의 이중성)
2) 계정과목을 결정
3) 거래의 8요소에 따라 차변과 대변 중 어디에 기입할지 판단
4) 분개의 결과 차변 합계와 대변 합계가 일치하는지 검토

• 거래를 원인과 결과로 나누어 기록하기 위한 것일 뿐 반드시 무엇이 원인이고 무엇이 결과이어야 하는 것은 아니다.

공통자료

1월 1일 甲은 20,000원을 출자하여 A회사를 설립하였고, A는 은행에서 10,000원을 차입하였다.
1월 8일 A는 트럭을 20,000원에 현금 구입하였다.
7월 2일 상품 10,000원을 구입하면서 7,000원은 현금으로 지급하고 3,000원은 외상으로 하였다.
7월 20일 상품을 광고하기 위해 지역신문에 연간 광고비 2,000원을 현금 지급하였다.
8월 20일 원가 9,000원의 상품을 20,000원에 현금 판매하였다.
10월 25일 A는 사업확장을 위해 트럭을 추가 구매하기로 하고 계약을 체결하였다.
12월 10일 은행 차입금에 대한 이자 3,000원을 현금으로 지급하였다.

예제 3-1 분개

A 회사의 공통자료에 대하여 날짜별로 분개하시오.

해설

• 甲 — 출자 → A회사
출자한 甲이 아닌 출자받은 A 회사의 입장에서 기록한다.

1월 1일	(차)	현 금	30,000	(대)	자본금	20,000
					차입금	10,000

* 1. 거래의 원인과 결과를 파악하고, 계정과목을 결정
甲이 출자한 결과 A 회사는 현금(자산)과 자본금(자본)이 증가
A 회사가 대출을 받은 결과 A 회사는 현금(자산)과 차입금(부채)이 증가
2. 차변과 대변 중 어디에 기입할지 판단
자산의 증가는 차변에, 자본 및 부채의 증가는 대변에 기입
3. 분개한 결과 차변 합계와 대변 합계가 일치하는지 검토
차변 합계금액(30,000원)과 대변 합계금액(30,000원)이 일치

1월 8일	(차)	차량운반구	20,000	(대)	현 금	20,000

* 1. 거래의 원인과 결과를 파악하고, 계정과목을 결정
현금을 지급하고 트럭을 취득한 결과 차량운반구(자산)가 증가하고 현금(자산)이 감소
2. 차변과 대변 중 어디에 기입할지 판단
자산의 증가는 차변에, 자산의 감소는 대변에 기입
3. 분개한 결과 차변 합계와 대변 합계가 일치하는지 검토
차변 합계금액(20,000원)과 대변 합계금액(20,000원)이 일치

7월 2일	(차)	상 품	10,000	(대)	현 금	7,000
					외상매입금	3,000

* 1. 현금을 지급하고 상품을 취득한 결과 상품(자산)이 증가하고 현금(자산)이 감소
외상으로 상품을 취득한 결과 상품(자산)이 증가하고 외상매입금(부채)이 증가

2. 자산의 증가는 차변에, 자산의 감소 및 부채의 증가는 대변에 기입

3. 차변 합계금액(10,000원)과 대변 합계금액(10,000원)이 일치

7월 20일	(차)	광고선전비	2,000	(대)	현 금	2,000
8월 20일	(차)	현 금	20,000	(대)	매 출	20,000
10월 25일			-분개 없음-			
12월 10일	(차)	이자비용	3,000	(대)	현 금	3,000

• 상품을 판매하는 경우에는 매출 수익에 대한 분개만 하면 되며, 매출원가에 대한 분개는 기말에 기말수정분개를 통해 정리하게 된다.

• 학습 과정이나 시험에서 회계 거래가 아닌 경우 등 분개할 내용이 없더라도 「분개 없음」으로 표시해야 한다.

4. 전기

(1) 전기

분개의 내용을 해당 계정에 옮겨 적는 것

(2) 총계정원장

해당 계정들을 모아 놓은 장부

(3) 대차평균의 원리

1) 모든 거래는 반드시 어떤 계정의 차변과 다른 계정의 대변에 동일 금액이 기록

∴ 모든 계정의 (차변 합계 = 대변 합계)

2) 따라서, 기록과 계산의 정확성 여부를 자동적으로 검증 가능 (자기검증기능)

• 복식부기의 최대 장점이 자기검증기능이며 회계순환과정은 검증의 연속이다.

(4) 전기 방법

1) 분개를 보고 해당 계정을 파악

2) 분개의 차변 계정 금액을 해당 계정의 차변에 기록

3) 분개의 대변 계정 금액을 해당 계정의 대변에 기록

4) 기록된 금액 앞에는 상대 계정과목을 기록

∴ 계정 분석을 통하여 역으로 해당 분개와 거래 내용의 추적이 가능

(5) 사례

거래	현금 100원을 출자하여 영업을 개시
분개	(차) 현 금 100 (대) 자본금 100
전기	현 금: (차변) 자본금 100 / 자본금: (대변) 현 금 100

① 현금 계정의 차변과 자본금 계정의 대변에 100원을 기록

② 현금 계정 차변에 상대계정인 자본금 계정을 기록

③ 자본금 계정 대변에 상대계정인 현금 계정을 기록

거래	상품 100원을 외상매입
분개	(차) 상 품 100 (대) 외상매입금 100
전기	상 품: (차변) 외상매입금 100 / 외상매입금: (대변) 상 품 100

④ 대차평균의 원리 확인

이상의 4개 계정의 차변 합계 (200원) = 대변 합계 (200원)

예제 1-2 전기

예제 1-1의 분개를 전기하시오.

해설

(단위 : 천원)

현 금

차변		대변	
자본금	20	차량운반구	20
차입금	10	상 품	7
매 출	20	광고선전비	2
		이자비용	3

자본금

차변		대변	
		현 금	20

차입금

차변		대변	
		현 금	10

차량운반구

차변		대변	
현 금	20		

외상매입금

차변		대변	
		상 품	3

상 품

차변		대변	
현 금	7		
외상매입금	3		

광고선전비

차변		대변	
현 금	2		

매 출

차변		대변	
		현 금	20

이자비용

차변		대변	
현 금	3		

∴ 차변 합계 (85,000원) = 대변 합계 (85,000원)

5. 시산표

(1) 의의

전기의 적정성 여부를 파악하기 위해 모든 계정의 차변 합계와 대변 합계가 일치하는지 검증하는 표

(2) 시산표 등식

자산 + 비용 = 부채 + 자본 + 수익

(3) 한계

1) 대차가 일치하지 않는 오류만 파악 가능

2) 시산표에서 발견할 수 없는 오류

① 하나의 거래를 이중으로 전기하거나 차변과 대변에 모두 누락된 경우

② 한 거래의 오류와 다른 거래의 오류가 상쇄되어 차변과 대변이 일치하는 경우

③ 잘못된 계정과목을 사용한 경우

(4) 종류

1) 합계시산표

차 변	합계시산표	대 변
50,000	현 금	32,000

2) 잔액시산표

차 변	잔액시산표	대 변
18,000	현 금	

• 시산표

자산	부채 자본	B/S
비용	수익	I/S

• 따라서, 시산표의 작성 결과 차변 합계와 대변 합계가 일치했다고 해도 이것이 모든 오류가 없다는 것을 보증하는 것은 아니다.

3) 합계잔액시산표

차 변		합계잔액시산표	대 변	
잔 액	합 계		합 계	
18,000	50,000	현 금	32,000	

예제 1-3 수정전시산표

예제 1-2의 총계정원장을 보고 수정전시산표(잔액시산표)를 작성하시오.

해 설

수정전시산표

현 금	18,000	외상매입금	3,000
상 품	**10,000**	차입금	10,000
차량운반구	20,000	자본금	20,000
광고선전비	2,000	매 출	20,000
이자비용	3,000		
	53,000		53,000

6. 기말수정분개

• 현금주의
현금이 유입되면 수익으로 현금이 유출되면 비용으로 처리한다.

• 발생주의
거래나 사건이 발생했을 때 수익 · 비용으로 처리한다.

(1) 의의

1) 회계기간별로 정확한 손익을 계산하기 위해 기말에 발생주의로 전환하기 위해 수행하는 회계절차로서 현금 계정은 사용되지 않음
2) 외부와의 교환거래가 아닌 발생주의로 전환하는 절차이므로 원시증명서류는 없음
3) 수정후시산표
수정전시산표에 기말수정분개가 반영된 이후의 시산표

(2) 종류

1) 발생 항목 : 미수수익, 미지급비용

① 미수수익 : 수익은 발생하였으나 현금 수취하지 못한 경우
② 미지급비용 : 비용은 발생하였으나 현금 지급하지 못한 경우
③ 7월 1일 A는 B에게 자금을 대여하고 1년분 이자 100원을 차기 6월 30일에 수취

7. 1 ──────────── 12.31 ──────────── 6.30

이자수수 100원 (6.30)

• A (대여자)

12월 31일	(차) 미수이자	50	(대) 이자수익	50
6월 30일	(차) 현 금	100	(대) 미수이자	50
			이자수익	50

• B (차입자)

12월 31일	(차) 이자비용	50	(대) 미지급이자	50
6월 30일	(차) 미지급이자	50	(대) 현 금	100
	이자비용	50		

• 7.1~12.31의 6개월간 발생한 이자를 당기 I/S에 반영하기 위해 A와 B는 이자수익과 이자비용을 기록한다. 그러나, 현금수수하지 않으므로 A는 미수이자(자산)로 B는 미지급이자(부채)로 처리한다.

2) 이연 항목 : 선급비용, 선수수익

① 선급비용 : 현금은 지급하였으나 비용은 발생하지 않은 경우

② 선수수익 : 현금은 수취하였으나 수익은 발생하지 않은 경우

③ 7월 1일 A는 B에게 사무실을 임대하고 1년분 임대료 100원을 7월 1일에 수취

7. 1 ──────────── 12.31 ──────────── 6.30

임대료수수 100원 (7. 1)

• A (임대인)

7월 1일	(차) 현 금	100	(대) 임대료수익	100
12월 31일	(차) 임대료수익	50	(대) 선수임대료	50

• B (임차인)

7월 1일	(차) 임차료비용	100	(대) 현 금	100
12월 31일	(차) 선급임차료	50	(대) 임차료비용	50

• 7월 1일에 수수한 100원을 A와 B가 임대료수익과 임차료비용으로 처리한 것은 현금주의에 따른 회계처리이다. 그러나, 당기분은 7.1~12.31의 6개월분이므로 발생주의로 전환하기 위해 A와 B는 각각 임대료수익과 임차료비용을 50원씩 소멸시킨다.

이 분개는 다음과 같이 7월 1일의 분개에 따라 기말수정분개가 달라질 수 있음

• A (임대인)

7월 1일	(차) 현 금	100	(대) 선수임대료	100
12월 31일	(차) 선수임대료	50	(대) 임대료수익	50

• B (임차인)

7월 1일	(차) 선급임차료	100	(대) 현 금	100
12월 31일	(차) 임차료비용	50	(대) 선급임차료	50

3) 매출원가

① 회계기간 중에 재고자산을 판매하는 경우에는 매출 수익만을 기록하고 기말에 기말 수정분개를 통해 당기 중 판매된 재고자산의 원가를 매출원가로 대체

② 매출원가 = 기초 상품재고액 + 당기 매입액 − 기말 상품재고액

(차) 매출원가	×××	(대) 상 품	×××

4) 감가상각

① 유형자산은 영업활동에 사용되는 과정에서 자산가치가 감소하게 됨

② 이렇게 장기간 사용되는 자산은 일시에 비용처리하지 않고 사용되는 회계기간별로 나누어 비용으로 처리

③ 감가상각은 이러한 각 회계기간의 가치감소분을 집계하여 기말에 비용으로 처리하는 과정

(차) 감가상각비	×××	(대) 감가상각누계액	×××

5) 소모품 정리

① 당기 중 사용된 부분은 비용(소모품비)으로, 사용되지 않은 부분은 자산(소모품)으로 처리

② 취득시점의 분개에 따라 기말수정분개가 달라짐

③ 9월 1일 소모품 100원을 현금 구입하고, 기말에 조사 결과 40원은 사용되지 않음

• 취득시점에 자산 처리한 경우

9월 1일	(차) 소모품	100	(대) 현 금	100
12월 31일	(차) 소모품비	60	(대) 소모품	60

- 취득시점에 비용 처리한 경우

9월 1일	(차) 소모품비	100	(대) 현 금		100
12월 31일	(차) 소모품	40	(대) 소모품비		40

* 미사용분 **40원** : 자산 (소모품)
사용분 **60원** : 비용 (소모품비)

예제 1-4 기말수정분개와 수정후시산표

예제 1-3의 수정전시산표를 참고하고 다음의 기말수정분개 사항을 반영하여 수정후 시산표를 작성하시오.

1. 기말 상품재고액은 1,000원이었다.
2. 트럭에 대한 감가상각비는 2,000원이었다.

해설

12월 31일	(차) 매출원가	9,000	(대) 상 품	9,000

* 기초 상품재고액(0원) + 당기 매입액(10,000원) − 기말 상품재고액(1,000원)

	(차) 감가상각비	2,000	(대) 감가상각누계액	2,000

(단위 : 천원)

상 품

차변		대변	
현 금	7	매출원가	9
외상매입금	3		

매출원가

차변		대변	
상 품	9		

감가상각비

차변		대변	
감가상각누계액	2		

감가상각누계액

차변		대변	
		감가상각비	2

수정후시산표

차변		대변	
현 금	18,000	**감가상각누계액**	**2,000**
상 품	**1,000**	외상매입금	3,000
차량운반구	20,000	차입금	10,000
매출원가	**9,000**	자본금	20,000
광고선전비	2,000	매 출	20,000
이자비용	3,000		
감가상각비	**2,000**		
	55,000		55,000

- 수전전시산표와 비교
  상품 10,000원이 기말 수정분개를 통해 기말 상품 1,000원과 매출원가 9,000원으로 수정되어 있고, 감가상각의 결과가 반영되어 있다.

7. 장부마감

• 당기순이익이 확정되어 자본에 반영되므로 수익 · 비용 계정을 먼저 마감한다.

(1) 「손익계산서」 계정(수익 · 비용 계정)의 마감

1) 수익 · 비용 계정은 당기의 경영성과를 표현하므로 차기 경영성과에 영향을 미칠 수 없음

∴ 수익 · 비용 계정은 차기로 잔액을 이월하지 않음

2) 마감 절차

① 총계정원장에 임시계정인 (집합)손익 계정을 설정

② 수익 계정은 대변에 잔액이 나타남

→ 수익 총액을 (집합)손익 계정 대변으로 대체하고 마감

(차) 수 익 ××× (대) 집합손익 ×××

③ 비용 계정은 차변에 잔액이 나타남

→ 비용 총액을 (집합)손익 계정 차변으로 대체하고 마감

(차) 집합손익 ××× (대) 비 용 ×××

④ 집합손익 계정에 집계된 수익과 비용을 비교하여 당기순손익을 확정한 후 미처분이익잉여금 계정에 대체

• 수익 > 비용 : 당기순이익

(차) 집합손익 ××× (대) 미처분이익잉여금 ×××

• 수익 < 비용 : 당기순손실

(차) 미처분이익잉여금 ××× (대) 집합손익 ×××

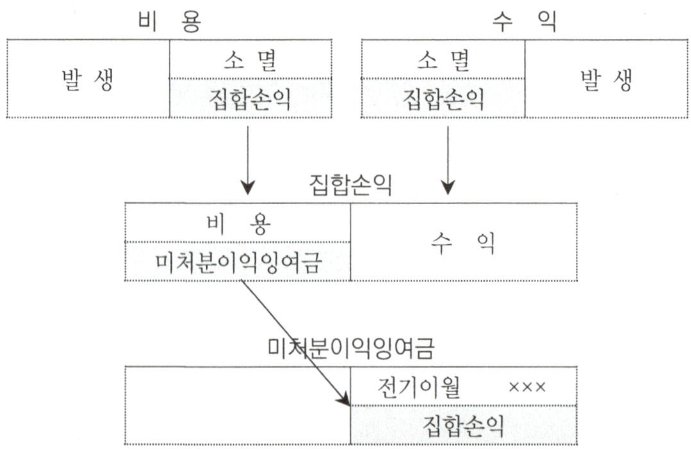

예제 1-5 손익계정의 마감

예제 1-2의 총계정원장을 보고 수익 · 비용 계정의 마감분개를 하고 미처분이익잉여금에 대체하시오.

해설

12월 31일	(차)	집합손익	16,000	(대)	매출원가	9,000
					광고선전비	2,000
					감가상각비	2,000
					이자비용	3,000
	(차)	매 출	20,000	(대)	집합손익	20,000
	(차)	집합손익	4,000	(대)	미처분이익잉여금	4,000

(단위 : 천원)

매출원가

상 품	9	**집합손익**	9

광고선전비

현 금	2	**집합손익**	2

감가상각비

감가상각누계액	2	**집합손익**	2

이자비용

현 금	3	**집합손익**	3

매 출

집합손익	20	현 금	20

집합손익

매출원가	9	매 출	20
감가상각비	2		
광고선전비	2		
이자비용	3		
미처분 이익잉여금	4		

미처분이익잉여금

		집합손익	4

(2) 「재무상태표」 계정(자산 · 부채 · 자본 계정)의 마감

1) 자산 · 부채 · 자본 계정은 잔액이 차기 이후로 이월되므로 그 잔액만큼 반대쪽에 기록하여 차기로 이월하고 마감

2) 자산 계정 마감

① 차변에 잔액이 나타남 → 대변에 잔액만큼 기록하여 마감

자 산

증 가		감 소	
		차기이월	×××
	×××		×××
전기이월	×××		

• 차기이월 금액은 기말 잔액을 의미하고, 전기이월 금액은 기초 잔액을 의미한다.

3) 부채 · 자본 계정 마감

① 대변에 잔액이 나타남 → 차변에 잔액만큼 기록하여 마감

부 채 · 자 본

감 소		증 가	
차기이월	×××		
	×××		×××
		전기이월	×××

예제 1-6 자산 · 부채 · 자본 계정의 마감

예제 1-2의 총계정원장을 보고 자산 · 부채 · 자본 계정을 마감하고 재무상태표와 손익계산서를 작성시오.

해 설

1. 자산 · 부채 · 자본 계정의 마감

(단위 : 천원)

현 금

자본금	20	차량운반구	20
차입금	10	상 품	7
매 출	20	광고선전비	2
		이자비용	3
		차기이월	**18**

자본금

차기이월	**20**	현 금	20

차입금

차기이월	**10**	현 금	10

차량운반구

현 금	20	**차기이월**	**20**

외상매입금

차기이월	**3**	상 품	3

상 품

현 금	7	매출원가	9
외상매입금	3	**차기이월**	1

감가상각누계액

차기이월	2	감가상각비	2

미처분이익잉여금

차기이월	4	집합손익	4

2. 손익계산서와 재무상태표 작성

손익계산서

A 회사		1. 1 ~ 12.31
매 출 액		20,000
(−) 매출원가		9,000
기초상품재고액	0	
당기상품매입액	10,000	
기말상품재고액	(1,000)	
매출총이익		11,000
(−) 판매비와관리비		4,000
감가상각비	2,000	
광고선전비	2,000	
영업이익		7,000
(−) 영업외비용		3,000
이자비용	3,000	
당기순이익		**4,000**

재무상태표

A 회사			12.31
현 금	18,000	외상매입금	3,000
상 품	1,000	차 입 금	10,000
차량운반구	20,000	자 본 금	20,000
감가상각누계액	(2,000)	미처분이익잉여금	4,000
		(당기순이익 4,000)	
	37,000		37,000

• 『손익계산서』의 당기순이익은 『재무상태표』의 미처분이익잉여금으로 대체된다.
당기는 제 1 기이므로 당기순이익과 미처분이익잉여금이 같다.

• 「감가상각누계액」 계정은 매 회계기간의 「감가상각비」의 누적액으로서 기말잔액은 다음과 같이 대변에 나타난다.

감가상각누계액

	감가상각비 2,000

이는 차량운반구에 대한 차감적 평가계정으로 「재무상태표」에 표시할 경우에는 차변에 차량운반구에서 차감하는 형식으로 표시한다.
이렇게 표시함으로써 「재무상태표」를 통해 차량운반구의 취득원가와 감가상각누계액을 차감한 후 현재시점의 장부가액을 파악할 수 있다.

제1장 O × 문제

01 기업의 재무상태는 「손익계산서」로, 경영성과는 「재무상태표」로 파악한다.

02 건물, 토지, 매출채권, 대여금, 매입채무 등은 「재무상태표」에 자산으로 보고되는 계정과목이다.

03 「재무상태표」 등식은 자산 - 부채 = 자본으로 표시될 수 있다.

04 「재무상태표」는 정태적인 재무제표이고, 「손익계산서」는 동태적인 재무제표이다.

05 「손익계산서」를 T-계정으로 표시할 경우 당기순이익은 차변에, 당기순손실은 대변에 표시된다.

06 매출액, 이자수익, 배당금수익 등은 수익 항목이고, 매출원가, 이자비용, 급여 등은 비용 항목이다.

07 홍길동이 수박 사업을 시작하기 위하여 최갑동으로부터 사무실을 임차하기로 하고 계약서를 작성하였다면 이는 회계상의 거래에 해당한다.

08 종업원 2명을 채용하기 위해 면접 후 채용하였다면 이는 회계상 거래가 아니다.

09 재해나 도난, 파손 등은 제 3 자와의 거래가 아니며 금전 수수관계도 없으므로 회계상의 거래로 볼 수 없다.

10 외상매입금 1만원을 현금 지급한 경우 거래의 8요소에 따르면 부채의 감소와 자산의 감소를 수반한다.

11 종업원에게 급여 2만원을 현금 지급한 경우 거래의 8요소에 따르면 부채의 증가와 자산의 감소를 수반한다.

12 거래처에 대여한 대여금에 대하여 거래처로부터 이자 3만원을 현금으로 지급받은 경우 거래의 8요소에 따르면 자산의 증가와 수익의 발생을 수반한다.

13 회계거래를 기록하고 계산하는 단위를 계정과목이라고 한다.

14 전기란, 총계정원장에 나타난 계정을 보다 자세히 기록하기 위해 분개장에 옮겨 적는 과정을 말한다.

15 모든 거래가 거래의 8요소에 따라 제대로 기록되었다면 차변과 대변의 합은 같아질 수밖에 없다.

제1장 ○ × 문제 해설

01 × 기업의 재무상태는 「재무상태표」로, 경영성과는 「손익계산서」로 파악한다.

02 × 매입채무는 「재무상태표」에 부채로 보고된다.

03 × 문제의 등식은 자본등식이며, 「재무상태표」 등식은 자산 = 부채 + 자본이다.

04 ○ 「재무상태표」 : 일정 시점의 기업의 재산상태를 나타내는 재무제표
「손익계산서」 : 일정 기간의 기업의 경영성과를 나타내는 재무제표

05 ○

06 ○

07 × 계약체결은 회계상의 거래가 아니다.

08 ○ 재무제표 구성 요소에 변동을 가져오지 않으므로 회계상의 거래가 아니다.

09 × 회계상의 거래가 되기 위해서 반드시 제 3 자와의 거래일 필요는 없으며 금전수수관계도 필요하지 않다.

10 ○ (차) 외상매입금 10,000 (대) 현 금 10,000
(부채 감소) (자산 감소)

11 × (차) 급 여 20,000 (대) 현 금 20,000
(비용 발생) (자산 감소)

12 ○ (차) 현 금 30,000 (대) 이자수익 30,000
(자산 증가) (수익 발생)

13 × 회계거래를 기록하고 계산하는 단위를 「계정」이라고 하며, 「계정과목」은 계정의 성질을 명확하게 표시하기 위해 부여된 구체적인 명칭을 뜻한다.

14 × 전기란, 분개에서 나타난 계정과목의 변동금액을 해당 계정에 옮겨 적는 것이다.

15 ○ 대차평균의 원리
모든 거래는 반드시 어떤 계정의 차변과 다른 계정의 대변에 동일한 금액이 기록되어 모든 계정의 차변 합계와 대변 합계는 일치해야 한다.
따라서, 기록과 계산의 정확성 여부를 자동으로 검증할 수 있다.

Chapter 2

재무보고를 위한 개념체계

Guide

제1장에서는 재무회계 개념체계를 주된 내용으로 설명하고 있다. 개념체계는 이론적 틀이므로 전체적인 구조를 먼저 파악하고 그 흐름에 따라 세부내용을 정리해야 한다.

제1절 회계

1. 의의

기업의 경제적 사건을 체계적으로 식별 · 측정하여 정보이용자의 의사결정에 유용한 정보를 전달하는 모든 과정

- 기 업
  |
  경제적 사건
  식별 · 측정 전달
  ↓
  정보이용자
  ⋮
  의사결정

2. 분류 : 정보이용자에 따라

(1) 재무회계 : 외부정보이용자의 경제적 의사결정에 유용한 정보를 제공

1) 외부정보이용자
   투자자, 채권자, 정부, 금융기관, 거래처, 노조, 사회단체 등
2) 정보의 성격 : 과거 지향적 · 계량적 정보, 객관성 · 신뢰성
3) 준 거 기 준 : 일반적으로 인정된 회계원칙
   (GAAP : Generally Accepted Accounting Principle)
4) 보 고 수 단 : 재무제표
5) 보 고 주 기 : 정기보고

- 『일반기업회계기준』 및 『한국채택 국제회계기준』이 일반적으로 인정된 회계원칙의 역할을 한다.

(2) 관리회계 : 내부정보이용자의 관리적 의사결정에 유용한 정보를 제공

1) 내부정보이용자 : 경영자 및 관리자
2) 정보의 성격 : 미래 지향적 · 계량적 · 비계량적 정보, 적시성 · 관련성
3) 준 거 기 준 : 없음
4) 보 고 수 단 : 일정한 형식이 없는 특수목적 보고서
5) 보 고 주 기 : 수시보고

- 정보이용자 중 회사의 회계시스템에 접근할 수 있는 자를 내부정보이용자라고 하며 오직 경영자가 이에 해당한다. 그 외에는 모두 외부정보이용자이다.

제2절 재무회계개념체계

1. 의의

(1) 재무보고의 목적과 기초개념을 체계화하여 일관성 있는 『일반기업회계기준』의 제정과 재무제표의 성격에 관한 기본적 토대를 제공

(2) 개념체계는 구체적인 회계처리 방법이나 공시 등에 관한 기준을 제시하지 않으므로 개념체계와 『일반기업회계기준』이 상충될 경우에는 『일반기업회계기준』이 우선 적용

• 현행 기업회계기준은 다음과 같이 이원체계이다.

1. 일반기업회계기준 (K-GAAP : Korean Generally Accepted Accounting Principle)
2. 한국채택국제회계기준 (K-IFRS : Korean International Financial Reporting System)
   상장회사와 금융기관은 의무 적용, 비상장회사는 적용 가능

2. 기본구조

재무보고의 목적	정보이용자들의 합리적 의사결정에 유용한 정보 제공
↓ 기본가정 (회계공준)	
↓ 회계정보의 질적특성	회계정보가 유용하기 위해 갖추어야 할 속성
↓ 재무제표	재무제표 구성 요소의 인식 및 측정
↓ 회계원칙	
↓ 회계관습	
↓ 회계절차	
↓ 회계실무	

3. 재무보고의 목적

(1) 투자 및 신용의사결정에 유용한 정보의 제공

1) 합리적인 투자의사결정과 신용의사결정에 유용한 정보의 제공
2) 이해할 수 있는 회계정보 및 의사결정에 유용한 정보의 제공
3) 다양한 유형의 투자자와 채권자를 포함

(2) 미래 현금흐름 예측에 유용한 정보의 제공

1) 미래 현금흐름을 평가하는데 유용한 정보의 제공
2) 기업가치 평가에 유용한 정보의 제공
3) 기업 실체의 채무이행능력, 신용위험평가에 유용한 정보의 제공

(3) 재무상태, 경영성과, 현금흐름 및 자본변동에 관한 유용한 정보의 제공

1) 재무건전성과 유동성을 평가하는데 유용한 정보의 제공
2) 기업 실체의 미래 순현금흐름의 예측에 유용한 정보의 제공
3) 자본거래 및 기업실체의 유동성에 관한 정보의 제공
4) 소유주에게 귀속될 이익 등을 파악하는데 유용한 정보의 제공

4. 기본가정 (회계공준 · 기본전제)

회계이론을 연역적으로 전개하기 위한 기본명제로서 기업의 정치 · 경제 · 사회 환경으로부터 귀납적으로 도출

(1) 기업 실체(경제적 실체)의 가정

• 실체(entity)란 '독립적으로 존재하는 것'이란 뜻으로 법적 실체와 경제적 실체로 구분할 수 있다. 예를 들면, 삼성전자와 삼성물산은 법적으로는 독립된 실체이지만 경제적으로는 출자관계로 얽혀있는 하나의 실체이다.

1) 기업은 소유자와는 독립으로 존재하는 회계단위로 간주하고 그 관점에서 경제활동에 대한 재무정보를 측정 · 보고
2) 개별 재무제표 또는 연결 재무제표 작성의 근거

(2) 계속기업의 가정

• 계속기업에 대립되는 개념이 청산기업이다. 청산기업의 가정은 기업은 곧 청산한다는 것이므로 이렇게 가정할 경우 감가상각(내용연수를 10년으로 추정하는 등)은 의미가 없다.

1) 기업은 반증이 없는 한 그 목적과 의무를 이행하기에 충분할 만큼 장기간 존속
2) 역사적 원가주의 및 원가배분(감가상각 등)의 전제조건

(3) 기간별보고의 가정

1) 기업실체의 지속적인 경제활동을 일정기간 단위로 분할하여 각 기간의 정보를 보고
2) 경영자의 수탁책임 등을 적기에 보고 가능

5. 회계정보의 질적특성

(1) 이해가능성 : 회계정보이용자의 전제조건

회계정보는 정보이용자에게 이해가능한 형태로 제공되어야 함

(2) 주요질적특성 : 목적적합성 vs 신뢰성

• 의사결정과 관련된 정보여야 의사결정에 도움이 된다.

1) 목적적합성 (관련성)
회계정보가 유용하기 위해서는 정보이용자가 과거 · 현재 · 미래의 사건을 평가하여 이를 확인 · 수정하도록 하여 의사결정에 영향을 미쳐야 함

① 예측가치

정보이용자가 기업실체의 미래 재무상태 · 경영성과 · 순현금흐름 등을 예측하는 데에 그 정보가 활용될 수 있는 능력

② 피드백가치

회계정보가 기업실체의 재무상태 · 경영성과 · 순현금흐름 등에 대한 정보이용자의 당초 예측치를 확인 · 수정하게 하여 의사결정에 영향을 미칠 수 있는 능력

③ 적시성

회계정보가 유용하려면 정보이용자의 의사결정에 반영될 수 있도록 적시에 제공되어야 함

• 가치있는 정보가 의사결정하는 시점에 제공되어야 유용한 정보가 된다.

2) 신뢰성

회계정보가 유용하기 위해서는 신뢰할 수 있어야 함

① 표현의 충실성 (실질 우선)

재무제표 자료는 기업실체의 경제적 자원과 의무, 자본 변동을 충실히 나타내야 함

② 중립성

- 회계정보는 편의(bias)없이 중립적이이야 함
- 미리 의도된 결과나 성과를 유도할 목적으로 특정 정보를 표시해서는 안 됨

③ 검증가능성

동일한 거래나 사건에 대해 동일한 측정방법을 적용할 경우 다수의 독립적 측정자가 유사한 결론에 도달할 수 있는 질적 특성

3) 질적특성간의 상충관계 (Trade-off)

① 회계정보의 질적특성은 서로 상충될 수 있으며 그 선택은 재무보고의 목적(회계정보의 유용성)을 최대한 충족시킬 수 있는 방향으로 이루어져야 함

② 예

- 역사적 원가 : 신뢰성 ↑ 목적적합성(적시성) ↓
- 기말 시가 : 신뢰성 ↓ 목적적합성(적시성) ↑
- 반기재무제표 : 신뢰성 ↓ 목적적합성(적시성) ↑
- 연차재무제표 : 신뢰성 ↑ 목적적합성(적시성) ↓

(3) 2차 질적특성 : 비교가능성

1) 기간별 비교가능성 (계속성 · 일관성) : 회계변경과 관련
   동일한 거래 · 사건에 대하여 동일한 회계처리방법을 적용할 경우 충족

2) 기업간 비교가능성 (통일성)
   서로 다른 회사들이 유사한 회계처리방법을 사용할 경우 충족

(4) 제약요인

- 질적특성을 갖춘 정보라 하더라도 정보 제공 및 이용에 소요될 사회적 비용이 정보 제공 및 이용에 따른 사회적 효익을 초과한다면 그 정보 제공은 정당화될 수 없음
- 중요성은 당해 항목의 성격과 금액의 크기에 의해 결정되는 상대적 개념이며, 금액의 크기와는 관계없이 정보의 성격 자체만으로도 중요한 정보가 될 수 있다.

1) 포괄적 제약요인 : 효익 > 비용
2) 인식을 위한 최소요건 : 중요성

6. 재무제표 구성 요소의 인식 및 측정

(1) 재무제표의 작성과 표시

1) 재무제표의 작성 및 보고 책임은 경영자에게 있음
2) 계속기업을 전제로 작성
3) 경제적 실질의 중시
4) 회계정책의 결정 : 『일반기업회계기준』이 허용하는 범위 내에서 선택
5) 재무제표 항목의 구분 및 통합표시
   중요하지 않은 항목은 성격 · 기능이 유사한 항목과 통합표시 가능
6) 비교 재무제표의 작성 : 전기와 당기를 비교하는 형식으로 작성
7) 계속성의 중시 : 매기 동일한 회계정책과 분류기준을 사용
8) 재무제표의 보고양식은 이해가능한 형태로 보고

(2) 재무상태표 Balance Sheet : B/S

- 재무상태표는 과거 일본식 번역의 결과인 대차대조표에서 용어가 수정된 것이다. 재무상태표의 영문 명칭은 Balance Sheet 인데 이를 직역하면 '균형을 맞추는 표'가 되어 위의 정의와 맞지 않게 된다. 여기서 Balance란 '잔액'이란 뜻이므로 이를 반영하여 정의에 맞게 재무상태표로 용어가 수정된 것이다.

일정시점의 재무상태에 관한 정보를 제공하는 정태적 재무제표
『일반기업회계기준』은 보고식과 계정식으로 작성하는 것을 모두 인정

1) 자산 (asset)
   ① 과거 거래 · 사건의 결과로서
   ② 현재 기업실체가 지배하고
   ③ 미래 경제적 효익을 창출할 것으로 기대되는 자원

2) 부채 (liability)
   ① 과거 거래 · 사건의 결과로서

② 현재 기업실체가 부담하고

③ 미래 그 이행에 자원의 유출이 예상되는 의무

3) 자본 (equity)

자산에서 부채를 차감한 잔액으로 기업실체의 자산에 대한 소유주 청구권

• 따라서, 자본은 독립적으로 측정할 수 없으며 자산과 부채가 측정된 후 종속적으로 측정할 수 밖에 없다.

4) 작성기준

① 구분표시 : 자산 · 부채 · 자본 항목을 적절히 구분 표시

② 총액표시 : 자산 · 부채 · 자본은 원칙적으로 총액 기재

③ 유동성배열법 : 유동성(현금화 속도)이 큰 항목부터 기재

④ 1년 기준 및 정상영업순환주기 : 유동성 구분 기준

⑤ 잉여금 구분 원칙
자본잉여금(자본거래)과 이익잉여금(손익거래)으로 구분

⑥ 임시항목의 사용 금지
가지급금 · 가수금 등은 적절한 계정과목으로 표시

• 정상영업순환주기
현금 투입 → 구매 → 생산 → 판매 → 현금 회수까지의 기간

5) 재무상태표일 후 발생한 사건

① 「재무상태표일」과 「재무제표가 사실상 확정된 날」 사이에 발생한 기업의 재무상태에 영향을 미치는 사건

② 수정을 요하는 보고기간 후 사건

- 보고기간 말 현재 이미 자산가치가 하락되었음을 나타내는 정보를 보고기간 말 이후에 입수하는 경우
- 보고기간 말 현재 이미 손상차손을 이식한 자산에 대하여 계상한 손상차손 금액의 수정을 요하는 정보를 보고기간 후에 입수하는 경우
- 보고기간 말 이전에 존재했던 소송사건의 결과가 보고기간 후에 확정되어 이미 인식한 손실금액을 수정해야 하는 경우
- 보고기간 말 이전에 구입한 자산의 취득원가 또는 매각한 자산의 금액을 보고기간 후에 결정하는 경우
- 보고기간 말 현재 지급해야 할 의무가 있는 종업원에 대한 이익분배 또는 상여금 지급금액을 보고기간 후에 확정하는 경우
- 전기 또는 그 이전 기간에 발생한 회계적 오류를 보고기간 후에 발견하는 경우

- 수 익
(-) 비 용
순이익
↓
자 산 - 부 채 = 자 본

(3) 손익계산서 Income Statement : I/S

일정기간의 경영성과에 관한 정보를 제공하는 동태적 재무제표
『일반기업회계기준』은 보고식으로 작성하는 것만을 인정

1) 수익 (revenue)

① 통상적 경영활동(재화의 생산 · 판매, 용역제공)에 의한 경제적 효익의 유입

② 자산↑ 부채↓ ∴ 순자산(자본) 증가를 초래

2) 비용 (expense)

① 통상적 경영활동(재화의 생산 · 판매, 용역제공)에 의한 경제적 효익의 유출

② 자산↓ 부채↑ ∴ 순자산(자본) 감소를 초래

3) 작성기준

① 발생주의 : 미실현손익은 손익계산에서 제외

② 실현주의 : 수익인식기준

③ 수익 · 비용대응원칙 : 비용인식기준

④ 총액표시 : 수익 · 비용은 원칙적으로 총액 기재

⑤ 구분계산 원칙

매출총손익, 영업손익, 법인세비용차감전순손익, 당기순손익으로 구분 작성

* 통상적 경영활동은 일반적인 상거래 또는 영업활동이라고도 하는데 재고자산 판매와 관련된 일련의 활동을 말한다.
기업의 활동은 다음 3가지로 구분되는데 영업이외 활동은 투자활동과 재무활동을 말한다.

1. 영업활동
2. 투자활동 : 자산을 취득 · 처분하거나 자금을 대여 · 회수하는 활동
3. 재무활동 : 자금을 조달 · 상환하는 활동 (주식 · 사채 발행 · 상환, 자금차입 · 상환)

여기서 가장 중요한 것은 회사의 설립목적에 따른 영업활동이며, 투자활동과 재무활동은 이를 지원하기 위한 부수적인 활동에 불과하다. 따라서, 『손익계산서』를 작성할 때에도 수익과 비용을 영업수익과 영업외수익, 영업비용과 영업외비용으로 구분하여 영업활동의 결과를 위에, 영업외활동의 결과를 아래에 배치하고 있다.

(4) 자본변동표

일정기간의 자본 변동에 관한 정보를 제공하는 동태적 재무제표

1) 소유주의 투자 : 주주들의 회사에 대한 투자로서 순자산 증가의 요인
2) 소유주에 대한 분배 : 현금배당 등으로서 순자산 감소의 요인

- 이익잉여금처분계산서
  기업의 이익잉여금의 변동 및 처분에 관한 내용을 나타나는 보고서로서 자본변동표의 주석으로 기재할 수 있다.

(5) 현금흐름표

- 일정기간의 현금유입과 현금유출에 관한 정보를 제공하는 동태적 재무제표
- 영입활동 · 투자활동 · 재무활동으로 구분하여 현금유입과 현금유출을 표시

A 회사　　재무상태표　　20××.12.31

차변	대변
Ⅰ. 유동자산	Ⅰ. 부채
1. 당좌자산	1. 유동부채
2. 재고자산	2. 비유동부채
Ⅱ. 비유동자산	Ⅱ. 자본
1. 투자자산	1. 자본금
2. 유형자산	2. 자본잉여금
3. 무형자산	3. 자본조정
4. 기타 비유동자산	4. 기타포괄손익 누계액
	5. 이익잉여금
총자산	총부채 및 총자본
↓	↓
회사의 투자활동	회사의 재무활동

A 회사　　손익계산서　　1.1 ~ 12.31

	Ⅰ. 매출액
(−)	Ⅱ. 매출원가
	1. 기초상품재고액
	2. 당기상품매입액
	3. 기말상품재고액
	Ⅲ. **매출총이익**
(−)	Ⅳ. 판매비와관리비
	Ⅴ. **영업손익**
(+)	Ⅵ. 영업외수익
(−)	Ⅶ. 영업외비용
	Ⅷ. **법인세비용차감전 계속사업손익**
(−)	Ⅸ. 계속사업손익 법인세비용
	Ⅹ. **계속사업손익**
(±)	Ⅺ. 중단사업손익
	Ⅻ. **당기순손익** (주당순손익)

- Ⅰ. 매출액 ~ Ⅴ. 영업손익이 영업활동의 결과를 나타낸다.

(6) 중간 재무제표

1) 중간기간 또는 누적중간기간을 대상으로 작성하는 재무제표
2) 재무정보의 적시성을 증대시키기 위한 방안 중의 하나
3) 재무상태표, 손익계산서, 현금흐름표, 자본변동표, 주석을 포함
4) 연차재무제표와 동일한 양식으로 작성함을 원칙으로 함
5) 계절적, 주기적 또는 일시적으로 발생하는 수익이라 할지라도 다른 중간 기간 중에 미리 인식하거나 이연하지 않음

- 중간기간
  1회계연도보다 짧은 회계기간
- 누적중간기간
  회계연도 개시일부터 당해 중간기간의 종료일까지의 기간

• ① 재무상태표
20×2년 6월 30일의 재무상태와 20×1년 12월 31일의 재무상태를 비교하는 형식으로 작성

• ② 손익계산서
20×2년 1.1 ~ 6.30의 경영성과를 20×1년 1.1 ~ 6.30의 경영성과를 비교하는 형식으로 작성

6) 작성방법

① 『재무상태표』는 중간 보고기간말과 직전 연차 보고기간말을 비교하는 형식으로 작성

② 『손익계산서』는 중간기간과 누적 중간기간을 직전 회계연도의 동일기간과 비교하는 형식으로 작성

③ 『현금흐름표』 및 『자본변동표』는 누적 중간기간을 직전 회계연도의 동일기간과 비교하는 형식으로 작성

(7) 주석

보고상의 한계를 보완하기 위해 재무제표 본문에 표시되지 않는 사항으로서 재무제표를 이해하는데 필요한 추가적인 정보로서 별지를 통해 추가적인 정보를 제공

7. 회계원칙

재무제표 구성요소의 인식 및 측정의 기본원칙으로서 회계거래를 화폐금액으로 측정하여 재무제표에 보고하는 원칙

(1) 역사적 원가주의 (취득원가주의)

1) 자산 · 부채는 그 취득 또는 발생시점의 교환가치로 평가
2) 계속기업의 공준에서 도출
3) 회계정보의 검증가능성이 향상되므로 재무제표의 신뢰성이 증가
4) 시가 변동을 반영하지 못하여 목적적합성 감소

(2) 실현주의 : 수익인식기준

1) 수익을 어느 회계기간에 인식할 것인지를 정하는 원칙
2) 발생주의를 적용해야 하지만 발생주의의 현실 적용상의 어려움으로 실현주의를 적용
3) 다음의 두 요건을 모두 충족한 시점에 인식

① 발생요건(가득요건)
수익이 발생했다는 결정적 사건이 발생할 것

② 측정요건(실현요건)
수익금액을 객관적으로 신뢰성 있게 측정 가능할 것

(3) 수익 · 비용대응원칙 : 비용인식기준

비용은 수익에 대응하여 관련 수익이 보고되는 기간에 인식해야 함

(4) 완전공시원칙

정보이용자의 의사결정에 영향을 미치는 중요한 경제적 정보는 모두 공시

8. 회계관습 (수정적 · 제약적 회계원칙)

타당성은 입증되지 않았지만 실무상 유용성 및 편의성을 위해 회계환경 또는 상황에 따라 그 일부에 한하여 기본원칙 대신 우선 적용

(1) 중요성

1) 정보가 중요하면 정보이용자에게 전달하고 그렇지 않으면 생략 가능
2) 정보이용자의 의사결정에 영향을 미치면 중요한 정보
3) 상대적 개념, 완전공시원칙에 위배

(2) 보수주의 (안전성 · 신중성)

1) 재무적 기초를 견고히 하는 관점에서 회계처리 과정에서 둘 이상의 선택 가능한 방법이 있는 경우 이익을 낮게 보고하는 방법을 선택
2) 이익을 낮게 보고 ≒ 자산은 적게, 부채는 많게, 비용은 많게 기록
3) 저가법의 이론적 근거
4) 사례
   ① 재고자산 평가시 저가법 적용
   ② 물가 상승시 재고자산 원가흐름의 가정에 후입선출법 적용
   ③ 자본적 지출 대신 수익적 지출로 회계처리
   ④ 감가상각 초기에 정액법 보다 정률법 적용

(3) 업종별 관행

1) 특정기업 · 산업은 정상적인 회계원칙으로 처리할 수 없으므로 특수한 회계실무 적용
2) 제조업 · 판매업 · 건설업 이외의 업종은 매출총이익 구분표시를 생략 (영업수익 － 영업비용 ＝ 영업이익)으로 표시

전산회계 1급

02 국제회계기준(IFRS)

제2장 재무보고를위한개념체계

* 이하 표시되는 절 등은 본문 『일반기업회계기준』의 해당되는 내용에 대응되는 번호를 의미한다.

제2절 재무회계개념체계

4. 기본가정(회계공준)

(1) 계속기업의 가정만 언급하고 있음

5. 회계정보의 질적특성 : 용어와 구조상의 차이

(1) 근본적 질적특성

1) 목적적합성 (관련성)
   ① 예측가치
   ② 확인가치
   ③ 중요성

2) 충실한 표현

(2) 보강적 질적특성

1) 비교가능성 (일관성 · 통일성)
2) 검증가능성
3) 적시성
4) 이해가능성

(3) 포괄적 제약요인 : 원가 (효익 > 비용)

1) 재무정보의 보고에는 원가가 소요되고, 해당 정보 보고의 효익이 그 원가를 정당화한다는 것이 중요
2) 특정정보를 보고하는 때에는 효익이 그 정보를 제공하고 사용하는데 발생한 원가를 초과하고 정당화 할 수 있을 것인지 평가해야 함

제2장 ○ × 문제

01 재무보고의 기본전제를 바탕으로 재무회계의 목적을 설정할 수 있다.

02 재무보고의 기본전제는 회계공준이라고도 하는 것으로 회계이론을 연역적으로 전개하기 위한 기본명제가 된다.

03 계속기업의 가정은 기업실체는 영구적으로 존속한다는 가정이다.

04 감가상각은 기간별 보고의 가정에 근거한다.

05 역사적 원가의 원칙은 재무제표의 목적적합성은 충족시키지만 재무제표의 신뢰성을 현저히 하락시키는 문제점을 내포하고 있다.

06 발생주의와 실현주의는 전혀 다른 개념이다.

07 회계관습은 회계원칙이 존재하고 있으므로 적용되어서는 안 된다.

08 보수주의란 회계관습으로서 회계처리 과정에서 둘 이상의 선택 가능한 방법이 있는 경우 이익을 낮게 보고하는 방법을 선택하는 것이다.

09 기업간 또는 기간별 비교가능성을 훼손할 수 있으므로 모든 기업은 동일한 회계처리 방법을 따라야만 한다.

제2장 ○ × 문제 해설

01 × 재무회계의 목적을 설정한 후 정치 · 경제 · 사회적 환경으로부터 기본적 가정이 되는 재무보고의 기본전제가 도출된다.

02 ○ 재무보고의 기본전제 : 회계공준 또는 환경적 가정

회계이론을 연역적으로 전개하기 위한 기본 명제로서 정치 · 경제 · 사회적 환경에서 귀납적으로 도출된다.

03 × 계속기업의 가정은 기업실체는 반증이 없는 한 계속적으로 존속한다는 가정으로서 영구적으로 존속할 것으로 가정하는 것은 아니다.

04 × 감가상각은 계속기업의 가정에 근거한다.

- 10년간 감가상각한다는 것은 회사는 최소한 10년은 존재한다는 가정에 기초한다.

06 × 역사적 원가의 원칙은 재무제표의 신뢰성은 향상시키지만 시가 변동을 무시하므로 재무제표의 목적적합성을 훼손한다.

07 × 발생주의를 현실적으로 적용하는 것이 어려우므로 이를 후퇴시키고 두 가지 요건을 설정한 후 이를 충족하는 경우 수익이 발생한 것으로 보는 것이 실현주의이므로 실현주의는 발생주의에 포함되는 개념이다.

08 × 회계관습은 이론적 타당성은 입증되지 않았으나 회계환경 · 상황에 따라 적용되는 것으로서 수정적 · 제약적 회계원칙이라고도 한다.

09 ○ 회계이익을 낮게 계상함으로써 배당이나 세금으로 현금이 유출되는 것을 방지하여 회사의 재무적 기초가 견고해지는 효과를 가져온다.

09 × 업종별 관행에 따라 특정기업 · 산업은 정상적인 회계원칙으로 처리하는 것보다 특수한 회계실무를 적용함으로써 더 유용한 정보를 제공할 수 있다.

전산회계 1급

02 연습문제

제2장 재무보고를 위한 개념체계

01 다음 중 재무회계 개념체계에 따른 재무보고의 목적에 해당하지 않는 것은?

① 기업 근로자의 근로 성과평가에 유용한 정보의 제공
② 미래 현금흐름 예측에 유용한 정보의 제공
③ 투자 및 신용의사결정에 유용한 정보의 제공
④ 경영자의 수탁책임과 평가에 유용한 정보의 제공

정답 ①

• 경영자의 성과평가에 유용한 정보의 제공

02 다음 중 재무제표 작성과 표시에 대한 설명으로 틀린 것은?

① 자산과 부채는 유동성이 큰 항목부터 배열하는 것을 원칙으로 한다.
② 수익과 비용은 각각 총액으로 보고하는 것을 원칙으로 한다.
③ 제조업, 판매업 및 건설업에 속하는 기업은 매출총손익의 구분표시를 생략할 수 있다.
④ 자산과 부채는 원칙적으로 상계하여 표시하지 않는다.

정답 ③

• 제조업, 판매업 및 건설업 외의 업종에 속하는 기업은 매출총손익의 구분표시를 생략할 수 있다.

03 다음 중 재무상태표에 대한 설명으로 틀린 것은?

① 재무상태표는 일정 시점의 현재 기업의 자산, 부채, 자본에 대한 정보를 제공한다.
② 자산은 유동자산과 비유동자산으로 구분한다.
③ 자본은 자본금, 자본잉여금, 자본조정, 기타포괄손익누계액 및 이익잉여금(또는 결손금)으로 구분한다.
④ 자산과 부채는 유동성이 작은 항목부터 배열하는 것을 원칙으로 한다.

정답 ④

• 매출액
⋮
영업이익
⋮
따라서, 영업외수익과 영업외 비용을 찾으면 된다.

04 다음 중 손익계산서에 반영될 영업이익에 영향을 미치지 않는 경우는?

① 무형자산으로 인식하고 있는 개발비에 대한 상각비의 인식
② 재산세 납부로 인한 세금과공과 계상
③ 종업원의 직무능력 향상을 위한 교육훈련비의 지급
④ 단기시세차익 목적으로 보유한 단기매매증권의 평가손실

정답 ④

05 다음 중 재무회계에 관한 설명으로 적절하지 않은 것은?

① 재무제표에는 재무상태표, 손익계산서, 자본변동표, 현금흐름표, 주석이 있다.
② 일반적으로 인정된 회계원칙의 지배를 받는다.
③ 기업의 외부이해관계자에게 유용한 정보를 제공하는 것을 주된 목적으로 한다.
④ 특정 시점의 재무상태를 나타내는 보고서는 손익계산서이다.

정답 ④

06 다음은 일반기업회계기준상 재무제표의 목적에 대한 설명이다. 틀린 것끼리 묶인 것은?

가. 재무상태표 : 일정기간 동안의 자산, 부채, 자본에 대한 정보를 제공한다.
나. 손익계산서 : 일정시점의 경영성과에 대한 정보를 제공한다.
다. 자본변동표 : 일정기간 동안의 자본의 크기와 그 변동에 관한 정보를 제공한다.
라. 현금흐름표 : 일정기간 동안의 현금흐름에 대한 정보를 제공한다.

① 가, 나　　② 가, 다
③ 나, 라　　④ 나, 다

정답 ①

07 다음 중 재무제표 작성과 표시에 대한 설명으로 틀린 것은?

① 자산과 부채는 유동성이 높은 항목부터 배열하는 것을 원칙으로 한다.
② 자산은 1년 또는 정상영업주기를 기준으로 유동자산과 비유동자산으로 분류한다.

③ 중요하지 않은 항목은 성격이나 기능이 유사한 항목과 통합하여 표시할 수 있다.

④ 기타포괄손익누계액은 만기보유증권평가손익, 해외사업환산손익 및 현금흐름위험회피 파생상품평가손익 등으로 구분하여 표시한다.

정답 ④

• 만기보유증권평가손익은 없다. 매도가능증권을 공정가액법으로 평가하는 경우 발생하는 매도가능증권평가손익이 자본 항목 중 기타포괄손익누계액에 반영된다.

08 다음 중 일반기업회계기준의 금융자산 및 금융부채에 대한 설명으로 틀린 것은?

① 금융자산이나 금융부채는 금융상품의 계약당사자가 되는 때에만 재무상태표에 인식한다.

② 금융자산의 이전거래가 매각거래에 해당하면 처분손익을 인식할 수 있다.

③ 신규로 취득하는 금융자산의 공정가치를 알 수 없는 경우 '0'으로 보아 처분손익을 계상한다.

④ 선급비용과 선수수익은 금융상품으로 볼 수 있다.

정답 ④

• 선급비용, 선수수익 등은 현금이나 다른 금융자산의 수취 · 지급이 아닌 재화 및 용역이 수취 · 제공을 가져오게 되므로 금융상품이 아니다.

09 소액의 소모품은 구입시점에서 자본화하지 않고 비용처리하는 것이 일반적인데 이에 관련된 회계개념은?

① 수익 · 비용대응원칙　② 객관성

③ 중요성　④ 발생주의

정답 ③

10 재무제표의 작성책임과 공정한 표시에 관한 설명 중 틀린 것은?

① 재무제표는 재무상태, 경영성과, 현금흐름 및 자본변동을 공정하게 표시하여야 한다.

② 기업회계기준에 따라 적정하게 작성된 재무제표는 공정하게 표시된 재무제표로 본다.

③ 재무제표가 기업회계기준에 따라 작성된 경우에는 그러한 사실을 주석으로 기재하여야 한다.

④ 재무제표 작성의 작성과 표시에 대한 책임은 대주주와 경영자에게 있다.

정답 ④

• 재무제표 작성의 작성과 표시에 대한 책임은 경영자에게 있다.

Chapter 3

유동자산-당좌자산

Guide

당좌자산은 유동성이 가장 큰 자산으로서 부정과 위험에 쉽게 노출될 수 있어 특별한 관리를 필요로 하는 자산이다. 현금의 구분과 대손회계가 중요한 내용이며 유가증권에 대해서는 투자자산과 함께 정리하는 것이 좋다.

제1절 유동자산

1. 의의

• 결산일
= 보고기간 종료일, 재무상태표일

(1) 결산일로부터 1년 이내 또는 정상영업순환주기 내에 사용되거나 현금으로 전환되는 자산으로서 당좌자산과 재고자산으로 구분

(2) 당좌자산 : 판매과정 없이 현금 전환이 가능한 자산

(3) 재고자산 : 판매과정을 통해 현금 전환이 가능한 자산

제2절 당좌자산

1. 현금및현금성자산

(1) 현금

1) 통화 : 한국은행권(지폐와 동전), 외국화폐

2) 통화대용증권
타인발행수표, 우편환증서, 송금환, 배당금지급통지표, 지급기일이 도래한 공 · 사채이자표

3) 요구불예금 : 당좌예금, 보통예금

(2) 현금성자산

1) 큰 거래비용 없이 현금으로 전환이 용이하고
2) 이자율변동에 따른 가치변동위험이 중요하지 않으며
3) 취득당시 만기일 또는 상환일이 3개월 이내에 도래하는 유가증권 · 단기금융상품

(3) 기타 항목

1) 선일자수표 : 매출채권
   수표면상의 발행일을 실제발행일보다 늦게 하여 발행
2) 직원가불금 · 차용증서 : 단기대여금
3) 우표 · 수입인지 : 선급비용, 소모품(비)
4) 당좌차월 : 유동부채 - 단기차입금
5) 당좌개설보증금 : 장기금융상품 - 투자자산
6) 부도수표 : 매출채권 (대손 확정시 대손 처리)
7) 양건예금 : 투자자산 - 장기금융상품
   사채상환에만 사용하도록 사용을 제한

• 수표는 지급수단으로 사용되므로 발행 즉시 현금처럼 사용할 수 있다. 그런데, 수표면에는 3월 6일이 발행일로 되어 있으나 실제로는 3월 2일에 발행되었다면 이것은 관행상 3월 6일까지는 자금이 준비되지 않았다는 것을 뜻하여, 3월 6일까지 지급이 연기되는 효과가 나타나 실질적으로 채권에 해당하는 것이다.

• 우표는 통신비의 선급, 수입인지는 세금과공과의 선급으로 볼 수 있다. 또는 중요하지 않기 때문에 소모품(비)로 처리해도 된다.

예제 3-1 현금및현금성자산

다음 자료에 따라 기말 「재무상태표」에 보고될 「현금및현금성자산」은 얼마인가?

• 자기앞수표	20,000원	• 배당금지급통지표	5,000원	• 차용증서	50,000원
• S회사 발행수표	15,000원	• 수입인지	10,000원	• 당좌예금	25,000원
• 우편환증서	8,000원	• 선일자수표	20,000원	• 보통예금	11,000원

해설

1. 현금및현금성자산
   자기앞수표 20,000원 + 배당금지급통지표 5,000원 + S회사 발행수표 15,000원 + 당좌예금 25,000원 + 우편환증서 8,000원 + 보통예금 11,000원 = 84,000원
2. 차용증서는 대여금, 수입인지는 선급비용 등으로, 선일자수표는 채권에 해당

(4) 당좌예금

1) 회사는 은행의 신용조건을 충족하면 은행과 당좌거래 계약을 체결하고 개설된 「당좌예금」 계좌에 자금을 입금하고 계좌 잔고의 범위 내에서 당좌수표를 발행하여 인출
2) 잔고 범위를 초과하여 당좌수표가 발행된 경우 은행은 지급을 거절하게 되는데 이를 '부도'라고 하며 이는 형사책임을 질 수도 있음
3) 당좌차월
   회사는 은행과 사전에 약정하여 일정 한도까지는 잔고를 초과하여 당좌수표를 발행할 수 있는데 이는 실질적으로 자금을 차입한 것과 동일하므로 「유동부채」 중 「단기차입금」에 포함

예제 3-2 당좌예금

회사는 K은행과 당좌거래계약을 체결하고 보증금으로 50,000원을 예치하고, 200,000원의 당좌차월계약을 함께 체결하였다.

- 2월 1일 회사는 당좌예금 계좌에 100,000원을 현금으로 입금하였다.
- 3월 8일 회사는 상품을 매입하면서 당좌수표 120,000원을 발행하였다.
- 4월 3일 회사는 상품을 140,000원에 판매하고 판매대금은 당좌예금 계좌로 송금받았다.

해설

2월 1일	(차)	당좌예금	100,000	(대)	현 금	100,000
3월 8일	(차)	상 품	120,000	(대)	당좌예금	120,000

* 실제로는 회사가 수표를 발행하면 발행받은 거래상대방이 은행에 수표를 제시하여 인출되는 경우에 당좌예금 잔액이 감소하게 되지만 회계처리는 회사가 수표를 발행할 때에 한다.
* 다음과 같이 당좌예금 잔액이 (−)인 것은 당좌차월을 의미한다.

당좌예금

현 금	100,000	상 품	120,000

2월 1일 현재 당좌예금 잔액이 100,000원이므로 다음과 같이 회계 처리할 수도 있다.

3월 8일	(차)	상 품	120,000	(대)	당좌예금	100,000
					당좌차월	20,000
4월 3일	(차)	당좌예금	140,000	(대)	매 출	140,000

* 당좌차월 계정을 사용했다면 다음과 같이 회계 처리한다.
당좌차월은 단기차입금이므로 단기차입금 계정을 사용해도 된다.

4월 3일	(차)	당좌차월	20,000	(대)	매 출	140,000
		당좌예금	120,000			

(5) 현금과부족

1) 현금은 중요한 자산이므로 「현금출납장」을 통해 관리
2) 기록 · 계산의 잘못, 분식, 도난 등으로 장부상 잔액과 현금 시재액(실재 잔액)이 불일치하는 경우 원인이 판명되는 시점까지 그 차이를 임시계정으로 설정한 것

   시재액 > 장부잔액 (차) 현 금 ××× (대) 현금과부족 ×××

   시재액 < 장부잔액 (차) 현금과부족 ××× (대) 현 금 ×××
3) 기말 시점까지 원인이 판명되면 해당 계정에 대체하고, 원인 불명시 잡손익(영업외손익) 처리

• 장부상 잔액과 현금 시재액이 일치하지 않는다는 것은 현금의 유출입이 있었으나 장부에 기록되지 않았다는 것이므로 장부 잔액을 현금 시재액으로 맞춘 다음 원인을 규명하는 것이다.

예제 3-3 현금과부족

• 11월 30일 회사의 현금출납장의 현금 잔액은 30,000원이고, 실제 잔액은 20,000원이었다.
• 12월 15일 위 차액 중 5,000원은 급여의 누락으로 확인되었다.
• 12월 31일 현재 나머지 차액에 대하여는 그 원인을 찾을 수 없었다.

해설

11월 30일	(차)	현금과부족	10,000	(대)	현 금	10,000
12월 15일	(차)	급 여	5,000	(대)	현금과부족	5,000
12월 31일	(차)	잡손실	5,000	(대)	현금과부족	5,000

2. 단기금융상품

(1) 금융상품

정기예금 · 정기적금 · 사용이 제한된 예금 · 양도성예금증서(CD) · 기업어음(CP) · 환매채(RP), 어음관리계좌(CMA) 등

• 양도성예금증서
(CD : Certificate of Deposit)
: 제3자에게 양도가 자유로운 정기예금 증서

• 기업어음
(CP : Commercial Paper)
: 신용도가 높은 기업이 무담보로 단기어음을 발행

• 환매체
(RP : Repurchase Agreement)
: 채권을 일정기간 후에 일정한 가격으로 환매수 · 도 조건으로 매매

• 어음관리계좌
(CMA : Cash Management Account)
: 예탁금을 어음 · 채권에 투자하여 그 수익을 고객에게 배당하는 실적배당 상품

(2) 구분

1) 현금성자산 : 당좌자산
금융상품 중 취득일로부터 3개월 이내에 만기가 도래

2) 단기금융상품 : 당좌자산
금융상품 중 결산일로부터 1년 이내에 만기가 도래

3) 장기금융상품 : 투자자산
금융상품 중 결산일로부터 1년 이후에 만기가 도래

3. 수취채권

(1) 매출채권 : 일상적인 상거래에서 발생한 외상매출금과 받을어음

(2) 기타채권

1) 미수금 : 일상적인 상거래 이외에서 발생한 외상채권

2) 대여금 : 자금을 대여한 경우에 발생한 채권

3) 선급금 : 재고자산 매입시 지급한 계약금 등

4) 대급금 : 부가가치세 매입세액과 같이 타인을 대신하여 지급한 금액

5) 가지급금 : 현금이 인출되었으나 그 출처가 불분명한 경우 사용하는 임시계정

6) 주의사항

① 수취채권과 지급채무를 비교하는 관점에서 이해하는 것은 좋지만 A와 B가 거래하는 과정에서 A에게 매출채권이면 B에게는 항상 매입채무가 발생하는 것은 아님

② 현대자동차가 삼성전자에게 자동차를 외상판매한 경우 현대자동차는 재고자산을 판매하였으므로 「매출채권」으로 기록하지만 삼성전자는 취득한 자동차가 유형자산이면 「미지급금」으로 기록함

• 미수수익
당기 수익으로서 수익이 발생했으나 현금으로 회수되지 않은 것

• 선급비용
차기 비용으로서 비용은 발생하지 않았으나 현금이 지출된 것

예제 3-4 수취채권

다음 각 상황에 대하여 회계처리를 하시오.

1. 회사는 1월 3일 C회사와 상품을 매입하기로 계약하고 매입금액의 10%인 1,000원을 계약금으로 지급하였으며, 3월 1일 잔금을 지급하고 상품을 취득하였다.
2. 회사는 7월 1일 차량보험에 가입하고 1년치 보험료 12,000원을 선급하였다. 가입시점과 기말 수정분개를 하시오.
3. 회사는 기계장치(취득원가 100,000원 감가상각누계액 70,000원)를 60,000원에 외상으로 처분하였다.

4. 회사는 7월 1일 정기예금에 가입하고, 1년 후 원금과 이자를 수령하기로 하였는데 1월분 이자는 500원이었다. 이자 부분에 대하여 회계 처리하시오.
5. 회사는 지방출장을 가는 직원에게 출장비로 50,000원을 지급하였고, 출장 후 돌아온 직원은 사용한 45,000원에 대한 증명서류와 미사용분 5,000원을 반납하였다. 이에 대한 회계처리하시오.
6. 회사는 상품을 매입하면서 11,000원(부가가치세 포함)을 현금으로 지급하였다.

해설

1. 선급금

1월 3일	(차)	선급금	1,000	(대)	현 금	1,000
3월 1일	(차)	상 품	10,000	(대)	선급금	1,000
					현 금	9,000

2. 선급비용

7월 1일	(차)	선급비용	12,000	(대)	현 금	12,000
기 말	(차)	보험료	6,000	(대)	선급비용	6,000

* 7월 1일에 비용 처리한 경우

7월 1일	(차)	보험료	12,000	(대)	현 금	12,000
기 말	(차)	선급비용	6,000	(대)	보험료	6,000

3. 미수금

처분시점	(차)	미수금	60,000	(대)	기계장치	100,000
		감가상각누계액	70,000		유형자산처분이익	30,000

4. 미수수익

기 말	(차)	미수수익	3,000	(대)	이자수익	3,000
6월 30일	(차)	현 금	6,000	(대)	미수수익	3,000
					이자수익	3,000

5. 가지급금

지급시점	(차)	가지급금	50,000	(대)	현 금	50,000
회수시점	(차)	여비교통비	45,000	(대)	가지급금	50,000
		현 금	5,000			

• 지급시점에는 출장비로 사용될 금액이 확정되지 않은 상태이므로 여비교통비로 처리할 수 없다.

6. 대급금

매입시점	(차)	상 품	10,000	(대)	현 금	11,000
		부가세대급금	1,000			

• 어음은 신용수단이며, 수표는 지급수단이다. 어음과 수표는 상법상으로는 유가증권이지만 회계상으로 어음은 채권·채무로, 수표는 현금 등으로 처리한다.

(3) 어음거래

1) 어음은 미래의 일정시점(만기)에 일정금액을 지급하겠다는 것을 약속한 증권으로서 환어음과 약속어음으로 구분되는데 국내에서 유통되는 어음은 모두 약속어음에 해당

2) 배서

어음의 소지인은 만기까지 대금 지급을 위해 어음을 양도할 수 있음

예제 3-5 어음배서

A 회사는 B 회사에게 상품을 10,000원에 판매하고 B 회사가 발행한 6개월 만기 어음을 받았다. A 회사는 만기 전에 C 회사에게 상품을 매입하면서 B 회사로부터 받은 어음을 배서양도하였다. C 회사는 만기에 B 회사에 지급 제시하고 대금을 회수하였다.

1. 각 거래 시점별로 A 회사의 회계처리를 하시오.
2. 각 거래 시점별로 C 회사의 회계처리를 하시오. C 회사는 A 회사에게 상품을 판매하였다.

해 설

1. A 회사

판매시점	(차)	받을어음	10,000	(대)	매　출	10,000
배서시점	(차)	상　품	10,000	(대)	받을어음	10,000

2. C 회사

판매시점	(차)	받을어음(B 회사)	10,000	(대)	매　출	10,000
회수시점	(차)	현　금	10,000	(대)	받을어음(B 회사)	10,000

* 만기까지의 어음 관계를 표시하면 다음과 같다.
만기에 C 회사의 지급제시에 대하여 B 회사가 지급을 거절하면 부도가 발생한다.

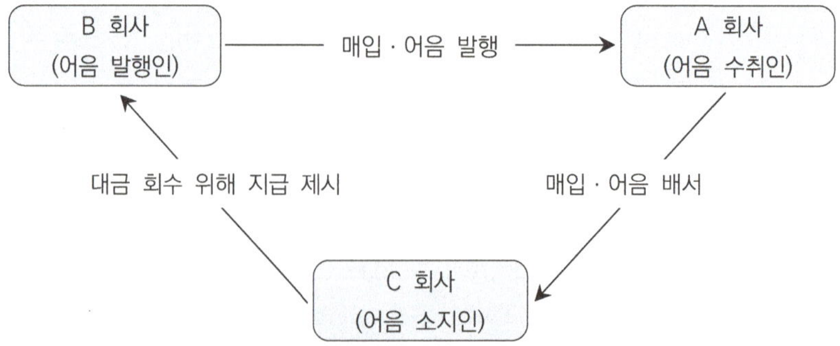

3) 어음할인

① 어음은 만기 이전에 액면금액에서 만기까지의 이자를 부담하면서 금융기관에 양도하고 대금을 회수하는 것이 가능, 거래 실질에 따라 다음과 같이 구분

② 매각거래 : 어음에 대한 권리와 의무가 실질적으로 양수인에게 이전

(차)	현 금	×××	(대) 받을어음	×××
	매출채권처분손실	×××		

③ 차입거래 : 어음에 대한 권리와 의무가 실질적으로 양수인에게 이전되지 않음

(차)	현 금	×××	(대) 단기차입금	×××
	이자비용	×××		

• 만기에 어음대금을 회수하는 것보다 할인료를 부담하면서 만기 이전에 회수하는 것이 유리하다고 판단하므로 어음할인을 하는 것이다.

• 거래의 실질이 자금차입이므로 받을어음을 제거하지 않고 단기차입금을 인식

예제 3-6 어음할인

A 회사는 B 회사에 7월 1일 상품을 매출하고 어음(액면가 50,000원, 만기 12월 31일)을 수령하였는데 9월 1일 2,000원의 할인료를 부담하고 금융기관에 양도하였다. 매각거래와 차입거래로 구분하여 회계처리를 하시오.

해설

1. 매각거래

(차)	현 금	48,000	(대) 받을어음	50,000
	매출채권처분손실 (영업외비용)	2,000		

2. 차입거래

(차)	현 금	48,000	(대) 단기차입금	50,000
	이자비용	2,000		

제3절 대손회계

1. 대손

(1) 보유하고 있는 채권 중 거래처의 파산 등의 사유로 현금으로 회수할 수 없는 채권

(2) 대손이 발생한 채권은 자산성을 상실하므로 『재무상태표』에서 제거되어야 함

2. 직접상각법

(1) 다음과 같이 실제 대손이 발생한 시점에 채권을 장부에서 제거하는 처리 방법

(차) 대손상각비	×××	(대) 매출채권	×××

(2) 대손채권은 이미 발생한 수익으로 현금으로 회수하는 과정에서 대손이 발생한 것이므로 대손 발생시점에 비용처리하면 수익 · 비용대응원칙에 어긋남

(3) 따라서, 『일반기업회계기준』은 다음의 충당금 설정법에 따라 처리하도록 함

3. 충당금 설정법

(1) 결산일

미래 발생할 것으로 추정되는 대손추산액을 산출하여 「대손충당금」을 설정

(차) 대손상각비	×××	(대) 대손충당금	×××

* 추가 설정액 = 대손추산액 − 설정전 잔액

(2) 실제 대손이 발생한 시점

설정되어 있는 「대손충당금」과 채권을 상계하여 처리하되 대손충당금은 추정된 금액이므로 실제 발생한 대손금액보다 부족한 부분은 「대손상각비」 처리

(차) 대손충당금	×××	(대) 매출채권	×××
대손상각비	×××		

(3) 위 두 회계처리를 상계하면 결국 직접상각법의 회계처리와 동일한 결과가 됨

결국, 충당금 설정법은 수익 · 비용대응원칙에 따라「대손충당금」을 사용하여 결산일과 대손시점으로 나누어 회계처리하는 것에 불과함

(4)「대손충당금」은 각 채권에 대한 평가계정으로서『재무상태표』에는 다음과 같이 표시

• 이것은 기말 현재 매출채권은 1,000원인데 이 중 100원에 대해서는 대손을 예상하고 있으며 회수 가능할 것으로 예상하는 금액은 900원이라는 의미이다.

재무상태표

매출채권	1,000	
대손충당금	(100)	
	900	

* 기말 대손충당금 잔액 = 대손추산액

(5) 결산일 현재 (대손추산액 < 설정전 잔액)인 경우「대손충당금」을 환입

• 대손충당금환입은 판매비와 관리비의 차감항목이다.

(차) 대손충당금 ××× (대) 대손충당금환입 ×××

(6) 대손 처리한 채권을 회수한 경우

(차) 현 금 ××× (대) 대손충당금 ×××

* 이러한 회계처리는 다음 2단계로 나누어 볼 수 있다.

1. 대손 취소

이 경우 대변에는「대손충당금」으로 처리하든「대손상각비」로 처리하든 상관없다.

기말에「대손충당금」잔액은 대손추산액으로 조정될 것이기 때문이다.

(차) 현 금 ××× (대) 대손충당금 ×××

2. 채권 회수

(차) 현 금 ××× (대) 매출채권 ×××

(7) 기타채권

「영업외비용」중「기타의대손상각비」계정을 사용하는 것 외에 모든 회계처리 방법은 동일

(8) 보유중인 어음 · 수표에서 부도가 발생하는 경우

1) 부도가 발생했다는 것은「회수 불가능」이 아닌「회수 불확실」을 의미

2) 부도어음 · 수표는 다음과 같이 특수 채권으로 분류한 후 채권회수를 위한 절차에 착수하고 최종적으로 회수가 불가능한 것으로 확정된 경우 대손 처리

(차) 부도어음과수표 ××× (대) 매출채권 ×××

예제 3-7 대손회계

회사의 다음 자료에 따라 당기 말 『손익계산서』에 계상될 「대손상각비」를 계산하고 회계처리를 하시오.

- 당기 초 매출채권은 150,000원이고, 대손충당금은 1,500원
- 3월 10일 회수불능 채권 500원 발생
- 8월 4일 전기에 대손처리한 채권 200원 현금회수
- 9월 23일 회수불능 채권 300원 발생
- 당기 말 현재 매출채권은 230,000원이고, 회사는 기말 채권 잔액의 1%를 대손충당금으로 설정한다.

해 설

1. 장부의 흐름

	기 초	3. 10	8. 4	9. 23	설정전	기 말
매출채권	150,000					230,000
대손충당금	(1,500)	- 500	+ 200	- 300	(900)	(2,300)
	148,500					227,700

2. 회계처리

3월 10일	(차)	대손충당금	500	(대)	매출채권	500
8월 4일	(차)	현 금	200	(대)	대손충당금	200
9월 23일	(차)	대손충당금	300	(대)	매출채권	300
기 말	(차)	대손상각비	1,400	(대)	대손충당금	1,400

* 230,000원 × 1% − 900원 = 1,400원

제4절 외화환산

1. 의의

(1) 외화채권 · 채무를 원화로 환산하는 과정

(2) 적용환율

합리적 평가가 가능한 환율을 적용하며 채택한 환율은 계속 적용

2. 외화환산손익 : 영업외손익

(1) 결산일 현재 환율 변동에 따라 원화 환산액이 변동할 경우 차액
(2) 미결 거래로서 미실현손익에 해당

3. 외환차손익 : 영업외손익

(1) 회계기간 중 외화채권 · 채무의 상환거래에서 환율 변동에 따라 원화 환산액이 변동할 경우 차액
(2) 완결 거래로서 실현손익에 해당

예제 3-8 외화환산

회사의 다음 자료에 따라 회계처리를 하시오.

- 6월 1일 미국 소재 Belmont에 선적지 인도기준으로 상품을 $2,000에 외상 판매하고 선적 완료
- 8월 1일 미국 소재 Bearing에서 $1,000 차입, 무이자부 · 만기 12월 1일
- 12월 1일 차입금 $1,000 상환
- 환율 자료 : 6월 1일 1,000원/$ 8월 1일 1,200원/$
  12월 1일 1,250원/$ 12월 31일 1,400원/$

해설

6월 1일	(차) 매출채권	2,000,000	(대) 매 출	2,000,000

* $2,000 × 1,000원/$ = 2,000,000원

8월 1일	(차) 현 금	1,200,000	(대) 차입금	1,200,000

* $1,000 × 1,200원/$ = 1,200,000원

12월 1일	(차) 차입금	1,200,000	(대) 현 금	1,250,000
	외환차손	50,000		

* 외환차손 = $1,000 × (1,250원/$ − 1,200원/$) = 50,000원 (영업외비용)

기 말	(차) 매출채권	800,000	(대) 외화환산이익	800,000

* 외화환산이익 = $2,000 × (1,400원/$ − 1,000원/$) = 800,000원 (영업외수익)

전산회계 1급

03 국제회계기준(IFRS)

제3장 유동자산-당좌자산

* 이하 표시되는 절 등은 본문 『일반기업회계기준』의 해당되는 내용에 대응되는 번호를 의미한다.

3. 수취채권

3) 매출채권의 제거

① 금융자산 · 부채는 금융상품의 계약당사자가 되는 때에만 「재무상태표」에 자산과 부채로 인식하고 다음 중 어느 하나에 해당하는 경우에만 금융자산을 제거

- 금융자산의 현금흐름에 대한 계약상 권리가 소멸한 경우
- 양도자가 금융자산의 소유에 따른 위험과 보상의 대부분을 이전

4) 매출채권의 양도

② 다음 중 어느 하나에 해당하는 경우에만 금융자산을 양도

- 금융자산의 현금흐름을 수취할 계약상 권리를 양도한 경우
- 금융자산의 현금흐름을 수취할 계약상 권리를 보유하고 있으나, 당해 현금흐름을 하나 이상의 수취인에게 지급할 계약상 의무를 부담하는 경우

제3절 대손회계

(1) 대손충당금의 설정

1) 기말 매출채권의 명목금액에서 최초 유효이자율로 할인한 추정 미래현금흐름의 현재가치를 차감한 금액으로 설정

2) 단기채권은 명목금액과 현재가치의 차이가 중요하지 않으므로 명목상의 금액으로 표시

(2) 대손이 발생했다는 객관적 증거가 있는 경우

1) 「대손상각비」는 당해 자산의 장부금액과 최초의 유효이자율로 할인한 추정 미래현금흐름의 현재가치의 차이로 측정

2) 개별적으로 유의적인 금융자산의 경우 우선적으로 대손발생의 객관적인 증거가 있는지를 개별적으로 검토

3) 개별적으로 유의적이지 않은 금융자산의 경우 개별적으로 또는 집합적으로 검토

(3) 후속기간 중 「대손충당금」이 감소하고 그 감소가 대손을 인식한 후에 발생한 사건과 객관적으로 관련된 경우
이미 인식한 「대손상각비」를 직접 환입하거나 「대손충당금」을 조정하여 환입

제3장 ○ × 문제

01 우표, 수입인지 등도 현금으로 분류될 수 있다.

02 회계상의 현금은 순수한 통화만을 의미하는 개념이다.

03 현금성 자산이란, 큰 거래비용 없이 현금 전환이 용이하고, 이자율 변동에 따른 가치변동위험이 중요하지 않은, 결산일로부터 3개월 내 만기가 도래하는 단기 매매증권, 단기금융상품이다.

04 현금과부족은 기록 · 계산의 잘못, 분실, 도난 등으로 장부상의 현금과 실제 현금 잔액이 일치하지 않는 경우에 원인이 판명되는 시점까지 그 차이를 임시계정으로 설정한 것으로 원인이 판명되면 해당 계정에 대체하여야 한다.

05 어음을 할인하는 경우 할인료를 매출채권처분손실 또는 이자비용으로 처리한다.

06 받을어음에 대하여 부도가 발생한 경우 즉시 대손 처리한다.

07 대손회계는 채권의 적절한 평가와 적절한 수익 · 비용 대응에 그 목적이 있다.

08 모든 채권의 대손상각비는 판매비와 관리비로 처리한다.

09 외화채권 · 채무를 상환받거나 상환하는 경우 외환차손익 계정으로 영업외손익 처리한다.

10 가지급금과 가수금은 현금은 이미 수수되었으나 거래의 미결, 용도 불분명 등으로 인해 계정과목 또는 금액이 확정되지 않은 경우에 설정하는 임시 계정이다.

11 양도성예금증서, 환매조건부채권, 어음관리계좌, 신종기업어음은 항상 단기금융 상품으로 분류된다.

제3장 ○ × 문제 해설

01 × 우표, 수입인지 등은 교환의 매개로 사용할 수 없으므로 현금으로 분류될 수 없으며 선급비용 또는 소모품(비) 등으로 처리한다.

02 × 회계상의 현금은 통화 뿐만 아니라 통화대용증권과 요구불 예금까지 포함하는 개념이다.

03 × 취득당시 3개월 내 만기가 도래하는 단기매매증권, 단기금융상품이다.

04 ○ 따라서, 재무상태표에 보고되지 않는다.

05 ○ 거래의 실질에 따라 매각거래인 경우 매출채권처분손실, 차입거래인 경우 이자비용으로 처리한다.

06 × 받을어음에 대하여 부도가 발생한 경우에는 특수채권으로 대체한 후 회수불가능한 시점에 대손 처리한다.

07 ○

08 × 영업채권(외상매출금 · 받을어음)에 대한 대손은 판매비와 관리비(대손상각비)로, 영업외채권(미수금 · 대여금 등)에 대한 대손은 영업외비용(기타의대손상각비)으로 처리한다.

09 ○

10 ○ 따라서, 재무제표에는 확정된 계정과목으로 보고된다.

11 × 이러한 금융상품도 취득당시 3개월 이내 만기가 도래하고 사용이 제한되지 않으면 현금성자산으로 분류하여야 한다.

전산회계 1급

03 연습문제

제3장 유동자산-당좌자산

• 단기매매증권평가손익 영업외손익에 반영
• 매도가능증권평가손익 자본(기타포괄손익누계액)에 반영

01 다음 재무상태표상의 당좌자산에 대한 설명 중 옳지 않은 것은?

① 단기금융상품과 장기금융상품의 분류는 보고기간종료일 현재 만기가 1년 이내에 도래하는지 여부에 따른다.
② 현금성자산이란, 큰 거래비용 없이 현금으로 전환이 용이하고 이자율 변동에 따른 가치변동의 위험이 경미한 금융상품으로서 취득 당시 만기일이 3개월 이내인 것을 말한다.
③ 단기매매증권을 공정가치법에 의하여 회계처리하는 경우 당기의 공정가치 변동에 따른 공정가치와 장부금액의 차액은 단기매매증권평가이익(또는 손실)으로 인식하여 기타포괄손익에 반영한다.
④ 외상매출금의 발생액은 외상매출금 계정의 차변에 기입한다.

정답 ③

• 영업채권 : 매출채권
- 대손상각비 (판매비와관리비)
• 기타채권 : 미수금, 대여금 등
- 기타의대손상각비 (영업외비용)

02 대손금 회계처리에 대한 다음의 설명 중 틀린 것은?

① 대손예상액은 기말 매출채권 잔액에 대손추정률을 곱하여 산정한다.
② 모든 채권에서 발생된 대손처리 비용은 판매비와관리비로 처리한다.
③ 대손 발생시 대손충당금 잔액이 있으면 먼저 상계한다.
④ 대손의 회계처리는 직접상각법과 충당금설정법이 있다.

정답 ②

03 다음은 매출채권에 대한 설명이다. 틀린 것은?

① 매출할인은 제품의 총매출에서 차감한다.
② 매출채권이란, 주된 영업활동의 상품이나 제품판매 혹은 서비스를 제공하고 아직 돈을 못 받은 경우 그 금액을 말한다.
③ 매출채권에서 발생한 대손상각비는 영업외비용으로 처리한다.
④ 대손충당금은 매출채권의 평가성 항목으로서 매출채권에서 차감하는 형식으로 표시한다.

정답 ③

04 다음 자료에 의하여 손익계산서에 계상할 대손상각비를 계산하면 얼마인가?

> • 기초 대손충당금 잔액 = 500,000원
> • 7월 15일에 매출채권의 회수불능으로 대손 처리한 금액 = 700,000원
> • 9월 30일에 당기 이전 대손 처리된 매출채권을 현금 회수한 금액 = 1,000,000원
> • 기말 매출채권 잔액 = 100,000,000원
> • 대손충당금은 기말 매출채권 잔액의 2%로 한다.

① 1,200,000원　　② 1,000,000원
③ 700,000원　　④ 500,000원

정답 ①

	기 초	7. 15	9. 30	설정전	기 말
매출채권	×××				100,000,000
대손충당금	(500,000)	-500,000	+1,000,000	(1,000,000)	(2,000,000)
	×××				98,000,000

7월 15일	(차)	대손충당금	500.000	(대)	매출채권	700,000
		대손상각비	**200,000**			
9월 30일	(차)	현 금	1,000,000	(대)	대손충당금	1,000,000
기 말	(차)	**대손상각비**	**1,000,000**	(대)	대손충당금	1,000,000

* 2,000,000원 - 1,000,000원 = 1,000,000원

05 다음 중 현금및현금성자산으로 분류될 수 없는 항목은?

① 타인발행수표 등 통화대용증권
② 당좌예금
③ 장기대여금
④ 배당금지급통지표

정답 ③

06 다음 중 유동자산으로 분류할 수 없는 것은?

① 사용의 제한이 없는 현금및현금성자산
② 정상적인 영업주기 내에 판매되거나 사용되는 재고자산과 회수되는 매출채권
③ 영업활동에 사용할 목적으로 보유하는 유형자산
④ 보고기간종료일로부터 1년 이내에 현금화 또는 실현될 것으로 예상되는 자산

정답 ③

• 금융상품
1. 현금성자산
취득당시 만기가 3개월 이내에 도래
2. 단기금융상품
결산일로부터 만기가 1년 이내에 도래
3. 장기금융상품
결산일로부터 만기가 1년 이후에 도래

07 다음은 당좌자산 중 현금및현금성자산에 대한 설명이다. 틀린 것은?

① 타인발행수표는 현금및현금성자산에 포함된다.
② 당좌예금은 현금및현금성자산에 포함된다.
③ 결산일이 20×1년 12월 31일인 기업이 20×1년 9월 30일에 취득한 금융상품으로서 결산일로부터 3개월 후인 20×2년 3월 31일이 만기일인 금융상품은 현금및현금성자산에 포함된다. (단, 중도상환은 없는 것으로 가정)
④ 현금및현금성자산에는 단기금융상품도 포함될 수 있다.

정답 ③

08 다음은 ㈜한국산업의 대손충당금과 관련된 내용이다. 거래 내용을 반영한 후 당기 대손충당금으로 설정될 금액은 얼마인가?

- 전기말 매출채권 잔액은 500,000원이고 대손충당금 잔액은 180,000원이다.
- 당기 매출채권 중에 150,000원이 대손확정되었다.
- 전기 대손처리한 매출채권 중에 10,000원이 회수되었다.
- 당기 말 대손충당금 잔액은 210,000원이다.

① 180,000원　　② 170,000원
③ 150,000원　　④ 130,000원

정답 ②

	기 초	대손발생	대손회수	설정전	기 말
매출채권	500,000				×××
대손충당금	(180,000)	-150,000	+10,000	(40,000)	(2100,000)
	320,000				×××

기 말　(차) 대손상각비　170,000　(대) 대손충당금　170,000

* 210,000원 − 40,000원 = 170,000원

• 선수수익은 부채에 해당한다.

09 다음 중 일반기업회계기준상 당좌자산에 속하지 않는 것은?

① 일반적 상거래에서 발생한 외상매출금과 받을어음
② 회수기한이 1년 이내에 도래하는 대여금
③ 상품 및 원재료 등의 매입을 위하여 선급한 금액
④ 받은 수익 중 귀속시기가 차기 이후에 속하는 금액

정답 ④

10 K 회사는 M 회사로부터 받은 어음을 9,500원(액면가액 10,000원)에 할인받으려고 한다. 다음 설명 중 옳지 않은 것은?

① 해당 거래가 매각거래로 분류될 경우 매출채권처분손실로 인식한다.
② 해당 거래가 차입거래로 분류될 경우 이자비용을 인식한다.
③ 해당 거래가 차입거래로 분류될 경우 차입금 계정은 10,000원 증가한다.
④ 해당 거래가 매각거래로 분류될 경우 받을어음 계정은 변동이 없다.

정답 ④

1. 매각거래인 경우

(차)	현 금	9,500	(대)	받을이음	10,000
	매출채권처분손실	500			

2. 차입거래인 경우

(차)	현 금	9,500	(대)	단기차입금	10,000
	이자비용	500			

Chapter 4

유동자산-재고자산

Guide

재고자산의 이론구조는 의의 - 취득 - 원가배분 - 기말평가로 이루어진다. 이 중 원가배분과 기말평가가 가장 중요한 내용이다.

제1절 의의 및 중요성

1. 의의

정상적인 영업활동과정에서 판매를 위하여 보유하거나 생산과정에 있는 자산 및 생산 또는 서비스 제공과정에 투입될 원재료나 소모품의 형태로 존재하는 자산

2. 구분

- 상기업은 상품을 매입하여 판매하지만 제조업은 원재료를 투입하여 생산 과정을 거쳐 제품으로 완성하여 판매한다. 이러한 제품의 생산과정은 제품의 취득과정으로서 제조원가의 집계에 초점을 맞춘 것이 원가회계이다.

(1) 상　품 : 기업이 정상적인 영업활동과정에서 판매를 목적으로 구입한 것
(2) 제　품 : 제조업체가 판매를 목적으로 제조한 것
(3) 반제품 : 그 자체로는 완제품이나 타 제품의 일부로 사용되는 것
(4) 재공품 : 제품으로 완성하기 위해 가공과정에 있는 것
(5) 원재료 : 제품 생산에 투입할 목적으로 보유중인 것
(6) 저장품 : 소모공구기구 비품 등

3. 자산의 구분

물리적인 형태 등이 아닌 기업의 정상적인 영업활동이 무엇인가에 따라 달라짐

(1) 토지

① 부동산 매매회사 또는 건설회사가 취득 : 재고자산
② 일반기업이 사용목적으로 취득 : 유형자산
③ 일반기업이 투자목적으로 취득 : 투자자산

(2) 주식

① 증권회사가 취득 : 재고자산
② 일반기업이 단기보유목적으로 취득 : 유동자산 중 당좌자산
③ 일반기업이 투자목적으로 취득 : 투자자산

4. 중요성

(1) 재고자산은 총자산에서 차지하는 비중이 크고, 수익 창출의 원천인 자산
(2) 재고자산의 측정은 『재무상태표』와 『손익계산서』 양자에 영향을 미침
기말재고자산 과대 계상 → 매출원가 과소 계상 → 당기순이익 과대 계상

상 품

기 초	×××	매출원가	×××
(순)매 입	×××	기 말	×××
	×××		×××

* (순)매입 = 총매입 − 매입에누리와환출 − 매입할인

• 회사의 존재 목적은 재고자산을 판매하여 이익을 얻는 것이며 재고자산을 사고 파는 일련의 활동을 일반적(주요)상거래 즉, 영업활동이라 한다.

예제 4-1 상품 계정

각 회사의 다음 자료에 따라 각 항목의 금액을 파악하시오.

	甲	乙	丙	丁	戊
당기 매출액	72,000	D	95,000	71,000	190,000
기초상품재고액	15,000	28,000	G	28,000	M
당기 매입액	39,000	E	72,000	42,000	95,000
판매가능재고액	A	F	92,000	J	N
기말상품재고액	16,000	12,000	H	K	64,000
매출원가	B	59,000	I	L	O
매출총이익	C	24,000	12,000	31,000	15,000

해설

다음 관계에 따라 각 금액을 산출한다.

	매 출 액	×××
(−)	매출원가	×××
	매출총이익	×××

상 품

기 초	×××	매출원가	×××
매 입	×××	기 말	×××
판매가능상품	×××		×××

A	54,000	B	38,000	C	34,000	D	83,000	E	43,000
F	71,000	G	20,000	H	9,000	I	83,000	J	70,000
K	30,000	L	40,000	M	144,000	N	239,000	O	175,000

제2절 취득원가 결정

1. 취득원가

(1) 원칙

1) 판매가능한 상태에 이를 때까지 취득과 직접적으로 관련되어 있으며 정상적으로 발생되는 부대비용
2) 상기업 : 매입원가 + 매입부대비용 (매입운임 + 하역료 + 보험료 + 관세 등)
3) 제조업 : 직접재료비 + 직접노무비 + 변동제조간접비 및 고정제조간접비 배부액

• 제품의 생산과정은 곧 제품의 취득과정이므로 제품 생산 과정에서 발생하는 제조원가는 제품의 취득원가에 해당한다.

(2) 매입운임

1) 선적지 인도조건 (FOB shipping point) : 구매자의 매입부대비용
상품의 선적시점에 소유권이 구매자에게 이전되므로 구매자가 매입운임을 부담
2) 도착지 인도조건 (FOB destination) : 판매자의 판매비용
도착지에서 구매자가 인수한 시점에 소유권이 이전되므로 판매자가 부담

(3) 매입에누리와 매입환출 및 매입할인

1) 순매입액 = 총매입액 - 매입에누리와 매입환출 - 매입할인
2) 매입에누리 : 매입한 상품의 하자로 인해 매입가격을 깎아주는 것
3) 매 입 환 출 : 매입한 상품의 하자로 인해 반품하는 것
4) 매 입 할 인 : 사전 약정에 의해 외상매입금을 조기 결제한 경우 일부 할인해 주는 것

• 신용할인조건 2/10, n/30
10일 이내에 외상대금을 결제하면 2%할인되며, 30일 이내에 결제해야 한다는 의미이다.

(차) 상 품	×××	(대) 매입채무	×××
(차) 매입채무	×××	(대) 매입에누리와환출	×××
(차) 매입채무	×××	(대) 매입할인	×××

(4) 서비스업

1) 서비스 제공에 직접 종사하는 인력의 인건비와 기타 직접 관련된 재료비와 경비
2) 서비스 제공과 직접 관련없는 판매 및 일반관리업무에 종사하는 인력의 인건비와 기타 관련 경비는 발생한 기간의 비용으로 인식

제3절 기말재고자산에 포함될 항목

1. 미착상품 (운송중인 상품)

(1) 선적지 인도조건 (FOB shipping point)
상품의 선적시점에 소유권이 구매자에게 이전되므로 구매자의 재고자산에 포함

(2) 도착지 인도조건 (FOB destination)
도착지에서 구매자가 인수한 시점에 소유권이 이전되므로 판매자의 재고자산에 포함

2. 적송품 (위탁상품)

(1) 위탁판매 (Consignment Sales)
1) 위탁자가 수탁자에게 판매를 위탁하고 수탁자가 위탁자를 대리하여 판매하는 형태
2) 위탁판매의 수익인식시점은 수탁자가 판매한 시점

(2) 적송품은 판매를 위탁하기 위해 발송한 상품으로 소유권이 이전된 것이 아니므로 제3자에게 판매하기 전까지는 위탁자의 재고자산에 포함

3. 시송품

(1) 시용판매 (Sales on Approval)
1) 상품을 먼저 인도하고 구매자로 하여금 매입여부를 결정하도록 하는 조건의 판매형태
2) 시송품의 수익인식시점은 구매자가 매입의사 표시한 날

(2) 구매자가 구매의사를 표시하지 않은 시송품은 판매자의 재고자산에 포함

4. 저당상품

(1) 금융기관에서 자금을 차입하고 담보로 제공된 상품으로 소유권이 이전된 것은 아님

(2) 저당권이 실행되어 소유권이 이전되기 전까지는 담보제공자인 회사의 재고자산에 포함

- 재고자산이 누구의 재고자산에 포함되어야 하는가는 해당 재고자산에 대한 권리와 의무가 누구에게 귀속되느냐에 따라 결정된다.
- 기말재고자산에 포함할 것인가의 문제는 수익을 인식할 것인가의 문제이기도 하다.
즉, 수익인식기준을 충족하면 판매자는 수익을 인식하면서 기말재고자산에서 제외하고, 구매자는 기말재고자산에 포함시켜야 한다.

5. 할부판매상품

• 할부판매는 대금 회수의 문제일 뿐 일반적인 판매와 다를 것이 없으므로 판매 시점에 수익을 인식한다.

(1) 할부판매

1) 상품 등을 인도하고 대금을 나누어 회수하는 방식의 판매형태

2) 할부판매의 수익인식시점은 장기와 단기 모두 재화를 인도한 시점

(2) 판매시점에 전체 수익을 인식하고 판매자의 재고자산에서 제외

6. 반품률이 높은 상품

• 과거의 경험 등에 따라 반품률의 합리적 추정가능성 여부에 따라 재고자산의 포함 여부가 결정된다.

(1) 반품률을 합리적으로 추정가능한 경우
반품률을 적절히 반영하여 수익을 인식하고 판매자의 재고자산에서 제외

(2) 반품률을 합리적으로 추정할 수 없는 경우

1) 구매자가 상품의 인수를 수락하거나 반품기간이 종료된 시점에 수익을 인식

2) 수익인식 전까지는 판매자의 재고자산에 포함

7. 재구매조건부 판매

(1) 상품을 인도하면서 일정기간 경과 후 재구매하기로 약정하는 경우

(2) 실질적인 판매가 아니므로 수익을 인식할 수 없고 판매자의 재고자산에 포함하며 수취한 대가는 자금의 차입으로 처리

예제 4-2 기말재고자산에 포함될 항목

A 회사의 다음 자료에 따라 물음에 답하시오.

• B 회사에 도착지 인도조건으로 상품을 100개 판매하였고 이는 운송중에 있다. 운반비는 10,000원이다.

• C 회사에 10월 31일 상품을 50개 시용 판매하였고, 12월 31일 현재 C 회사는 20개만 구입의사 표시를 하였다.

• D 회사로부터 상품 50개를 선적지 인도기준으로 구입하였다. 매입운임은 5,000원이고, 운송중에 있다.

• E 회사에 상품 100개를 위탁 판매하였는데 수탁상은 이 중 40개를 판매하였다. 한편 적송운임은 10,000원이다.

• A 회사 창고의 실지재고는 1,000개이다.

1. A 회사 상품의 기말재고수량은 몇 개인가?
2. A 회사의 판매비와 관리비는 얼마인가?

1. 기말재고수량

창고의 실지재고	1,000	
도착지 인도조건	100	도착치 인도조건이므로 기말재고에 포함한다.
시 용 판 매	30	구입의사를 표시하지 않은 것은 기말재고에 포함한다.
선적지 인도조건	50	선적지 인도조건이므로 기말재고에 포함한다.
위 탁 판 매	60	수탁자가 판매하지 못한 것은 기말재고에 포함한다.
계	1,240	

2. 판매비와관리비 = 10,000원
   * 적송운임은 적송품 원가에 가산한다.

제4절 재고자산의 수량결정방법

1. 계속기록법

(1) 「상품재고장」에 입고수량과 출고수량을 기록하여 재고자산 수량을 파악하는 방법
기초재고수량 + 당기매입수량 − 판매수량 = (장부상) 기말재고수량

(2) 「상품」 계정을 사용하여 판매할 때마다 매출원가를 인식하고 재고자산을 감소시킴

(차)	매출채권	×××	(대)	매 출	×××
(차)	매출원가	×××	(대)	상 품	×××

(3) 장점
입고시점 및 출고시점마다 기록하므로 언제든지 판매수량과 기말재고수량을 파악 가능

(4) 단점
파손 · 도난 · 증발 등 감모수량이 기말재고자산에 포함되어 기말재고수량이 과대계상

• 상품재고장은 재고관리를 위한 장부로서 회계장부는 아니다.

• 계속기록법

상 품	
기초	판매 ①
매입	기말 ②

① 판매수량이 결정된 후
② (장부상)기말재고 수량이 결정된다.

• 실지재고조사법(실사법)

상 품	
기초	판매 ②
매입	기말 ①

① (실지)기말재고수량이 결정된 후
② 판매 수량이 결정된다.

2. 실지재고조사법

(1) 「상품재고장」에 입고수량만 기록하고 기말에 재고조사를 하여 기말재고수량을 파악한 후 종속적으로 판매수량을 파악하는 방법
기초재고수량 + 당기매입수량 − (실지) 기말재고수량 = 판매수량

(2) 「매입」 계정을 사용하며 판매할 때에는 매출만 인식하고 매출원가는 인식하지 않음

(차) 매출채권	×××	(대) 매 출	×××

(3) 장점
판매할 때에는 매출만 인식하고 매출원가는 기말에 산정하므로 회계처리가 단순해짐

(4) 단점
1) 파손 · 도난 · 증발 등 감모수량이 판매수량에 포함되어 매출원가가 과대계상
2) 재고실사에 대한 비용 부담 및 회계기간 중 판매수량과 기말재고수량을 파악 불가

3. 두 방법을 병행하는 방법

(1) 문제점
1) 계속기록법에서는 감모수량만큼 기말재고자산이 과대계상
2) 실지재고조사법에서는 감모수량만큼 매출원가가 과대계상

(2) 혼합법
1) 회계기간 중에는 계속기록법에 따라 판매수량과 장부상 재고수량을 파악
2) 기말에 재고조사를 통해 실지재고수량을 파악
3) 장부상 기말재고수량과 실지재고수량을 비교하여 감모수량을 파악
감모수량 = 장부상 재고수량 − 실지재고수량

예제 4-3 수량결정방법

다음 자료에 따라 물음에 답하시오.

- 기초 재고수량 1,000
- 당기 매입수량 3,000
- 당기 판매수량 1,000
- 기말 실지재고수량 2,700

1. 「계속기록법」에 따를 경우 기말재고수량은 몇 개이고, 이 방법의 문제점은 무엇인가?
2. 「실지재고조사법」에 따를 경우 당기판매수량은 몇 개이고, 이 방법의 문제점은 무엇인가?
3. 「혼합법」에 따를 경우 판매수량과 기말재고수량 및 감모수량은 몇 개인가?

• 계속기록법

상품			
기초	1,000	판매	1,000
매입	3,000	기말	3,000

• 실사법

상품			
기초	1,000	판매	1,300
매입	3,000	기말	2,700

• 혼합법

상품			
기초	1,000	판매	1,000
매입	3,000	감모	300
		기말	2,700

해설

1. 계속기록법
   1,000 (기초) + 3,000 (매입) - **1,000 (판매)** = 3,000 (기말재고)
   실지재고수량은 2,700개이므로 장부상 기말재고수량이 과대계상된다.

2. 실지재고조사법
   1,000 (기초) + 3,000 (매입) - **2,700 (실지재고)** = 1,300 (판매)
   실제 판매수량은 1,000개이므로 장부상 판매수량이 과대계상된다.

3. 혼합법
   1,000 (기초) + 3,000 (매입) - **1,000 (판매)** = **2,700 (실지재고)** + 300 (감모수량)

제5절 재고자산의 단가결정방법

1. 개념

(1) 동일한 재고자산도 취득할 때마다 같은 단가에 구입할 수 있는 것은 아님
따라서, 판매분(매출원가)과 미판매분(기말 재고자산)에 언제 구입한 단가를 적용할 것인가의 문제가 제기됨

• 매번 같은 단가에 취득할 수 있다면 더 이상의 논의는 필요하지 않다.

(2) 원가흐름의 가정
1) 단가를 결정한다는 것은 원가흐름(cost flow)을 가정한 것일 뿐 물량흐름(physical flow)을 의미하는 것이 아님에 주의

2) 일반적인 물량흐름은 선입선출법에 가깝지만 이와 관계없이 원가흐름을 가정하여 판매분과 미판매분으로 원가를 배분함

3) 사례

① 품질과 규격 등이 동일한 상품을 다음 번호 순으로 각 단가로 구입했다고 가정

[1] @100 [2] @110 [3] @120 [4] @130 [5] @140

② 취득원가는 100 + 110 + 120 + 130 + 140 = 600원
이 중 [1] [2] [3] 은 판매되었고, [4] [5] 은 미판매분인 기말재고라고 가정

③ 실제 물량흐름은 선입선출이지만 원가흐름은 이와 관계없음
즉, 매출원가인 [1] [2] [3] 에는 @100, @110, @120, @130, @140 중 어느 단가도 적용될 수 있음

④ 원가흐름의 가정에 따라 매출원가와 기말재고 금액이 달라짐

구 분	선입선출법	후입선출법
매출원가	@100 + @110 + @120 = 330원	@140 + @130 + @120 = 390원
기말재고	@130 + @140 = 270원	@100 + @110 = 210원

2. 개별법 (specific identification method)

(1) 상품을 구입할 때 개별 상품별로 가격표(tag)를 붙였다가 판매할 때마다 가격표를 떼어 매출원가로 기록

(2) 통상적으로 상호 교환할 수 없는 항목이나 특정 프로젝트별로 생산되는 제품 및 서비스의 원가를 결정할 때에 적용

(3) [2] [4] [5] 이 판매되고, [1] [3] 이 판매되지 않았다면
매출원가 = [2] @110 + [4] @130 + [5] @140 = 380원
기말재고 = [1] @100 + [3] @120 = 220원

(4) 장점

1) 실제수익에 실제원가가 대응되어 정확한 수익 · 비용의 대응이 가능

2) 원가흐름과 물량흐름이 일치하는 가장 이상적인 방법

(5) 단점

1) 재고자산의 종류와 수량이 많을 경우 많은 비용이 소요

2) 다른 가격표를 적용하는 방법으로 이익 조작이 가능함

3. 평균법 (average method)

(1) 총평균법 (weighted average method) : 평균법 + 실지재고조사법
회계기간 동안의 판매가능상품의 총원가를 판매가능한 총수량으로 나누어 총평균단가를 계산하여 매출원가와 기말재고에 동일하게 적용

(2) 이동평균법 (moving average method) : 평균법 + 계속기록법
매입할 때마다 평균단가를 재계산하여 기중에 판매할 때 판매수량에 적용하여 매출원가를 계산

4. 선입선출법 (FIFO, First In First Out method)

(1) 먼저 구입한 상품의 단가를 매출원가에 순차적으로 적용하는 방법
「계속기록법」과 「실지재고조사법」을 적용했을 때 결과가 같음

(2) [2] [4] [5] 가 판매되고, [1] [3] 이 판매되지 않았다면
매출원가 = [2] @100 + [4] @110 + [5] @120 = 330원
기말재고 = [1] @130 + [3] @140 = 270원

(3) 장점
1) 원가흐름의 가정과 물량흐름이 일치
2) 기말재고자산이 최근에 구입한 단가로 구성되어 현행원가의 근사치를 반영

(4) 단점
1) 현행수익에 과거에 구입한 단가가 매출원가로 대응되어 수익 · 비용의 대응이 부적절
2) 물가가 상승하는 상황에서 이익이 과대계상되어 세금부담이 커짐

5. 후입선출법 (LIFO, Last In First Out method)

(1) 나중에 구입한 상품의 단가를 매출원가에 순차적으로 적용하는 방법
「계속기록법」과 「실지재고조사법」을 적용했을 때 결과가 달라짐

(2) [2] [4] [5] 가 판매되고, [1] [3] 이 판매되지 않았다면 (실지재고조사법 적용시)
매출원가 = [2] @140 + [4] @130 + [5] @120 = 390원
기말재고 = [1] @110 + [3] @100 = 210원

(3) 장점
1) 현행수익에 최근에 구입한 단가가 매출원가로 대응되어 수익 · 비용

의 대응이 적절

2) 물가가 상승하는 상황에서 재고자산이 증가하는 경우 법인세 이연 효과 발생

• 재고자산 증가
기초재고수량 < 기말재고수량
또는
매입수량 > 판매수량

(4) 단점

1) 원가흐름의 가정과 물량흐름이 반대임

2) 기말재고자산이 과거에 구입한 단가로 구성되어 재무비율분석이 왜곡됨

3) 물가가 상승하는 상황에서 재고자산이 감소(기초재고수량 > 기말재고수량)하는 경우 후입선출법에 의한 청산문제(LIFO liquidation)가 발생

4) 청산문제를 해결하기 위해 불건전한 구매 관습을 유발하여 이익조작이 가능해짐

• 물가가 상승하는 상황에서 판매량이 증가하여 과거 원가가 매출원가로 매출에 대응되면 이익이 증가하여 법인세가 증가하게 되는데 이를 청산문제라 하며 이를 해결하기 위해 불필요하게 재고자산을 매입하게 되는데 이를 불건전한 구매관습이라 한다.

6. 각 방법의 비교

상 품			개별법	FIFO	총평균법	LIFO
기 초	×××	매출원가	380	**330**	360	**390**
(순)매 입	×××	기 말	220	**270**	240	**210**
	600		600	**600**	600	**600**

(1) 가정

1) 물가 상승

2) 재고자산이 증가 (기초재고 < 기말재고 또는 매입 > 매출)

3) 위 가정하에 각 방법의 비교

매출원가	FIFO	<	총평균법	<	LIFO
기말재고	FIFO	>	총평균법	>	LIFO
순이익	FIFO	>	총평균법	>	LIFO
법인세	FIFO	>	총평균법	>	LIFO

(2) 가정이 변할 경우에는 그 크기가 반대가 됨

제6절 기말재고자산의 평가

1. 재고자산감모손실

(1) 감모는 재고자산의 파손, 부패, 도난, 분실 등으로 인해 발생
장부상 기말재고수량과 실지재고수량을 비교하여 감모수량을 파악

• 측정이란, 측정대상에 수치를 부여하는 과정이다. 거리가 몇 미터, 부피가 몇 리터와 같은 표현이 곧 측정치이다. 이 중 화폐가치로 측정하는 것을 평가라고 한다.

(2) 재고자산감모손실

1) (장부상 재고수량 - 실지재고수량) × 취득원가

2) 회계처리

① 정상감모
통제 불가능한 요소, 원가성 있음 - 「매출원가」에 가산

② 비정상감모
통제 가능한 요소, 원가성 없음 - 「영업외비용」

• 이렇게 구분하여 처리하는 것은 원가회계에서 공손의 처리 방법과 동일하다.

(차)	매출채권	×××	(대)	상 품	×××
	재고자산감모손실	×××			

• 감모는 수량 부족이므로 회복될 수 없으므로 상품을 감소시키는 회계처리를 한다.

2. 재고자산평가손실

(1) 자산평가

취득원가로 기록된 자산의 가치가 기말시점에 변동되었을 때 『재무상태표』에 자산의 금액을 얼마로 보고할 것인가의 문제

(2) 저가법 (LCM, Lower of Cost or Market)

1) 기말에 재고자산의 시가가 취득원가보다 하락한 경우에는 둘 중 더 낮은 금액을 『재무상태표』에 보고

2) 적용 근거 : 보수주의

• 보수주의(안전성 또는 신중성) 선택 가능한 대체적인 회계처리방법이 있을 경우 자산과 이익을 적게 하는 방법을 선택하여 회사의 재무 상태를 튼튼히 할 수 있도록 한다는 회계관습이다.

3) 시가 (Market Value)
정상적인 영업활동 과정에서의 거래 가격으로서 재고자산의 종류에 따라 달리 규정

① 판매목적인 제품, 상품, 재공품 : 순실현가능가치

② 생산과정에 투입될 원재료 : 현행(대체)원가

• 순실현가능가치 (NRV, Net Realizable Value) = (예상 판매가격 - 예상 비용)

• 원재료는 그 자체로 판매하는 것이 아니라 제품 생산에 투입되므로 예상 판매가격이 있을 수 없으므로 매입시장에서 형성된 현행원가를 시가로 보아 저가법을 적용하되, 원재료를 투입하여 완성될 제품의 시가가 원가보다 높을 때에는 저가법을 적용하지 않는다.

4) 저가법 적용 방법

① 종목별 기준, 조별 기준, 총계 기준

② 『일반기업회계기준』

• 총계기준을 인정하지 않는 것은 저가법의 근거인 보수주의 관점에 어긋나기 때문이다.

종목별로 적용하는 것을 원칙으로 하되 재고자산이 서로 유사하거나 관련되어 있는 경우에는 조별로 적용 가능

예제 4-4 저가법의 적용방법

다음 자료에 따라 종목별, 조별(과일, 주류) 및 총계기준에 따라 평가할 때 재고자산 평가손실을 계산하시오.

종 목	원 가	시 가
사 과	100,000	120,000
배	200,000	170,000
바나나	300,000	280,000
소 주	50,000	55,000
맥 주	80,000	110,000
양 주	300,000	290,000

해 설

• 세 기준을 비교해 보면 종목별 기준의 경우에 재고자산평가손실이 가장 크게 나타나 보수주의에 가장 부합한다. 조별기준과 총계기준의 경우에는 평가손실과 평가이익이 상계되어 나타난다.

종 목	원 가	시 가	종목별	조 별	총 계
사 과	100,000	120,000			
배	200,000	170,000	30,000		
바나나	300,000	280,000	20,000		
소계	**600,000**	**570,000**		30,000	
소 주	50,000	55,000			
맥 주	80,000	110,000			
양 주	300,000	290,000	10,000		
소계	**430,000**	**455,000**			
총계	**1,030,000**	**1,025,000**			5,000
	재고자산평가손실		60,000	30,000	5,000

(3) 회계처리

• 재고자산평가손실은 실제 수량에 대한 가치 하락분이므로 재고자산감모손실처럼 상품을 직접 감소시키지 않고 재고자산평가충당금이라는 평가계정을 사용하여 회계 처리한다.

1) 평가손실이 발생하는 경우

평가손실은 매출원가에 가산하고, 재고자산에서 차감하는 형식으로 표시

(차)	재고자산평가손실 (매출원가)	×××	(대)	재고자산평가충당금	×××

2) 순실현가능가치가 회복되어 장부금액보다 상승하는 경우

최초의 장부가액을 초과하지 않는 범위 내에서 환입하여 평가손실

환입액은 매출원가에서 차감

(차)	재고자산평가충당금	×××	(대)	재고자산평가충당금환입	×××
		×××		(매출원가)	

재무상태표

재고자산	1,000	
평가충당금	(100)	
	900	

전산회계 1급

04 국제회계기준(IFRS)

제4장 유동자산-재고자산

* 이하 표시되는 절 등은 본문 『일반기업회계기준』의 해당되는 내용에 대응되는 번호를 의미한다.

제2절 취득원가 결정

1. 취득원가

(1) 용역제공기업

1) 용역제공기업도 영업활동 수행과정에서 일부 재고자산 인식 가능

2) 용역제공기업이 재고자산을 가지고 있다면 제조원가로 측정

3) 주로 감독자를 포함한 용역제공에 직접 관여된 인력에 대한 노무원가 및 기타원가와 관련된 간접원가로 구성

4) 판매와 일반관리 인력과 관련된 노무원가 및 기타원가는 발생한 기간의 비용으로 인식

제3절 기말재고자산에 포함될 항목

6. 반품권이 부여된 판매 : 기말재고자산에서 제외

(1) 판매대가 중 반품이 예상되는 재고의 판매금액은 수익이 아닌 「환불부채」로 인식

(차)	매출채권	×××	(대)	매 출	×××
				환불부채	×××

(2) 반품이 예상되는 재고자산의 원가는 매출원가가 아닌 「반품제품회수권」이라는 별도 자산으로 인식

(차)	매출채권	×××	(대)	상 품	×××
	반품제품회수권	×××			

제5절 재고자산의 단가결정방법

5. 후입선출법 (LIFO, Last In First Out method) : 인정하지 않음

(1) 실제 물량흐름을 반영하지 못하고 기말재고자산이 과거에 구입한 단가로 구성

(2) 재고자산 청산문제를 해결하기 위해 불건전한 구매 관습을 유발하여 이익조작이 가능

제6절 기말재고자산의 평가

2. 재고자산의 저가평가

(1) 재고자산의 원가를 회수하기 어려울 수도 있는 경우

① 물리적으로 손상된 경우

② 완전히 또는 부분적으로 진부화된 경우

③ 판매가격이 하락한 경우

④ 완성하거나 판매하는데 필요한 원가가 상승한 경우

제4장 ○ × 문제

01 일반기업이 영업활동에 사용할 목적으로 보유하고 있는 토지는 재고자산이다.

02 기말 현재 운송중인 상품이 선적지 인도조건이라면 매입운임은 취득원가에 가산해야 한다.

03 실지재고조사법의 문제점은 기말에 재고자산 실사 결과 창고에 없는 것은 모두 판매되었다고 가정한다는 점이다.

04 재고자산의 단가를 결정하는 경우 실제 물량흐름을 그대로 적용한다.

05 평균법에 혼합법을 적용한 것이 이동평균법이고, 평균법에 계속기록법을 적용한 것이 총평균법이다.

06 선입선출법, 후입선출법 모두 계속기록법이나 실지재고조사법에 의한 결과가 동일하다.

07 일반적으로 물가가 상승하고 재고수량이 증가하는 경우 기말재고의 크기는 선입선출법 > 평균법 > 후입선출법의 순이다.

08 재고자산의 수량 파악방법 중 계속기록법은 감모수량을 파악할 수 없으므로 실지재고조사법을 사용하면 감모수량을 파악할 수 있다.

09 일반기업회계기준은 영업외비용으로 계상되는 비정상적인 감모손실은 재고자산평가손실의 과목으로 공시하도록 하고 있다.

10 일반기업회계기준은 재고자산평가손실을 매출원가에 가산하고 취득원가에서 차감하는 형식으로 표시하도록 하고 있다.

11 시가가 취득원가보다 상승할 경우 기말 재고자산을 시가로 평가하고 그 차액을 재고자산평가이익으로 처리한다.

12 저가법 적용시 종목별 기준이 총계기준보다 보수적인 방법이다.

제4장 ○ × 문제 해설

01 × 일반기업이 영업활동에 사용할 목적으로 보유하고 있는 토지는 유형자산이다.

02 ○ 도착지 인도조건이라면 운임은 판매자가 판매비와관리비로 처리한다.

03 ○ 따라서, 감모수량도 판매된 것으로 처리되어 매출원가가 과대계상된다.

04 × 재고자산의 단가 결정시 동일 종목의 재고자산도 매입시점마다 매입단가가 달라지므로 실제 물량흐름과는 무관한 원가흐름의 가정을 도입하여 산정한다.

05 × 평균법 + 계속기록법 → 이동평균법
평균법 + 실지재고조사법 → 총평균법

06 × 선입선출법은 계속기록법이나 실지재고조사법에 의한 결과가 동일하지만 후입선출법은 그 결과가 다르다.

07 ○ 가정 : 물가상승, 재고자산 수량 증가
매출원가 : 선입선출법 < 평균법 < 후입선출법
기말재고 : 선입선출법 > 평균법 > 후입선출법
순 이 익 : 선입선출법 > 평균법 > 후입선출법

08 × 계속기록법과 실지재고조사법 모두 감모수량을 파악할 수 없으므로 두 방법을 모두 사용하여야 한다.

09 × 재고자산감모손실로 처리하고 재고자산에서 제거한다.

10 ○ (차) 재고자산평가손실 ××× (대) 재고자산평가충당금 ×××
(매출원가)

11 × 재고자산은 저가법에 의해 평가하므로 재고자산평가이익은 인식하지 않는다.

12 ○ 총계기준의 경우에는 (시가 > 원가)인 종목과 (시가 < 원가)는 종목이 서로 상쇄되어 평가손실이 적게 계상된다.

전산회계 1급

04 연습문제

제4장 유동자산-재고자산

01 다음 중 재고자산의 시가가 취득원가보다 하락한 경우에는 저가법을 사용하여 재고자산의 장부금액을 결정할 수 있는 사유로 볼 수 없는 것은?

① 보고기간말로부터 2년 또는 정상영업주기 내에 판매되지 않았거나 생산에 투입할 수 없어 장기 체화된 경우

② 손상을 입은 경우

③ 완성하거나 판매하는 데 필요한 원가가 상승한 경우

④ 진부화하여 정상적인 판매시장이 사라지거나 기술 및 시장 여건 등의 변화에 의해서 판매 가치가 하락한 경우

정답 ①

02 다음 중 계속적으로 물가가 상승하고, 기말상품재고량은 기초상품재고량 보다 증가한 상황일 때 미치는 영향으로 옳지 않은 것은?

① 매출원가는 선입선출법이 총평균법보다 작게 평가된다.

② 기말상품가액은 선입선출법이 후입선출법보다 크게 평가된다.

③ 당기순이익은 선입선출법이 후입선출법보다 크게 평가된다.

④ 기말상품가액은 선입선출법이 이동평균법보다 작게 평가된다.

정답 ④

03 다음 중 재고자산의 저가법에 관한 설명으로 틀린 것은?

① 재고자산의 손상으로 재고자산의 시가가 취득원가보다 하락하면 저가법을 사용하여 재고자산의 장부금액을 결정한다.

② 재고자산의 시가는 매 회계기간 말에 추정하고 재고자산평가손실의 환입은 매출원가에서 차감한다.

③ 재고자산 평가를 위한 저가법은 항목별로 적용한다. 그러나, 경우에 따라서는 서로 유사하거나 관련 있는 항목들을 통합하여 사용하는 것이 적절할 수 있다.

④ 원재료를 투입하여 완성할 제품의 시가가 원가보다 높을 때에도 원재료에 대하여 저가법을 적용한다.

정답 ④

04 재고자산의 시가가 취득원가보다 하락한 경우에는 저가법을 사용하여 장부금액을 결정한다. 이와 같이 저가법을 적용하는 사유에 해당하지 않는 것은?

① 보고기간말로부터 1년 또는 정상영업주기 내에 판매되지 않았거나 생산에 투입할 수 없어 장기 체화된 경우
② 진부화하여 정상적인 판매시장이 사라진 경우
③ 완성하거나 판매하는데 필요한 원가가 하락한 경우
④ 기술 및 시장여건 등의 변화에 의해서 판매가치가 하락한 경우

- 이 경우에는 순실현가능가치가 상승하므로 저가법을 적용할 필요가 없다.
  * 순실현가능가치 (NRV) = 추정판매가액 - 추가가공원가 - 추가판매비용

정답 ③

05 다음 중 재고자산평가손실로 처리해야 하는 변동사항인 것은?

① 분실　　② 가치하락
③ 도난　　④ 파손

- 재고자산감모손실 분실, 도난, 파손
- 재고자산평가손실 : 가치하락

정답 ②

06 다음 자료를 기초로 하여 매출원가를 계산하면 얼마인가?

• 기초재고액	100,000원	
• 당기매입액	500,000원	도착지 인도조건의 미착상품 30,000원 포함
• 기말재고액	50,000원	창고 보유분
• 시 송 품	30,000원	고객이 매입의사를 표시한 금액 10,000원
• 적 송 품	100,000원	60% 판매완료

① 430,000원　　② 440,000원
③ 450,000원　　④ 460,000원

정답 ④

상 품

차변		대변	
기 초	100,000	매출원가	?
매 입*1	470,000	기 말*2	110,000
	570,000		570,000

*1. 500,000원 - 미착품 30,000원
*2. 50,000원 + 시송품 20,000원 + 적송품 40,000원

07 다음의 자료에서 설명하는 재고자산의 평가방법은?

> • 일반적인 물가 상승시 당기순이익이 과소계상되어 법인세를 절감하는 효과가 있다.
> • 기말재고자산이 현 시가를 반영하지 못한다.
> • 디플레이션시에는 경영진의 경영실적을 높이려는 유혹을 가져올 수 있다.

① 선입선출법 ② 후입선출법
③ 개별법 ④ 이동평균법

정답 ②

• 이동평균법
평균법 + 계속기록법
• 총평균법
평균법 + 실지재고조사법

08 재고자산의 원가흐름에 대한 가정의 내용 중 옳지 않은 것은?

① 개별법은 실제 물량의 흐름과 원가흐름을 정확하게 일치시킨다.
② 이동평균법은 재고자산의 수량이 바뀔 때마다 단가를 새로 평균내는 방법으로서 실지재고조사법하에서의 평균법이다.
③ 후입선출법은 물가하락시 선입선출법보다 이익이 상대적으로 과대 계상된다.
④ 선입선출법은 후입선출법보다 수익 · 비용의 대응이 부적절하다.

정답 ②

09 다음은 재고자산에 대한 설명이다. 잘못된 것은?

① 성격이 상이한 재고자산을 일괄하여 구입한 경우에는 총매입원가를 각 재고자산의 공정가치 비율에 따라 배분하여 개별 재고자산의 매입원가를 결정한다.
② 재고자산은 취득원가를 장부금액으로 한다. 다만, 시가가 취득원가보다 낮은 경우에는 시가를 장부금액으로 한다.
③ 재고자산은 정상적인 영업과정에서 판매를 위하여 보유하거나 생산과정에 있는 자산 및 생산 서비스 제공과정에 투입될 원재료나 소모품의 형태로 존재하는 자산을 말한다.
④ 적송품은 수탁자가 제 3자에게 판매를 할 때까지 수탁자가 점유하고 있기 때문에 제3자에게 판매하기 전까지는 수탁자의 재고자산에 포함한다.

정답 ④

10 다음 중 재고자산에 대한 설명으로 옳지 않은 것은?

① 재고자산은 이를 판매하여 수익을 인식한 기간에 매출원가로 인식한다.

② 재고자산의 시가가 장부금액 이하로 하락하여 발생한 평가손실은 재고자산의 차감계정으로 표시하고 영업외비용으로 처리한다.

③ 재고자산의 장부상 수량과 실제 수량과의 차이에서 발생하는 감모손실의 경우 정상적으로 발생한 감모손실은 매출원가에 가산한다.

④ 재고자산의 장부상 수량과 실제 수량과의 차이에서 발생하는 감모손실의 경우 비정상적으로 발생한 감모손실은 영업외비용으로 분류한다.

정답 ②

Chapter 5

비유동자산-투자자산

Guide

투자자산에서는 투자자 관점에서 유가증권에 대한 회계처리를 위주로 정리한다. 유가증권 회계의 이론구조는 분류 - 취득 - 보유 - 기말평가 - 처분으로 이루어진다. 이 중 특정 부분이 중요하다기 보다는 전체 흐름이 유기적으로 연결되어 있으므로 그 흐름에 따라 정리하는 것이 중요하다.

제1절 투자자산

1. 의의

(1) 장기적인 투자수익을 얻을 목적으로 보유하는 자산

(2) 투자유가증권, 장기금융상품, 장기대여금, 투자부동산, 특정현금과예금 등

제2절 유가증권

1. 의의

(1) 일정한 금액 단위로 분할된 상태로 발행되어 투자의 대상이 되는 재산적 가치를 나타내는 증권

• 상법상으로는 창고증권 · 선하증권 · 어음 · 수표도 유가증권에 해당하지만 회계에서 유가증권은 주식(지분증권)과 채권(채무증권)만을 의미한다.

(2) 비교

구 분	만 기	투자수익	원금 상환의무
지분증권 : 주식	없 음	배 당 금	없 음
채무증권 : 채권	있 음	확정이자	있 음

2. 계정분류

유가증권은 지분증권과 채무증권으로 나누어 보유목적에 따라 다음과 같이 구분

(1) 지분증권

1) 지분법적용투자주식 : 투자자산

① 피투자회사에 유의적인 영향력을 행사할 목적으로 취득한 경우

② 반증이 없는 한 의결권 있는 주식 20% 이상을 보유한 경우 유의적인 영향력을 행사할 수 있는 것으로 간주

2) 매도가능증권 : 투자자산

장기적인 투자 목적으로 취득한 경우

3) 단기매매증권 : 당좌자산

시장성 있는 주식을 단기매매차익을 목적으로 취득한 경우

• 시장성이란, 매수와 매도가 빈번하고 적극적으로 이루어짐을 뜻한다.

(2) 채무증권

1) 단기매매증권 : 당좌자산

시장성 있는 채권을 단기매매차익을 목적으로 취득한 경우

2) 매도가능증권 : 투자자산

장기적인 투자 목적으로 취득한 경우

3) 만기보유증권 : 투자자산

만기가 확정된 채무증권으로서 만기까지 보유할 적극적인 의도와 능력이 있는 경우

3. 취득원가 결정

(1) 지분증권

1) 지분법적용투자주식 및 매도가능증권

매입가액 + 취득부대비용 (수수료 및 세금 등)

2) 단기매매증권

매입가액을 취득가액으로 하며, 취득부대비용은 「수수료비용」(영업외비용)으로 처리

• 취득부대비용을 취득원가에 가산하는 것은 수익 · 비용대응원칙에 따른 것인데, 단기매매증권의 보유목적상 예외적으로 즉시 비용으로 처리한다.

(2) 채무증권

1) 단기매매증권

매입가액을 취득가액으로 하며, 취득부대비용은 영업외비용으로 처리

2) 매도가능증권 및 만기보유증권

매입가액 + 취득부대비용 (수수료 및 세금 등)

예제 5-1 유가증권 취득

A 회사가 다음과 같이 유가증권을 취득한 경우 단기매매증권인 경우와 매도가능증권인 경우로 구분하여 회계처리 하시오.

제 3 회계연도에 유가증권(지분증권)을 1,000원에 취득하였으며 취득과정에서 취득부대비용은 100원이 발생하였다.

해 설

1. 단기매매증권 경우

(차)	단기매매증권	1,000	(대)	현 금	1,100
	수수료비용	100			

2. 매도가능증권 경우

(차)	매도가능증권	1,100	(대)	현 금	1,100

4. 보유손익

(1) 지분증권

1) 현금배당 : 주주총회에서 배당 결의가 이루어진 시점

결의일	(차)	미수배당금	×××	(대)	배당금수익	×××
지급일	(차)	현 금	×××	(대)	미수배당금	×××

• 투자활동에 해당하므로 배당금수익은 영업외수익 처리하며, 배당금 지급시점에 현금으로 회수하는 회계처리를 한다.

2) 주식배당

『일반기업회계기준』은 주주의 이익으로 보지 않으므로 회계처리는 없으며, 보유 주식수와 주당 장부가액만 조정

• 주식배당에 대하여는 9장 자본을 참조할 것

(2) 채무증권

결산일 현재 발생한 이자를 인식

(차)	미수이자	×××	(대)	이자수익	×××

5. 기말평가

(1) 지분증권

1) 지분법적용투자주식 : 지분법 회계 적용
2) 매도가능증권 : 공정가액법 – 매도가능증권평가손익 (B/S 자본 : 기타포괄손익누계액)
3) 단기매매증권 : 공정가액법 – 단기매매증권평가손익 (I/S 영업외손익)

(2) 채무증권

1) 단기매매증권 : 공정가액법 – 단기매매증권평가손익 (I/S 영업외손익)
2) 매도가능증권 : 공정가액법 – 매도가능증권평가손익 (B/S 자본 : 기타포괄손익누계액)
3) 만기보유증권 : 상각후원가법

예제 5-2 유가증권 평가 : 예제 4-1에서 계속

제 3 회계연도 말에 유가증권의 공정가액은 1,300원이었다.
회계처리를 하고 『재무상태표』와 『손익계산서』를 작성하시오.

해설

1. 단기매매증권 경우

(차) 단기매매증권 300 (대) 단기매매증권평가이익 (I/S) 300

* 평가이익 = 기말 공정가액 (1,300원) – 장부가액 (1,000원) = 300원

재무상태표

단기매매증권	1,300	

손익계산서

	단기매매증권평가이익	300

2. 매도가능증권 경우

(차) 매도가능증권 200 (대) 매도가능증권평가이익 (B/S) 200

* 평가이익 = 기말 공정가액 (1,300원) – 장부가액 (1,100원) = 200원

재무상태표

매도가능증권	1,300	평가이익	200

* 기말 공정가액 (1,300원) – 평가이익 (200원) = 취득가액 (1,100원)

- 지분법은 투자회사와 피투자회사는 경제적으로 단일 실체라는 관점에서 그 사이의 부당한 내부거래나 배당정책조정에 따른 이익조작 가능성을 배제하기 위한 것으로서 본 교재의 범위를 벗어나므로 자세한 설명은 생략한다.

- 매도가능증권의 장부가액 ± 평가손익 = 취득가액

- 상각후원가란, 유효이자율법에 의해 조정된 후의 채권 장부가액을 의미한다.

- 공정가액(Fair Value)과 시가(Market Value)
공정가액이란 공정한 가액이며, 시가는 시장가치를 뜻한다. 어떤 재화 · 서비스가 거래되는 시장이 없거나 거래수량이 너무 적다면 시가는 존재할 수 없지만 이러한 경우에도 다른 방법으로 공정가액을 산출할 수 있다. 이렇게 회계학에서는 보다 넓은 개념을 사용하고 있다.
이에 따라 일반기업회계기준에서도 시가법이란 용어보다는 공정가액법이란 표현을 사용하고 있다.

• 평가손익은 유가증권 시장에서 정상적인 가격변동에 따라 발생하는 것이며, 손상차손은 해당 유가증권에만 적용되는 비정상적인 가격변동에 따라 발생한다는 점이 다르다.

6. 손상차손

(1) 매도가능증권과 만기보유증권에 대하여 인식

(2) 손상 발생시 「손상차손」(I/S 영업외손익) 인식

1) 매도가능증권 : 회수가능가액 - 취득원가

2) 만기보유증권 : 회수가능가액 - 상각후원가

(3) 손상 회복시 손상 이후 객관적 사실과 관련된 경우 「손상차손환입」 인식

1) 매도가능증권 : 한도 없음

2) 만기보유증권 : 한도 - 손상차손을 인식하지 않았을 경우의 장부가액

예제 5-3 유가증권 손상 : 예제 4-2에서 계속

제 3 회계연도 말에 유가증권에 손상이 발생하였는데 회수가능가액은 700원이었다. 매도가능증권에 대하여 회계처리를 하시오.

해 설

(차)	평가이익 (B/S)	200	(대)	매도가능증권	600
	손상차손 (I/S)	400			

* 손상차손 = 회수가능가액 (700원) - 취득가액 (1,100원) = △400원

• 처분가액은 처분가액에서 처분비용을 차감한 금액으로 하며, 처분손익은 영업외손익 처리한다.

7. 처분시 처분손익의 인식

(1) 단기매매증권 및 만기보유증권 : 처분가액 - 장부가액

(2) 매도가능증권 : 처분가액 - 취득가액

예제 5-4 유가증권 처분 : 예제 4-2에서 계속, 예제 4-3과 무관

제 4 회계연도 중에 유가증권을 처분하였다. 처분가액은 1,600원이었으며 처분비용은 100원이었다. 회계처리를 하고 취득 - 평가 - 처분과정에서 총손익을 계산하시오.

해 설

1. 단기매매증권 경우

(차)	현 금	1,500	(대)	단기매매증권	1,300
				처분이익 (I/S)	200

* 처분이익 = 처분가액 (1,600원 - 100원) - 장부가액 (1,300원) = 200원
* 취득시 수수료비용 (-100원) + 평가이익 (300원) + 처분이익 (200원) = 총이익 400원

2. 매도가능증권 경우

(차)	평가이익	200	(대)	매도가능증권	1,300
	현 금	1,500		처분이익 (B/S)	400

* 처분이익 = 처분가액 (1,600원 - 100원) - 취득가액 (1,100원) = 400원
* 처분이익 (400원) = 총이익 400원

8. 재분류

(1) 이익조작으로 이용될 수 있으므로 원칙적으로 재분류는 금지

(2) 단기매매증권 → 매도가능증권

1) 드문 상황에서 더 이상 단기 매매차익 목적으로 보유하지 않는 경우

2) 시장성을 상실한 경우

(3) 매도가능증권 → 만기보유증권 가능

(4) 만기보유증권 → 매도가능증권 가능

(5) 재분류할 경우 선평가한 후 대체

• (2)의 경우 먼저 평가하여 단기매매증권평가손익(영업외손익)으로 처리한 후 매도가능증권으로 재분류한다.

전산회계 1급

05 국제회계기준(IFRS)

제5장 비유동자산-투자자산

* 이하 표시되는 절 등은 본문 『일반기업회계기준』의 해당되는 내용에 대응되는 번호를 의미한다.

2. 계정분류

- 유가증권은 지분증권과 채무증권으로 나누어 보유목적에 따라 다음과 같이 분류하고 보고기간 종료일마다 분류이 적정한지 여부를 재검토
- 금융자산은 다음 두 가지 사항 모두에 근거하여 후속적으로 상각후원가, 기타포괄손익 - 공정가치, 당기손익 - 공정가치로 측정되도록 분류
  ① 금융자산의 관리를 위한 사업모형
  ② 금융자산의 계약상 현금흐름 특성

(1) 지분증권

- 지분율 50% 초과하는 경우 : 종속기업투자주식 (연결재무제표 작성대상)
- A financial assets measured Fair Value through Other Comprehensive Income

1) 관계기업투자주식(지분법 적용) : 투자자산
   ① 피투자회사에 유의적인 영향력을 행사할 목적으로 취득한 경우
   ② 반증이 없는 한 의결권 있는 주식 20% 이상을 보유한 경우 유의적인 영향력을 행사할 수 있는 것으로 간주
2) 기타포괄손익 - 공정가치 측정 금융자산 (*FVOCI) : 투자자산
   다음 두 가지 요건을 충족하는 경우
   ① 계약상 현금흐름의 수취와 금융자산의 매도 둘 다를 통해 목적을 이루는 사업모형하에서 금융자산을 보유
   ② 금융자산의 계약 조건에 따라 특정일에 원리금 지급만으로 구성되어 있는 현금흐름이 발생

- 시장성이란, 매수와 매도가 빈번하고 적극적으로 이루어짐을 뜻한다.
- A financial assets measured Fair Value through Profit or Loss

3) 당기손익 - 공정가치 측정 금융자산 (*FVPL) : 유동자산
   시장성 있는 주식을 단기매매차익을 목적으로 취득한 경우

(2) 채무증권

1) 당기손익 - 공정가치 측정 금융자산 (*FVPL) : 유동자산
   시장성 있는 주식을 단기매매차익을 목적으로 취득한 경우
2) 기타포괄손익 - 공정가치 측정 금융자산 (*FVOCI) : 투자자산

3) 상각후원가 측정 금융자산 (*AC) : 투자자산

다음 두 가지 요건을 충족하는 경우

① 계약상 현금흐름을 수취하기 위해 보유하는 것이 목적인 사업모형 하에서 금융자산을 보유

② 금융자산의 계약 조건에 따라 특정일에 원금과 원금잔액에 대한 이자지급만으로 구성되어 있는 현금흐름이 발생

• A financial assets measured at Amortized Cost

제5장 ○× 문제

01 단기매매증권의 취득가액은 매입가액에 매입부대비용을 합한 금액으로 한다.

02 일반기업회계기준은 단기매매증권평가이익도 매도가능증권평가이익과 같이 자본조정 항목으로 분류하고 있다.

03 채권이 만기보유증권으로 분류되기 위해서는 만기와 상환금액이 확정되어야만 한다.

04 지분법적용투자주식으로 분류하는 데 있어서 유의적인 영향력이란 무조건 지분율이 20%이상 되어야 한다는 것을 의미한다.

05 채권인 매도가능증권과 만기보유증권의 이자수익을 인식하는 경우 일반기업회계기준은 유효이자율법을 적용하도록 하고 있다.

06 장기금융상품으로서 사용이 제한되어 있는 것은 주석으로 기재한다.

07 보유목적의 변경에 따라 단기매매증권을 매도가능증권으로 재분류하는 경우에는 변경한 후 평가한다.

08 유가증권의 평가손익과 손상차손은 같은 개념이다.

09 만기보유증권은 유효이자율법에 따라 평가한다.

10 매도가능증권을 공정가액법으로 평가하는 경우에 평가손익은 미실현손익으로서 자본 항목 중 기타포괄손익누계액으로 처리한다.

제5장 ○× 문제 해설

01 × 단기매매증권의 취득가액은 매입가액으로 하며 매입부대비용은 영업외비용으로 처리한다.

02 × 단기매매증권의 기말 평가방법은 공정가액법이며 이 경우 단기매매증권평가손익은 영업외손익으로 처리한다.

03 × 만기보유증권
- 만기가 확정될 것
- 상환금액이 확정되거나 확정 가능할 것
- 만기까지 보유할 적극적인 의도와 능력이 있을 것

04 × 지분율이 20% 미만인 경우에도 실질적으로 영향력을 행사할 수 있다면 지분법적용투자주식으로 분류할 수 있다.

05 ○

06 ○

07 × 선평가 후대체
단기매매증권에 대하여 공정가액법을 적용하여 단기매매증권평가손익을 영업외손익으로 보고한 후 매도가능증권으로 재분류한다.

08 × 공정가액법 적용에 따른 유가증권의 평가손익은 정상적인 가격변동분이며, 손상차손은 비정상적인 가격 하락을 의미한다.

09 × 만기보유증권은 상각후 원가법에 따라 평가한다.
유효이자율법은 복리에 의한 이자 계산 방법이며 자산의 평가방법이 아니다.

10 ○ 매도가능증권평가손익은 기타포괄손익누계액으로 처리한 후 실현되는 시점에 처분손익에 가감한다.

전산회계 1급

05 연습문제

제5장 비유동자산-투자자산

• 단기매매증권이 시장성을 상실하는 경우 매도가능증권으로 분류변경한다.

01 다음 중 유가증권에 대한 설명으로 틀린 것은?

① 매도가능증권의 미실현보유손익은 자본항목(기타포괄손익누계액)으로 처리한다.
② 단기매매증권이 시장성을 상실하는 경우 만기보유증권으로 분류변경한다.
③ 단기매매증권의 미실현보유손익은 당기손익항목으로 처리한다.
④ 만기까지 적극적으로 보유할 의도와 목적이 있는 채무증권을 만기보유증권이라 한다.

정답 ②

02 다음 자료에 의할 경우 당기에 인식할 매도가능증권 처분손익은 얼마인가?

• 전기 6월 1일 매도가능증권 120주를 주당 60,000원에 취득하였다.
• 전기말 매도가능증권평가손실 1,200,000원 (주당 공정가치 50,000원)
• 당기 5월 1일 120주를 주당 50,000원에 처분하였다.

① 처분이익 2,400,000원　② 처분이익 1,200,000원
③ 처분손실 2,400,000원　④ 처분손실 1,200,000원

정답 ④

매도가능증권처분손익 = (처분가액 50,000원 - 취득가액 60,000원) × 120주
= △1,200,000원

(차)	매도가능증권	7,200,000	(대)	현 금	7,200,000
(차)	평가손실 (B/S)	1,200,000	(대)	매도가능증권	1,200,000
(차)	현 금	6,000,000	(대)	매도가능증권	6,000,000
	처분손실 (I/S)	1,200,000		평가손실 (B/S)	1,200,000

03 일반기업회계기준상 유가증권에 대한 설명 중 가장 옳지 않은 것은?

① 지분증권 중 단기매매증권이나 지분법적용투자주식으로 분류되지 아니하는 유가증권은 매도가능증권으로 분류한다.

② 매도가능증권 중 시장성이 없는 지분증권의 공정가치를 신뢰성 있게 측정할 수 없는 경우에는 취득원가로 평가한다.

③ 유가증권 보유자가 유가증권에 대한 통제를 상실하지 않고 유가증권을 양도하는 경우 당해 거래는 담보차입거래로 본다.

④ 단기매매증권에 대한 미실현 보유손익은 기타포괄손익누계액으로 처리한다.

정답 ④

- ② 시장성이 없는 경우에는 시가가 없다는 의미로 이 경우에도 공정가치는 측정할 수 있어 공정가액법을 적용할 수 있다. 따라서, 공정가치를 신뢰성 있게 측정할 수 없는 경우에는 예외적으로 취득원가로 평가한다.
  ③ 유가증권에 대한 통제를 상실하지 않았다는 것은 자산성이 있다는 의미이므로 실질에 따라 담보차입거래로 본다.

04 다음 중 유가증권에 대한 설명으로 틀린 것은?

① 단기매매증권에 대한 미실현 보유손익은 당기손익항목으로 처리한다.

② 단기매매증권이 시장성을 상실한 경우에는 매도가능증권으로 분류하여야 한다.

③ 채무증권은 취득한 후에 만기보유증권, 단기매매증권, 매도가능증권 중의 하나로 분류한다.

④ 만기보유증권으로 분류되지 않는 채무증권은 매도가능증권으로 분류한다.

정답 ④

- 만기보유증권으로 분류되지 않는 채무증권은 단기매매증권과 매도가능증권 중의 하나로 분류한다.

05 다음은 유가증권에 대한 설명이다. 틀린 것은?

① 단기매매증권은 주로 단기간 내에 매매차익을 목적으로 한다.

② 유가증권은 취득한 후에 만기보유증권, 단기매매증권, 매도가능증권, 지분법적용투자주식 중의 하나로 분류한다.

③ 단기매매증권의 미실현보유손익은 단기매매증권평가손익으로 처리한다.

④ 매도가능증권은 만기보유증권으로 재분류할 수 있으며, 만기보유증권은 매도가능증권으로 재분류할 수 없다.

정답 ④

06 다음의 유가증권을 단기매매증권으로 분류하는 경우와 매도가능증권으로 분류하는 경우 당기에 계상되는 당기손익의 차이 금액은 얼마인가?

> ㈜대한은 A 회사 주식 1,000주를 주당 5,000원(공정가치)에 매입하면서 거래비용으로 50,000원이 발생하였고 기말에 주당 공정가치가 5,500원으로 평가되었다.

① 50,000원　　② 450,000원
③ 500,000원　　④ 550,000원

정답 ②

(차)	단기매매증권	5,000,000	(대)	현　금	5,500,000
	수수료비용 (I/S)	**50,000**			
	단기매매증권	500,000		**평가이익 (I/S)**	**500,000**
(차)	매도가능증권	5,050,000	(대)	현　금	5,050,000
	매도가능증권	450,000		평가이익 (B/S)	450,000

07 다음은 단기매매 목적으로 매매한 주식회사 학동의 주식 거래내역이다. 당기말에 주식회사 학동의 공정가치가 주당 10,000원이면 당기 손익계산서에 표시될 단기매매증권평가손익은 얼마인가?

	매입주식수	매도주식수	거래가액
당기 1월 20일	1,000주		10,000원
당기 5월 30일		500주	12,000원
당기 11월 1일	1,000주		7,000원

① 단기매매증권평가손실 3,000,000원
② 단기매매증권평가이익 3,000,000원
③ 단기매매증권평가손실 1,000,000원
④ 단기매매증권평가이익 1,000,000원

정답 ②

기말 장부가액 = 500주 × 10,000원 + 1,000주 × 7,000원 = 12,000,000원
기말 공정가액 = 1,500주 × 10,000원 = 15,000,000원

08 다음은 유가증권에 대한 설명이다. 틀린 것은?

① 유가증권에는 지분증권과 채무증권이 포함된다.
② 단기매매증권에 대한 미실현보유손익은 당기손익항목으로 처리한다.
③ 매도가능증권에 대한 미실현보유손익은 기타포괄손익누계액으로 처리한다.
④ 만기가 확정된 채무증권으로서 상환금액이 확정되었거나 확정이 가능한 채무증권을 만기까지 보유할 적극적인 의도와 능력이 있는 경우에는 매도가능증권으로 분류한다.

정답 ④

09 다음 자료를 보고 당기에 인식할 처분손익을 계산하면 얼마인가?

- 전기말 단기매매증권 1,000주 주당 공정가치 10,000원
- 전기말 단기매매증권평가이익 1,500,000원
- 당기 8월 1일 1,000주를 주당 8,000원에 처분하였다.

① 처분이익 500,000원 ② 처분손실 1,500,000원
③ 처분이익 1,500,000원 ④ 처분손실 2,000,000원

정답 ④

처분시 장부가액(전기말 공정가액) = 1,000주 × 10,000원 = 10,000,000원
처분시 처분가액 = 8,000,000원

10 ㈜우연의 단기매매목적으로 취득한 유가증권의 취득 및 처분 내역은 다음과 같다. 당기 손익계산서에 보고될 유가증권의 평가손익은 얼마인가?
(㈜우연의 결산일은 12월 31일이며, 시가를 공정가액으로 본다.)

2월 15일	1주당 액면금액이 4,000원인 ㈜필연의 주식 20주를 주당 150,000원에 취득
10월 20일	㈜필연 주식 중 6주를 220,000원에 처분
12월 31일	㈜필연의 주식의 시가는 주당 130,000원

① 평가이익 80,000원 ② 평가이익 420,000원
③ 평가손실 280,000원 ④ 평가손실 120,000원

정답 ③

(20주 - 6주) × (130,000원 - 150,000원) = △280,000원

Chapter 6

비유동자산-유형자산

Guide

> 유형자산의 이론구조는 의의 - 취득 - 취득 이후의 지출 - 원가배분(감가상각) - 기말평가 - 처분으로 이루어진다. 유형자산은 취득 유형이 다양하므로 유형별 취득원가의 결정이 가장 중요한 내용이다.

제1절 유형자산

1. 의의

(1) 정상적인 영업활동 과정에서

(2) 장기간 사용할 목적으로 보유하는 → 장기간 기업에 경제적 효익을 제공

(3) 물리적 실체가 있는 자산

(4) 토지, 건물, 구축물, 기계장치, 차량운반구, 비품, 건설중인자산 등

제2절 취득원가 결정

1. 원칙

(1) 영업활동에 사용 가능한 상태에 이를 때까지 취득과 직접적으로 관련되어 있으며 정상적으로 발생되는 부대비용

(2) 매입가액 + 취득부대비용 (제세공과금 · 중개수수료 · 운반비 · 설치비 · 시운전비 등)

(3) 장기연불조건으로 취득한 경우
미래 현금 유출액을 취득당시의 유효이자율로 할인한 현재가치

• 모든 자산의 취득원가 결정과정은 동일하다. '그 자산을 의도한 용도로 사용할 수 있는 시점까지 지출된 모든 비용'으로 정의할 수 있는데 자산별로 '의도한 용도'가 각각 다르므로 자산별로 표현을 달리하여 정의하는 것 뿐이다. 또한, 여기서 '의도한 용도'란 수익창출활동이 시작되는 시점을 말한다.

2. 취득 유형별 취득원가 결정

(1) 원칙

유형자산은 취득 유형이 다양한데 취득원가는 다음 순서에 따라 결정되는 것이 일반적

1) 제공한 자산의 공정가액
2) 취득한 자산의 공정가액
3) 감정가액

- 토지를 현금 1억원을 지급하고 취득했다면 토지 취득을 위해 제공한 자산은 현금이고 현금의 공정가치는 1억원이므로 토지의 취득원가는 1억원이다.

(2) 토지

1) 건물 신축활동 개시 이전까지 발생한 원가를 포함
2) 매입가액 + 취득세 · 등록세, 취득시 법률비용, 토지측량 · 정지비용, 구건물 관련 미지급 제세공과금 등
3) 배수시설비용 · 조경공사비용 · 도로포장비 · 진입도로비용 등
   ① 내용연수가 영구적이거나 국가 및 지방자치단체가 유지관리책임을 지는 경우
      - 토지 취득원가에 포함
   ② 내용연수가 유한하거나 회사가 유지관리책임을 지는 경우
      - 구축물로 처리하여 감가상각
4) 건물 신축 목적으로 지상 건물이 있는 토지를 취득하여 구건물을 철거하는 경우
   ① 철거하는 구건물 장부가액 및 철거비용은 토지 취득원가에 가산
   ② 철거과정에서 발생한 부산물 매각액은 토지 취득원가에서 차감
5) 건물 신축 목적으로 사용 중인 기존건물을 철거하는 경우
   이 경우에는 취득과정이 아니므로 기존건물의 장부가액과 철거비용을 당기비용 처리

예제 6-1 **토지취득**

1. 회사는 제 3 회계연도 중에 지상 건물이 있는 토지를 10,000원에 취득하였다. 회사는 건물을 철거하고, 새로운 건물을 건설할 계획이다. 구건물의 철거비용은 1,000원이었고, 철거과정에서 부산물이 발생하여 300원에 처분하였다. 토지의 취득원가는 얼마인지 계산하시오.
2. 회사는 보유하고 있는 토지에 새로운 건물을 건설하기 위하여 기존 건물을 철거하려고 한다. 장부상 건물의 장부가액은 1,000원 (취득원가 10,000원 감가상각

누계액 9,000원)이었고, 철거비용은 500원은 현금으로 지출하였다. 이에 대한 회계처리를 하시오.

해 설

1. 토지의 취득원가 = 10,000원 + 1,000원 − 300원 = 10,700원

2. 회계처리

(차)	감가상각누계액	9,000	(대)	건 물	10,000
	유형자산처분손실	1,500		현 금	500

(3) 건물

1) 신축활동 개시 이후 발생한 모든 원가
2) 기초공사 굴착비용, 설계비, 건축허가비, 신축공사원가, 차입원가에 대한 자본화 비용
3) 지상 건물이 있는 토지를 취득하여 구건물을 계속 사용하는 경우 일괄취득에 해당하므로 일괄구입원가를 토지와 건물의 공정가액에 비례하여 안분

(4) 일괄취득

1) 하나의 대가를 제공하고 둘 이상의 자산을 취득하는 경우
2) 일괄 구입원가를 각 자산의 공정가액에 비례하여 각 자산에 안분하여 취득원가를 결정

예제 6-2 일괄취득

회사는 사옥으로 사용하기 위하여 지상 건물이 있는 토지를 11,000원에 취득하였는데 건물과 토지의 실거래가액은 구분되지 않는다. 취득 당시 건물과 토지의 공정가액은 각각 4,000원과 6,000원이었다. 건물과 토지의 취득원가를 계산하고 회계처리를 하시오.

해 설

일괄취득에 해당하므로 제공한 자산(현금)의 공정가치 11,000원을 건물과 토지의 공정가액에 비례하여 배분한다.
건물 = 11,000원 × 4,000원 / 10,000원 = 4,400원
토지 = 11,000원 × 6,000원 / 10,000원 = 6,600원

(차)	건 물	4,400	(대)	현 금	11,000
	토 지	6,600			

(5) 현물출자에 의한 취득

1) 유형자산을 취득하면서 주식을 대가로 제공
2) 발행주식의 공정가액을 유형자산의 취득원가로 결정
3) 발행주식의 공정가액이 없거나 불분명한 경우 유형자산의 공정가액을 취득원가로 결정

예제 6-3 현물출자에 의한 취득

회사는 유상증자를 하였는데 일부 주주가 토지를 현물출자하였고, 이에 대하여 액면가 100원의 주식 100주를 120원에 발행하였다. 회사의 주식은 상장주식에 해당한다. 이에 대한 회계처리를 하시오.

해설

토지의 취득가액은 제공한 주식의 공정가액 12,000원 (100주 × 120원)으로 결정된다.

(차)	토 지	12,000	(대)	자본금	10,000
				주식발행초과금	2,000

(6) 무상취득

제공한 자산의 공정가액이 없으므로 취득한 유형자산의 공정가액을 취득원가로 결정

예제 6-4 무상취득

회사는 회사 제조라인에 필요한 기계장치를 대주주로부터 증여받았는데 증여당시 기계장치의 공정가액은 6,000원이었다. 이에 대한 회계처리를 하시오.

해설

(차)	기계장치	6,000	(대)	자산수증이익	6,000

• 무상으로 취득하여 제공한 자산이 없으므로 취득한 자산의 공정가액을 취득원가로 한다.

(7) 강제 취득 유가증권 : 유가증권을 공정가액보다 고가에 취득하는 경우

1) 토지, 건물, 자동차 등을 취득하면서 강제적으로 국 · 공채를 매입하는 경우
2) 유가증권의 취득원가는 공정가액으로 계상
3) 국 · 공채의 현재가치(공정가액)와 실제취득가액(액면가액)의 차액(현재가치할인차금)은 유형자산의 취득원가에 포함

예제 6-5 강제 취득 유가증권

회사는 영업활동에 사용할 차량을 5,000원에 취득하면서 20년 만기 무이자부 국채를 액면가액 1,000원에 취득하였다. 국채의 공정가액은 300원이었고 회사는 매도가능증권으로 분류하였다. 이에 대한 회계처리를 하시오.

해설

자산의 취득가액은 공정가액(현재가치)을 초과하여 계상할 수 없으며, 현실적으로는 해당 국채를 실제 취득하지 않고 1,000원과 300원의 차액 700원(현재가치할인차금)만을 부담하는데 이것은 차량 취득을 위한 불가피한 상황이므로 700원은 차량 취득부대비용으로 볼 수 있다.

(차)	차량운반구	5,700	(대)	현 금	6,000
	매도가능증권	300			

(8) 교환 취득

1) 교환하는 자산의 물리적 형태 · 용도 및 공정가액이 유사한 경우 동종자산에 해당
2) 이종자산의 교환
   ① 취득하는 자산의 취득가액은 제공한 자산의 공정가액
   ② 제공한 자산 : 기존 자산 + 현금 수수액
   ③ 기존 자산을 처분하여 새로운 자산을 취득하는 것으로 보아 교환손익 인식 가능
3) 동종자산의 교환
   ① 취득하는 자산의 취득가액은 제공한 자산의 장부가액
   ② 실질적으로 달라진 것이 없고, 교환에 따른 이익조작 가능성을 막기 위해 교환손익 인식 불가
   ③ 교환에 포함된 현금 수수액이 유의적인 경우에는 이종자산의 교환에 해당

• 교환되는 자산의 가치가 서로 다르다면 거래될 수 없으며 거래가 가능하기 위해서 현금이 함께 수수된다.

예제 6-6 교환에 의한 취득

1. 甲 회사는 보유중인 건물을 A 회사가 보유중인 토지와 교환하였는데 두 회사의 건물·토지에 대한 자료는 다음과 같다. 이에 대하여 甲 회사와 A 회사의 회계처리를 하시오.

	甲 회사		A 회사
건 물	10,000	토 지	6,000
감가상각누계액	(4,000)		
	6,000		
건물 공정가액	7,000	토지 공정가액	7,500

2. 甲 회사는 보유중인 건물을 A 회사가 보유중인 건물과 교환하였는데 두 회사의 건물에 대한 자료는 다음과 같다. 이는 동종자산의 교환으로 판단되었다. 이에 대하여 甲 회사와 A 회사의 회계처리를 하시오.

	甲 회사	A 회사
건 물	10,000	12,000
감가상각누계액	(4,000)	(6,000)
	6,000	6,000
건물 공정가액	7,000	7,500

3. 만약 2.에서 甲 회사가 A 회사에 현금 1,000원을 지급하였고, 현금이 유의적이 있다고 가정하고 甲 회사와 A 회사의 회계처리를 하시오.

해설

1. 이종자산의 교환이므로 제공한 자산의 공정가액을 취득원가로 하고 교환손익을 인식한다.

(1) 甲 회사

(차)	토 지	7,000	(대) 건 물	10,000
	감가상각누계액	4,000	유형자산처분이익	1,000

(2) A 회사

(차)	건 물	7,500	(대) 토 지	6,000
			유형자산처분이익	1,500

2. 동종자산의 교환이므로 제공한 자산의 장부가액을 취득원가로 하고 교환손익을 인식할 수 없다.

(1) 甲 회사

(차)	건 물(신)	6,000	(대) 건 물(구)	10,000
	감가상각누계액	4,000		

(2) A 회사

(차)	건 물(신)	6,000	(대) 건 물(구)	12,000
	감가상각누계액	6,000		

3. 현금수수액이 유의적인 경우에는 이종자산의 교환으로 보므로 제공한 자산의 공정가액을 취득원가로 하고 교환손익을 인식한다.

(1) 甲 회사

(차)	건 물(신)	8,000	(대)	건 물(구)	10,000
	감가상각누계액	4,000		현 금	1,000
				유형자산처분이익	1,000

• 이 경우에는 건물과 현금, 두 자산을 취득하는 것으로 생각하면 된다. 따라서, 제공한 자산의 공정가액 7,500원이 건물과 현금 합계액과 일치한다.

(2) A 회사 : 제공한 자산의 공정가액 = 건물 7,500원

(차)	건 물(신)	6,500	(대)	건 물(구)	12,000
	현 금	1,000		유형자산처분이익	1,500
	감가상각누계액	6,000			

(9) 정부보조금 등에 의한 취득

1) 정부보조금

국가 · 지방자치단체가 정책적으로 기업에 시설자금 및 운영자금을 무상 지원하는 것

2) 설비투자 목적으로 받은 정부보조금

① 관련자산 취득 전까지는 정부보조금으로 받은 자산에서 차감하는 형식으로 기재

② 유형자산의 취득원가는 일반적인 취득과 같으므로 원칙에 따라 취득원가를 결정

③ 자산 취득시 정부보조금의 처리

- 취득한 유형자산에서 차감하는 형식으로 기재
- 유형자산의 내용연수에 걸쳐 감가상각비와 상계
- 유형자산을 처분하는 경우 처분손익에 반영

3) 운영자금 지원 목적으로 받은 정부보조금 : 수익으로 처리

예제 6-7 정부보조금 등에 의한 취득

회사는 제 3 회계연도에 투자지원을 목적으로 하는 정부보조금 5,000원을 보통예금 계좌로 지급받은 후 일정기간이 지난 후 정부보조금을 사용하여 기계장치를 10,000원에 취득하였다. 기계장치는 잔존가치 없이 내용연수 5년에 정액법을 적용하여 감가상각하였다. 이에 대한 회계처리를 하고 매 회계기간 말 『재무상태표』의 장부가액 변동을 표시하시오.

해설

1. 정부보조금 수령시점

(차)	보통예금	5,000	(대)	정부보조금	5,000

2. 기계장치 취득시점

(차)	기계장치	10,000	(대)	현 금	10,000
	정부보조금	5,000		정부보조금	5,000
	(보통예금 차감)			(기계장치 차감)	

3. 감가상각

(차)	**감가상각비**	**2,000**	(대)	감가상각누계액	2,000
	정부보조금	1,000		**감가상각비**	**1,000**

* 감가상각비 = 10,000원 ÷ 5년 = 2,000원

4. 재무상태표

	3기	4기	5기	6기	7기
기계장치	10,000	10,000	10,000	10,000	10,000
감가상각누계액	(2,000)	(4,000)	(6,000)	(8,000)	(10,000)
정부보조금	(4,000)	(3,000)	(2,000)	(1,000)	-
	4,000	3,000	2,000	1,000	-

- 정부보조금으로 받은 자산은 「보통예금」 계정이므로 이후 투자시점까지는 「보통예금」에서 차감하는 형식으로 기재한다.
- 정부보조금을 기계장치 취득에 사용하였으므로 관련된 자산은 기계장치이다. 따라서, 기계장치에서 차감하는 형식으로 기재하도록 대체한다.
- 정부보조금은 감가상각비와 상계하므로 감가상각비 순액은 1,000원이다. 이것은 결국 기계장치취득원가 중 정부보조금을 제외한 나머지 투자금에 대해서만 감가상각을 허용하는 것이다.
- 장부가액이 감가상각비 순액 1,000원만큼 매기 감소하는 것을 알 수 있다.

(10) 차입원가의 자본화

1) 원칙 : 기간비용 처리 (자본화 ×)
2) 예외 : 자본화를 회계정책으로 하는 경우 자본화 가능
3) 차입금을 자산 취득에 사용한 경우 해당 자산 취득시점까지 발생한 차입금 이자는 취득부대비용에 해당
4) 자본화 대상 자산
   ① 투자자산, 유형자산, 무형자산
   ② 취득과정에 1년 이상 소요되는 재고자산
5) 자본화 대상 차입금 : 특정차입금 및 일반차입금

- 일반적으로 재고자산은 판매목적으로 보유하는 자산으로 취득에 장기가 소요되는 경우는 드물지만 조선소에서 건조중인 선박의 경우에는 취득에 1년 이상 소요되는데 재고자산은 이런 경우에만 자본화 대상이 된다.

예제 6-8 차입원가의 자본화

회사는 제 2 회계연도 현재 건물을 신축하고 있는데 신축 자금으로 사용하기 위하여 10,000원 차입하였으며 당기에 이에 대한 이자비용이 500원 발생하였다.

이에 대하여 자본화하지 않는 경우와 자본화하는 경우로 나누어 회계처리를 하시오.

해 설

1. 원칙 : 자본화하지 않는 경우

(차)	이자비용	500	(대)	현 금	500

2. 예외 : 자본화는 경우

(차)	건설중인자산	500	(대)	현 금	500

예제 6-9 건설중인자산

회사는 당기에 토지를 취득하기로 하고 다음과 같이 대금을 지급하였으며 9월 1일 잔금을 지급하고 소유권 이전등기를 하였다. 회계 처리하시오.

- 3월 1일 계약금 1,000원
- 6월 1일 중도금 2,000원
- 9월 1일 잔 금 7,000원

해 설

3월 1일	(차)	건설중인자산	1,000	(대)	현 금	1,000
6월 1일	(차)	건설중인자산	2,000	(대)	현 금	2,000
9월 1일	(차)	건설중인자산	7,000	(대)	현 금	7,000
	(차)	토 지	10,000	(대)	건설중인자산	10,000

• 「건설중인자산」 계정은 자산 취득과정 중에 사용하는 계정으로 「선급금」 또는 「재공품」 계정과 유사하다. 이후 취득이 완료되면 본 계정으로 대체한다.

제3절 취득 이후의 지출

1. 자본적 지출

(1) 그 지출의 효과가 장기간에 걸쳐 나타나는 경우

1) 그 지출로 인하여 미래 경제적 효익을 증가시키거나 내용연수를 증가시키는 경우
2) 자산으로 계상한 후 감가상각을 통하여 비용 처리

(2) 유형

1) 엘리베이터 및 중앙 공급식 냉난방장치 설치, 건물의 피난시설 설치
2) 재해 등으로 훼손된 건물 등의 복구
3) 개량 · 확장 · 증설 등

• 자본적 지출 및 수익적 지출 역시 수익 · 비용대응원칙에 근거한다.

2. 수익적 지출

(1) 그 지출의 효과가 단기간에 그치는 경우

발생한 시점에 비용 처리

(2) 유형

1) 건물의 도장, 파손된 유리 · 기와 교체
2) 재해를 입은 자산의 외장복구 · 도장 · 유리대체
3) 기계 부속품 · 벨트 대체 및 조업 가능한 상태로의 유지비용 등

예제 6-10 취득 이후의 지출

1. A 회사는 사옥으로 사용중인 건물에 대하여 엘리베이터를 설치하는 등 리모델링 공사를 하고 대금 10,000원을 지급하였다.
2. B 회사는 건물 외벽에 페인트칠을 하고 대금 5,000원을 지급하였다.

해설

1. 자본적 지출

(차) 건 물	10,000	(대) 현 금	10,000

2. 수익적 지출

(차) 수선비	5,000	(대) 현 금	5,000

제4절 감가상각

1. 개념

(1) 유형자산의 감가상각대상금액을 내용연수 동안 합리적이고 체계적으로 배분하는 과정

(2) 자산의 평가과정이 아닌 수익 · 비용대응 원칙에 근거한 원가배분과정

(3) 회계처리 : 간접법
해당 유형자산을 감소시키지 않고 「감가상각누계액」 계정을 사용

• 감가상각비는 판매비와관리비 또는 제조원가로 처리하고, 감가상각누계액은 취득원가에서 차감하는 형식으로 기재한다.

(차) 감가상각비 100 (대) 감가상각누계액 100

재무상태표

유형자산	1,000	
감가상각누계액	(100)	
	900	

2. 감가상각 구성요소

(1) 감가상각 대상금액 (감가상각기초가액) = 취득원가 - 잔존가치

(2) 미상각잔액 (장부가액) = 취득원가 - 감가상각누계액

(3) 경제적 (추정) 내용연수
수익획득과정에서 사용될 것으로 예상되는 기간

(4) 경제적 (추정) 잔존가치 = 예상 (처분가액 - 처분비용)
내용연수 종료시점에 회수 가능할 것으로 예상되는 금액

(5) 감가상각방법
『일반기업회계기준』이 인정하는 가장 합리적이고 체계적인 방법을 선택하고 선택한 방법은 이후 계속 적용

공통자료

회사는 제 2 회계연도 초에 기계장치를 10,000원에 취득하였는데 잔존가치는 1,000원, 내용연수는 5년이었다.

3. 감가상각방법

* 각 방법의 가정과 이에 따른 규칙을 확인하도록 한다.

(1) 정액법

1) 가정 : 감가상각비는 시간의 경과에 비례
2) 감가상각 대상금액을 내용연수 동안 균등하게 배분
3) 감가상각비 = 감가상각대상금액 ÷ 내용연수

예제 6-11 정액법

공통자료를 참고하여 정액법에 따른 감가상각비를 계산하시오.

해설

1. 감가상각 대상금액 = 10,000원 - 1,000원 = 9,000원
2. 감가상각비 = 9,000원 ÷ 5년 = 1,800원

---

(2) 가속상각법 (체감상각법)

1) 가정 : 감가상각비는 자산의 효율에 비례
2) 수익 · 비용대응 원칙에 따라 초기에 감가상각비를 많이 인식하고 내용연수 경과에 따라 적게 인식
3) 정률법, 이중체감법, 연수합계법

(2-1) 정률법

1) 감가상각비 = 기초 미상각잔액 × 상각률
2) 상각률 = $1 - \sqrt[n]{\frac{S}{C}}$

   : n은 상각횟수, C는 취득원가, S는 잔존가치이다.
3) n차 연도 장부가액 (미상각잔액) = $C \times (1 - r)^n$: r은 상각률
4) (n + 1) 차 연도 감가상각비 = 1차 연도 감가상각비 × $(1 - r)^n$

• 최초의 미상각잔액은 취득원가와 같다.

예제 6-12 정률법

공통자료를 참고하여 정률법에 따른 감가상각비를 계산하시오.

해설

1. 상각률 = $1 - \sqrt[5]{\frac{1,000}{10,000}} = 0.371$

2. 감가상각비

	감가상각비	감가상각누계액	미상각잔액	계산내역
2기	3,710	3,710	6,290	10,000 × 0.371
3기	2,333	6,043	3,957	6,390 × 0.371
4기	1,468	7,511	2,489	3,957 × 0.371
5기	923	8,434	1,566	2,489 × 0.371
6기	566	9,000	1,000	1,566 × 0.371*

* 580원으로 계산되지만 6기 말의 미상각잔액이 잔존가치 1,000원이 되도록 단수차이를 조정한다.

(2-2) 이중체감법

1) 감가상각비 = 기초 미상각잔액 × 상각률
2) 상각률 = 2 / 내용연수 : 정액법 상각률의 2배

예제 6-13 이중체감법

공통자료를 참고하여 이중체감법에 따른 감가상각비를 계산하시오.

해설

1. 상각률 = 정액법 상각률의 2배 = $2 \times \frac{1}{5}$ = 40%

2. 감가상각비

	감가상각비	감가상각누계액	미상각잔액	계산내역
2기	4,000	4,000	6,000	10,000 × 0.4
3기	2,400	6,400	3,600	6,000 × 0.4
4기	1,440	7,840	2,160	3,600 × 0.4
5기	864	8,704	1,296	2,160 × 0.4
6기	296	9,000	1,000	1,296 × 0.4 *

- 518원으로 계산되지만 6기 말의 미상각잔액이 잔존가치 1,000원이 되도록 단수차이를 조정한다.
- 5-12과 5-13을 보면 매기 감가상각비가 감소하는데 그 감소폭은 뒤로 갈수록 감소하는 것을 알 수 있다. 체감상각이란 이를 이르는 것이다.

(2-3) 연수합계법

1) 감가상각비 = 감가상각 대상금액 × 상각률

2) 상각률 = $\dfrac{\text{잔존 내용연수}}{\text{내용연수 합계}}$

* 내용연수 합계 = $1 + 2 + \cdots + n = \dfrac{n(n+1)}{2}$

예제 6-14 연수합계법

공통자료를 참고하여 연수합계법에 따른 감가상각비를 계산하시오.

해설

1. 내용연수 합계 = $1 + 2 + 3 + 4 + 5 = \dfrac{5 \times 6}{2} = 15$
2. 감가상각비

	감가상각비	감가상각누계액	미상각잔액	계산내역
2기	3,000	3,000	7,000	$9{,}000 \times \dfrac{5}{15}$
3기	2,400	5,400	4,600	$9{,}000 \times \dfrac{4}{15}$
4기	1,800	7,200	2,800	$9{,}000 \times \dfrac{3}{15}$
5기	1,200	8,400	1,600	$9{,}000 \times \dfrac{2}{15}$
6기	600	9,000	1,000	$9{,}000 \times \dfrac{1}{15}$

• 매기 감가상각비가 600원 (9,000원 × $\dfrac{1}{15}$)씩 감소한다.

(3) 생산량비례법

1) 가정 : 감가상각비는 조업도에 비례

2) 감가상각비 = 감가상각 대상금액 × 상각률

3) 상각률 = $\dfrac{\text{당기생산량}}{\text{예상 총생산량}}$

• 조업도란, 설비의 활용정도를 말한다. 생산량 · 판매량 · 작업시간 등이 조업도로 사용된다.

예제 6-15 생산량비례법

공통자료를 참고하여 생산량비례법에 따라 2개 연도의 감가상각비를 계산하시오. 총생산량은 50,000개로 예상되었으며 실제 생산량은 2기에 14,000개, 3기에 12,000개였다.

해설

2기 9,000 × $\frac{14,000개}{50,000개}$ = 2,520

3기 9,000 × $\frac{12,000개}{50,000개}$ = 2,160

---

(4) 회계기간 중 유형자산을 취득한 경우에는 취득시점부터 월할 계산

(5) 유형자산의 손상차손

1) 자산의 진부화 및 시장가치의 급격한 하락 등으로 인하여

2) 유형자산의 회수가능가액이 장부가액에 중요하게 미달하는 경우

3) 장부가액을 회수가능가액으로 조정

4) 회수가능가액 = Max (순매각가액, 사용가치)

5) 회계처리

(차) 유형자산손상차손 100 (대) 손상차손누계액 100

6) 손상차손환입

① 손상된 자산의 회수가능가액 회복시 손상차손을 환입

② 환입 한도 : 자산이 손상되기 전 장부가액의 상각후 잔액

• 순매각가액(순실현가능가치) = 예상 처분가액 - 예상 비용

• 손상차손누계액은 유형자산에서 차감하는 형식으로 표시한다.

제5절 기말평가

유형자산 인식 이후에는 다음 방법 중 하나를 선택하여 유형자산 분류별로 동일하게 적용

1. 원가모형

기말에 자산 가치 변동분을 반영하지 않는 방법

2. 재평가모형

(1) 유형자산을 최초 인식한 이후 공정가치를 신뢰성 있게 측정할 수 있는 경우

1) 재평가금액을 장부가액으로 함

2) 결산일에 자산의 장부가액이 공정가치와 중요하게 차이가 나는 경우에는 추가적인 재평가가 필요

(2) 유형자산 분류별 재평가

1) 동일한 과목분류 내의 유형자산은 동시에 재평가
2) 재평가가 단기간에 수행되며 계속적으로 갱신되는 경우 동일한 분류에 속하는 자산을 순차적으로 재평가 가능

(3) 회계처리

1) 재평가시점의 재평가 금액이 새로운 장부가액이 되도록 조정
2) 재평가로 인한 증감이 있는 경우 정상적인 상황에서의 장부가액의 흐름을 기준으로
   ① 그 위에서 증감하는 경우에는「재평가잉여금 (B/S 기타포괄손익누계액)」처리
   ② 그 아래에서 증감하는 경우에는「재평가손익 (I/S 영업외손익)」처리

• 토지의 경우

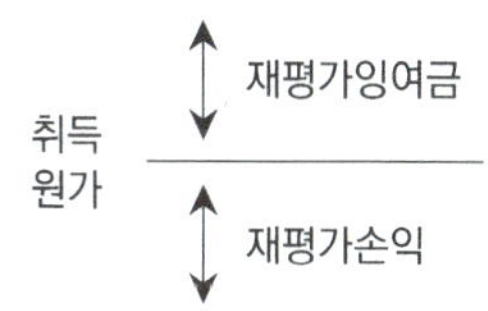

제6절 처분

1. 자발적인 처분

(1) 처분가액과 처분 당시 장부가액의 차액을「유형자산처분손익 (I/S 영업외손익)」처리
(2) 처분비용은 처분가액에서 차감

2. 비자발적인 처분

해당 유형자산의 장부가액을「유형자산처분손익 (I/S 영업외손익)」처리

예제 6-16 유형자산의 처분

1. 회사는 제 8 회계연도 7월 1일에 기계장치를 4,000원에 처분하였는데 처분당시 기초시점의 취득가액은 10,000원, 감가상각누계액은 7,000원이었으며 잔존가치 없이 내용연수 10년에 정액법을 적용하여 감가상각해 왔다. 처분비용은 100원이 발생하였다.

   처분시점의 회계처리를 하시오.

2. 1.에서 7월 1일에 기계장치를 폐기한 경우에 회계처리를 하시오.

해 설

1. 자발적인 처분

(차)	감가상각비	500	(대)	감가상각누계액	500

* 10,000 ÷ 10 × 6 / 12 = 500

(차)	현 금	3,900	(대)	기계장치	10,000
	감가상각누계액	7,500		유형자산처분이익	1,400

* 처분가액 = 4,000 − 100 = 3,900

2. 비자발적 처분

(차)	감가상각비	500	(대)	감가상각누계액	500

(차)	감가상각누계액	7,500	(대)	기계장치	10,000
	유형자산처분손실	2,500			

전산회계 1급

06 국제회계기준(IFRS)

제6장 비유동자산-유형자산

* 이하 표시되는 절 등은 본문 『일반기업회계기준』의 해당되는 내용에 대응되는 번호를 의미한다.

제1절 유형자산

1. 인식

(1) 정의

1) 재화나 용역의 생산이나 제공, 타인에 대한 임대 또는 관리활동에 사용할 목적으로 보유하는
2) 물리적 형태가 있는 자산으로서
3) 한 회계기간을 초과하여 사용할 것이 예상되는 자산

(2) 인식요건

1) 유형자산의 정의를 충족
2) 유형자산으로부터 발생하는 미래 경제적 효익이 기업에 유입될 가능성이 높을 것
3) 유형자산의 원가를 신뢰성 있게 측정 가능

(3) 안전 · 환경상의 이유로 취득하는 유형자산

그 자체로는 직접적인 미래 경제적 효익을 얻을 수 없지만 다른 자산에서 미래 경제적효익을 얻기 위해 필요한 경우 자산으로 인식 가능

제2절 취득원가 결정

2. 취득 유형별 취득원가 결정

(8) 교환 취득

1) 교환거래에 상업적 실질이 있는지 여부 : ① 또는 ② + ③ 충족
① 취득한 자산과 관련된 현금흐름의 구성이 제공한 자산과 관련된

• 현금흐름의 구성
위험, 유출입시기, 금액

현금흐름의 구성과 다르다.

② 교환거래의 영향을 받는 영업 부분의 기업특유가치가 교환거래의 결과로 변동한다.

③ 위 ①이나 ②의 차이가 교환된 자산의 공정가치에 비하여 유의적이다.

2) 상업적 실질이 있는 경우

① 취득하는 자산의 취득가액은 제공한 자산의 공정가액과 취득한 자산의 공정가액 중 명확한 것으로 함

② 제공한 자산 : 기존 자산 + 현금 수수액

③ 기존 자산을 처분하여 새로운 자산을 취득하는 것으로 보아 교환손익 인식 가능

④ 제공한 자산의 공정가액과 취득한 자산의 공정가액을 신뢰성 있게 측정 불가능

- 제공한 자산의 장부가액으로 하고 교환손익 인식 불가

• 상업적 실질이 있는 경우를 『일반기업회계기준』의 이종자산의 교환과 같다고 단순하게 생각해서는 안 된다. 『국제회계기준』은 상업적 실질이 있는 경우에도 제공한 자산과 취득한 자산의 공정가액을 신뢰성 있게 측정할 수 없는 경우에는 제공한 자산의 장부가액을 취득원가로 하도록 하고 있기 때문이다.

3) 상업적 실질이 없는 경우

① 취득하는 자산의 취득가액은 제공한 자산의 장부가액

② 실질적으로 달라진 것이 없고, 교환에 따른 이익조작 가능성을 막기 위해 교환손익 인식 불가

③ 교환에 포함된 현금 수수액이 유의적인 경우에는 이종자산의 교환에 해당

(9) 정부보조금 등에 의한 취득

1) 정부보조금

이에 부수되는 조건의 준수와 보조금의 수취에 대한 합리적 확신이 있을 경우에만 인식

2) 자산 관련 정부보조금

① 장기성 자산의 매입 · 건설 및 다른 방법으로 취득해야 하는 일차적 조건이 있는 것

② 관련자산 취득 전까지는 정부보조금으로 받은 자산에서 차감하는 형식으로 기재

③ 유형자산의 취득원가는 일반적인 취득과 같으므로 원칙에 따라 취득원가를 결정

④ 자산 취득시 정부보조금의 처리 : 수익접근법

가. 원가차감법

- 취득한 유형자산에서 차감하는 형식으로 기재
- 유형자산의 내용연수에 걸쳐 감가상각비와 상계
- 유형자산을 처분하는 경우 처분손익에 반영

나. 이연수익법

- 「이연수익(부채)」 처리 후 관련 자산의 내용연수에 걸쳐 감가상각비와 상계

3) 수익 관련 정부보조금 : 수익으로 처리하거나 관련 비용에서 차감

※ 복구충당부채

1) 유형자산의 복구의무를 부담하면서 취득

* 복구의무
내용연수가 종료되는 시점에 당해 유형자산을 해체 · 제거하거나 부지를 원상복구

2) 취득시점 : 유형자산의 취득원가 및 복구충당부채
예상되는 미래 복구비용을 적절한 이자율로 할인한 현재가치

(차) 유형자산 ××× (대) 복구충당부채 ×××

3) 기말 : 유효이자율법에 의해 상각한 금액을 이자비용과 복구충당부채로 인식

• 따라서, n 시점에 복구충당부채 = 예상복구비용이 된다.

(차) 이자비용 ××× (대) 복구충당부채 ×××

4) 복구공사 진행

(차) 복구충당부채 ××× (대) 현 금 ×××
복구공사손실 ×××

(10) 차입원가의 자본화

1) 적격자산의 취득, 건설 또는 제조와 직접 관련된 차입원가는 자본화
2) 적격자산
   ① 의도된 용도로 사용하거나 판매 가능한 상태에 이르게 하는 데 상당한 기간을 필요로 하는 자산
   ② 재고자산, 투자자산, 유형자산, 무형자산
3) 자본화 대상 차입금 : 특정차입금 및 일반차입금

제6장 ○ × 문제

01 유형자산은 정상적인 영업활동 과정에서 장기간 판매할 목적으로 보유하는 물리적 실체가 있는 자산이다.

02 토지를 취득하고 등기하면서 등록면허세를 부담하였다면 토지의 취득가액에 가산한다.

03 여러 종류의 유형자산을 하나의 가격에 구입하는 경우에는 각 자산의 공정가액에 비례하여 배부한다.

04 신규사옥을 직접 건설하는 경우 건물임이 명확하므로 건설 단계부터 건물 계정을 사용하면 된다.

05 건물 외관의 개선을 위해 사옥으로 사용 중인 건물에 페인트칠을 하였다면 이는 자본적 지출에 해당한다.

06 대주주로부터 토지를 증여받은 경우에는 대주주의 장부가액을 취득가액으로 계상한다.

07 감가상각이란 유형자산의 가치를 평가하는 과정이다.

08 감가상각비는 판매비와관리비 또는 제조원가로 처리한다.

09 감가상각 초기에는 정률법에 의한 감가상각비가 정액법에 의한 감가상각비보다 작다.

10 유형자산을 처분하는 경우에는 기초부터 처분시점까지의 감가상각비를 먼저 인식한 후 처분손익을 결정한다.

11 정부보조금은 수익으로 처리한다.

12 교환으로 취득한 유형자산의 취득원가는 이종자산의 교환은 제공한 자산의 공정가액으로, 동종자산의 교환은 제공한 자산의 장부가액으로 한다.

제6장 ○ × 문제 해설

01 × 판매를 목적으로 보유하는 자산은 재고자산이며, 유형자산은 장기간 사용할 목적으로 보유하는 자산이다.

02 ○ 취득부대비용에 해당한다.

03 ○ 일괄취득에 해당한다.

04 × 제작 · 건설 중에는 건설중인자산 계정으로 처리하고 건설 완료지점에 해당 유형자산(건물)으로 대체한다.

05 × 현상유지를 위한 지출에 불과하고 건물의 실질적 가치 증가를 가져오지 않으므로 수익적 지출로 처리한다.

06 × 무상취득의 경우에는 취득을 위해 제공한 자산이 없으므로 취득한 자산의 공정가액을 취득가액으로 한다.

07 × 감가상각이란 수익 · 비용 대응을 위해 자산가치의 감소분을 해당 자산의 내용연수에 걸쳐 비용으로 배분하는 과정이다.

08 ○ 모든 비용이 마찬가지이다. 영업활동에 사용되는 자산의 감가상각비는 판매비와관리비로, 제품 제조과정에서 사용되는 자산의 감가상각비는 제조원가로 처리한다.

09 × 감가상각 초기에는 정률법에 의한 감가상각비가 정액법에 의한 감가상각비보다 크게 나타난다.

10 ○ 처분가액과 처분시점의 장부가액을 비교하여 처분손익을 결정한다.

11 × 운영자금 지원 목적으로 받은 경우에는 수익으로 처리하며, 설비투자 목적으로 받은 경우에는 관련 자산에서 차감하는 형식으로 기재한다.

12 ○ 이종자산의 교환은 기존 자산을 처분하여 새로운 자산을 취득하는 이원거래로 보아 제공한 자산의 공정가액을 취득원가로 하며 교환손익을 인식하고, 동종자산의 교환은 실질적으로 변화가 없으므로 기존 자산의 장부가액을 그대로 유지한다.

전산회계 1급

06 연습문제

제6장 비유동자산-유형자산

01 정부보조금에 대한 다음 설명 중 틀린 것은?

① 정부보조금은 보조금을 수취할 것이라는 확신이 없어도 정부보조금에 부수되는 조건을 준수할 것이라면 인식할 수 있다.

② 수익관련 보조금이란, 자산관련보조금 이외의 정부보조금을 말한다.

③ 수익관련 보조금을 받는 경우에는 당기의 손익에 반영한다.

④ 자산관련 정부보조금으로 취득한 자산을 처분할 경우에는 감가상각액과 상계하고 남은 정부보조금 잔액을 해당 자산의 처분손익에 차감 또는 가산하는 방식으로 회계처리하여야 한다.

정답 ①

- 수익관련 보조금
  운영자금 자원 목적으로 받은 보조금
- 자산관련 보조금
  설비투자 목적으로 받은 보조금

02 유형자산의 감가상각에 관한 설명으로 틀린 것은?

① 유형자산의 감가상각대상금액은 내용연수에 걸쳐 합리적이고 체계적인 방법으로 배분한다.

② 유형자산의 감가상각은 자산을 구입한 때부터 즉시 시작한다.

③ 유형자산의 감가상각방법은 자산의 경제적 효익이 소멸되는 형태를 반영한 합리적인 방법이어야 한다.

④ 유형자산의 내용연수는 자산으로부터 기대되는 효용에 따라 결정된다.

정답 ②

- 유형자산의 감가상각은 자산이 사용가능한 때부터 시작한다.

03 유형자산의 감가상각방법 중 정액법, 정률법 및 연수합계법 각각에 의한 3차년도 말 감가상각비가 큰 금액부터 나열한 것은?

- 기계장치 취득원가 : 1,000,000원 (1월 1일 취득)
- 잔존가치 : 취득원가의 10%
- 내용연수 : 5년
- 정률법 상각률 0.4

① 정률법 > 정액법 = 연수합계법
② 정률법 > 연수합계법 > 정액법
③ 연수합계법 > 정률법 > 정액법
④ 연수합계법 = 정액법 > 정률법

정답 ④

정액법 = (1,000,000원 - 100,000원) ÷ 5년 = 180,000원
정률법 = 1,000,000원 × 0.4 × $(1 - 0.4)^2$ = 144,000원
연수합계법 = (1,000,000원 - 100,000원) × 3/15 = 180,000원

• 새로운 건물을 신축하기 위하여 사용 중이던 기존건물을 철거하는 경우에는 기존건물의 장부가액은 제거하여 처분손실로 반영하고, 철거비용은 전액 당기비용으로 처리한다.

04 다음 중 유형자산에 대한 설명으로 가장 옳지 않은 것은?

① 유형자산의 취득원가는 당해 자산의 제작원가 또는 매입가액에 취득부대비용을 가산한 가액으로 한다.
② 새로운 건물을 신축하기 위하여 사용 중이던 기존건물을 철거하는 경우에는 기존건물의 장부가액은 새로운 건물의 취득원가에 가산한다.
③ 유형자산의 감가상각은 감가상각대상금액을 그 자산의 내용연수 동안 합리적이고 체계적인 방법으로 각 회계기간에 배분하는 것이다.
④ 제조설비의 감가상각비는 제조원가를 구성하고, 연구개발 활동에 사용되는 유형자산의 감가상각비는 무형자산의 인식조건을 충족하는 자산이 창출되는 경우 무형자산의 취득원가에 포함된다.

정답 ②

• 자본적 지출 (자산) → 수익적 지출 (비용)
• 자산 과소 → 자본 과소, 비용 증가 → 이익 감소

05 자본적지출로 처리하여야 할 것을 수익적지출로 잘못 회계처리한 경우 재무제표에 미치는 영향으로 옳지 않은 것은?

① 당기순이익이 과소 계상된다.
② 현금 유출액에는 영향을 미치지 않는다.
③ 자산이 과소 계상된다.
④ 자본이 과대 계상된다.

정답 ④

06 다음은 유형자산의 취득원가에 관한 설명이다. 가장 잘못된 것은?

① 유형자산의 취득과 관련된 운송비와 설치비용은 취득원가에 가산한다.
② 유형자산의 취득과 관련된 중개인 수수료는 취득원가에 가산한다.
③ 유형자산의 보유와 관련된 재산세는 취득원가에 가산한다.
④ 유형자산의 취득과 관련된 취득세는 취득원가에 가산한다.

정답 ③

07 다음 중 유형자산에 대한 설명으로 틀린 것은?

① 정액법이란, 취득원가에서 잔존가치를 차감한 금액을 내용연수 동안 균등하게 배분하는 감가상각의 방법이다.
② 상당한 원가절감을 가져오는 지출은 자본적 지출로 처리한다.
③ 영업활동에 필요한 토지도 유형자산으로 분류한다.
④ 유형자산의 감가상각방법을 선택할 때는 절세를 고려하여 선택하여야 한다.

• 감가상각방법을 선택할 때는 경제적 효익이 소멸되는 행태를 반영한 합리적인 방법으로 선택하여야 한다.

정답 ④

08 ㈜한국은 업무용 기계장치를 구입하고 다음과 같은 금액을 지출하였다. 이 때 기계장치의 취득원가는?

• 기계장치 구입가액	9,000,000원
• 기계장치 배송료	200,000원
• 기계장치 설치비	300,000원

① 10,200,000원 ② 8,700,000원
③ 9,500,000원 ④ 8,000,000원

정답 ③

09 다음은 자본적 지출과 수익적 지출에 대한 설명이다. 틀린 것은?

① 엘리베이터 설치 등 자산의 가치를 증대시키는 지출은 자본적 지출로 처리한다.

② 증축, 개축 등 자산의 내용연수를 연장시키는 지출은 자본적 지출로 처리한다.

③ 파손된 유리 교체 등 자산의 원상복구를 위한 지출은 수익적 지출로 처리한다.

④ 건물의 도색 등 자산의 현상유지를 위한 지출은 자본적 지출로 처리한다.

정답 ④

• 건설중인 자산은 취득과정 중에 있는 자산이므로 감가상각 대상이 아니다.

10 다음 중 감가상각대상 자산이 아닌 것은?

① 일시적으로 사용중지 상태인 기계장치

② 할부로 구입한 차량운반구

③ 사옥으로 이용하기 위해 건설중인 자산

④ 정부보조금으로 취득한 기계장치

정답 ③

Chapter 7

비유동자산-무형자산

Guide

무형자산의 이론구조는 유형자산과 동일하지만 무형이라는 점에서 차이가 난다. 따라서, 무형이란 특성에 기인한 내용에 초점을 맞추어 정리하도록 한다.

제1절 무형자산

1. 의의

(1) 정상적인 영업활동 과정에서

(2) 장기간 사용할 목적으로 보유하는 → 장기간 기업에 경제적 효익을 제공

(3) 물리적 실체가 없는 자산

(4) 산업재산권, 라이선스, 프랜차이즈, 저작권, 소프트웨어, 개발비, 영업권, 임차권리금, 광업권 등

2. 인식요건

(1) 다음 요건을 모두 충족한 경우에 무형자산으로 인식

1) 물리적 실체가 없지만

① 식별가능성 → 무형자산이 분리가능하면 그 무형자산은 식별 가능

② 자원에 대한 통제

③ 미래 경제적 효익을 제공

2) 취득원가를 신뢰성 있게 측정 가능

(2) 요건을 충족하지 못한 경우에는 비용 처리

사업개시비용, 교육훈련을 위한 지출, 기업의 이전 및 조직개편비용 등

(3) 취득 이후의 지출

취득 이후의 지출로 인해 무형자산의 실질적 가치를 증가시킨다고 보기 어려우므로 매우 이례적인 경우 외에는 수익적 지출로 처리

제2절 취득원가 결정

1. 무형자산의 취득원가 결정 과정은 유형자산과 동일. 이에 대하여는 유형자산 참조
2. 무형자산에 대한 지출로서 과거 회계연도에 재무제표에서 비용으로 인식한 지출은 그 후의 기간에 무형자산으로 인식 불가

제3절 무형자산의 상각

1. 개념

(1) 무형자산의 상각대상금액을 내용연수 동안 합리적이고 체계적으로 배분하는 과정

(2) 자산의 평가과정이 아닌 수익·비용대응 원칙에 근거한 원가배분과정

(3) 회계처리

• 무형자산상각비는 판매비와 관리비 또는 제조원가로 처리한다.

(차) 무형자산상각비	100	(대) 무형자산 또는 무형자산상각누계액	100

2. 무형자산 상각 구성요소

(1) 상각대상금액 (상각기초가액) = 취득원가

(2) 잔존가치

• 무형자산은 무형이라는 성격상 그 존재를 객관적으로 인식하기 어려우며 그 내용연수와 잔존가치의 추정은 더욱 어려운 문제이다.

1) 원칙 : 「0」

2) 예외 : 인식 가능한 경우

① 경제적 내용연수보다 짧은 상각기간을 정한 경우에 상각기간이 종료될 때 제 3자가 그 자산을 구입하는 약정이 있거나

② 그 자산에 대한 거래시장이 존재하여 상각기간이 종료되는 시점에서 자산의 잔존가액이 거래당사자에서 결정될 가능성이 매우 높은 경우

(3) 경제적 (추정) 내용연수

1) 독점적·배타적인 권리를 부여하고 있는 관계 법령이나 계약에 정해진 경우를 제외하고는 사용가능한 시점부터 20년을 초과할 수 없음

2) 법률상 유효기간과 경제적 내용연수 모두 존재할 경우 둘 중 짧은 기간동안 상각

(4) 상각방법

1) 자산의 경제적 효익이 소비되는 형태를 반영한 합리적인 방법으로 상각
2) 정액법, 체감상각법, 생산량비례법 등 적용 가능하나 합리적인 상각 방법을 정할 수 없는 경우에는 정액법 적용
3) 영업권의 경우 정액법만 적용

(5) 무형자산의 손상차손

1) 자산의 진부화 및 시장가치의 급격한 하락 등으로 인하여
2) 무형자산의 회수가능가액이 장부가액에 중요하게 미달하는 경우
3) 장부가액을 회수가능가액으로 조정
4) 회수가능가액 = Max (순매각가액, 사용가치)
5) 회계처리

(차) 무형자산손상차손 ××× (대) 무형자산 ×××

6) 손상차손환입
① 손상된 자산의 회수가능가액 회복시 손상차손을 환입
② 환입 한도 : 자산이 손상되기 전 장부가액의 상각후 잔액
③ 영업권은 손상차손 인식 가능, 손상차손환입은 불가

제4절 내부창출 무형자산

1. 연구단계 : 연구활동

(1) 새로운 과학적 · 기술적 지식을 얻기 위해 수행하는 독창적이고 계획적인 탐구활동
(2) 연구단계에서는 미래 경제적 효익을 창출하는 무형자산이 존재한다는 것을 입증 불가
(3) 따라서, 「연구비」는 「판매비와관리비」 처리

• 따라서, 연구단계는 그 불확실성이 대단히 큰 단계이므로 연구비의 지출로서 미래의 경제적 효익을 기대하기 어렵다.

2. 개발단계 : 개발활동

(1) 상업적인 생산 또는 사용 전에 연구결과나 관련 지식을 새롭거나 현저히 개량된 재료, 장치, 제품, 공정, 시스템 및 용역의 생산을 위한 계획이나 설계에 적용하는 활동

(2) 일정한 요건을 모두 충족하면 「무형자산」 중 「개발비」로 처리하고, 요건을 충족하지 못 하는 경우에는 「경상개발비」로 발생한 기간의 비용으로 처리

1) 무형자산을 사용하거나 판매하기 위해 그 자산을 완성할 수 있는 기술적 실현가능성
2) 무형자산을 완성하여 사용하거나 판매하려는 기업의 의도
3) 무형자산을 사용하거나 판매할 수 있는 기업의 능력
4) 무형자산의 산출물이나 무형자산 자체를 거래하는 시장이 존재함을 제시할 수 있거나 무형자산을 내부적으로 사용할 것이라면 그 유용성을 제시 가능할 것
5) 무형자산의 개발을 완료하고 그것을 판매하거나 사용하는 데 필요한 기술적, 재정적 자원 등의 입수가능성
6) 개발과정에서 발생한 무형자산 관련 지출을 신뢰성 있게 측정할 수 있는 기업의 능력

(3) 연구단계와 개발단계의 지출을 구분하기 곤란한 경우 연구단계에서 발생한 것으로 봄

(4) 개발비 취득원가에 포함할 수 있는 지출

1) 무형자산의 창출에 직접 종사한 인원에 대한 인건비
2) 무형자산의 창출에 사용된 재료비 · 용역비 등
3) 무형자산의 창출에 직접 사용된 감가상각비와 무형자산 상각비
4) 자본화대상 차입원가
5) 법적 권리를 등록하기 위한 수수료 등 무형자산을 창출하는데 직접 관련된 지출

(5) 개발비 취득원가에 포함할 수 없는 지출

1) 판매비와 관리비, 기타 간접비 지출
2) 무형자산을 운용하는 직원의 훈련과 관련된 지출
3) 무형자산이 계획된 성과를 달성하기 전에 발생한 명백한 비효율로 인한 손실 및 초기 단계 운용손실

3. 유의할 항목

내부적으로 창출된 브랜드, 고객 목록 및 이와 유사한 항목에 대한 지출은 무형자산으로 인식 불가하되 외부에서 개별적으로 취득한 경우에는 무형자산으로 인식

제5절 산업재산권

1. 의의

관계법률에 등록되어 그 이용에 있어 독점적 · 배타적 권리가 보장되는 특허권 · 상표권 · 실용신안권 · 의장권 등의 권리

2. 취득원가

그 취득에 직접적으로 소요된 수수료 및 제세공과금

예제 7-1 무형자산

다음 자료에 따라 관련된 회계처리를 하시오.

1. 1월 1일
   신기술 개발비용으로 5,000원을 지급하였는데 이는 미래 경제적 효익을 증가시킬 것이 확 실하다.
2. 4월 1일
   새로운 과학적 지식을 응용하기 위해 3,000원을 지출하였다.
3. 7월 1일
   신제품의 개발비용으로 4,000원을 지출하였는데 개발을 지속하기 위한 자금의 확보는 불 투명하다.
4. 10월 1일
   乙회사로부터 특허권을 6,000원에 매입하였고, 기타 수수료 등 부대비용으로 400원을 지 출하였다.
5. 개발비의 상각기간은 5년이고, 특허권의 상각기간은 10년이다.

해설

1월 1일	(차) 개발비	5,000	(대) 현 금	5,000
4월 1일	(차) 연구비	3,000	(대) 현 금	3,000
7월 1일	(차) 경상개발비	4,000	(대) 현 금	4,000
10월 1일	(차) 특허권	6,400	(대) 현 금	6,400
12월 31일	(차) 무형자산상각비	1,160	(대) 개발비	1,000
			특허권	160

* 개발비 = 5,000 × 1/5 = 1,000
특허권 = 6,400 × 1/10 × 3/12 = 160

제6절 영업권 (Goodwill)

1. 의의

• 우수한 경영진 · 판매조직 · 연구개발 관련 기술력 · 고객관련 시장지배력 · 뛰어난 인적자원 · 경영능력 등

(1) 기업이 특별히 유리한 사항들을 보유하여 동종의 타기업에 비하여 초과수익을 얻을 수 있는 능력

(2) 구분

1) 내부창출 영업권

① 정상적 영업활동 과정에서 내부적으로 창출한 영업권

② 객관적 · 신뢰성 있는 측정이 불가능하므로 『일반기업회계기준』에서 자산으로 인정하지 않음

2) 매수영업권

① 인수 · 합병 과정에서 유상으로 취득한 것이므로 『일반기업회계기준』에서 자산으로 인정

② 기업전체에 대해서만 식별가능하고 기업전체와 분리되어 독립적으로 거래 불가

③ 인수 · 합병시 지급된 대가 − 피합병회사의 순자산 공정가치

• 이 값이 (-)인 경우 부(負)의 영업권 또는 합병차익이라고 하는데 국제회계기준에서는 염가 매수차익이라는 용어를 사용한다.

예제 7-2 영업권 및 부의 영업권

甲 회사는 A 회사를 합병하기로 하고 A 회사를 평가하여 A 회사 주주들에게 그 대가를 지급하였다.

1. 다음 자료에 의하여 甲회사의 회계처리를 하시오.

(1) A 회사의 재무상태표

재무상태표

	장부가액	공정가액		장부가액	공정가액
자 산	10,000	12,000	부 채	5,500	6,900
			자 본	4,500	5,100
	10,000	12,000		10,000	12,000

(2) A 회사 주주들에게 지급된 대가 5,500원

2. 1에서 A 회사 주주들에게 지급된 대가가 5,000원인 경우 甲회사의 회계처리를 하시오.

해설

1. 영업권 = 5,500원 - 5,100원 (순자산 공정가치) = 400원

(차)	자 산	12,000	(대)	부 채	6,900
	영업권	400		현 금	5,500

2. 부의 영업권 = 5,000원 - 5,100원 (순자산 공정가치) = △100원

(차)	자 산	12,000	(대)	부 채	6,900
				현 금	5,000
				수 익	100

• A 회사는 동종 업종의 다른 회사에 비해 초과수익력이 있지만 기업회계기준은 자가창설 영업권을 무형자산으로 인정하지 않으므로 재무상태표에 나타나지 않는다. 甲회사는 재무상태표에 나타나지 않는 그 가치를 400원으로 평가하여 A 회사 순자산 공정가액보다 400원의 웃돈을 대가로 추가 지급하는 것이다.

2. 상각

(1) 내용연수

1) 경제적 효익이 유입될 것으로 기대되는 기간으로 20년을 초과할 수 없음

2) 일정한 범위로 추정될 경우에는 가장 짧은 기간을 선택하여 상각

(2) 상각방법 : 정액법

(3) 손상차손 인식 가능하되, 손상차손환입은 인식 불가

• 초과수익을 얻을 수 있는 능력에 해당하는 영업권도 경쟁 격화에 따라 지속될 수 없으므로 상각을 통해 비용화하는 것이다.

전산회계 1급

07 국제회계기준(IFRS)

제7장 비유동자산-무형자산

* 이하 표시되는 절 등은 본문 『일반기업회계기준』의 해당되는 내용에 대응되는 번호를 의미한다.

제1절 무형자산

2. 인식요건

(1) 다음 요건을 모두 충족한 경우에 무형자산으로 인식

1) 식별가능성 : 다음 중 하나를 충족하는 경우
   ① 기업과 분리가능하고, 개별적으로 또는 식별 가능한 자산 · 부채와 함께 매각 · 이전할 수 있음
   ② 산업재산권과 같이 계약상 · 기타 법적 권리로부터 발생하는 경우
2) 자원에 대한 통제 : 미래 경제적 효익을 배타적으로 통제할 수 있는 경우
   ① 시장에 대한 지식과 기술적 지식 및 특정한 경영능력과 기술적 재능
      - 법적 권리에 의해 보호되는 경우 요건을 충족
   ② 숙련된 종업원과 교육훈련 및 고객관계와 고객충성도
      - 요건을 충족한다고 보기 어려움
3) 미래 경제적 효익을 제공
   수익 증가 및 원가절감 또는 자산 사용에 따른 기타 효익의 형태로 발생
4) 취득원가를 신뢰성 있게 측정 가능

※ 무형자산의 폐기와 처분

1. 무형자산은 다음의 경우 『재무상태표』에서 제거
   처분하는 경우, 사용 · 처분으로부터 미래 경제적 효익이 기대되지 않을 때
2. 처분손익은 당기 손익 처리 = 순매각가액 – 장부가액

제7장 ○× 문제

01 무형자산을 자산으로 인식하기 위한 요건은 미래 경제적 효익의 유입가능성만 높으면 충분 하다.

02 무형자산에 대한 지출로서 과거 회계연도에 재무제표에서 비용으로 인식한 지출은 그 후의 기간에 무형자산으로 인식할 수 없다.

03 무형자산의 상각 방법은 정액법, 정률법 외에는 인정될 수 없다.

04 무형자산은 유형자산과 달리 상각누계액 계정을 설정하지 않고, 취득원가에서 직접 차감하 는 방법만 인정된다.

05 내부 창출 영업권이 무형자산으로 인정되지 않는 주된 이유 중의 하나는 측정의 신뢰성 때 문이다.

06 개발비와 마찬가지로 연구비 역시 일정 요건을 충족하는 경우에는 무형자산으로 계상하고 상각한다.

07 개발비 요건을 충족하지 못한 것은 경상개발비의 과목으로 처리하여 무조건 판매비와관리 비로 처리한다.

08 개발비로 계상하여 상각하던 중 특허권을 취득하였다면 특허권으로 계상되는 금액은 취득 에 소요된 금액과 개발비의 미상각잔액의 합계로 한다.

09 영업권의 상각방법은 정액법만 인정되며 자산 가치가 현저히 하락한 경우 손상차손을 인식 하고 자산 손상의 사유가 소멸된 경우에도 손상차손을 환입하지 않는다.

제7장 ○ × 문제 해설

01 × 무형자산의 자산 인식 요건
개별적 식별가능, 배타적 통제 가능, 미래 경제적 효익의 유입가능성이 클 것

02 ○

03 × 일반기업회계기준은 무형자산의 상각 방법으로 합리적인 방법 모두를 인정한다.

04 × 무형자산은 상각누계액 계정을 설정하여 간접적으로 표시할 수도 있고, 취득원가에서 직접 차감하는 방법도 인정된다.

05 × 자산으로 계상하기 위해서는 그 취득원가를 객관적이고 신뢰성 있게 측정할 수 있어야 한다.

06 × 연구비는 미래 경제적 효익의 유입가능성이 매우 불확실하므로 발생 즉시 판매비와관리비로 처리한다.

07 × 제조원가로 처리하는 경우도 있다.

08 × 개발비는 그대로 상각하고 특허권 취득시 발생한 비용만을 특허권으로 계상하여 상각한다.

09 ○

전산회계 1급

07 연습문제

제7장 비유동자산-무형자산

01 다음 무형자산의 상각과 관련한 설명 중 옳지 않은 것은?

① 무형자산의 상각방법에는 정액법, 체감잔액법(정률법 등), 연수합계법, 생산량비례법 등이 있다.

② 무형자산을 사용하는 동안 내용연수에 대한 추정이 적절하지 않다는 것이 명백해진다 할지라도 상각기간은 변경할 수 없다.

③ 무형자산의 잔존가치는 없는 것을 원칙으로 한다.

④ 중소기업기본법에 의한 중소기업의 경우 무형자산의 내용연수 및 잔존가치의 결정을 법인세법의 규정에 따를 수 있다.

• ④ 중소기업특례에 해당한다.

정답 ②

02 다음 중 무형자산에 대한 설명으로 틀린 것은?

① 무형자산을 창출하기 위한 내부 프로젝트를 연구단계와 개발단계로 구분할 수 없는 경우에는 그 프로젝트에서 발생한 지출은 모두 연구단계에서 발생한 것으로 본다.

② 무형자산의 공정가치가 증가하면 그 공정가치를 반영하여 상각한다.

③ 합리적인 상각방법을 정할 수 없는 경우에는 정액법을 사용한다.

④ 무형자산의 잔존가치는 없는 것을 원칙으로 한다.

• 무형자산의 공정가치가 증가하더라도 취득원가에 기초하여 상각한다.

정답 ②

03 무형자산에 대한 설명으로 틀린 것은?

① 무형자산의 상각기간은 독점적이고 배타적인 권리를 부여하고 있는 관계법령이나 계약에 정해진 경우를 제외하고는 20년을 초과할 수 없다.

② 내부적으로 창출한 영업권의 경우 미래 경제적 효익을 창출할 수 있다면 자산으로 인식할 수 있다.

③ 무형자산의 합리적인 상각방법을 정할 수 없는 경우에는 정액법을 사용한다.

④ 무형자산의 잔존가치는 없는 것을 원칙으로 한다.

• 내부적으로 창출한 영업권의 경우 신뢰성 있게 측정할 수 없으며 기업이 통제할 수 있는 식별가능한 자원이 아니므로 자산으로 인식할 수 없다.

정답 ②

04 다음 중 무형자산에 대한 설명으로 옳은 것은?

① 무형자산의 상각대상금액을 내용연수 동안 합리적으로 배분하기 위해 다양한 방법을 사용할 수 있다.
② 무형자산이 법적권리인 경우 법적 권리기간이 경제적 내용연수보다 긴 기간이면 법적 권리기간동안 상각한다.
③ 내부적으로 창출된 영업권의 경우 그 금액을 합리적으로 추정할 수 있는 경우에는 무형자산으로 인식할 수 있다.
④ 연구단계에서 발생한 지출은 모두 발생 즉시 비용으로 인식하며, 개발단계에서 발생한 지출은 모두 무형자산으로 인식한다.

정답 ①

05 다음 중 무형자산에 해당하는 것으로 볼 수 없는 것은?

① 산업재산권
② 특허권
③ 내부적으로 창출한 영업권
④ 내부 프로젝트의 개발단계에서 발생한 지출로서 자산인식요건을 모두 충족하는 개발비

정답 ③

06 다음은 일반기업회계기준상 무형자산에 대한 설명이다. 옳지 않은 것은?

① 연구단계에서 발생한 지출은 무형자산으로 인식할 수 없고 발생한 기간의 비용으로 인식한다.
② 무형자산 취득 후의 지출로서 이례적으로 자산의 실질적 가치를 증가시키는 경우에는 자본적 지출로 처리한다.
③ 특허권, 영업권, 실용신안권, 연구비는 무형자산에 포함된다.
④ 무형자산의 상각기간은 관계법령이나 계약에 정해진 경우를 제외하고는 20년을 초과 할 수 없다.

정답 ③

07 다음 중 영업권에 대한 설명으로 옳지 않은 것은?

① 내부적으로 창출된 영업권도 신뢰성 있게 측정하였다면 자산으로 인식할 수 있다.

② 매수기업결합으로 취득한 무형자산의 취득원가는 매수일의 공정가액으로 한다.

③ 영업권의 상각은 관계 법령이나 계약에 정해진 경우를 제외하고는 20년을 초과할 수 없다.

④ 영업권의 잔존가액은 없는 것을 원칙으로 한다.

정답 ①

• 내부적으로 창출된 영업권은 객관적으로 신뢰성 있게 측정할 수 없기 때문에 자산으로 인식할 수 없다.

08 다음 중 무형자산의 인식요건이 아닌 것은?

① 식별가능성　　② 검증가능성

③ 통제가능성　　④ 미래 경제적 효익의 유입가능성

정답 ②

Chapter 8

기타 비유동자산

1. 이연법인세 자산

기업회계와 세무회계의 일시적 차이로 인하여 미래에 경감될 법인세 부담액

2. 임차보증금

타인의 부동산 · 동산을 사용하기 위해 임대차계약을 체결하는 경우 지급되는 보증금

3. 장기외상매출금

일반적 상거래에서 발생한 외상매출금 중 회수기간이 결산일로부터 1년 이상인 채권

4. 장기받을어음

일반적 상거래에서 발생한 받을어음 중 회수기간이 결산일로부터 1년 이상인 어음채권

5. 장기미수금

일반적 상거래 이외에서 발생한 미수채권 중 회수기간이 결산일로부터 1년 이상인 채권

6. 부도어음

(1) 받을어음 중 만기에 지급제시되었으나 대금 지급이 거절된 어음

(2) 단기간 내에 회수가 가능하면 매출채권으로, 유동성을 상실할 경우 장기매출채권 처리

7. 전신전화가입권

특정한 전신 · 전화를 소유 · 사용하는 권리로서 가입계약의 해지시 반환 가능한 금액

Chapter 9

부채

Guide

거래관계에 따라 상호 대응하여 회계처리되는 경우가 있으므로 수취채권에 대응하여 지급채무를 대응하여 정리하고, 비유동부채 중 사채와 충당부채 및 우발부채에 초점을 맞추어 정리하도록 한다.

제1절 유동부채와 비유동부채

1. 의의

(1) 유동부채

결산일로부터 1년 이내 또는 정상영업순환주기 내에 상환되거나 소멸할 것으로 예상되는 부채

(2) 비유동부채

결산일로부터 1년 이후 또는 정상영업순환주기 이후에 상환되거나 소멸할 것으로 예상되는 장기성 부채

2. 지급채무

(1) 매입채무

일상적인 상거래에서 발생한 외상매입금과 지급어음

(2) 기타채무

1) 미지급금 : 일상적인 상거래 이외에서 발생한 외상채무
2) 차입금 : 자금을 차입한 경우에 발행한 채무
3) 선수금 : 재고자산 판매시 지급받은 계약금 등
4) 예수금 : 일시적인 예수액으로 수령한 후 일정기간 후 다시 지출해야 할 금액

- 미지급비용
  당기 비용으로서 비용이 발생했으나 현금으로 지급되지 않은 것
- 선수수익
  차기 수익으로서 수익은 발생하지 않았으나 현금을 수취한 것

5) 가수금 : 현금이 입금되었으나 그 출처가 불분명한 경우 사용하는 임시계정

(3) 유동성장기부채

비유동부채 (사채 · 장기차입금) 중 결산일로부터 1년 이내에 만기가 도래하여 상환될 금액, 이후 만기가 연장될 경우에는 다시 비유동부채로 대체

예제 9-1 지급채무

다음 각 상황에 대하여 회계처리를 하시오.

1. 회사는 1월 3일 C회사에 상품을 판매하기로 계약하고 판매금액의 10%인 1,000원을 계약 금으로 수령하였으며, 3월 1일 잔금을 받고 상품을 판매하였다.
2. 회사는 7월 1일 D 회사에 기계를 임대하고 1년치 임대료 12,000원을 수령하였다. 수령시점과 기말 수정분개를 하시오.
3. 회사는 기계장치 60,000원을 외상으로 취득하였다.
4. 회사는 7월 1일 은행에서 대출받고, 1년 후 원금과 이자를 상환하기로 하였는데 1월분 이 자는 500원이었다. 이자 부분에 대하여 회계처리하시오.
5. 회사는 8월 9일 보통예금에 입금된 10,000원의 내역을 파악할 수 없었다. 8월 13일에 파 악된 결과 H 회사에 대한 외상매출금의 회수액으로 밝혀졌다.
6. 회사는 당월의 급여 100,000원을 현금지급하면서 근로소득세 5,000원을 원천징수하였다.
7. 회사의 『재무상태표』를 검토한 결과 3년 전 은행에서 대출받은 차입금 90,000원이 있는데 해당 차입금의 만기는 차기 3월 31일이었다.

해설

1. 선수금

1월 3일	(차)	현 금	1,000	(대)	선수금	1,000
3월 1일	(차)	선수금	1,000	(대)	매 출	10,000
		현 금	9,000			

2. 선수수익

7월 1일	(차)	현 금	12,000	(대)	선수수익	12,000
기 말	(차)	선수수익	6,000	(대)	임대료수익	6,000

* 7월 1일에 수익 처리한 경우

7월 1일	(차)	현 금	12,000	(대)	임대료수익	12,000
기 말	(차)	임대료수익	6,000	(대)	선수수익	6,000

3. 미지급금

취득시점	(차)	기계장치	60,000	(대)	미지급금	60,000

4. 미지급비용

기 말	(차)	이자비용	3,000	(대)	미지급비용	3,000
6월 30일	(차)	미지급비용	3,000	(대)	현 금	6,000
		이자비용	3,000			

5. 가수금

8월 9일	(차)	현 금	10,000	(대)	가수금	10,000
8월 13일	(차)	가수금	10,000	(대)	외상매출금	10,000

6. 예수금

급여시점	(차)	급 여	100,000	(대)	예수금	5,000
					현 금	95,000

7. 유동성장기부채

기 말	(차)	장기차입금	90,000	(대)	유동성장기부채	90,000

제2절 사 채 (社債)

1. 의의

(1) 주식회사가 다수의 투자자로부터 장기간의 자금을 조달하는 경우 발행하는 유가증권

(2) 만기일에 정해진 원금(액면금액)을 상환하며 만기까지 정해진 이자 (표시이자, 액면이자) 를 약정한 날에 지급할 것으로 약속하는 확정채무

2. 발행

(1) 자금을 조달하는 회사는 사채를 발행하는 것이며, 사채 투자자는 유가증권의 취득이므로 회계처리는 상호 대응

(2) 이자율

이자율은 사채의 가격으로서 이자율은 다음과 같이 구분

1) 표시(액면)이자율

① 사채권면에 기재된 이자율로서 약정일에 지급할 이자를 계산하는 경우에 사용

② 지급할 이자 (표시이자) = 액면가액 × 표시이자율

2) 시장이자율

금융시장에서 형성된 이자율로서 투자자에게는 평균(투자)수익률 · 요구수익률의 역할

- 투자자 입장에서 시장이자율은 투자대상 선택에 있어 눈높이의 역할을 한다. 어떤 투자 대상의 수익률이 시장이자율보다 낮다면 투자자는 투자하지 않을 것이고, 사채 발행인은 자금을 조달할 수 없을 것이다.

3) 유효이자율 (실질이자율)

① 미래 현금 유출액 (사채의 원금과 이자)의 현재가치와 현재 시점의 현금 유입액 (발행가액 · 취득가액)을 일치시키는 이자율

② 사채발행비 등이 없을 경우에는 시장이자율과 동일

(3) 발행가액의 결정

미래 현금 유출액을 사채 발행일 현재의 유효이자율로 할인한 현재가치

$$\text{발행가액} = \frac{\text{이 자}}{(1+r)} + \frac{\text{이 자}}{(1+r)^2} + \cdots\cdots + \frac{\text{이자} + \text{액면가액}}{(1+r)^n}$$

- 이자는 표시이자이며, r은 유효이자율
- 이 식에서 r이 올라가면 발행가격은 하락하고, r이 내려가면 발행가격은 증가한다. 이렇게 가격과 r은 반대로 움직인다.
- 사채 발행은 자금을 조달하는 재무활동으로서 발행시 비용처리하면 수익 · 비용 대응이 되지 않는다. 주식발행비의 경우도 마찬가지이다.

(4) 사채발행비

1) 사채권 인쇄비, 발행수수료, 광고비 등은 사채 발행가액에서 차감

2) 따라서, 「사채할인발행차금」을 증가시키고, 「사채할증발행차금」을 감소시키는 결과가 됨

공통자료

회사는 제 2 회계연도 초에 3년 만기 사채를 발행하였는데 조건은 다음과 같다.

1. 액면가액 10,000원
2. 표시이자율 10%
3. 이자지급 조건 : 매년 말 지급

(5) 액면발행 : 표시이자율 = 유효이자율

예제 9-2 사채의 액면발행

사채 발행 당시 시장이자율이 10%인 경우 사채의 발행가액을 계산하고 발행회사와 투자회사(만기보유증권으로 가정)의 회계처리를 하시오. 사채발행비는 없다고 가정한다.

해설

* 사채의 현금흐름 파악

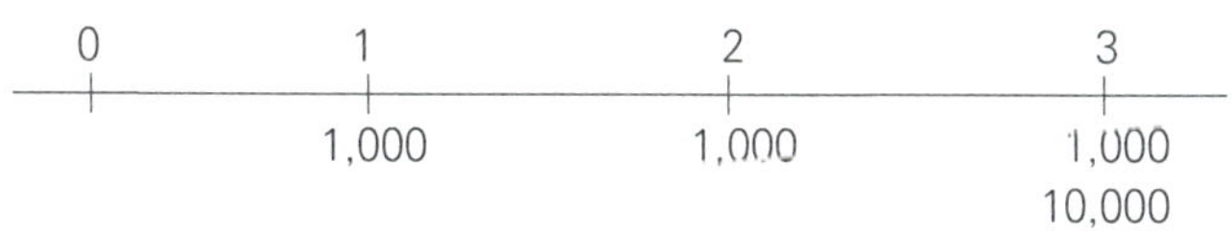

1. 사채 발행가액

$$10{,}000원 = \frac{1{,}000}{(1+10\%)} + \frac{1{,}000}{(1+10\%)^2} + \frac{1{,}000+10{,}000}{(1+10\%)^3}$$

* 1,000 = 10,000 × 10% (표시이자율)

이 경우에는 사채의 표시이자율 (10%) = 시장이자율 (10%, 투자자의 요구수익률)
이 조건하에 자금 조달이 가능하므로 액면발행

2. 회계처리

(1) 발행회사

(차) 현 금	10,000	(대) 사 채	10,000

(2) 투자회사

(차) 만기보유증권	10,000	(대) 현 금	10,000

• 분모의 이자율 10%는 유효이자율로서 사채발행비가 없으므로 시장이자율과 같다. 만약, 사채발행비 100원이 발생하였다면 발행가액은 9,900원 (10,000 - 100)이 되어 할인발행이 된다. 또한, 이렇게 되면 위 식의 균형을 맞추기 위해서는 분모의 이자율이 조정되어야 하는데 이 런 경우에 시장이자율과 유효이자율은 달라진다.

(6) 할인발행 : 표시이자율 < 유효이자율

예제 9-3 사채의 할인발행

사채 발행 당시 시장이자율이 12% 인 경우 사채의 발행가액을 계산하고 발행회사와 투자회사(만기보유증권으로 가정)의 회계처리를 하시오. 사채발행비는 없다고 가정한다.

해설

1. 사채 발행가액

$$9{,}520원 = \frac{1{,}000}{(1+12\%)} + \frac{1{,}000}{(1+12\%)^2} + \frac{1{,}000+10{,}000}{(1+12\%)^3}$$

이 경우에는 사채의 표시이자율 (10%) = 시장이자율 (12%, 투자자의 요구수익률)
이 조건하에서는 자금 조달이 불가능
시장이자율만큼을 보장해야 자금조달이 가능하므로 12%를 보장하기 위해 할인발행

• 이 때 사채권을 12%로 하여 재발행할 수는 없다. 왜냐하면, 금융시장에서 시장이자율은 끊임없이 변하기 때문이다. 따라서, 10%로 발행하면서 12%를 보장하기 위하여 할인발행한다.

- 「사채할인발행차금」은 이자의 일부이며 사채에서 차감하는 형식으로 기재한다.

B/S

사채	×××
사채할인발행차금	(×××)
	×××

2. 회계처리

(1) 발행회사

(차)	현 금	9,520	(대)	사 채	10,000
	사채할인발행차금	480			

(2) 투자회사

(차)	만기보유증권	9,520	(대)	현 금	9,520

(7) 할증발행 : 표시이자율 > 유효이자율

예제 9-4 사채의 할증발행

사채 발행 당시 시장이자율이 8% 인 경우 사채의 발행가액을 계산하고 발행회사와 투자회사(만기보유증권으로 가정)의 회계처리를 하시오. 사채발행비는 없다고 가정한다.

해 설

1. 사채 발행가액

$$10,515원 = \frac{1,000}{(1+8\%)} + \frac{1,000}{(1+8\%)^2} + \frac{1,000+10,000}{(1+8\%)^3}$$

이 경우에는 사채의 표시이자율 (10%) > 시장이자율 (8%, 투자자의 요구수익률)
이 조건하에서는 시장이자율보다 조건이 좋아 액면가액 10,000원보다 더 많은 자금을 조달하는 것이 가능하므로 할증발행

- 「사채할증발행차금」은 원금의 일부이며 사채에 가산하는 형식으로 기재한다.

B/S

사채	×××
사채할증발행차금	×××
	×××

2. 회계처리

(1) 발행회사

(차)	현 금	10,515	(대)	사 채	10,000
				사채할증발행차금	515

(2) 투자회사

(차)	만기보유증권	10,515	(대)	현 금	10,515

3. 유효이자율법

(1) 단리와 복리

3년 만기, 이자율 10% 의 조건으로 현재 시점 10,000원을 차입, 이자는 만기 지급조건

1) 단리

1차 연도 : 10,000원 × 10% = 1,000원

2차 연도 : 10,000원 × 10% = 1,000원

3차 연도 : 10,000원 × 10% = 1,000원

2) 복리

1차 연도 : 10,000원 × 10% = 1,000원

2차 연도 : 11,000원 × 10% = 1,100원

3차 연도 : 12,100원 × 10% = 1,210원

3) 「유효이자율법」이란 복리에 의한 이자계산 방법에 불과하며 회계처리상 발행회사의 「이자비용」과 투자자의 「이자수익」은 모두 유효이자를 의미

- 단리의 경우 매년 발생한 이자를 지급하지 않았어도 원금은 10,000원으로 변하지 않는다.
- 복리의 경우 매년 발생한 이자를 지급하지 않으므로 미지급한 이자는 원금에 가산되어 원금은 계속 증가한다. 따라서, 매년 이자를 지급하는 조건이었다면 단리와 복리는 다를 게 없다.
- 회계학의 이자 계산은 모두 「유효이자율법」에 의한다.

예제 9-5 **유효이자율법 : 사채의 액면발행, 예제 9-2에서 계속**

사채를 액면 발행한 경우 만기까지 발행회사와 투자회사(만기보유증권으로 가정)의 회계처리를 하시오.

해설

(1) 발행회사 : 매년 말 이자비용에 대한 분개는 동일하며 매년 말 원금은 변동 없음

매년 말	(차)	이자비용	1,000	(대)	현 금	1,000
만 기	(차)	사 채	10,000	(대)	현 금	10,000

(2) 투자회사 : 매기말 이자수익에 대한 분개는 동일하며 매기말 원금은 변동 없음

매년 말	(차)	현 금	1,000	(대)	이자수익	1,000
만 기	(차)	현 금	10,000	(대)	만기보유증권	10,000

예제 9-6 유효이자율법 : 사채의 할인발행, 예제 9-3에서 계속

사채를 할인 발행한 경우 상각표를 작성하고 만기까지 발행회사와 투자회사(만기보유증권으로 가정)의 회계처리를 하시오.

• 매기 원금이 증가하므로 유효이자가 증가하고, 표시이자는 일정하므로 **할인발행차금 상각액은 증가**

해설

기 간	장부가액 (원금)	유효이자 (원금 × 12%)	표시이자 (액면가 × 10%)	할인발행차금 상각액
2기 초	9,520	1,142	1,000	142
말	9,662	1,159	1,000	159
3기 말	9,821	1,179	1,000	179
4기 말	10,000			

재무상태표

	2기 초	2기 말	3기 말	4기 말
사 채	10,000	10,000	10,000	10,000
할인발행차금	(480)	(338)	(179)	-
	9,520	9,662	9,821	10,000

• 사채를 할인 발행한 경우에는 투자자의 요구수익률을 보장하기 위하여 발행당시의 원금에 「사채 할인발행차금」만큼 가산하여 만기에 액면가를 상환하게 된다.

(1) 발행회사

		2기 말		3기 말		4기 말	
(차) 이자비용		1,142		1,159		1,179	
	(대) 현 금		1,000		1,000		1,000
	사채할인발행차금		142		159		179

만 기 (차) 사 채 10,000 (대) 현 금 10,000

(2) 투자회사

(차) 현 금		1,000		1,000		1,000	
만기보유증권		142		159		179	
	(대) 이자수익		1,142		1,159		1,179

만 기 (차) 현 금 10,000 (대) 만기보유증권 10,000

예제 9-7 유효이자율법 : 사채의 할증발행, 예제 9-4에서 계속

사채를 할증 발행한 경우 상각표를 작성하고 만기까지 발행회사와 투자회사(만기보유증권으로 가정)의 회계처리를 하시오.

해설

기 간	장부가액 (원금)	유효이자 (원금 × 8%)	표시이자 (액면가 × 10%)	할인발행차금 상각액
2기 초	10,515	841	1,000	159
말	10,356	828	1,000	172
3기 말	10,184	816	1,000	184
4기 말	10,000			

재무상태표

	2기 초	2기 말	3기 말	4기 말
사 채	10,000	10,000	10,000	10,000
할증발행차금	515	356	184	-
	10,515	10,356	10,184	10,000

(1) 발행회사

(차) 이자비용	841		828		816	
사채할증발행차금	159		172		184	
(대) 현 금		1,000		1,000		1,000

만 기 (차) 사 채 10,000 (대) 현 금 10,000

(2) 투자회사

(차) 현 금	1,000		1,000		1,000	
(대) 현 금		841		828		816
만기보유증권		159		172		184

만 기 (차) 현 금 10,000 (대) 만기보유증권 10,000

• 매기 원금이 감소하므로 유효이자가 감소하고, 표시이자는 일정하므로 **할증발행차금 환입액은 증가**

• 사채를 할증 발행한 경우에는 사채 기간 중 원금에 해당하는 「사채할증발행차금」을 액면이자에 가산하여 미리 상환하고 만기에 액면가를 상환하게 된다.

(2) 발행 형태별 비교

발행방법	장부가액 (원금)	*(유효)이자비용	표시이자	상각(환입)액
액변발행	불 변	불 변	일 정	없 음
할인발행	증 가	증 가	일 정	**증 가**
할증발행	감 소	감 소	일 정	**증 가**

* 유효이자 = 장부가액 × 유효이자율

제3절 충당부채와 우발부채

• 대손충당금과 같은 평가계정과는 달리 충당부채는 부채의 정의를 완전히 충족하는 확정부채이다.

1. 충당부채

(1) 의의

1) 과거거래나 사건의 결과로 현재의무가 존재하고
2) 당해 의무를 이행하기 위한 자원의 유출 가능성이 매우 높은
3) 그 의무이행에 소요되는 금액을 신뢰성 있게 추정할 수 있는 의무

2. 퇴직급여충당부채

(1) 「퇴직급여」는 근로제공에 대한 대가로 지급되는 것으로서 「급여」와 성격이 동일하지만 퇴직하는 시점에 지급

(2) 다음과 같이 임직원이 실제 퇴직하는 시점에 비용 처리하는 경우

(차) 퇴직급여 ××× (대) 현 금 ×××

퇴직금은 임직원의 근속기간 동안 수익창출에 기여한 부분에 대한 대가이므로 퇴직시점에 비용처리하면 수익·비용대응원칙에 어긋남

(3) 따라서, 『일반기업회계기준』은 다음의 「퇴직급여충당부채」를 설정하여 처리하도록 함

(4) 충당금 설정법

1) 기말 현재 『재무상태표』상의 「퇴직급여충당부채」 잔액은 「퇴직급추계액」 만큼 유지해야 함

• 퇴직금 추계액이란, 당기 말 현재 전임직원이 동시에 퇴직한다고 가정했을 때 지급해야 할 퇴직 금 상당액을 말한다.

2) 따라서, 퇴직금 추계액과 설정전 잔액의 차액만큼 추가 설정하거나 환입

(차) 퇴직급여 ××× (대) 퇴직급여충당부채 ×××

* 추가 설정액 = 퇴직금 추계액 − 설정전 잔액

3) 실제 임직원이 퇴직하는 시점
설정되어 있는 「퇴직급여충당부채」를 감소시키고 퇴직급여충당부채는 추정된 금액이므로 실제 퇴직금보다 부족한 부분은 「퇴직급여」 처리

(차) 퇴직급여충당부채 ××× (대) 현 금 ×××
퇴직급여 ×××

(5) 위 두 회계처리를 상계하면 결국 퇴직시점에 비용 처리하는 회계처리와 동일한 결과
결국, 충당금 설정법은 수익 · 비용대응원칙에 따라 「퇴직급여충당부채」를 사용하여 결산일과 퇴직금 지급시점으로 나누어 회계 처리하는 것에 불과함

(6) 결산일 현재 (퇴직금 추계액 < 설정전 잔액)인 경우 「퇴직급여충당부채」를 환입

(차) 퇴직급여충당부채 ××× (대) 충당부채환입 ×××

- 충당부채환입은 판매비와관리비의 차감항목이다.

3. 퇴직연금

(1) 확정급여형 (DB형 Defined Benefit)

1) 퇴직시점에 받을 금액이 확정된 연금으로서 회사가 운용책임을 지는 제도
2) 지급시점에 「퇴직연금운용자산」 또는 「사외적립자산」 처리

(차) 퇴직연금운용자산 ××× (대) 현 금 ×××
수수료비용 ×××

3) 운용수익 발생시점

(차) 퇴직연금운용자산 ××× (대) 이자수익 등 ×××

4) 퇴직금 지급시점

(차) 퇴직급여충당부채 ××× (대) 퇴직연금운용자산 ×××

* 이러한 회계처리는 다음 2단계로 나누어 볼 수 있다.
1. 금융기관에 예치된 퇴직연금운용자산을 회수

(차) 현 금 ××× (대) 퇴직연금운용자산 ×××

2. 퇴직금 지급
이 회계처리는 일반적인 퇴직금 지급시의 회계처리와 동일하다. 따라서, 퇴직급여충당부채가 부족할 경우에는 퇴직급여로 비용 처리한다.

(차) 퇴직급여충당부채 ××× (대) 현 금 ×××

- 퇴직연금운용자산은 임직원이 수급권자이므로 회사의 자산으로 계상할 수 없다. 또한, 회사의 퇴직금 지급의무가 퇴직연금운용자산만큼 감소하므로 다음과 같이 퇴직급여충당부채의 차감계정으로 표시하되 퇴직연금운용자산이 퇴직급여충당부채를 초과하는 부분은 투자자산으로 처리한다.

B/S

퇴직급여충당부채	×××
퇴직연금운용자산	(×××)
	×××

- 기말 퇴직급여충당부채는 퇴직금추계액이고, 퇴직연금운용자산은 퇴직금추계액의 일부일 뿐이다.

(2) 확정기여형 (DC형 Defined Contribution)

1) 회사가 부담할 기여금이 확정된 연금으로서 개별근로자가 운용책임을 지는 제도
2) 지급시점에 「퇴직급여」로 비용 처리

(차) 퇴직급여 ××× (대) 현 금 ×××

4. 우발부채

(1) 다음에 해당하는 잠재적인 부채

1) 과거에 사건은 발생하였으나 기업이 전적으로 통제할 수 없는 하나 또는 그 이상의 불확실한 미래 사건의 발생 여부에 의해서만 그 존재 여부가 확인되는 잠재적인 의무
2) 과거 사건이나 거래의 결과로 발생한 현재 의무이지만 그 의무 이행을 위하여 자원이 유출될 가능성이 매우 높지 않거나, 그 가능성은 매우 높으나 당해 의무를 이행해야 할 금액을 신뢰성 있게 추정할 수 없는 경우

<table>
<tr><th colspan="2" rowspan="2">구 분</th><th colspan="2">금액을 신뢰성 있게</th></tr>
<tr><th>추정 가능</th><th>추정 불가능</th></tr>
<tr><td rowspan="3">자원의 유출 가능성이</td><td>매우 높음</td><td>충당부채 (B/S)</td><td></td></tr>
<tr><td>어느 정도 있음</td><td colspan="2">우발부채 (주석공시)</td></tr>
<tr><td>거의 없음</td><td colspan="2">공시하지 않음</td></tr>
</table>

(2) 우발자산

1) 과거 사건이나 거래의 결과로 발생할 가능성이 있으며
2) 기업이 전적으로 통제할 수 없는 하나 또는 그 이상의 불확실한 미래 사건의 발생 여부에 의해서만 그 존재여부가 확인되는 잠재적인 자산
3) 미래에 확정될 때까지 자산 인식 불가

제9장 O × 문제

01 채권 투자자의 채권 취득가액은 미래 현금흐름의 현재가치이다.

02 사채의 표시이자율보다 유효이자율이 큰 경우 사채는 할증발행된다.

03 사채가 할인발행된 경우에 사채할인발행차금 상각액은 증가하고, 할증발행된 경우에 사채할증발행차금 상각액은 감소한다.

04 일반기업회계기준은 사채의 이자비용을 인식하는 경우 유효이자율법을 적용하도록 하고 있다.

05 사채 발행은 자금을 조달하는 재무활동이므로 사채발행비는 영업외비용으로 처리한다.

06 시장이자율과 유효이자율은 서로 다른 개념이다.

07 장기차입금 중 결산일로부터 1년 이내 상환일이 도래하는 경우에는 유동성 대체해야 한다.

08 충당부채를 설정하는 이론적 근거는 수익 · 비용 대응 원칙이다.

09 우발부채와 마찬가지로 우발자산도 주석으로 기재하면 된다.

10 확정급여형 퇴직연금의 경우 납입액은 퇴직연금운용자산으로, 확정기여형 퇴직연금의 경우 납입액은 퇴직급여 처리하면 된다.

제9장 ○ × 문제 해설

01 ○ 투자자의 채권 취득가액(발행회사의 발행가액)은 미래 현금흐름(표시이자와 만기금액)의 현재가치로 결정된다.

02 × 사채의 표시이자율보다 유효이자율이 큰 경우에는 발행되는 사채의 이자조건이 불리하므로 사채는 할인발행된다.

03 × 사채가 할인발행된 경우와 할증발행된 경우 사채할인발행차금 상각액과 사채할증발행차금 상각액은 모두 증가한다.

04 ○

05 × 사채 발행은 자금을 조달하는 재무활동이므로 수익 · 비용의 대응 관점에서 비용으로 처리하면 안 되므로 사채의 발행가액에서 차감하도록 하고 있다. 주식 발행비도 마찬가지이다.

06 × 시장이자율은 금융시장에서 형성된 이자율로서 투자자에게는 평균투자수익률 · 요구수익률의 역할을 하며, 유효이자율 미래 현금 유출액 (사채의 원금과 이자)의 현재가치와 현재 현금 유입액 (발행가액 · 취득가액)을 일치시키는 이자율이므로 유효이자율은 시장이자율과 서로 다른 개념이다.

07 ○ (차) 장기차입금 ××× (대) 유동성장기부채 ×××
(비유동부채) (유동부채)

08 ○

09 × 우발부채는 주석으로 공시하며 우발자산은 미래에 확정될 때까지 자산으로 인식 할 수 없다.

10 ○

전산회계 1급

09 연습문제

제9장 부채

01 다음 중 사채에 대한 설명으로 틀린 것은?

① 사채발행비용은 사채의 발행가액에서 차감한다.
② 유효이자율법 적용시 사채할증발행차금 상각액은 매년 증가한다.
③ 유효이자율법 적용시 사채할인발행차금 상각액은 매년 감소한다.
④ 사채할인발행차금은 당해 사채의 액면가액에서 차감하는 형식으로 기재한다.

• 유효이자율법 적용시 사채할증발행차금 및 사채할인발행차금 상각액은 동일하게 매년 증 가한다.

정답 ③

02 다음 중 충당부채로 인식할 수 있는 요건이 아닌 것은?

① 과거 사건의 결과로 현재 법적의무 또는 의제의무가 존재한다.
② 당해 의무를 이행하기 위해 경제적 효익이 내재된 자원이 유출될 가능성이 매우 높다.
③ 지출의 시기 및 금액을 확실히 추정할 수 있다.
④ 당해 의무의 이행에 소요되는 금액을 신뢰성 있게 추정할 수 있다.

정답 ③

03 다음 중 일반기업회계기준상 사채의 회계처리에 대한 내용으로 옳은 것은?

① 사채는 재무상태표상 자본조정으로 구분한다.
② 사채가 할증발행되고 유효이자율법이 적용될 때 사채의 장부금액은 매기 감소한다.
③ 사채가 할인발행되고 유효이자율법이 적용될 때 사채할인발행차금 상각액은 매기 감소 한다.
④ 액면이자율보다 시장이자율이 클 경우 할증발행한다.

• 매기 원금의 일부와 이자가 상환되므로 장부금액(원금)은 감소한다.

정답 ②

• 충당부채와 같이 금액이 반드시 확정되어야 하는 것은 아니다.

04 다음 중 부채에 대한 설명으로 틀린 것은?

① 부채는 과거의 거래나 사건의 결과로 현재 기업실체가 부담하고 있고 미래에 자원의 유출 또는 사용이 예상되는 의무이다.
② 부채의 정의를 만족하기 위해서는 금액이 반드시 확정되어야 한다.
③ 일반적으로 기업실체가 자산을 이미 인수하였거나 자산을 취득하겠다는 취소불능계약 을 체결한 경우 현재의 의무가 발생한다.
④ 기업실체가 현재의 의무를 이행하기 위해서는 일반적으로 미래에 경제적 효익의 희생 이 수반된다.

정답 ②

• 사채할인발행차금은 재무상태표에 사채의 액면금액에서 차감하는 형식으로 표기한다.

05 다음 중 사채에 대한 설명으로 틀린 것은?

① 사채할인발행차금은 재무상태표에 사채의 발행금액에서 차감하는 형식으로 표기한다.
② 유효이자율법 적용시 사채할인발행차금 상각액은 매기 증가한다.
③ 사채발행비용은 사채발행시점의 발행가액에서 직접 차감한다.
④ 액면이자율보다 시장이자율이 더 작으면 할증발행된다.

정답 ①

06 다음 중 부채의 유동성에 따른 분류가 다른 것은?

① 선수금　　② 퇴직급여충당부채
③ 사채　　④ 장기차입금

정답 ①

07 다음 중 사채와 관련된 설명으로 잘못된 것은?

① 사채의 발행가액은 사채의 미래 현금흐름을 발행 당시 해당 사채의 시장이자율(유효이자율)로 할인한 가치인 현재가치로 결정된다.
② 사채발행차금은 유효이자율법에 의하여 상각(또는 환입)하도록 되어 있다.
③ 사채가 할인발행되면 매년 인식하는 이자비용은 감소한다.
④ 사채가 할증발행되면 매년 인식하는 이자비용은 감소한다.

정답 ③

08 다음 중 충당부채에 대한 내용으로 옳지 않은 것은?

① 보고기간 말 현재 최선의 추정치를 반영하여 증감 조정한다.
② 과거사건으로 인해 현재의무가 존재할 가능성이 매우 높고 인식기준을 충족하는 경우에는 충당부채로 인식한다.
③ 명목금액과 현재가치의 차이가 중요한 경우에는 의무를 이행하기 위하여 예상되는 지출액의 현재가치로 평가한다.
④ 최초의 인식시점에서 의도한 목적과 용도 외에도 사용할 수 있다.

정답 ④

• 충당부채는 최초의 인식시점에서 의도한 목적과 용도에만 사용하여야 한다. 다른 목적으로 충당부채를 사용하면 상이한 목적을 가진 두 가지 지출의 영향이 적절하게 표시되지 못하기 때문이다.

09 다음 거래에 대한 설명으로 적절하지 않은 것은?

㈜미래상사는 사채를 600,000원에 발행하고 발행금액은 사채발행비용을 제외한 599,000 원을 현금으로 받았다. 사채의 액면가액은 500,000원이고 만기는 2년, 액면이자율은 10% 였다.

① 사채는 할증발행되었다.
② 액면이자율이 시장이자율보다 높다.
③ 액면금액과 발행금액의 차이를 사채할증발행차금 계정으로 처리한다.
④ 사채발행비용은 영업외비용으로 처리한다.

정답 ④

(차) 현 금	599,000	(대) 사 채	500,000
		사채할인발행차금	99,000

Chapter 10

자본

Guide

자본은 상법의 규제를 받으므로 순수하게 회계학의 논리만으로는 이해되기가 어렵다. 자본은 주식을 발행하여 자본을 조달하는 입장에서 전개되므로 주식 발행 회사의 자본구조에 초점을 맞추어 정리하도록 한다.

제1절 자본

1. 의의

(1) 자산에서 부채를 차감한 잔액으로서 기업의 순자산, 따라서, 독립적인 측정이 불가

(2) 등식

1) 재무상태표 등식 : 자산 = 부채 + 자본

2) 자본 등식 : 자산 − 부채 = 자본 (순자산)

(3) 주식이라는 개별 단위로 구분하여 거래, 대규모 자금 조달이 가능

- 부채
  채권자 지분 · 채권자 청구권 · 타인자본
- 자본
  소유주 지분 · 소유주 청구권 · 자기자본 · 잔여지분
- 재무상태표 등식과 자본 등식은 수학적으로는 동일하지만 회계학에서는 개념상 전혀 다른 등 식이다.
- 지분이란 표현은 경제적 개념이며, 청구권이란 표현은 법적인 개념이다.

2. 구분

(1) 자 본 금 : 채권자 보호를 위해 보유해야 할 최소한의 순자산 (법정자본)

(2) 자본잉여금 : 자본금을 초과한 납입자본(주식발행초과금)과 자본거래이득

(3) 자 본 조 정 : 자본에 가감해야 할 성격의 임시계정

(4) 기타포괄손익누계액 : 미실현 손익의 누적액

(5) 이익잉여금 : 순이익 중 사내 유보된 금액

제2절 자본금

1. 주식

(1) 기업이 자기자본을 조달하기 위해 발행하는 유가증권

(2) 종류

1) 보통주 : 여러 종류의 주식을 발행하는 경우 표준이 되는 주식
2) 우선주
   ① 보통주에 비해 특정 사항에 대해 우선적 지위를 부여한 주식으로서 의결권 없음
   ② 이익배당우선주, 전환우선주, 상환우선주

(3) 상법

1) 주식회사의 최저자본금 제한 없음, 액면가 100원 이상 균일
2) 수권주식수 : 회사가 발행할 주식의 총수
3) 발행주식수 : 수권주식수 중에서 실제 발행한 주식수
4) 자본금 = 발행주식수 × 액면가액
   (발행 유형과 무관하게 액면가액으로 표시)

2. 발행

(1) 주식발행비

1) 주권 인쇄비, 발행수수료, 광고비 등은 주식 발행가액에서 차감
2) 따라서, 「주식할인발행차금」을 증가시키고, 「주식발행초과금」을 감소시킴

• 주식 발행은 자금을 조달하는 재무활동으로서 발행시 비용처리하면 수익 · 비용 대응이 되지 않는다. 사채발행비의 경우도 마찬가지이다.

공통자료

회사는 제 1 회계연도 초에 주식을 발행하여 설립되었는데 발행조건은 다음과 같다.

1. 1주당 액면가액 100원
2. 설립시 발행주식수 : 100주

(2) 액면발행 : 액면가액 = 발행가액

예제 10-1 주식의 액면발행

주식 발행가액이 주당 100원으로 결정된 경우 회계처리를 하시오.
주식발행비는 없다고 가정한다.

해설

(차)	현 금	10,000	(대)	자본금	10,000

(3) 할증발행 : 액면가액 < 발행가액

예제 10-2 주식의 할증발행

주식 발행가액이 주당 120원으로 결정된 경우 회계처리를 하시오.
주식발행비는 없다고 가정한다.

해설

(차)	현 금	12,000	(대)	자본금	10,000
				주식발행초과금	2,000

* 주식발행초과금은 자본금을 초과한 납입자본으로 자본잉여금에 기재한다.

(4) 할인발행 : 액면가액 > 발행가액

예제 10-3 주식의 할인발행

주식 발행가액이 주당 90원으로 결정된 경우 회계처리를 하시오.
주식발행비는 없다고 가정한다.

해설

(차)	현 금	9,000	(대)	자본금	10,000
	주식할인발행차금	1,000			

• 주식할인발행차금은 (-)자본잉여금으로 볼 수 있으나 주식회사 주주의 유한책임 원칙상 자본잉여금은 (-)가 되어서는 안 되므로 자본조정에 기재한 후 이익잉여금으로 상각한다.

(5) 현물출자

1) 주식대금을 현금 이외의 자산으로 납입하는 경우
2) 주식 발행회사는 자산을 취득하면서 주식을 대가로 제공한 것에 해당
3) 발행주식의 공정가액을 취득한 자산의 취득원가로 결정
4) 발행주식의 공정가액이 없거나 불분명한 경우 취득한 자산의 공정가액을 취득원가로 결정

• 이에 대하여는 제 5 장 유형자산 제 2 장 취득원가 결정 2. 취득유형별 취득원가 결정 (5) 현물 출자에 의한 취득 참조

예제 10-4 현물출자

회사를 설립하면서 주식을 발행하였는데 일부 주주가 토지를 현물출자하였고, 이에 대하여 액면가 100원의 주식 100주를 120원에 발행하였다. 회사의 주식은 상장주식에 해당한다. 이에 대한 회계처리를 하시오.

해설

토지의 취득가액은 제공한 주식의 공정가액 12,000원 (100주 × 120원)으로 결정된다.

(차)	토 지	12,000	(대)	자본금	10,000
				주식발행초과금	2,000

3. 자본금 증가 : 증자

(1) 실질적 증자 (유상증자) : 순자산 증가를 수반한 자본금 증가
(2) 형식적 증자 (무상증자) : 순자산 변동이 없는 자본금 증가
  1) 무상증자 : 자본잉여금과 법정적립금을 자본에 전입하고 신주 발행
  2) 주식배당 : 처분 가능한 이익잉여금을 자본에 전입하고 신주 발행

예제 10-5 무상증자

회사는 제 3 회계연도에 자본잉여금 500원과 이익준비금 500원을 자본에 전입하면서 주식을 추가 발행하여 교부하였다. 이에 대한 회계처리를 하시오.

• 거래의 8요소로 보면 (차) 자본 감소 (대) 자본 증가 이므로 자본 총계에는 변동이 없다. 따라서, 주주지분에 변동이 없으므로 무상증자에 따라 주주가 수령하는 주식은 주주 입장에서 이 익이 아니다. 그러므로, 주주는 무상주 수령에 대하여 회계처리하지 않으며 보유주식 수 증가와 이에 따른 주당 장부가액 하락에 대하여만 주석으로 기재한다.

해설

(차)	자본잉여금	500	(대)	자본금	1,000
	이익준비금	500			

4. 자본금 감소 : 감자

(1) 실질적 감자 (유상감자)

1) 순자산 감소를 수반한 자본금 감소
2) 감자대가를 지급하고 주식을 반환받아 소각
   자기주식 취득이 선행됨
3) 감자차익 (자본잉여금) : 자본금 감소 > 감자대가
4) 감자차손 (자본조정) : 자본금 감소 < 감자대가

- 감자차익과 감자차손은 상계하여 처리한다.
- 무상감자의 경우에는 감자차익만 발생한다.

(2) 형식적 감자 (무상감자)

순자산 변동이 없는 자본금 감소

예제 10-6 유상감자

회사는 제 4 회계연도에 자본을 감소시키기 위하여 액면가 100원의 주식 10주를 다음과 같이 대가를 지급하고 취득하여 즉시 소각하였다. 이에 대한 회계처리를 하시오.

1. 감자대가가 주당 80원인 경우
2. 감자대가가 주당 110원인 경우

해 설

1. 감자대가가 주당 80원인 경우

(차)			(대)		
	자본금	1,000		현 금	800
				감자차익	200

2. 감자대가가 주당 110원인 경우

(차)			(대)		
	자본금	1,000		현 금	1,100
	감자차손	100			

- 자본금 1,000원 중 800원은 주주에게 반환되고, 200원은 자본잉여금으로 대체되는 것이다. 따라서, 감자차익은 주식발행초과금과 같이 출자액에 해당한다.
- 자본금 1,000원은 모두 주주에게 반환되고, 100원은 회사의 이익인 이익잉여금으로 지급되는 것 이다. 따라서, 감자차손은 이후 이익잉여금을 처분하여 상각하는 것이다.

5. 주식의 재취득

(1) 자기주식 : 발행한 주식을 주주로부터 다시 취득한 경우

1) 『상법』은 자본충실의 원칙에 위배되므로 그 취득을 엄격히 제한
2) 유상감자 · 단기간 내에 재발행 목적으로 취득하는 것만 허용
3) 『일반기업회계기준』은 「자본조정」의 차감 항목으로 표시하도록 함
4) 자기주식처분이익 (자본잉여금) : 재발행 가액 > 취득원가
5) 자기주식처분손실 (자본조정) : 재발행 가액 < 취득원가

- 자기주식은 자산이 아니라는 점에 주의할 것
- 자기주식처분이익과 자기주식처분손실은 상계하여 처리한다.

예제 10-7 주식의 재취득

회사는 제 5 회계연도에 단기간 내에 재발행할 목적으로 자기주식을 110원에 10주를 취득하여 보유하던 중 다음과 같이 처분하였다. 이에 대한 회계처리를 하시오.

1. 재발행 가액이 주당 130원인 경우
2. 재발행 가액이 주당 100원인 경우

해설

1. 재발행 가액이 주당 130원인 경우

(차)	현 금	1,300	(대)	자기주식	1,100
				자기주식처분이익	200

2. 재발행 가액이 주당 100원인 경우

(차)	현 금	1,000	(대)	자기주식	1,100
	자기주식처분손실	100			

제3절 자본잉여금

1. 의의

• 자본거래란, 회사와 주주와의 거래를 말한다.

(1) 자본금을 초과한 납입자본(주식발행초과금)과 자본거래의 결과로 발생한 자본거래이득

(2) 배당의 재원으로 사용할 수 없으며, 자본전입(무상증자) 및 결손보전목적으로만 사용

2. 구분

• 주식할인발행차금(자본조정)과 상계한 후 잔액만 표시한다.
• 감자차손(자본조정)과 상계한 후 잔액만 표시한다.
• 자기주식처분손실(자본조정)과 상계한 후 잔액만 표시한다.

(1) 주식발행초과금 : 액면가액 < 발행가액

(2) 감자차익 : 자본금 감소 > 감자대가

(3) 자기주식처분이익 : 자기주식의 재발행 가액 > 취득원가

제4절 자본조정

1. 의의

(1) 자본금, 자본잉여금, 기타포괄손익누계액, 이익잉여금 외에 자본에 가감해야 하는 임시 항목

(2) 『재무상태표』에 「자본」은 대변에 표시하므로 자본조정 항목 중 차변잔액은 (−)로, 대변 잔액은 (+)로 표시

2. 구분

• 주식발행초과금(자본잉여금)과 상계한 후 잔액만 표시하고, 이후 주식 발행연도부터 3년 이내 매기 균등액을 이익잉여금을 처분하여 상각한다.

• 감자차익(자본잉여금)과 상계한 후 잔액만 표시하고, 이후 이익잉여금을 처분하여 상각한다.

• 자기주식처분이익(자본잉여금)과 상계한 후 잔액만 표시하고, 이후 이익잉여금을 처분하여 상각 한다.

(1) 주식할인발행차금 : 액면가액 > 발행가액

(2) 자기주식 : 발행한 주식을 주주로부터 다시 취득한 경우

(3) 감자차손 : 자본금 감소 < 감자대가

(4) 자기주식처분손실 : 자기주식의 재발행 가액 < 취득원가

(5) 미교부주식배당금 : 배당 결의후 주식 발행시점까지 기재하는 임시항목

(6) 주식매수선택권, 배당건설이자 등

제5절 기타포괄손익누계액

1. 의의

일정기간 동안 자본거래를 제외한 모든 거래나 사건에서 인식한 순자산의 증감을 가져오는 미실현된 손익이 누적된 항목으로 이후 실현되는 시점에 손익에 가감

2. 구분

(1) 매도가능증권평가손익

1) 매도가능증권(주식 · 채권)을 공정가액법으로 평가함에 따라 발생하는 평가손익
2) 처분시점(실현시점)에 매도가능처분손익에 포함

(2) 재평가잉여금

유형자산을 재평가모형에 따라 재평가함에 따라 발생하는 재평가액과 장부가액의 차액

(3) 해외사업환산손익, 현금흐름위험회피 파생상품평가손익 등

제6절 이익잉여금

1. 의의

손익거래의 결과 창출된 이익 중 사내에 유보된 부분

2. 구분

(1) 이익준비금

『상법』상 법정적립금으로서 매 결산기에 현금배당액의 10% 이상을 자본금의 1/2에 달할 때까지 적립

• 이익준비금과 기타법정적립금은 배당의 재원으로 사용할 수 없으며, 자본전입(무상증자) 및 결손보 전목적으로만 사용해야 한다.

(2) 기타법정적립금

(3) 임의적립금

1) 일정한 목적을 위해 정관이나 주주총회 결의에 따라 자율적으로 적립하는 금액
2) 사업확장적립금, 감채적립금, 배당평균적립금 등
3) 목적을 달성한 후에는 「미처분이익잉여금」으로 이입되어 배당재원으로 사용 가능

(4) 미처분이익잉여금 (미처리결손금)

1) 당기순손익의 누적액으로서 『재무상태표』에는 처분전 이익잉여금이 표시
2) 『재무상태표』상 미처분이익잉여금은
『이익잉여금처분계산서』의 Ⅰ. 미처분이익잉여금과 동일한 금액
3) 배당금 지급, 법정적립금 및 임의적립금 적립, 자본조정 항목의 상각에 사용
4) 회계처리

(차) 미처분이익잉여금	×××	(대) 임의적립금 등	×××
		주식할인발행차금	×××
		감자차손	×××
		자기주식처분손실	×××

- 이익잉여금처분계산서는 기본 재무제표가 아니며 자본변동표에 대한 주석으로 기재할 수 있다.
- 미처분이익잉여금을 특정 목적에만 사용할 수 있도록 대체하는 과정을 '적립한다'고 하며, 적립 을 포함한 사용 전체를 이익잉여금을 '처분한다'고 한다.

3. 결손금의 처리

(1) 미처리결손금

전기이월미처분이익잉여금 및 당기순손익 등을 가감한 금액이 (-)인 경우

(2) 결손 보전 순서

1) 자본구조의 역순
2) 임의적립금 → 기타법정적립금 → 이익준비금 → 자본잉여금
3) 회계처리

(차) 임의적립금	×××	(대) 미처리결손금	×××
기타법정적립금	×××		
이익준비금	×××		
자본잉여금	×××		

- 이입이란 적립과 반대로 해당 적립금이 적립의 목적을 달성한 이후 다시 미처분 상태로 되돌리는 과정을 말한다.

(5) 이익잉여금처분계산서 및 결손금처리계산서

이익잉여금처분계산서

Ⅰ. 미처분이익잉여금
  1. 전기이월미처분이익잉여금
  2. 회계변경누적효과
  3. 전기오류수정손익
  4. 중간배당액
  5. **당기순손익**
Ⅱ. 임의적립금 이입액
  …
Ⅲ. 이익잉여금 처분액
  1. 이익준비금
  2. 현금배당액
  3. 주식배당금
  …
Ⅳ. 차기이월미처분이익잉여금

결손금처리계산서

Ⅰ. 미처리결손금
  1. 전기이월미처분이익잉여금
   (전기이월미처리결손금)
  2. 회계변경누적효과
  3. 전기오류수정손익
  4. 중간배당액
  5. 당기순손익
Ⅱ. 결손금처리액
  1. 임의적립금 이입액
  2. 법정적립금 이입액
  3. 이익준비금 이입액
  4. 자본잉여금 이입액
Ⅲ. 차기이월미처리결손금

재무상태표

Ⅱ. 자본
  ……
  5. 이익잉여금
   • 이익준비금
   • 기타법정적립금
   • 임의적립금
   • **미처분이익잉여금**
   (당기순이익 ×××)

손익계산서

Ⅰ. 매출액
  ……
Ⅱ. 매출원가
  ……
Ⅴ. 영업손익
  ……
Ⅻ. **당기순손익**

• 회사는 20×1년의 결산을 통해 재무제표를 작성한 후 외부감사인의 회계감사를 거쳐 이사회에 제출된다. 이사회는 이익잉여금의 처분에 대한 안을 만들어 재무제표와 함께 20×2년 초에 주주 총회를 소집하여 보고한다. 주주총회에서 재무제표가 확정됨에 따라 이익잉여금의 처분이 최종 확정된다. 따라서, Ⅰ. 미처분이익잉여금은 재무상태표상의 미처분이익잉여금과 같다.

제7절 배당

1. 의의

회사가 획득한 이익을 주주에게 현금 및 주식으로 분배하는 것

2. 회계처리

(1) 배당기준일

1) 배당을 받을 권리가 있는 주주를 확정하기 위한 날
2) 회계처리 없음

• 배당기준일에는 거래의 8요소에 변동이 없으므로 회계처리의 대상이 아니다.

(2) 배당선언일

1) 주주총회에서 배당이 결의된 날
2) 배당이 결의됨에 따라 주주는 배당금을 받을 권리가, 회사는 배당금을 지급할 의무가 발생

① 현금배당

(차) 미처분이익잉여금	×××	(대) 미지급배당금	×××
		이익준비금	×××

② 주식배당

(차) 미처분이익잉여금	×××	(대) 미교부주식배당금	×××

• 배당은 이익배당이므로 손실이 누적되어 배당가능이익이 없는 경우에는 배당할 수 없으며 배당 가능이익이 있더라도 주주총회에서 배당을 결의해야 배당금 지급의무가 확정되므로 연체배당금은 있을 수 없다.

• 거래의 8요소로 보면 (차) 자본 감소 (대) 자본 증가 이므로 자본 총계에는 변동이 없다. 따라서, 주주지분에 변동이 없으므로 주식배당에 따라 주주가 수령하는 주식은 주주 입장에서 이 익이 아니다. 그러므로, 주주는 무상주 수령에 대하여 회계처리하지 않으며 보유주식 수 증가와 이에 따른 주당 장부가액 하락에 대하여만 주석으로 기재한다.

(3) 배당지급일

배당기준일 현재 권리 있는 주주에게 배당금을 지급하는 날

① 현금배당

(차) 미지급배당금	×××	(대) 현 금	×××

② 주식배당

(차) 미교부주식배당금	×××	(대) 자본금	×××

• 상법은 주식배당에 대하여 액면배당만 인정하므로 주식발행초과금이나 주식할인발행차금은 발생하지 않는다.

제8절 자본변동표

1. 의의

(1) 일정시점의 자본 크기와 일정기간의 자본 변동에 관한 정보를 제공하는 재무보고서

(2) 납입자본 · 이익잉여금 · 기타자본 구성요소의 기초 및 기말 잔액과 기중 변동항목으로 구성

2. 유용성

(1) 자본항목 전체의 변동에 대한 포괄적인 정보를 제공

(2) 『재무상태표』상 자본의 기초 잔액과 기말 잔액을 모두 표시하여 『재무제표』간의 연계성을 제고하고 이해가능성 증대

A 회사 자본변동표 1.1 ~ 12.31

	자본금	자본잉여금	자본조정	기타포괄손익누계액	이익잉여금	합 계
20×× 1. 1						
회계정책변경의 누적효과						
선기오류수정						
수정후 이익잉여금						
연차배당						
기타이익잉여금 처분액						
처분후 잔액						
유상증자						
중간배당						
총포괄손익						
기타포괄손익 - 공정가치측정금융자산평가손익						
자기주식처분						
20×× 12. 31						

제10장 ○ × 문제

01 자본도 자산이나 부채와 같이 독립적인 측정이 가능하다.

02 자본금 계정에 표시되는 금액은 발행주식수 × 발행가액이다.

03 우선주는 보통주에 비해 특정 사항에 대하여 우선적인 지위가 부여된 주식을 말한다.

04 일반기업회계기준은 주식 발행비를 별도의 자산으로 처리하도록 하고 있다.

05 주식 발행 형태에 따라 나타나는 주식발행초과금과 주식할인발행차금은 각각 자본잉여금과 자본조정에 별도로 보고한다.

06 주식배당은 이익잉여금을 현금배당하지 않고 자본금에 전입하여 신주를 교부하는 것이고, 무상증자는 이익잉여금과 자본잉여금을 자본금에 전입하여 신주를 교부한다는 점이 다르다.

07 감자차손은 무상감자하는 경우에도 발생한다.

08 자기주식의 취득은 일반적인 주식 취득과 마찬가지로 자유롭게 거래 가능하며 회사는 자산 으로 처리한다.

09 자기주식을 재발행하는 경우 재발행가액이 취득원가보다 크면 그 차액을 주식발행초과금으 로 처리한다.

10 주주가 주식배당이나 무상증자를 통해 무상으로 주식을 받은 경우 회계처리는 없다.

제10장 ○ × 문제 해설

01 × 자본은 자산에서 부채를 차감한 잔액으로 정의된다. (자산 - 부채 = 자본) 따라서, 독립적인 측정될 수 없다.

02 × 자본금 = 발행주식수 × 액면가액

03 ○ 따라서, 의결권이 배제되며 이익배당우선주, 전환우선주, 상환우선주 등이 있다.

04 × 주식 발행은 자금을 조달하는 재무활동이므로 수익 · 비용의 대응 관점에서 비용으로 처리하면 안 되므로 주식 발행가액에서 차감하도록 하고 있다. 사채 발행비도 마찬가지이다.

05 × 주식발행초과금과 주식할인발행차금은 상계하여 재무상태표에 보고한다. 따라서, 주식발행초과금이 있는 상태에서 주식할인발행차금이 발생하는 경우 우선 주식발행초과금을 감소시키고 그 반대의 경우에도 같다.

06 ○

07 × 감자차손은 유상감자하는 경우에만 발생한다.

08 × 상법은 사본충실의 원칙에 따라 지기주식 거래를 엄격히 제한하고 있으며 일반기업회계기준은 자기주식을 미발행주식으로 보아 자본조정에 보고하도록 하고 있다.

09 × 재발행가액 > 취득원가 : 자기주식처분이익 (자본잉여금)
재발행가액 < 취득원가 : 자기주식처분손실 (자본조정)

10 ○ 일반기업회계기준은 주식배당이나 무상증자의 경우 주주지분인 자본(순자산)에 변동이 없으므로 주주의 이익으로 보지 않는다. 따라서, 주주는 배정받은 주식에 대하여 회계처리할 것은 없으며 주식수의 증가와 주당 장부가액의 변동을 주석기재한다.

전산회계 1급

10 연습문제

제10장 자본

01 다음은 A 회사의 당기 말 재무상태표에서 추출한 자본과 관련된 자료이다. 이익 잉여금의 합계를 계산한 금액으로 옳은 것은?

• 자본금 50,000,000원	• 이익준비금 400,000원
• 감자차익 250,000원	• 자기주식 1,000,000원
• 임의적립금 150,000원	• 주식발행초과금 500,000원

① 400,000원 ② 550,000원
③ 800,000원 ④ 1,050,000원

정답 ②

이익준비금 400,000원 + 임의적립금 150,000원 = 550,000원

02 자본에 대한 설명 중 틀린 것은?

① 주식발행비용은 주식발행초과금에서 차감하거나 주식할인발행차금에 가산한다.
② 자기주식처분이익은 자본잉여금에 해당한다.
③ 이익준비금은 금전 배당금의 20% 이상을 자본금의 1/2에 달할 때까지 적립하여야 한 다.
④ 해외사업환산손익은 기타포괄손익누계액에 해당한다.

정답 ③

03 다음 중 자본에 대한 설명으로 잘못된 것은?

① 자본은 기업의 자산에서 모든 부채를 차감한 후의 잔여지분을 나타낸다.
② 자본금은 법정 납입자본금으로서 발행주식수에 액면가액을 곱한 금액을 말한다.
③ 주식을 이익으로 소각하는 경우에는 소각하는 주식의 취득원가에 해당하는 이익잉여금을 증가시킨다.
④ 자본잉여금은 주주와의 거래에서 발행되어 자본을 증가시키는 잉여금으로서 주식발행초과금이나 감자차익이 이에 해당한다.

정답 ③

04 자본의 분류 중 자본조정에 해당하지 않는 것은?

① 자기주식　　② 주식할인발행차금
③ 감자차손　　④ 주식발행초과금

정답 ④

05 다음의 회계처리가 재무제표에 미치는 영향은?

> 3월 2일 주주총회에서 주주에게 현금배당금을 지급하기로 결의하고 같은 날 경리부서에 서 현금으로 지급하였다.

	자산	부채	자본
①	불변	증가	감소
②	감소	불변	감소
③	불변	증가	감소
④	감소	감소	불변

정답 ②

(차) 미처분이익잉여금 ××× (대) 현 금 ×××

06 다음 중 자본의 실질적인 감소를 초래하는 것으로 가장 적합한 것은?

> 가. 결손금 보전을 위해 이익준비금을 자본금에 전입하다.
> 나. 현금배당을 실시하다.
> 다. 주식배당을 실시하다.
> 라. 10,000주를 무상증자하다.
> 마. 액면가액 5,000원인 자기주식을 4,000원에 취득한 후 바로 소각하다.

① 가, 나　　② 나, 마
③ 가, 라　　④ 나, 다

정답 ②

• 자기주식처분이익은 자기주식처분손실의 범위내에서 상계처리하고 잔액은 자본잉여금으 로 회계처리한다.

07 다음 중 자본거래에 대한 설명으로 가장 옳지 않은 것은?

① 유상증자시 발행되는 주식은 반드시 액면금액으로 발행할 필요는 없다.

② 무상증자의 경우 자본금의 증가를 가져온다.

③ 주식할인발행차금은 주식발행초과금의 범위내에서 상계처리하고 잔액은 자본조정으로 회계처리한다.

④ 자기주식처분이익과 자기주식처분손실은 자본조정으로 처리한다.

정답 ④

08 다음 중 자본에 대한 설명으로 틀린 것은?

① 자본은 자본금, 자본잉여금, 자본조정, 기타포괄손익누계액, 이익잉여금으로 구성된다.

② 미교부주식배당금은 자본잉여금이다.

③ 주식할인발행차금은 자본조정이다.

④ 무상증자가 진행되어도 자본총계의 변화가 없다.

정답 ②

09 다음 중 자본에 관한 내용으로 틀린 것은?

① 미교부주식배당금은 주식배당을 받는 주주들에게 주식을 교부해야 하므로 부채로 계상한다.

② 자본잉여금은 증자나 감자 등 주주와의 거래에서 발생하여 자본을 증가시키는 잉여금이다.

③ 주식할인발행차금은 주식발행초과금의 범위 내에서 상계 처리한다.

④ 자기주식은 자본에서 차감되는 항목이며, 자기주식처분이익은 자본에 가산되는 항목이다.

정답 ①

10 ㈜거성의 1월 1일 자본금은 40,000,000원 (주식수 40,000주, 액면가액 1,000원)이다. 8월 1일 주당 900원에 10,000주를 유상증자하였다. 기말 자본금은 얼마인가?

① 49,000,000원 ② 50,000,000원

③ 53,000,000원 ④ 65,000,000원

정답 ②

40,000주 × 1,000원 + 10,000주 × 1,000원(액면가액) = 50,000,000원

Chapter 11

수익과 비용

Guide

기업의 목적은 결국 영업활동을 통해 얼마나 많은 이익을 얻을 것인가에 있고, 수익인식기준과 비용인식기준은 회계 전반을 지배하는 대단히 중요한 문제이다. 또한 재고자산과 직접적인 관계가 있으므로 이런 부분에 초점을 맞추어 정리하도록 한다.

제1절 개념

• 수 익
(−) 비 용
순이익
↓
자 산 − 부 채 = 자본(순자산)

1. 수익 (revenue)

(1) 의의

1) 정상적인 영업활동에 따른 : 재화의 생산 · 판매, 용역의 제공 등
2) 경제적 효익의 총유입
3) 자산↑ · 부채↓ → 자본 (순자산)↑
4) 이득 또는 차익 (gain)
정상적인 영업활동 이외(일시적 · 우발적)의 거래에서 발생하는 경제적 효익의 유입

(2) 정상적인 영업활동에 따라 영업수익(매출액)과 영업외수익으로 구분

2. 비용 (expense)

• 「손익계산서」에는 「영업외수익」 또는 「영업외비용」이라는 용어를 사용하지만 이 항목들은 엄밀 히 말하면 비용이 아닌 이득 · 차익 또는 손실 · 차손인 것이다.

(1) 의의

1) 정상적인 영업활동에 따른
2) 경제적 효익의 유출 · 소비
3) 자산↓ · 부채↑ → 자본 (순자산)↓
4) 손실 또는 차손 (loss)
정상적인 영업활동 이외(일시적 · 우발적)의 거래에서 발생하는 경제적 효익의 유출

(2) 정상적인 영업활동에 따라 영업비용(판매비와관리비)과 영업외비용으로 구분

* 원가 100원인 자산을 150원에 양도한 경우
『손익계산서』 작성기준에 따른 수익과 비용은 총액으로 기재한다. 따라서, 자산이 재고자산인 경우에는 다음과 같이 회계 처리하여 수익과 비용이 총액 대 총액으로 대응되도록 한다.

(차)	현　금	150	(대)	**매　출**	**150**
	매출원가	**100**		상　품	100

그러나, 자산이 재고자산 외의 자산인 경우에는 다음과 같이 순액으로 회계 처리한다.

(차)	현　금	150	(대)	자　산	100
				자산처분이익	**50**

참고

1. 원가 (cost)

특정한 재화 또는 서비스를 획득하기 위해 제공한 경제적 가치의 측정치

2. 미소멸원가와 소멸원가

원가 cost ┬ 미소멸원가 : 자산 asset : 재무상태표
　　　　　└ 소멸원가 ┬ 비용 expense　수익창출에 기여 ┐ : 손익계산서
　　　　　　　　　　　└ 손실 loss　　가치소멸의 결과 ┘

• 미소멸원가(자산)는 이후 소멸되기 마련이다. 예를 들면, 「재고자산」은 판매되지 않으면 『재무 상태표』에 자산으로 표시되지만 이후 소멸되면 『손익계산서』로 이동한다. 이 때 판매되는 경우 와 같이 수익 창출에 기여하면서 소멸되면 「매출원가」라는 비용으로 처리되며, 파손 · 도난 등 과 같이 수익창출에 기여하지 못하고 가치만 소멸되는 경우에는 감모손실이라는 손실로 처리 되는 것이다. 이러한 과정은 수익 · 비용대응원칙을 반영하는 결과이다.

제2절 인식과 측정

1. 수익의 가득(발생)과정

수익은 원재료 구입 → 생산 → 생산완료 → 판매 → 현금회수의 전 과정에 걸쳐 발생

2. 수익인식기준

(1) 수익의 인식

수익을 어느 회계기간에 보고할 것인가, 귀속기간 결정의 문제

(2) 발생주의

수익가득 과정에서 증가된 가치를 구분하여 인식하는 것은 객관성이 저하되며 현실적으로 적용하기 어려움

(3) 실현주의

1) 발생주의를 현실적으로 적용하기 위해 수정한 수익인식기준
2) 다음 요건을 충족한 시점에 수익이 발생한 것으로 봄
   ① 발생요건 (가득요건)
   수익획득 과정에서 결정적 사건이 완료될 것
   ② 측정요건 (실현요건)
   실현되었거나 실현 가능할 것, 합리적인 측정이 가능할 것
3) 수익인식기준을
   ① 생산하는 과정에서 충족 : 생산기준(진행기준 · 완성기준)
   ② 판매시점에서 충족 : 판매기준
   ③ 대금 회수시점에서 충족 : 회수기준

(4) 수익의 측정 : 수익으로 계상될 금액의 결정

1) 재화의 판매, 용역의 제공 · 자산의 사용에 대하여 받았거나 받을 대가의 공정가액으로 측정, 매출에누리와 환입 · 매출할인은 수익에서 차감
2) 판매대가가 판매 이후 장기에 걸쳐 유입되는 경우 현재가치로 측정하고 현재가치와 명목가액의 차액은 「유효이자율법」에 따라 이자수익으로 인식

- 수익 · 비용의 인식에 대하여 발생주의와 현금주의가 대립한다. 발생주의는 거래가 발생한 시점에 인식하는 것이며, 현금주의는 현금의 유 · 출입 시점에 인식하는 것이다. 이것이 문제되는 이유는 기간개념을 전제로 하기 때문이다. 회사가 설립되어 소멸하기까지 회사의 존속기간을 대상으로 한 다면 거래가 발생한 시점에 인식하거나 현금의 유 · 출입 시점에 인식하거나 그 결과는 같다. 그러 나, 회사의 존속기간을 인위적으로 구분하여 각 회계기간 단위로 수익 · 비용을 인식하게 되면 존 속기간 전체의 손익은 같아도 회계기간별로 손익에는 차이가 발생하게 되는 것이다.

- 수익을 인식한다는 것은 기말 재고자산에 포함 여부와 관련되어 있다.
  수익인식기준을 충족하면 판매자는 수익을 인식하면서 기말 재고자산에서 제외하고, 구매자는 기말 재고자산에 포함시켜야 한다.

- 순매출액
  총매출액 – 매출에누리와환입 – 매출할인

3. 비용인식기준

(1) 비용의 인식

비용을 언제 보고할 것인가, 귀속기간 결정의 문제

(2) 수익 · 비용 대응원칙

1) 현실 적용을 위해 수정한 비용인식기준
2) 직접 대응 : 인과관계에 따라 수익획득 시점에 대응하여 비용으로 인식 - 매출원가 및 판매비와관리비
3) 간접 대응 : 합리적이고 체계적인 기간 배분 - 감가상각비 등
4) 기간 비용 : 미래 경제적 효익의 창출 여부가 불확실하므로 발생 즉시 비용 처리

제3절 거래유형별 수익인식기준

• 수익인식기준은 기말 재고자산 포함 여부와 관련된다. 수익을 인식한다는 것은 기말 재고자산에서 제외한다는 것이다.

1. 재화의 판매 : 판매기준 (인도기준)

(1) 발생요건

1) 재화의 소유에 따른 위험과 효익의 대부분이 구매자에게 이전
2) 판매자는 판매한 재화에 대하여 소유권이 있을 때 통상적으로 행사하는 정도의 관리나 효과적인 통제를 할 수 없음

(2) 측정요건

1) 경제적 효익의 유입 가능성이 매우 높을 것
2) 수익금액을 신뢰성 있게 측정 가능
3) 거래와 관련해 발생했거나 발생할 거래원가와 관련된 비용을 신뢰성 있게 측정 가능

(3) 거래 이후에도 판매자가 관련 재화의 소유에 따른 위험의 대부분을 부담하는 경우에는 수익 인식 불가

(4) 위탁 판매 : 수탁자가 고객에게 판매한 시점

(5) 시용 판매 : 구매자가 매입의사를 표시한 시점

• 할부판매는 대금수수방법의 문제일 뿐 일반적인 판매와 다를 게 없다.

(6) 장기할부판매 : 판매시점

현재가치 평가에 따른 이자상당액은 기간경과에 따라 「유효이자율법」을 적용하여 인식

예제 11-1 장기할부판매

회사는 제 2 회계연도 초에 상품을 판매하고 대금은 2회에 걸쳐 매년 말에 1,000원씩 회수하기로 하였다. 판매시점의 유효이자율은 10%였다. 각 시점별로 회계처리 하시오.

해설

1. 판매대금을 2회 이상으로 나누어 회수하고 최종 대금 회수시점까지 1년 이상이므로 장기할부판매에 해당한다.

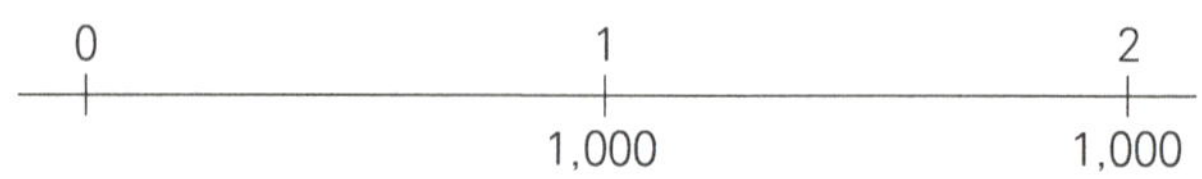

$$현재가치 = \frac{1,000}{(1 + 10\%)} + \frac{1,000}{(1 + 10\%)^2} = 1,735$$

2. 회계처리

판매시점	(차) 매출채권	2,000	(대)	매 출	1,735
				현재가치할인차금	265

* 「현재가치 평가를 한다」는 것은 현금 판매한 경우와 동일하게 처리한다는 것으로 현금판매가액이 곧 현재가치이다.
따라서, 대금 수수방법에 따라 수익이 달라지지 않도록 매년 회수하는 1,000원의 현재가치 1,735원 만 매출수익으로 계상하고, 매출채권에 포함된 265원은 「유효이자율법」에 따라 매년 이자수익으로 인식하는 것이다.

* 1기의 회수액 1,000원은 「매출채권」으로, 2기의 회수액 1,000원은 「장기매출채권」으로 처리해야하지만 여기서는 간단히하기 위해 「매출채권」으로 처리하였다.

기 간	장부가액 (기초장부가액 + 유효이자 − 회수액)	유효이자 (장부가액 × 10%)	회수액
2기 초	1,735	173	1,000
말	908	92*	1,000
3기 말	0		

* 단수차이 조정

제1기말	(차) 현 금	1,000	(대)	매출채권	1,000
	현재가치할인차금	173		이자수익	173
제2기말	(차) 현 금	1,000	(대)	매출채권	1,000
	현재가치할인차금	92		이자수익	92

(7) 반품조건부 판매

1) 반품률을 합리적으로 추정 가능한 경우 : 판매시점
반품률을 적절히 반영하여 수익을 인식하고 판매자의 재고자산에서 제외

2) 반품률을 합리적으로 추정할 수 없는 경우
- 구매자가 상품의 인수를 수락하거나 반품기간이 종료된 시점에 수익을 인식
- 수익인식 전까지는 판매자의 재고자산에 포함

(8) 상품권 : 재화의 판매시점, 상품권을 회수한 시점을 의미

발행시점	(차) 현 금	×××	(대) 선수금	×××
회수시점	(차) 선수금	×××	(대) 매 출	×××

• 상품권을 발행하고 대가를 받은 경우에는 선수금으로 처리한다.

(9) 부동산 판매

잔금청산일 · 소유권이전등기일 · 구매자의 실제사용 가능일 중 빠른 날

2. 용역의 제공 · 예약매출 (생산기준 : 진행기준)

(1) 측정요건

1) 경제적 효익의 유입 가능성이 매우 높을 것
2) 거래 전체의 수익금액을 신뢰성 있게 측정 가능
3) 진행률을 신뢰성 있게 측정 가능
4) 이미 발생한 원가 및 거래 완료를 위해 투입해야 할 원가를 신뢰성 있게 측정 가능

(2) 용역제공의 성과를 신뢰성 있게 측정할 수 없고 발생 원가의 회수 가능성이 낮은 경우

발생한 원가를 비용으로 인식하고 발생한 비용의 범위 내에서 회수 가능한 금액을 수익으로 인식

3. 이자수익

「유효이자율법」을 적용하여 발생기준에 따라 인식

발행시점	(차) 미수이자	×××	(대) 이자수익	×××
회수시점	(차) 현 금	×××	(대) 미수이자	×××

• 회계학의 이자수익(이자비용)은 모두 유효이자라는 사실을 반드시 기억해야 한다.

4. 배당금수익

(1) 배당금을 받을 권리와 금액이 확정되는 시점(주주총회에서 결의한 시점)에 인식

(2) 배당 선언일

배당이 결의됨에 따라 주주는 배당금을 받을 권리가, 회사는 배당금을 지급할 의무가 발생

① 현금배당

(차) 미수배당금	×××	(대) 배당금수익	×××

② 주식배당

-분개 없음-

• 주주지분에 변동이 없으므로 주식배당에 따라 주주가 수령하는 주식은 주주 입장에서 이익이 아 니다. 그러므로, 주주는 무상주 수령에 대하여 회계처리하지 않으며 보유주식 수 증가와 이에 따 른 주당 장부가액 하락에 대하여만 주석으로 기재한다.

(3) 배당지급일

배당기준일 현재 권리 있는 주주에게 배당금을 지급하는 날

① 현금배당

(차) 현　금	×××	(대) 미수배당금	×××

② 주식배당

-분개 없음-

5. 로열티수익

관련된 계약의 경제적 실질을 반영하여 발생기준에 따라 인식

6. 기타의 수익

(1) 발생요건

수익획득과정이 완료되었거나 실질적으로 거의 완료될 것

(2) 측정요건

1) 경제적 효익의 유입 가능성이 매우 높을 것
2) 수익금액을 신뢰성 있게 측정 가능

제11장 O × 문제

01 수익은 주요 영업활동에 따라 계속적으로 발생한다는 점에서 비경상적으로 발생하는 이득과는 구별된다.

02 원가란, 주요 영업활동에 따른 경제적 효익의 유출 · 소비로 정의된다.

03 원가는 미래 경제적 효익의 창출 여부 및 소멸 여부 등에 따라 다시 구분할 수 있다.

04 수익을 인식한다는 것은 수익을 언제 보고할 것인가에 관한 문제로서 발생주의를 엄격히 적용해야 한다.

05 비용은 수익이 인식되는 기간에 대응시켜 인식한다.

06 위탁판매의 경우 위탁한 상품을 수탁자가 판매하는 시점에 인식한다.

07 기말 현재 판매되지 않고 수탁자가 보관중인 위탁상품과 고객의 매입의사 표시가 없는 시송품은 기말 재고자산에서 제외한다.

08 법률 · 회계 등의 전문서비스 등의 용역제공은 생산기준에 따른 수익인식이 합리적이다.

09 상품권을 발행하는 경우에는 대금의 수수여부에 관계없이 수익을 인식한다.

10 장기할부판매의 경우 미래 수수하기로 약정된 금액을 그대로 수익으로 인식한다.

제11장 ○ × 문제 해설

01 ○

02 × 비용의 정의이다.

03 ○ 미소멸 원가를 자산이라고 하며, 소멸원가 중 수익창출에 기여한 부분을 비용, 가치감소의 결과를 손실이라고 한다.

04 ○ 수익획득과정에서 수익 발생분을 정확히 구분한다는 것은 객관성이 없고 현실적으로 어려워 발생주의를 엄격히 적용하기 어렵기 때문에 실현주의에 따라 인식한다.

05 ○ 수익 · 비용대응 원칙에 따라 인식한다.

06 ○

07 ×

08 ○ 용역의 생산과 제공은 수익창출을 위한 결정적 사건(발생기준 충족)이고, 그 수익의 합리적 측정이 가능(측정기준 충족)하므로 생산(진행)기준의 적용이 합리적이다.

09 × 상품권을 발행했다는 것은 대금을 미리 받은 것과 같으므로 재화의 판매시점 즉 상품권을 회수한 시점에 수익을 인식한다.

10 × 일반기업회계기준은 장기할부판매의 경우 현재가치평가를 하여 현금거래 금액만을 수익으로 인식하고 명목가치와의 차액은 유효이자율법을 적용하여 이자수익으로 인식하도록 하고 있다.

전산회계 1급

11 연습문제

제11장 수익과 비용

01 기부금을 영업외비용이 아닌 판매비와관리비로 회계처리한 경우 나타나는 현상으 로 틀린 것은?

① 매출총이익은 불변이다.
② 영업이익은 불변이다.
③ 법인세비용차감전순이익은 불변이다.
④ 매출원가는 불변이다.

정답 ②

	매 출 액	×××
(-)	매출원가	×××
	매출총이익	×××
(-)	판매비와관리비	×××
	영업이익	×××
(+)	영업외수익	×××
(-)	영업외비용	×××
	법인세비용 차감전순이익	×××

02 다음 중 일반기업회계기준에 따른 재화의 판매로 인한 수익을 인식하기 위하여 충족되어야 하는 조건이 아닌 것은?

① 재화의 소유에 따른 유의적인 위험과 보상이 구매자에게 이전된다.
② 진행률을 신뢰성 있게 측정할 수 있다.
③ 경제적 효익의 유입 가능성이 매우 높다.
④ 수익금액을 신뢰성 있게 측정할 수 있다.

정답 ②

03 다음 중 용역의 제공에 따른 수익을 인식하기 위한 조건에 대한 설명으로 틀린 것은?

① 경제적 효익의 유입 가능성이 매우 높다.
② 거래 전체의 수익금액을 신뢰성 있게 측정할 수 있다.
③ 진행률을 신뢰성 있게 측정할 수 없는 경우에는 용역의 제공이 완료되는 시점에 수익 을 전액 인식한다.
④ 이미 발생한 원가 및 거래의 완료를 위하여 투입하여야 할 원가를 신뢰성 있게 측정할 수 있다.

• 진행률을 합리적으로 추정할 수 없는 경우나 수익금액을 신뢰성 있게 측정할 수 없는 경 우에는 발생한 원가의 범위 내에서 회수 가능한 금액을 수익으로 계상하고 발생원가 전 액을 비용으로 인식한다.

정답 ③

04 다음 자료를 이용하여 영업외이익(= 영업외수익 - 영업외비용)을 구하시오.

• 임원급여	3,000,000원	• 광고선전비	600,000원
• 받을어음의 대손상각비	700,000원	• 기부금	300,000원
• 외환차익	1,500,000원	• 접대비	100,000원
• 감가상각비	500,000원	• 이자수익	400,000원
• 유형자산처분손실	200,000원		

① 800,000원　② 1,000,000원
③ 1,400,000원　④ 1,600,000원

정답 ③

영업외수익 = 외환차익 1,500,000원 + 이자수익 400,000원 = 1,900,000원
영업외비용 = 기부금 300,000원 + 유형자산처분손실 200,000원 = 500,000원

• ①, ②, ③ 판매비와관리비
④ 영업외비용

05 다음 중 손익계산서에 반영될 영업이익에 영향을 미치지 않는 경우는?

① 무형자산으로 인식하고 있는 개발비에 대한 상각비의 인식
② 재산세 납부로 인한 세금과공과 계상
③ 종업원의 직무능력 향상을 위한 교육훈련비의 지급
④ 단기시세차익 목적으로 보유한 단기매매증권의 평가손실

정답 ④

06 거래형태별 수익인식기준 중 잘못된 것은?

① 위탁판매 : 위탁자가 수탁자에게 물건을 인도하는 시점
② 시용판매 : 고객이 구매의사를 표시하는 시점
③ 상품권 판매 : 상품권을 회수하고 재화를 인도하는 시점
④ 일반적인 상품 및 제품판매 : 인도하는 시점

정답 ①

• 용역제공거래의 성과를 신뢰성 있게 추정할 수 없는 경우에는 발생한 비용의 범위 내에서 회수가능한 금액을 수익을 인식한다.

07 수익에 대한 다음 설명 중 잘못된 것은?

① 수익은 재화의 판매, 용역의 제공이나 자산의 사용에 대하여 받았거나 또는 받을 대가의 공정가치로 측정한다.
② 용역제공거래의 성과를 신뢰성 있게 추정할 수 없고 발생한 원가의 회수가능성이 낮은 경우 발생한 비용의 범위 내에서만 수익을 인식한다.

③ 이자수익은 원칙적으로 유효이자율을 적용하여 발생기준에 따라 인식한다.
④ 성격과 가치가 유사한 재화나 용역간의 교환은 수익을 발생시키는 거래로 보지 않는다.

정답 ②

08 다음 거래의 수익인식시점은 언제인가?

6월 10일에 거래처로부터 상품 주문을 받고 6월 28일에 인도하였으며 대금 중 50%는 6 월 30일에 현금으로 받고 나머지는 7월 2일에 회수하였다.

① 6월 10일　　② 6월 28일
③ 6월 30일　　④ 7월 2일

정답 ②

09 다음 중 일반기업회계기준상 용역제공에 따른 수익을 진행기준으로 인식하기 위 한 요건으로 옳지 않은 것은?

• 재화의 수익인식기준이다.

① 재화의 소유에 따른 유의적인 위험과 보상이 구매자에게 이전될 것
② 경제적 효익의 유입가능성이 매우 높을 것
③ 진행률을 신뢰성 있게 측정할 수 있을 것
④ 이미 발생한 원가 및 거래의 완료를 위하여 투입하여야 할 원가를 신뢰성 있게 측정할 수 있을 것

정답 ①

10 다음 중 일반기업회계기준상 재화의 판매, 용역의 제공, 이자, 배당금, 로열티로 분류할 수 없는 기타의 수익인식조건으로 적합하지 않는 것은?

① 수익가득과정이 완료되었거나 실질적으로 거의 완료되었을 것
② 수익금액을 신뢰성 있게 측정할 수 있을 것
③ 경제적 효익의 유입 가능성이 매우 높을 것
④ 현금의 유입이 있을 것

정답 ④

PART 2

원가회계

CONTENTS

Chapter 1

원가관리회계의 개념

Guide

제 1 장에서는 원가회계의 개념을 중심으로 설명하고 있다. 상기업과 비교하여 제조업의 원가흐름을 잘 이해해야 한다.

제1절 회계

1. 의의

기업의 경제적 사건을 체계적으로 식별 · 측정하여 정보이용자의 의사결정에 유용한 정보를 전달하는 모든 과정

2. 분류

(1) 재무회계 : 외부정보이용자의 경제적 의사결정에 유용한 정보를 제공

1) 외부정보이용자
투자자, 채권자, 정부, 금융기관, 거래처, 노조, 사회단체 등

2) 정보의 성격 : 과거 지향적 · 계량적 정보, 객관성 · 신뢰성

3) 준 거 기 준 : 일반적으로 인정된 회계원칙
(Generally Accepted Accounting Principle)

4) 보 고 수 단 : 재무제표

5) 보 고 주 기 : 정기보고

(2) 관리회계 : 내부정보이용자의 관리적 의사결정에 유용한 정보를 제공

1) 내부정보이용자 : 경영자 및 관리자

2) 정보의 성격 : 미래 지향적 · 계량적 · 비계량적 정보, 적시성 · 관련성

3) 준 거 기 준 : 없음

4) 보 고 수 단 : 일정한 형식이 없는 특수목적 보고서

5) 보 고 주 기 : 수시보고

• 『일반기업회계기준』 또는 『한국채택 국제회계기준』이 GAAP의 역할을 한다.

• 정보이용자 중 회사의 회계시스템에 접근할 수 있는 자를 「내부정보이용자」라고 하며 오직 경영자가 이에 해당한다. 그 외에는 모두 「외부정보이용자」이다.

제2절 원가회계와 관리회계

1. 원가회계의 개념

외부정보이용자 및 내부정보이용자의 의사결정에 유용한 원가정보를 제공하는 회계

2. 원가회계의 목적

(1) 계획단계의 의사결정 : 계획수립 및 제반의사결정
(2) 통제단계의 의사결정 : 원가관리 및 성과평가
(3) 외부공시용 재무제표 작성

- (1) (2)
  관리회계 관점의 목적
  (3)
  재무회계 관점의 목적

3. 원가회계와 관리회계의 관계

(1) 원가회계시스템은 재무회계를 위한 제품원가계산을 수행함
(2) 원가회계시스템에서 제공하는 원가정보는 관리회계의 목적을 위해 제공

- 관리회계의 목적
  계획수립 및 특수의사결정, 원가통제와 성과평가

제3절 상기업과 제조업의 비교

1. 경영활동 및 원가의 흐름

(1) 상기업

(2) 제조업

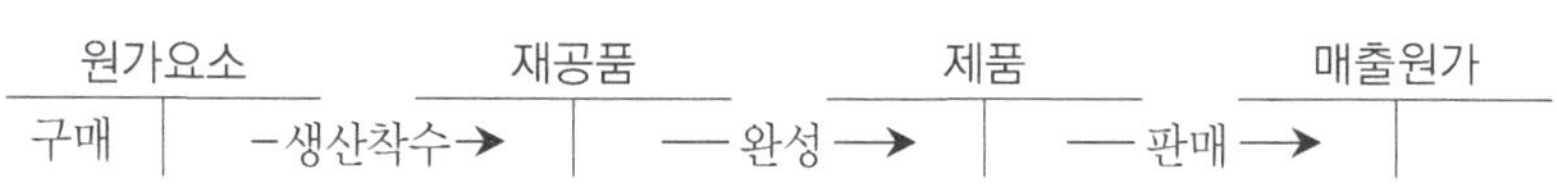

- 상기업
  상품을 취득하여 판매한다. 취득시점에 취득원가가 결정되고 판매하여 매출 수익이 발생할 때 매출원가로 비용 처리된다.
- 제조업
  원재료를 취득하여 생산과정을 통해 제품을 완성한 후 판매한다. 생산과정에서 발생하는 제조원가를 집계하여 제품 취득원가가 결정되고 판매하여 매출 수익이 발생할 때 매출원가로 비용 처리된다.

2. 매출원가의 계산

(1) 상기업 : 기초상품 재고액 + 당기상품 매입액 − 기말상품 재고액

상 품

차변		대변	
기 초	×××	매출원가	×××
(순)매입	×××	기 말	×××
	×××		×××

(2) 제조업 : 기초제품 재고액 + 당기제품제조원가 − 기말제품 재고액

제 품

차변		대변	
기 초	×××	매출원가	×××
*완 성	×××	기 말	×××
	×××		×××

* 당기제품제조원가

Chapter 2

원가의 개념과 분류

Guide

> 제 2 장에서는 원가의 개념 및 용어를 중심으로 설명하고 있다. 여러 분류 기준에 따른 원가개념에 대하여 정리해야 한다.

제1절 원가의 개념

1. 원가 (cost)

특정한 재화 또는 서비스를 획득하기 위해 제공한 경제적 가치의 측정치

2. 미소멸원가와 소멸원가

원가 cost
- 미소멸원가 : 자산 asset : 재무상태표
- 소멸원가
  - 비용 expense 수익창출에 기여
  - 손실 loss 가치소멸의 결과

  : 손익계산서

제2절 원가의 분류

1. 제조활동과 관련되었는가? 또는 자산화 되었는가?

(1) 제조원가 또는 제품원가

1) 직접재료비 : 제품생산을 위한 원재료의 사용액
2) 직접노무비 : 제품생산을 위한 노동력의 사용액
3) 제조간접비 : 직접재료비와 직접노무비를 제외한 모든 생산요소의 사용액

* 기본원가 = 직접재료비 + 직접노무비
가공원가 = 직접노무비 + 제조간접비

- 판매비와관리비 및 영업외비용을 의미한다.

(2) 비제조원가 또는 기간원가

제조활동과 관계없이 제품의 판매활동과 일반관리활동에서 발생되는 원가

2. 특정원가대상에 추적이 가능한가

(1) 직접비 : 특정 원가대상에 추적이 용이한 원가

(2) 간접비 : 다수의 원가대상에 대해 발생하므로 특정 원가대상에 추적이 어려운 원가

3. 원가행태에 따른 분류

조업도의 변화에 따라 원가가 어떻게 변화하는가?

- 원가행태란, 조업도에 다른 원가의 변화양상을 말한다. 조업도란, 생산설비의 활용정도로 정의되며 생산량, 판매량, 작업시간, 기계시간 등을 조업도로 사용할 수 있다.
- 총변동비는 조업도에 비례하고 그 기울기는 단위당 변동비를 뜻하며, 이를 좌표평면에 나타내면 조업도에 무관하게 일정한 형태로 나타난다.

(1) 변동비

직접재료비, 직접노무비 등과 같이 일정한 범위에서 조업도에 비례하여 발생하는 원가

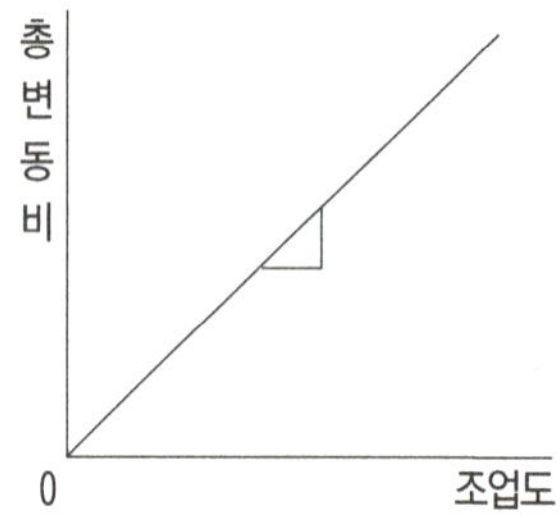

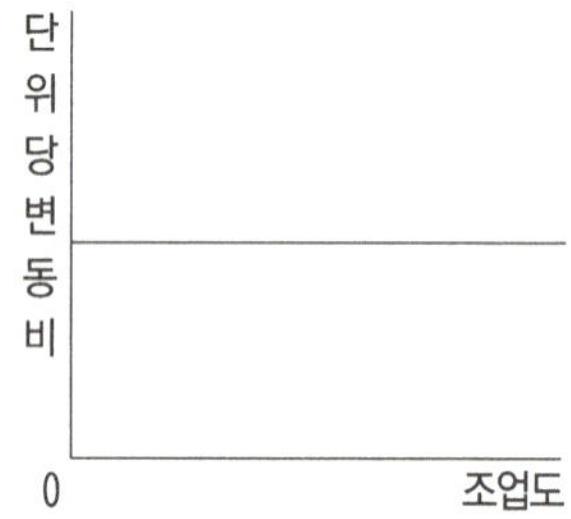

- 총고정비는 조업도에 무관하게 일정하며 단위당 고정비를 좌표평면에 나타내면 조업도 증가에 따라 반비례하는 형태로 나타난다.

(2) 고정비

감가상각비, 보험료, 임차료 등과 같이 일정한 범위에서 조업도에 관계없이 일정한 원가

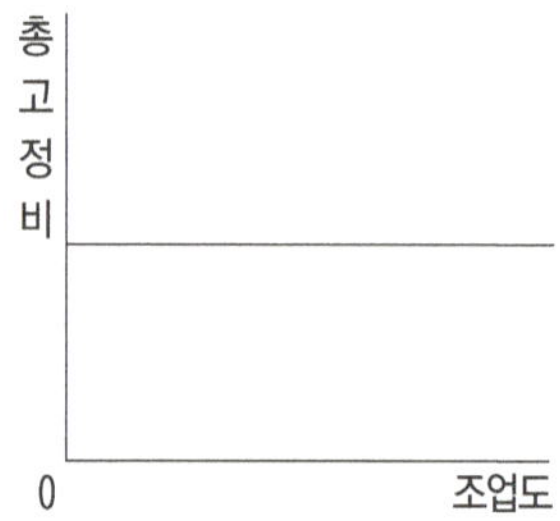

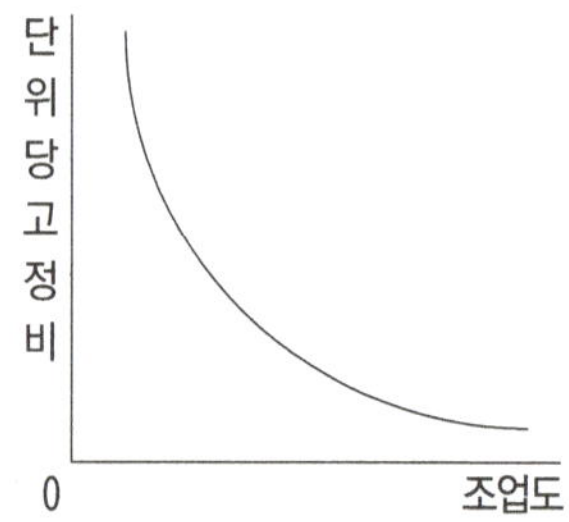

(3) 준변동비 (혼합원가)

전기요금 · 전화요금 등과 같이 고정비와 변동비의 두 가지 요소로 구성된 원가

- 전화요금은 사용량에 관계없이 부과되는 기본요금(고정비)과 사용량에 따라 부과되는 요금(변동 비)로 구성된다.

(4) 준고정비 (계단원가)

생산 관리자의 급여 등과 같이 일정한 조업도 범위 내에서는 일정하게 발생하지만 조업도가 일정 범위를 벗어나는 경우에는 원가총액이 증가

- 생산 관리자의 급여가 100원이고 10명의 노동자를 관리할 수 있다면 노동자(조업도) 10명까지는 생산 관리자 1명이 필요하고 급여는 100만원, 노동자(조업도) 11명 ~ 20명까지는 생산 관리자 2명이 필요하고 급여는 200만원…

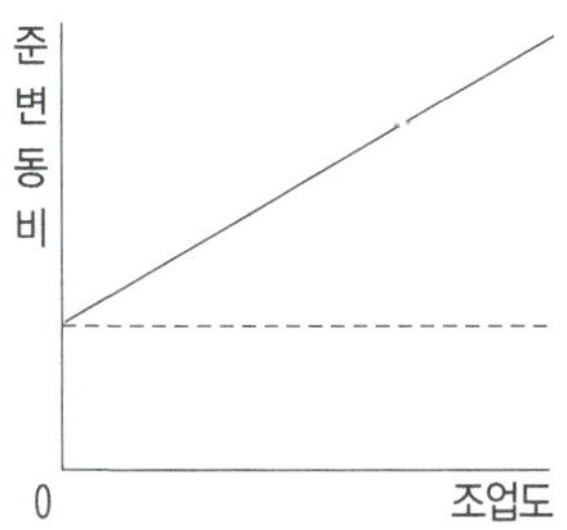

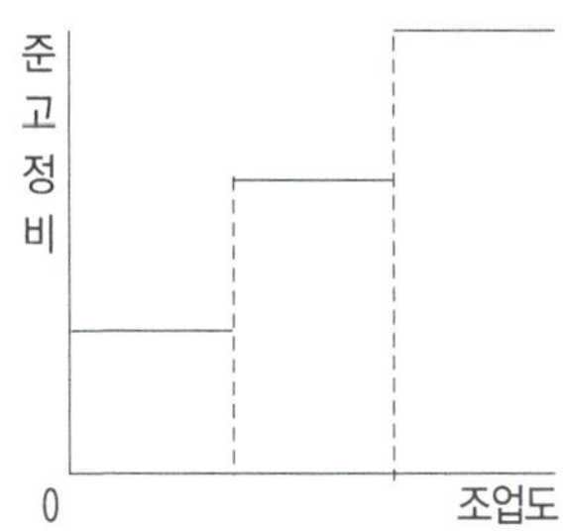

4. 특정 관리자의 성과평가를 위해 통제가 가능한가?

(1) 통제가능원가

관리자가 원가의 발생정도에 영향을 미칠 수 있는 권한이 있는 원가

(2) 통제불능원가

관리자가 원가의 발생정도에 영향을 미칠 수 있는 권한이 없는 원가

5. 의사결정과 관련 있는가?

(1) 관련원가

1) 특정 의사결정과 직접적으로 관련 있는, 의사결정대안 간에 차이가 나는 미래원가

2) 회피가능원가

특정 대안을 선택할 경우 절약되거나 발생하지 않을 원가

3) 기회원가 (기회비용)

특정한 대안을 선택함에 따라 포기해야 하는 대안의 효익 중 가장 큰 금액

- 대안 A, B, C가 있고 A로 인한 효익은 100원이고, B 80원, C 70원이었다. 대안 A를 선택함에 따라 B와 C는 포기해야 하며 그 중 가장 큰 효익을 주는 B 80원이 A선택에 대한 기회비용이다.

• 매몰원가
현재 사용중인 휴대폰(취득원가 100원)을 교체하기 위해 A, B, C를 비교하고 있다면 어떤 대안을 선택하든 과거 원가인 100원은 전혀 영향이 없다.

(2) 비관련원가

1) 특정 의사결정과 직접적으로 관련 없는, 과거의 의사결정으로 인해 발생한 과거원가 (매몰원가)
2) 회피불능원가 : 특정 대안을 선택하지 않아도 계속 발생되는 원가

전산회계 1급

02 연습문제

제2장 원가의 개념과 분류

01 원가에 대한 설명 중 가장 옳지 않은 것은?

① 고정원가는 관련 조업도 내에서 일정하게 발생하는 원가를 말한다.
② 직접재료비와 직접노무비를 기초원가라 한다.
③ 간접원가란 특정한 원가집적대상에 직접 추적할 수 없는 원가를 말한다.
④ 제품생산량이 증가함에 따라 관련 범위 내에서 제품단위당 고정원가는 일정하다.

정답 ④

제품생산량이 증가함에 따라 관련 범위 내에서 제품단위당 고정원가는 감소하다.

02 제조원가 중 원가행태가 다음과 같이 나타나는 경우로 보기 어려운 것은?

• 조업도가 증가하는데 총원가에 변동이 없이 일정하다.

조업도	100시간	500시간	1,000시간
총원가	10,000원	10,000원	10,000원

① 공장재산세 ② 정액법에 의한 감가상각비
③ 전기요금 ④ 임차료

정답 ③

전기요금은 준변동비(혼합원가)에 해당한다.

03 회사는 생산능력이 100단위인 생산설비를 임차하여 사용하고 있다. 매년 수요량 이 증가함에 따라 그때마다 생산설비를 추가 임차하고 있다. 생산설비 1대당 임차료는 500,000원이다. 이 설명에 맞는 원가행태는?

• 조업도 100단위까지는 임차료가 500,000원, 200단위까지는 1,000,000원…

① 변동비 ② 고정비
③ 준변동비 (혼합원가) ④ 준고정비 (계단원가)

정답 ④

04 다음 중 원가에 대한 설명으로 옳지 않은 것은?

① 직접재료비와 직접노무비는 기초원가에 해당한다.
② 특정제품 또는 특정부문에 직접적으로 추적가능한 원가를 직접비라 하고 추적불가능한 원가를 간접비라 한다.
③ 변동비 총액은 조업도에 비례하여 증가한다.
④ 가공비란 직접재료비와 직접노무비를 합계한 원가를 말한다.

정답 ④

가공비란 직접노무비와 제조간접비를 합계한 원가를 말한다.

• 기회비용은 의사결정에서 반드시 고려해야 하는 관련원가에 해당한다.

05 다음 중 원가에 대한 설명으로 옳은 것은?

① 특정 원가대상에 명확하게 추적이 가능한 원가를 직접원가라 한다.
② 기회비용은 특정의사결정에 고려할 필요가 없는 원가이다.
③ 총원가가 조업도의 변동에 비례하여 변하는 원가를 고정원가라 한다.
④ 가공원가에는 직접재료비와 직접노무비가 있다.

정답 ①

06 원가구성요소의 분류상 해당항목에 포함되는 내용 중 옳지 않은 것은?

	기본원가	가공비	제조원가
①	직접노무비	제조간접비	직접재료비
②	직접재료비	제조간접비	직접노무비
③	제조간접비	직접노무비	직접재료비
④	직접노무비	간접재료비	간접노무비

정답 ③

07 다음 중 원가의 추적가능성에 따른 분류로 가장 맞는 것은?

① 직접원가와 간접원가 ② 고정원가와 변동원가
③ 실제원가와 표준원가 ④ 제조원가와 비제조원가

정답 ①

08 관련범위 내에서 단위당 변동원가의 행태에 대한 설명으로 옳은 것은?

① 각 조업도수준에서 일정하다.
② 각 조업도수준에서 감소한다.
③ 조업도가 증가함에 따라 단위당 원가는 증가한다.
④ 조업도가 증가함에 따라 단위당 원가는 감소한다.

정답 ①

09 조업도가 0(영)일지라도 일정한 원가가 발생하고, 조업도가 증가할수록 비례적으로 원가가 발생하는 행태를 지닌 원가는?

① 준고정비　　② 고정비
③ 변동비　　④ 준변동비

정답 ④

10 다음 중 원가의 개념이 가장 잘못 연결된 것은?

① 기회원가 : 과거에 발생한 원가로서 의사결정에 고려되어서는 안되는 원가
② 가공원가 : 직접노무비와 제조간접비를 합한 금액
③ 통제가능원가 : 특정부문의 경영자가 원가의 발생을 관리할 수 있으며, 부문경영자의 성과평가의 기준이 되는 원가
④ 변동원가 : 조업도의 변동에 관계없이 단위당 원가는 일정하고, 총원가는 조업도의 변동에 비례하여 변하는 원가

• 관리자 또는 부문경영자가 통제할 수 없는 원가로 그 성과를 평가해서는 안된다.

정답 ①

Chapter 3 원가의 흐름

Guide

제 3 장에서는 원가회계 전반을 지배하는 원가흐름을 설명하고 있다. 제조업의 경영활동과 연결하여 원가흐름을 정리하되 특히 재공품 계정에 주목해야 한다.

제1절 제조기업의 원가흐름

1. 제조원가의 흐름

(1) 재료비

1) 제품 생산을 위해 투입된 원재료의 원가
2) 직접재료비 : 특정 제품 생산에 직접적인 관계가 있는 원가
3) 간접재료비 : 다수 제품 생산에 관계되는 원가, 제조간접비에 포함
4) 원가흐름과 회계처리

원재료

차변	대변
기 초	직접재료비 → 재공품(직접재료비)
	간접재료비 → 제조간접비(간접재료비)
매 입	
	기 말

재공품

차변	대변
직접재료비	

제조간접비

차변	대변
간접재료비	

① 원재료 구입

(차) 원재료	×××	(대) 현 금	×××

② 원재료 생산 투입

(차) 제공품 (직접재료비)	×××	(대) 원재료	×××
제조간접비 (간접재료비)	×××		

* 일반적으로 원가흐름은 위와 같이 설명하고 있으나 회계프로그램은 다음과 같이 별도로 원재료비 계정을 사용하여 직접재료비는 원재료비 계정

으로 집계한 후 원재료비를 다시 재공품으로 대체하 는 방식으로 회계처리한다.

(차)	원재료비	×××	(대) 원재료	×××
(차)	재공품 (직접재료비)	×××	(대) 원재료비	×××
	제조간접비 (간접재료비)	×××		

(2) 노무비

1) 제품 생산을 위해 발생된 임금 (생산직 근로자에 대한 급여, 상여금 및 퇴직금)
2) 직접노무비 : 특정 제품 생산에 직접적인 관계가 있는 원가
3) 간접노무비 : 다수 제품 생산에 관계되는 원가, 제조간접비에 해당
4) 원가흐름과 회계처리

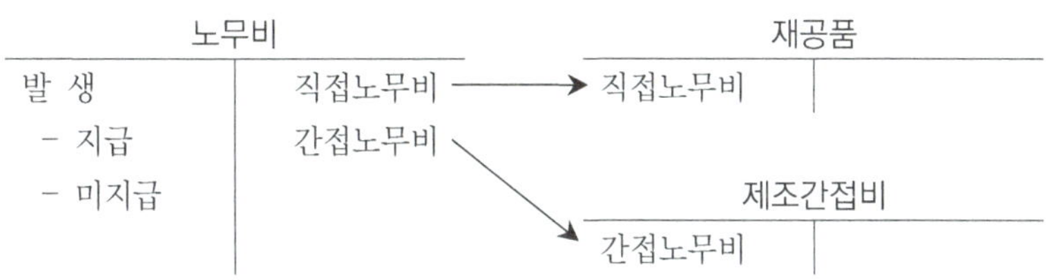

① 노무비 발생

(차)	노무비	×××	(대) 현 금	×××
			미지급임금	×××

② 노무비 생산 투입

(차)	제공품 (직접노무비)	×××	(대) 노무비	×××
	제조간접비 (간접노무비)	×××		

* 일반적으로 원가흐름은 위와 같이 설명하고 있으나 직접노무비의 경우 회계프로그램에서는 다음과 같이 노무비 계정을 사용하지 않고, 500번대 노무비 항목들을 재공품 계정에 직접 대체한다.

(차)	재공품 (직접노무비)	×××	(대) 임 금	×××
			퇴직급여	×××

(3) 제조간접비

1) 직접재료비, 직접노무비 외에 제품 생산을 위해 투입된 원가
2) 간접재료비, 간접노무비, 제조경비를 모두 포함
3) 다수 제품 생산에 관계되는 공통원가로서 합리적인 인과관계에 따

른 기준에 따라 배분

4) 원가흐름과 회계처리

제조간접비	
간접재료비	배부액 →
간접노무비	
제조경비	

재공품	
제조간접비	
배부액	

① 제조간접비 발생

(차) 제조간접비 ××× (대) 제조경비 계정 ×××

② 제조간접비 배부

(차) 재공품 ××× (대) 제조간접비 ×××

* 일반적으로 원가흐름은 위와 같이 설명하고 있으나 제조간접비의 경우 회계프로그램에서는 다음과 같이 제조간접비 계정을 사용하지 않고, 500번대 제조경비 항목들을 재공품 계정에 직접 대체한다.

(차) 재공품 ××× (대) 제조경비 계정 ×××

2. 재공품 : 제조원가명세서

(1) 제품 생산과정 중 기말 현재 미완성품

(2) 제조원가명세서 : 재공품 계정의 변동상황을 표시하는 명세서

(3) 원가흐름과 회계처리

- 재공품 계정 차변에 집계된 (직접재료비 + 직접노무비 + 제조간접비)가 당기총제조원가이다.
- 재공품 계정 대변에 완성품 원가가 당기제품제조원가이다.
- 원가회계는 제품 원가계산에 초점이 있으므로 재공품 계정이 중심이 된다.

재공품	
기 초	완성품 →
직접재료비	
직접노무비	
제조간접비	기 말

제 품	
기 초	매출원가
완성품	기 말

① 재공품 계정에 원가 집계

(차) 재공품 ××× (대) 원재료 ×××
노무비 ×××
제조간접비 ×××

② 제품 완성

(차) 제 품 ××× (대) 재공품 ×××

(4) 제조원가명세서

재공품 계정의 변동상황을 표시하는 명세서로서 완성품 원가(당기제품제조원가)의 계산 과정을 나타냄

제조원가명세서

Ⅰ. 직접재료비*		
1. 기초원재료재고액	×××	
2. 당기원재료매입액	×××	
3. 계	×××	
4. 기말원재료재고액	(×××)	×××
Ⅱ. 직접노무비		×××
Ⅲ. 제조간접비		×××
Ⅳ. 당기총제조원가		**×××**
Ⅴ. 기초재공품 원가		×××
Ⅵ. 계		×××
Ⅶ. 기말재공품 원가		(×××)
Ⅷ. 당기제품제조원가		**×××**

• 직접재료비
원가흐름상 원재료 계정을 통해 파악된다.

• 당기제품제조원가는 손익계산서상 제품매출원가 산정 과정에 반영된다.

3. 제품

(1) 제품 생산과정 중 완성품의 변동상황을 표시, 상기업의 상품 계정에 대응

(2) 손익계산서상 매출원가 계산과정을 표시

(3) 원가흐름과 회계처리

제 품

기 초	매출원가 →
완성품	기 말

매출원가

제 품(판매분)	

① 제품 완성

(차) 제 품 ××× (대) 재공품 ×××

② 제품 판매

(차) 매출원가 ××× (대) 제 품 ×××

(4) 손익계산서

매출총이익 계산 과정에서 매출원가의 계산과정을 함께 표시

손익계산서

매 출 액		
매출원가		
1. 기초제품재고액	×××	
2. 당기제품제조원가	×××	
3. 계	×××	
4. 기말제품재고액	(×××)	(×××)
매출총이익		×××

4. 제조원가흐름

• 제조기업의 생산과정은 재고자산(제품)의 취득과정이다. 상기업이 상품을 취득하는 경우에 취득부대 비용을 취득원가에 포함하는 것과 마찬가지로 제조기업이 생산과정에서 발생하는 제조원가는 취득원가에 가산하는 것이다. 그리고, 수익·비용대응원칙에 따라 제품이 판매되는 시점에 매출원가(비용) 처리한다.

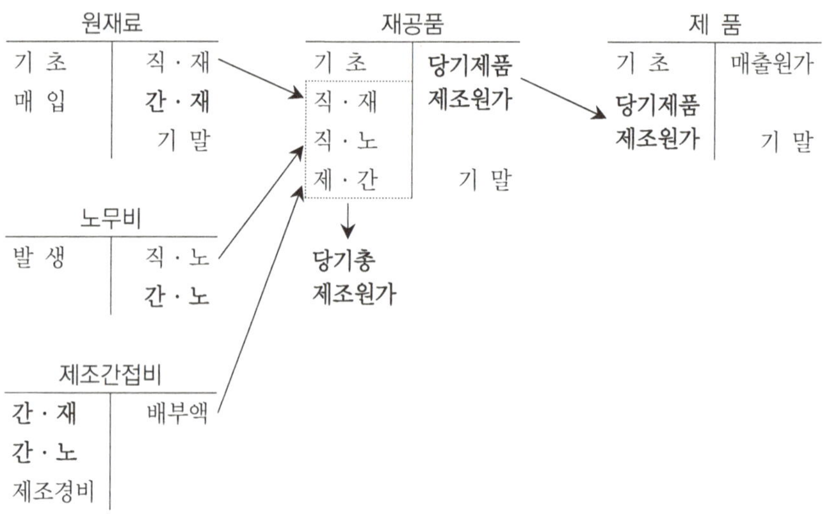

예제 3-1 제조원가흐름

A 회사의 제조원가 자료이다. 원가흐름에 따라 각 계정에 표시하고 당기제품제조원가와 매출원가를 산출하시오.

구 분	기초 재고액	기말 재고액
원 재 료	300,000원	200,000원
재 공 품	200,000원	100,000원
제 품	100,000원	200,000원

• 원재료 매입액	100,000원	• 간접재료비	50,000원
• 직접노무비	400,000원	• 간접노무비	250,000원
• 공장수선비	60,000원	• 영업부급여	500,000원

해설

(단위 : 천원)

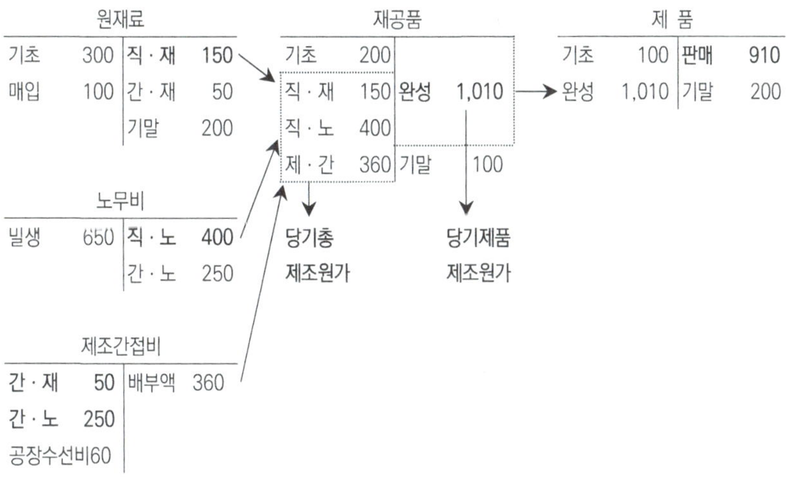

• 원가회계의 각 산식은 모두 각 계정을 수식화한 것이다. 따라서, 원가회계를 공부할 때에는 산식을 암기해서는 안되며 계정간의 관계를 파악하는데 집중해야 한다.

전산회계 1급

03 연습문제

제3장 원가의 흐름

01 다음 자료에 의한 당기의 직접재료비는 얼마인가?

- 당기총제조원가는 6,500,000원
- 제조간접비는 직접노무비의 75%
- 제조간접비는 당기총제조원가의 30%

① 1,950,000원 ② 2,600,000원
③ 2,005,000원 ④ 2,000,000원

정답 ①

직접재료비	**1,950,000원**	
직접노무비	2,600,000원	직접노무비 × 75% = 1,950,000
제조간접비	1,950,000원	6,500,000 × 30%
총제조원가	6,500,000원	

• 제조원가명세서는 생산과정 즉, 재공품 계정을 표시한다.

02 다음 중 제조원가명세서에 표시될 수 없는 것은?

① 당기 제품제조원가 ② 전기말 원재료재고액
③ 공장건물의 감가상각비 ④ 기초 제품재고액

정답 ④

손익계산서상 제품매출원가 계산과정에 표시된다.

03 다음 자료에 의한 당기 원재료매입액은 얼마인가?

- 기초 원재료 재고액 3,750,000원
- 기말 원재료 재고액 7,000,000원
- 당기 노무비 발생액 7,000,000원
- 당기 제조경비 발생액 2,500,000원
- 당기총제조원가는 가공원가의 150%이다.

① 6,000,000원 ② 7,000,000원
③ 8,000,000원 ④ 9,000,000원

정답 ③

직접재료비	4,750,000원	3,750,000 + 당기 매입액 - 7,000,000
직접노무비	7,000,000원	직접노무비 × 75% = 1,950,000
제조간접비	2,500,000원	
총제조원가	14,250,000원	9,500,000 × 150%

04 다음 중 재공품 계정의 대변에 기입되는 사항은?

① 재공품 전기이월액　　② 당기 제품제조원가

③ 원재료비 사용액　　④ 제조간접비 배부액

정답 ②

05 다음 자료를 이용하여 당기매출원가를 계산하면 얼마인가?

- 기초제품재고액　100,000원
- 당기제품제조원가　500,000원
- 기말재공품　50,000원
- 기말제품재고액　200,000원

① 500,000원　　② 450,000원

③ 400,000원　　④ 350,000원

정답 ③

제 품

기 초	100,000	매출원가	?
완성품	500,000	기 말	200,000

06 다음 중 손익계산서의 매출원가 또는 제조원가명세서에 포함되지 않는 항목은?

① 기말제품재고액　　② 기초재공품재고액

③ 당기총제조원가　　④ 유형자산처분이익

정답 ④

07 당기 중 사용한 원재료는 1,000,000원이다. 당기 말 원재료 재고액은 당기 초재 고액보다 200,000원이 더 많다. 당기 중의 원재료 매입액은 얼마인가?

① 1,200,000원 ② 800,000원
③ 1,400,000원 ④ 1,100,000원

정답 ①

원재료

기 초	0	사 용	1,000,000
매 입	1,200,000	기 말	200,000

* 기초 재고액에 임의의 금액을 대입하여 계산하면 된다.

08 ㈜삼일은 악기를 제조하고 있는 회사로서 당기 원가는 다음과 같다. 당기말 제품 재고액은 얼마인가?

1. 재무상태표 금액

구 분	전기말	당기말
원 재 료	0원	0원
재 공 품	150,000원	110,000원
제 품	130,000원	?

2. 제조원가명세서와 손익계산서상의 금액

- 직접노무비 100,000원
- 제조간접비 50,000원
- 직접재료비 160,000원
- 제품매출원가 280,000원

① 160,000원 ② 180,000원
③ 200,000원 ④ 220,000원

정답 ③

재공품

기 초	150,000	완 성	350,000
직 · 재	160,000		
직 · 노	100,000		
제 · 간	50,000	기 말	110,000

제 품

기 초	130,000	매출원가	280,000
완 성	350,000	**기 말**	**200,000**

Chapter 4

보조부문원가와 제조간접비의 배분

Guide

제 4 장에서는 제조간접비 배부에 대하여 설명하고 있다. 원가계산에서 항상 문제가 되는 것은 제조간접비의 배분이다. 따라서, 여기서는 부문별로 제조간접비의 배분과정을 큰 틀에서 이해하고 세부내용을 정리해야 한다.

제1절 원가배분

1. 필요성

(1) 원가의 분류

1) 특정원가대상에 추적이 가능한지 여부에 따라 직접비와 간접비로 구분
2) 직접비 : 특정 원가대상에 추적이 용이한 원가
3) 간접비 : 다수의 원가대상에 대해 발생하므로 특정 원가대상에 추적이 어려운 원가

(2) 제조기업의 생산부문

1) 제조부문 (조립부문, 절단부문) : 제품 생산에 직접 관계되는 부문
2) 보조부문 (동력부문, 수선부문) : 제조부문의 생산 활동을 지원하는 부문

(3) 제조간접비 배분

1) 제조부문이 제품 생산 활동을 원활히 수행하기 위해서는 보조부문의 지원을 필요로 함
2) 보조부문도 간접적으로 제품 생산 활동에 기여하는 것으로 볼 수 있음
3) 따라서, 보조부문의 원가도 결국 제품원가에 포함해야 함
4) 그러나, 보조부문은 생산 활동에 직접 참여하지 않으므로 특정 제품과의 인과관계를 확인할 수는 없음
5) 따라서, 보조부문의 원가는 제조부문에 집계한 후 제조부문의 간접비와 함께 다시 각 제품에 배부하게 됨

2. 의의

(1) 원가집합을 인위적인 배분기준에 따라 원가(집적)대상에 배분하는 과정

(2) 원가집합 (cost pool)

1) 다수의 유사한 원가가 모여 있는 장소
2) 제조간접비 계정은 생산과정에서 발생하는 다수의 제조경비 항목이 모이는 장소

(3) 원가(집적)대상 (cost object)

1) 원가가 집계되는 장소
2) 궁극적인 원가대상은 제품이며, 제품에 최종 배분되기 위한 중간 원가대상으로 제조부문, 보조부문을 들 수 있음

3. 원가배분의 목적

(1) 재무회계 관점에서 외부재무보고를 위하여

1) 제품의 생산과정은 제품의 취득원가를 결정하는 과정
2) 기말 재고자산을 평가하고 매출원가를 결정하여 재무제표에 반영

(2) 관리회계 관점에서

1) 가격결정

정확한 원가배분을 통해 제품 원가를 결정하고 여기에 이익을 가산하여 가격을 결정

2) 계획과 의사결정

다양한 원가 자료를 통해 의사결정과 예산편성 자료로 활용

3) 성과평가와 통제

각 부문 관리자에게 원가관리에 대한 책임을 부여하고 사후에 성과평가 자료로 활용

4. 원가배분기준

(1) 인과관계기준

원가발생이라는 결과를 발생시킨 원인에 따라 배분하는 것으로 가장 합리적인 배분기준

- 건물 감가상각비 - 점유면적 전기요금 - 전력 사용량
- 기계 감가상각비 - 기계 가동시간 수선비 - 수선작업시간

(2) 수혜기준

원가발생으로 인해 원가대상이 받는 효익에 따라 배분

- 회사 이미지 광고를 통해 각 제품의 매출액이 상승한 경우 각 제품의 매출액 증가액을 기준으로 배분

(3) 부담능력기준

원가대상이 원가를 부담할 수 있는 능력에 비례하여 배분

- 수익률이 높은 제품에 더 많은 원가를 배분

(4) 공정성 · 공평성 기준

공정하고 공평하게 배분해야 한다는 것으로 원가배분으로 달성해야 할 목적

제2절 원가배분 절차

1. 원가계산 과정

(1) 직접비는 각 제품에 추적하여 직접 집계하면 되지만 간접비는 그 추적이 어려우므로 합리적인 배분기준에 따라 각 제품에 배분

(2) 보조부문이 존재할 경우

1) 제조부문은 제품 생산에 직접 관계되는 부문으로 각 제품과의 인과관계를 파악하는 것이 어렵지 않으나 보조부문은 생산 활동에 직접 참여하지 않으므로 특정 제품과의 인과 관계를 확인할 수 없음

2) 따라서, 보조부문의 원가는 제조부문에 집계한 후 제조부문의 간접비와 함께 다시 각 제품에 배부하게 됨

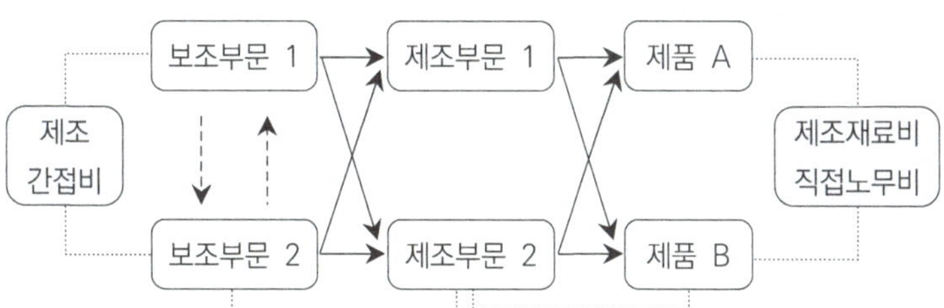

① 보조부문 간접비를 제조부문에 배분

- 직접배분법
- 단계배분법
- 상호배분법

- 단일 배분율법
- 이중 배분율법

② 제조부문 간접비를 각 제품에 배부

- 부문별 배부율
- 공장전체 배부율

- 보조부문의 원가를 제조부문에 배분하는 방법
  직접 · 단계 · 상호배분법과 단일 · 이중배분율법을 조합하여 6가지 방법에 따라 제조부문에 배분

- 제조부문에서 각 제품으로 배부하는 방법
  부문별 · 공장전체 배부율

2. 제조간접비의 부문별 배분

(1) 부문 개별원가

1) 특정 부문에서 개별적으로 발생하여 특정 부문에 직접 부과
2) 특정 부문의 관리자 급여, 특정 부문에서 발생하는 수선비 등

(2) 부문 간접원가

1) 여러 부문 또는 공장 전체에서 발생하여 특정 부문의 소비액을 파악하기 어려운 간접비로 합리적인 배분기준에 의해 각 부문에 배분
2) 공장장 급여, 공장건물 감가상각비, 공장건물에 대한 보험료 등

3. 보조부문원가를 제조부문에 배분

부문별 제조간접비 배부율을 사용하는 경우

(1) 보조부문 제조간접비의 배분

1) 보조부문 원가의 발생과 합리적인 인과관계가 있는 배분기준에 따라 제조부문에 배분
2) 배분기준의 예

보조부문 제조간접비	배분기준
전력부문	kwh
수선유지부문	수선회수, 수선시간
건물관리부문	면 적
공장식당부문	종업원 수
구매부문	주문회수

3) 보조부문 상호간의 용역수수관계를 고려할 것인가, 어느 정도까지 고려할 것인가에 따라 다음의 3가지 방법으로 구분

공통예제 보조부문 원가의 배분

A 회사는 제품 생산을 위하여 보조부분으로 S_1 S_2 와 제조부분으로 P_1 P_2를 운영하고 있으며 보조부문 상호간의 용역수수관계는 다음과 같다.

구 분	보조부문		제조부문	
	S_1	S_2	P_1	P_2
S_1	–	50 %	20%	30%
S_2	20%	–	40%	40%
발생원가	28,000원	40,000원	20,000원	25,000원

(2) 직접배분법

1) 보조부문 상호간의 용역수수관계를 무시하고 제조부문에만 배분
2) 단순하지만 정확성이 저하

예제 4-1 직접배분법

공통예제의 자료를 이용하여 직접배분법에 의해 보조부문의 원가를 제조부문에 배분하시오.

해설

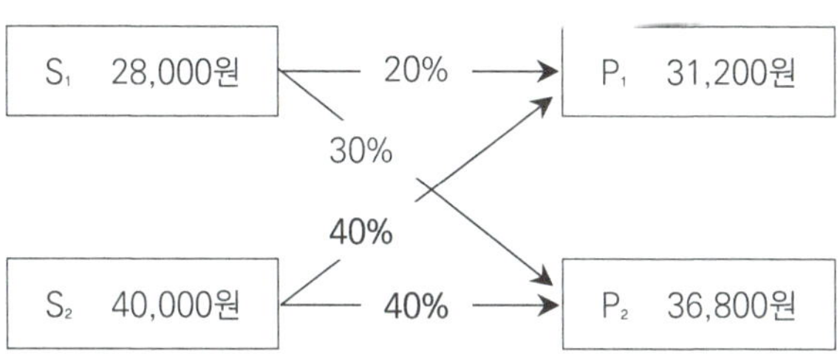

$$P_1 = 28,000원 \times \frac{20\%}{(20\% + 30\%)} + 40,000원 \times \frac{40\%}{(40\% + 40\%)} = 31,200원$$

$$P_2 = 28,000원 \times \frac{30\%}{(20\% + 30\%)} + 40,000원 \times \frac{40\%}{(40\% + 40\%)} = 36,800원$$

(3) 단계배분법

1) 보조부문 상호간의 용역수수관계를 일부만 고려
2) 배분순서에 따라 선순위 보조부문의 원가는 후순위 보조부문에도 배분하고 후순위 보조부문의 원가는 직접배분법처럼 제조부문에만 배분

3) 배분순서의 결정에 따라 결과가 달라짐
따라서, 배분순서가 잘못되면 배분결과가 왜곡될 수 있음

예제 4-2 단계배분법

공통예제의 자료를 이용하여 단계배분법에 의해 보조부문의 원가를 제조부문에 배분하시오.

해 설

- S_1 이 먼저 배분하는 경우 S_1 은 S_2 에도 배분하지만 S_2 는 P_1, P_2 에만 배분

1. S_1 이 먼저 배분하는 경우

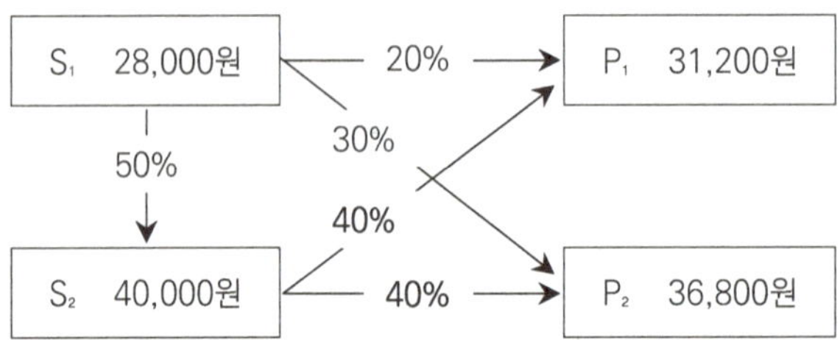

$$P_1 = 28{,}000원 \times 20\% + 54{,}000원 \times \frac{40\%}{(40\% + 40\%)} = 32{,}600원$$

$$P_2 = 28{,}000원 \times 30\% + 54{,}000원 \times \frac{40\%}{(40\% + 40\%)} = 35{,}400원$$

* S_2 = 40,000원 + 28,000원 × 50% = 54,000원

- S_2 가 먼저 배분하는 경우 S_2 는 S_1 에도 배분하지만 S_1 은 P_1, P_2 에만 배분

2. S_2 가 먼저 배분하는 경우

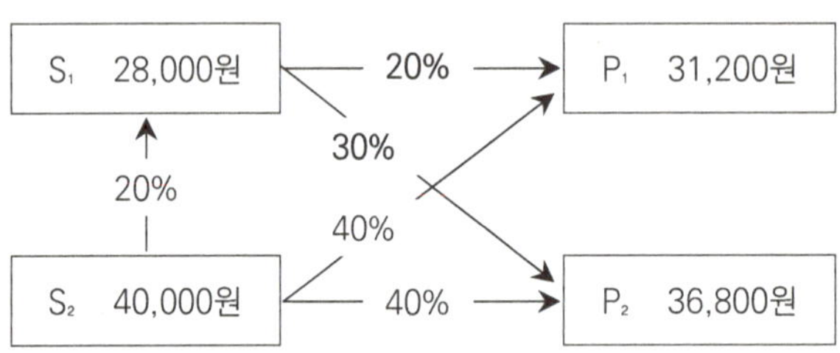

$$P_1 = 36{,}000원 \times \frac{20\%}{(20\% + 30\%)} + 40{,}000원 \times 40\% = 30{,}400원$$

$$P_2 = 36{,}000원 \times \frac{30\%}{(20\% + 30\%)} + 40{,}000원 \times 40\% = 37{,}600원$$

* S_1 = 28,000원 + 40,000원 × 20% = 36,000원

(4) 상호배분법

1) 보조부문 상호간의 용역수수관계를 고려하여 완전히 조정하는 방법
2) 복잡하지만 가장 정확

예제 4-3 상호배분법

공통예제의 자료를 이용하여 상호배분법에 의해 보조부문의 원가를 제조부문에 배분하시오.

해설

1. 연립방정식을 세워서 보조부문 상호간의 용역수수관계를 완전히 조정한다.
   S_1 = 28,000원 + S_2 × 20%
   S_2 = 40,000원 + S_1 × 50%
   ∴ S_1 = 40,000원 S_2 = 60,000원

2. 조정된 S_1과 S_2의 원가를 제조부분에 배분한다.
   P_1 = 40,000원 × 20% + 60,000원 × 40% = 32,000원
   P_2 = 40,000원 × 30% + 60,000원 × 40% = 36,000원

• 보조부문 상호간의 용역수수관계가 완전히 조정된 값이 40,000원과 60,000원이므로 이 값을 P_1, P_2에만 배분하면 된다.

4. 보조부문원가의 행태별 배분

(1) 변동비와 고정비

1) 제조간접비는 원가행태에 따라
   조업도에 비례하는 변동제조간접비와 그렇지 않은 고정제조간접비로 구분
2) 보조부분의 제조간접비를 제조부문에 배분하는 경우 이러한 원가행태를 구분하여 배분 할 것인가에 따라 다음의 2가지로 구분
   ① 단일 배분율법
   ② 이중 배분율법

(2) 단일 배분율법

보조부문의 원가를 변동비와 고정비로 구분하지 않고 하나의 배분기준에 따라 배분

• 이중배분율법은 변동비와 고정비의 성격을 구분하므로 단일 배분율법에 비해 정확하다고 할 수 있다.

(3) 이중 배분율법

1) 보조부문의 원가를 변동비와 고정비로 구분하여 변동비는 실제조업도에 따라 배분하고, 고정비는 최대조업도에 따라 배분
2) 따라서, 상호배분법과 이중 배분율법을 조합하여 배분하는 것이 가장 정확한 방법이라고 할 수 있음

예제 4-4 단일배분율과 이중배분율

A 회사는 제품 생산을 위하여 보조부분으로 S와 제조부분으로 P_1 P_2를 운영하고 있으며 용역수수관계와 보조부문 S에서 발생한 변동비와 고정비는 다음과 같다. 이 자료에 의하여 보조부문 S의 발생원가를 제조부분에 배분하시오.

구 분	보조부문 S		제조부문	
	변동비	고정비	P_1	P_2
최대조업도	–		40%	60%
실제조업도	–		80%	20%
발생원가	50,000원	30,000원	20,000원	25,000원

1. 단일배분율법에 의해 배분하는 경우 : 실제조업도에 따라 배분할 것
2. 이중배분율법에 의해 배분하는 경우

해 설

1. 단일배분율법에 의해 배분하는 경우
   P_1 = 80,000원 × 80% = 64,000원
   P_2 = 80,000원 × 20% = 16,000원

2. 이중배분율법에 의해 배분하는 경우
   P_1 = 50,000원 × 80% + 30,000원 × 40% = 52,000원
   P_2 = 50,000원 × 20% + 30,000원 × 60% = 28,000원

5. 제조부문원가를 제품에 배부

(1) 제조부문에 집계된 제조간접비

1) 각 보조부문에서 배분된 제조간접비 + 제조부문 자체에서 발생한 제조간접비
2) 최종적으로 제품에 배부

(2) 제조간접비 배부율

1) 배부율이란, 배부기준(조업도) 1단위당 얼마인가를 나타내는 것으로 평균의 계산과정과 동일

$$\text{제조간접비 배부율} = \frac{\text{제조간접비}}{\text{배부기준 (조업도)}}$$

2) 제조부문의 특성을 고려하여 제품에 배부할 것인가에 따라 다음 2가지로 구분
   ① 제조부문별 제조간접비 배부율
   ② 공장전체 제조간접비 배부율

• 조업도란, 일을 한 정도 또는 설비의 활용정도를 뜻하는 개념으로 매출액, 판매량, 생산량, 작업시 간 등이 조업도로 사용될 수 있다.

(3). 제조부문별 제조간접비 배부율

1) 제조부문의 특성을 고려하여 제조간접비를 배부
2) 따라서, 우선 보조부분의 원가가 6가지 배분방법에 따라 제조부문에 집계되어야 함
3) 제조부문 1은 기계를 이용하여 각 제품 생산에 기여하고, 제조부문 2는 노동력을 이용하여 각 제품 생산에 기여한다면
   ① 제조부문 1의 제조간접비는 기계시간에 따라 각 제품에 배부하고,
   ② 제조부문 2의 제조간접비는 노동시간에 따라 각 제품에 배부하는 것을 의미

$$\textbf{제조부문별}\ \text{제조간접비 배부율} = \frac{\textbf{제조부문별}\ \text{제조간접비}}{\textbf{제조부문별}\ \text{배부기준}}$$

(4) 공장전체 제조간접비 배부율

1) 제조부문의 특성을 고려하지 않음
2) 따라서, 보조부분의 원가를 제조부문에 집계할 필요가 없고, 공장전체의 제조간접비를 합계하여 하나의 배부율에 따라 제조간접비를 배부

$$\textbf{공장전체}\ \text{제조간접비 배부율} = \frac{\textbf{공장전체}\ \text{제조간접비}}{\textbf{공장전체}\ \text{배부기준}}$$

예제 4-5 부문별 배부율과 공장전체 배부율

A 회사는 X제품과 Y제품을 생산하고 있는데 보조부분으로 S_1 S_2와 제조부분으로 P_1 P_2를 운영하고 있으며 상호배분법에 의해 제조부분에 배분된 보조부문 원가는 다음과 같다.

P_1 = 32,000원 P_2 = 36,000원 (예제 4-3 참고)

제조부문 P_1은 기계를 가동하여 제품을 생산하는데 총 2,000시간을 가동하였으며, P_2는 노동력을 투입하여 제품을 생산하는데 직접노동시간은 총 1,000시간이었다.

각 제품 한 단위 생산에 소요된 기계시간과 직접노동시간은 다음과 같다.

구 분	기계시간	직접노동시간
X 제 품	30시간	10시간
Y 제 품	20시간	5시간

다음 방법에 따라 제조부문에 집계된 제조간접비를 X제품과 Y제품에 배부하시오. 단, 공장전체 제조간접비 배부율을 사용하는 경우에는 직접노동시간에 따라 배부한다.

해 설

1. P_1 P_2에 집계된 총원가

   P_1 = 20,000원 + 32,000원 = 52,000원

   P_2 = 25,000원 + 36,000원 = 61,000원

2. X제품과 Y제품에 제조간접비 배부

   (1) 부문별로 배부하는 경우

   $$\text{제조간접비 배부율 }(P_1) = \frac{52{,}000\text{원}}{2{,}000\text{시간}} = 26\text{원 / 기계시간}$$

   $$\text{제조간접비 배부율 }(P_2) = \frac{61{,}000\text{원}}{1{,}000\text{시간}} = 61\text{원 / 직접노동시간}$$

   X 제품 배부액 = 30시간 × 26원 + 10시간 × 61원 = 1,390원

   Y 제품 배부액 = 20시간 × 26원 + 5시간 × 61원 = 825원

   (2) 공장전체 배부율에 따라 배부하는 경우

   이 경우에는 보조부문 원가를 제조부문에 배분할 필요없이 단순 합계하여 하나의 제조간 접비 배부율에 따라 각 제품에 배부한다.

   $$\text{제조간접비 배부율} = \frac{113{,}000\text{원}}{1{,}000\text{시간}} = 113\text{원 / 직접노동시간}$$

   X 제품 배부액 = 10시간 × 113원 = 1,130원

   Y 제품 배부액 = 5시간 × 113원 = 565원

전산회계 1급

04 연습문제

제4장 보조부문원가와 제조간접비의 배분

01 다음의 부문별 원가계산에 관한 설명 중 옳지 않은 것은?

① 단계배분법은 보조부문 상호간의 용역수수를 완전히 반영한다는 점에서 직접배분법보다 우수하다.
② 직접배분법은 계산이 간단하여 비용이 적게 든다.
③ 상호배분법은 원가배분절차가 복잡하여 정확한 자료를 얻으려면 많은 시간과 비용이 소요된다.
④ 단계배분법은 배분순서에 따라 원가계산 결과가 다르게 나타날 수 있다.

정답 ①

02 당사는 단계배분법을 이용하여 보조부문 제조간접비를 제조부문에 배분하고자 한 다. 각 부문별 원가발생액과 보조부문의 용역공급이 다음과 같을 경우 수선부문 에서 조립부문으로 배분될 제조간접비는 얼마인가? (단, 전력부문부터 배분한다고 가정한다.)

구 분	제조부문		보조부문	
	조립부문	절단부문	전력부문	수선부문
전력부문 (kw)	300	400	–	300
수선부문 (시간)	40	50	10	–
제조간접비	600,000원	500,000원	300,000원	450,000원

① 200,000원 ② 240,000원
③ 250,000원 ④ 300,000원

정답 ②

$$전력부문\ 배분액 = 300{,}000원 \times \frac{300kw}{1{,}000kw} = 90{,}000원$$

$$수선부문\ 배분액 = 540{,}000원 \times \frac{40시간}{90시간} = 240{,}000원$$

* 수선부문의 제조간접비 = 450,000원 + 300,000원 × 30% = 540,000원

03 다음 중 보조부문의 원가를 제조부문에 배분하는 방법이 아닌 것은?

① 비례배분법 ② 직접배분법
③ 단계배분법 ④ 상호배분법

정답 ①

04 보조부문원가를 제조부문에 배분하는 기준으로 적합한 것은?

① 건물관리부문 : 종업원 수
② 종업원복리후생부문 : 종업원 수
③ 식당부문 : 전력사용량
④ 구매부문 : 기계시간

정답 ②

05 다음은 보조부문비의 배분방법에 대한 설명이다. 틀린 것은?

① 직접배분법은 보조부문간 용역수수관계를 일부 고려하는 배분방법이다.
② 상호배분법은 보조부문간 용역수수관계를 완전히 고려하는 배분방법이다.
③ 상호배분법은 다른 배분방법에 비해 정확한 원가배분이 가능하나, 많은 시간과 비용이 소요되는 단점이 있다.
④ 단계배분법 적용시 가장 많은 부문에 용역을 제공하는 보조부문부터 상대적으로 적은 부문에 용역을 제공하는 보조부문 순으로 보조부문비를 배분한다.

정답 ①

06 다음 자료를 이용하여 제조부문 A에 배분해야 하는 보조부문 총변동원가는 얼마인가?

> ㈜동일제조의 당기 6월 중에 각 보조부문에서 생산한 보조용역의 자료는 다음과 같다.
>
> | 구 분 | 보조부문 | | 제조부문 | |
> |---|---|---|---|---|
> | | S_1 | S_2 | A | B |
> | S_1 | – | 0.2 | 0.4 | 0.4 |
> | S_2 | 0.4 | – | 0.2 | 0.4 |
>
> S_1과 S_2 부문에서 당월에 발생한 변동원가는 각각 400,000원과 200,000원이었다. 보조부문의 원가는 단계배분법에 따라 S_2부터 배분한다.

① 310,000원　　② 140,000원

③ 200,000원　　④ 280,000원

정답 ④

S_2 배분액 = 200,000원 × 0.2 = 40,000원

S_1 배분액 = 480,000원 × $\frac{0.4}{0.4 + 0.4}$ = 240,000원

* 수선부문의 제조간접비 = 400,000원 + 200,000원 × 0.4 = 480,000원

Chapter 5

개별원가계산

Guide

제 5 장에서는 제조업체의 생산활동의 성격에 따른 원가계산 방법 중 개별원가계산에 대한 내용을 설명하고 있다. 먼저 생산활동에 따른 원가계산의 특성을 이해하고 세부내용을 정리해야 한다.

제1절 개별원가계산

1. 의의

(1) 고객의 주문에 따라 제품의 형태 및 작업의 내용이 달라지는 상황에서 적용되는 원가계산 제도

(2) 적용 업종 : 다품종 소량 주문 생산방식
조선업, 항공기산업, 기계제작, 서비스 업종(회계법인, 법무법인) 등

2. 작업지시서와 작업원가표

(1) 생산과정

고객 - 주문 → 회사 - 생산 요청 (작업지시서) → 제조부문 (작업원가표 : 원가집계)

(2) 작업원가표

1) 작업지시서에 따라 제조부문에서 작업이 수행되는 과정에서 개별 작업별로 발생하는 원가를 기록하고 집계

2) 기록
① 직접재료비 : 원재료가 출고되어 생산에 투입되면 즉시 기록
② 직접노무비 : 각 근로자의 작업시간표와 임률에 의해 측정하여 기록
③ 제조간접비 : 개별 작업별로 직접 추적할 수 없으므로 기말에 배부기준에 따라 배부

3) 양식

작업번호　#101
제 품　A 제품　생산량　○○○ 개
작업시작　○월 ○일　작업종료　○월 ○일

작업일	직접재료비		직접노무비		제조간접비	계
	수량	금액	작업시간	금액		
○월 ○일						

4) 원가계산의 핵심

① 제조간접비를 개별 작업에 어떻게 배분할 것인가

② 당기제품제조원가
당기중 완성된 개별 작업들의 작업원가표에 집계된 원가

③ 기말재공품원가
당기말 현재 미완성된 개별 작업들의 작업원가표에 집계된 원가

5) 제조간접비의 배부방법에 따라 실제개별원가와 정상개별원가로 구분

제2절 실제개별원가계산과 정상개별원가계산

1. 실제개별원가계산

(1) 직접재료비와 직접노무비

실제 발생한 금액을 제품에 직접 부과

(2) 제조간접비

기말에 작업 종료 후 실제 발생한 금액을 제조간접비 실제배부율에 따라 배부

(3) 산식

$$제조간접비\ 실제배부율 = \frac{제조간접비\ 실제\ 발생액}{실제조업도\ (배부기준)}$$

$$제조간접비\ 배부액 = 실제배부율 \times 실제조업도$$

• 배부율은 평균과 같은 개념으로 조업도 한 단위당 제조간접비를 의미한다.

(4) 제조간접비 집계

• 차변에 ① 제조간접비 실제 발생액을 집계한 후 ② 실제 발생액을 배부한다.

제조간접비			재공품	
① 실제 발생액	② 실제 배부액	──→	제조간접비 실제 배부액	

(5) 문제점

1) 다양한 실제 발생한 제조간접비가 집계되기까지는 제조간접비가 배부될 수 없어 원가 계산이 지연됨
2) 같은 작업이라도 실제 배부되는 제조간접비가 월별, 계절별로 차이가 나면 제품원가가 변동될 수 있음

2. 정상개별원가계산

(1) 직접재료비와 직접노무비

실제 발생한 금액을 제품에 직접 부과

(2) 제조간접비

기초에 과거의 자료를 분석하여 제조간접비 예정배부율을 설정하고 기말에 작업 종료 후 실제조업도를 확인하여 배부

(3) 산식

$$\text{제조간접비 예정배부율} = \frac{\text{제조간접비 예산}}{\text{예정조업도 (배부기준)}}$$

$$\text{제조간접비 배부액} = \text{예정배부율} \times \text{실제조업도}$$

(4) 제조간접비 집계

• 대변에 ① 예정배부율에 따라 제조간접비를 예정배부한 후 ② 사후적으로 실제 발생액을 집계한다.

제조간접비			재공품	
② 실제 발생액	① 예정 배부액	──→	제조간접비 예정 배부액	

(5) 특징

1) 실제원가계산의 문제점을 극복
   ① 제조간접비 예정배부율을 이용하여 신속한 원가계산이 가능
   ② 같은 작업에 배부되는 제조간접비의 변동을 피할 수 있음

2) 제조간접비 배부차이 조정

① 『일반기업회계기준』은 실제개별원가에 따라 제품원가를 계산하도록 하고 있음

② 따라서, 예정배부율에 따라 신속하게 원가계산을 한 후 사후적으로 실제 발생한 제조간접비와의 차이를 조정해야 함

(6) 실제원가계산과 정상원가계산 비교

구 분	실제원가계산	정상원가계산
직접재료비	실제발생액	실제발생액
직접노무비	실제발생액	실제발생액
제조간접비	**실제발생액** (**실제**배부율 × **실제**조업도)	**예정배부액** (**예정**배부율 × **실제**조업도)

• 결국 실제원가계산과 정상원가계산은 제조간접비 처리방법의 차이에 불과하다.

3. 제조간접비 배부차이

(1) 과소배부 : 실제 발생액 > 예정 배부액

제조간접비

②	①
실제 발생액	예정 배부액 과소 배부액

→

재공품

제조간접비 예정 배부액	

(2) 과대배부 : 실제 발생액 < 예정 배부액

제조간접비

②	①
실제 발생액 과대 배부액	예정 배부액

→

재공품

제조간접비 예정 배부액	

(3) 배부차이의 조정

1) 『일반기업회계기준』은 실제개별원가에 따라 제품원가를 계산하도록 함에 따라 제조간접비 예정 배부액을 실제 발생액으로 전환하는 과정

2) 과소배부 : 실제 발생액 > 예정 배부액 → 과소배부액을 추가 배부

3) 과대배부 : 실제 발생액 < 예정 배부액 → 과대배부액을 취소

(4) 비례배분법 : 재공품, 제품, 매출원가에 배분

1) 총원가기준법

기말재공품, 기말제품, 매출원가의 총원가 비율에 따라 배부차이를 배분

2) 원가요소법

기말재공품, 기말제품, 매출원가에 포함된 제조간접비 비율에 따라 배부차이를 배분

• 과소배부	(차)	재공품	×××	(대)	제조간접비	×××
		제 품	×××			
		매출원가	×××			
• 과대배부	(차)	제조간접비	×××	(대)	재공품	×××
					제 품	×××
					매출원가	×××

(5) 배분하지 않는 방법 : 배부차이가 중요하지 않은 경우

1) 매출원가 조정법

• 과소배부	(차)	매출원가	×××	(대)	제조간접비	×××
• 과대배부	(차)	제조간접비	×××	(대)	매출원가	×××

2) 영업외손익법

• 과소배부	(차)	영업외비용	×××	(대)	제조간접비	×××
• 과대배부	(차)	제조간접비	×××	(대)	영업외수익	×××

전산회계 1급

05 연습문제

제5장 개별원가계산

01 다음 중 개별원가계산에 대한 설명으로 틀린 것은?

① 제품을 비반복적으로 생산하는 업종에 적합한 원가계산제도이다.

② 조선업, 건설업 등 주문생산에 유리하다.

③ 공장전체 제조간접비 배부율을 적용하는 것이 제조부문별 제조간접비 배부율을 적용하는 것보다 더 정확한 원가배분방법이다.

④ 제조간접비는 일정한 배분기준에 따라 배부하게 된다.

정답 ③

• 제조부문의 특성을 반영하여 배부하는 것이 더 정확하다.

02 다음 제조간접원가의 배부에 관한 설명 중 틀린 것은?

① 고정제조간접원가는 원칙적으로 생산설비의 정상조업도에 기초하여 제품에 배부한다.

② 변동제조간접원가는 생산설비의 실제 사용에 기초하여 각 생산단위에 배부한다.

③ 정상조업도란 정상적인 유지 및 보수 활동에 따른 조업중단을 감안한 상황하에서 평균적으로 달성할 수 있을 것으로 기대되는 생산수준을 말한다.

④ 실제조업도가 정상조업도보다 높은 경우에는 정상조업도에 기초하여 고정제조간접원가 를 배부한다.

정답 ④

• 일반기업회계기준은 실제원가에 따라 원가계산하도록 하고 있다.

03 ㈜한국의 제조간접비 예정배부율은 작업시간당 10,000원이다. 실제작업시간이 500시간이고, 제조간접비 배부차이가 1,000,000원 과소배부라면, 실제제조간접비 발생액은?

① 6,000,000원　　② 5,000,000원

③ 4,000,000원　　④ 7,000,000원

정답 ①

제조간접비

② 실제 발생액 6,000,000	① 예정 배부액 5,000,000	10,000원 × 500시간
	과소 배부액 1,000,000	

04 ㈜한국은 제조간접비를 기계사용시간으로 배부하고 있다. 당기 제조간접비 배부차이는 5,000원 과소배부되었다. 당기 실제 기계사용시간이 100시간이고, 실제 제조간접비 발생액은 35,000원일 경우 다음 설명 중 틀린 것은?

① 재공품에 배부된 제조간접비는 실제 제조간접비 발생액보다 적다.
② 제조간접비 예정배부율이 낮아 실제발생액보다 과소배부 되었다.
③ 제조간접비 예정배부율은 기계사용시간당 350원이다.
④ 제조간접비 예정배부액은 30,000원이다.

정답 ③

제조간접비

② 실제 발생액 35,000원	① 예정 배부액 30,000원	? × 100시간
	과소 배부액 5,000원	

∴ 예정배부율 = 300원

05 기초원가를 기준으로 제조간접비를 배부한다고 할 때 다음 자료에 의하여 작업지시서 No.1에 배부할 제조간접비는 얼마인가? (단, 기초 및 기말재고는 없다.)

구 분	공장전체 발생	작업지시서 No.1
직접재료비	1,000,000원	500,000원
직접노무비	4,000,000원	1,500,000원
당기총제조원가	12,000,000원	–

① 2,000,000원　　② 2,800,000원
③ 3,000,000원　　④ 4,800,000원

정답 ②

제조간접비 = 12,000,000원 – 1,000,000원 – 4,000,000원 = 7,000,000원
제조간접비 배부율 = 7,000,000원 / (1,000,000원 + 4,000,000원) = 1.4 / 기초원가
No 1. 배부액 = 1.4 × 2,000,000원 = 2,800,000원

06 개별원가계산에 대한 설명으로 가장 옳지 않는 것은?

① 다양한 품종을 생산한다.
② 주문생산형태로 제품을 제작한다.
③ 개별 제품의 제작원가가 비교적 크다.
④ 동일한 종류의 제품을 대량으로 생산하고 있다.

정답 ④

07 ㈜한결은 정상개별원가계산을 적용하고 있다. 제조간접비 과소배부액 50,000원을 원가요소기준에 의해 배부하는 경우, 매출원가에 배부되는 금액은?

구 분	재공품	제 품	매출원가
직접재료비	15,000원	25,000원	23,000원
직접노무비	35,000원	45,000원	47,000원
제조간접비	30,000원	20,000원	50,000원
계	80,000원	90,000원	120,000원

① 25,000원　　② 35,000원
③ 75,000원　　④ 125,000원

정답 ①

원가요소기준이란, 재공품, 제품, 매출원가에 배부된 제조간접비의 크기에 따라 배분하는 것이다.

∴ 매출원가에 배부되는 금액 = 50,000원 × 50,000원 / 100,000원 = 25,000원

08 다음 중 제조간접비에 대한 설명으로 틀린 것은?

① 인과관계에 따라 제조간접비를 배부하는 것이 용이하지 않다.
② 제품에 배부되는 원가를 직접 추적할 수 없는 간접원가이다.
③ 제조간접비는 간접재료비, 간접노무비, 공장 감가상각비 등을 예로 들 수 있다.
④ 제조간접비의 배분방법에는 실제배부법과 예정배부법이 있다.

정답 ①

09 다음 중 개별원가계산에 대한 설명이 아닌 것은?

① 원가의 집계가 공정별로 이뤄지기 때문에 개별작업별로 작업지시서를 작성할 필요는 없다.
② 동종 대량생산형태보다는 다품종 소량 주문생산 형태에 적합하다.
③ 제조간접비의 배분이 중요한 의미를 갖는다.
④ 월말 재공품의 평가문제가 발생하지 않는다.

정답 ①

10 ㈜학동은 제조간접비를 직접노무시간을 기준으로 배부하고 있다. 아래 자료를 토대로 제조간접비 배부차이는 얼마인가?

- 실제 직접노무시간 1,100시간
- 예상 직접노무시간 1,000시간
- 실제 제조간접비 발생액 20,000,000원
- 제조간접비 예정배부율 20,000원 / 직접노무시간

① 2,000,000원 과대배부 ② 2,000,000원 과소배부
③ 1,000,000원 과대배부 ④ 1,000,000원 과소배부

정답 ①

제조간접비

②	①	
실제 발생액 20,000,000원	예정 배부액 22,000,000원	20,000원 × 1,100시간
과대 배부액 2,000,000원		

Chapter 6

종합원가계산

Guide

제 6 장에서는 제조업체의 생산활동의 성격에 따른 원가계산 방법 중 종합원가계산에 대한 내용을 설명하고 있다. 종합원가계산은 그 계산방법이 정형화되어 있으므로 먼저 생산활동에 따른 원가계산의 특성을 이해하고 원가계산의 5단계에 따라 정리해야 한다.

제1절 서론

1. 의의

(1) 동종의 제품을 동일한 공정을 통해 연속하여 반복적으로 대량생산하는 생산형태에 적합 한 원가계산제도 : 소품종 대량 생산방식

(2) 적용 업종
섬유업, 시멘트공업, 식품가공업, 정유화학 등

2. 개별원가계산과 종합원가계산

(1) 개별원가계산

1) 작업지시서에 따라 제조부문에서 작업이 수행되는 과정에서 개별 작업별로 발생하는 원가를 작업원가표에 기록하고 집계

2) 기말 현재 완성된 작업에 집계된 원가는 제품 원가로, 미완성된 작업에 집계된 원가는 기말재공품이므로 완성품과 기말재공품의 구분이 명확히 구분됨

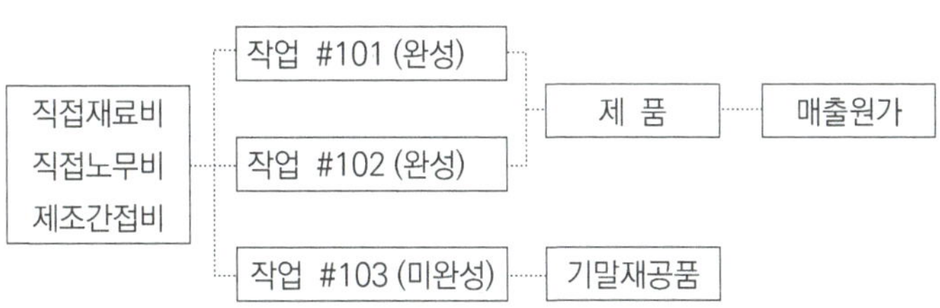

(2) 종합원가계산

1) 동종의 제품을 동일한 공정을 통해 연속하여 반복적으로 대량생산하며 동일한 공정을 통해 생산되는 개별 제품은 품질과 단위당 원가가 동일하다고 가정
2) 각 공정별로 원가를 집계하여 일정한 기준에 의해 완성품과 기말재공품에 배분

(3) 개별원가계산과 종합원가계산의 비교

구 분	개별원가계산	종합원가계산
생산형태	다품종 소량 주문 생산방식	소품종 대량 반복 생산
적합업종	조선업, 항공기산업, 기계제작업, 서비스 업종	섬유업, 시멘트공업, 정유화학업, 식품가공업
제조원가집계	작업별로 원가집계	공정별로 원가집계
원가구분	직접비와 간접비	재료비와 가공비
원가계산방법	작업지시서별로 개별 작업원가표에 제조원가 집계	공정별로 제조원가보고서에 따라 제조원가 집계
완성품원가	완성된 작업의 작업원가표에 집계된 원가	완성품의 완성품환산량 × 단위당 원가
기말재공품	미완성된 작업의 작업원가표에 집계된 원가	미완성품의 완성품환산량 × 단위당 원가

3. 완성품 환산량

(1) 의의

1) 소품종 대량 생산형태에서 기말 현재 완성품과 기말재공품은 완성도가 다르기 때문에 이에 투입된 원가도 달라질 수 밖에 없어 합리적인 원가배분을 위한 기준이 필요

2) 각 공정의 완성품과 기말재공품을 100% 가공된 완성품으로 환산할 경우 몇 개에 해당 하는지를 나타내는 가상의 수치개념을 의미

3) 예

- 100% 가공된 완성품 1개에 대하여 50% 가공된 기말재공품은 몇 개로 볼 것인가
- 100% 가공된 완성품 1개에 대하여 50% 가공된 기말재공품은 완성품 0.5개와 동일

(2) 계산방법

1) 원가요소의 투입시점이 다르기 때문에 재료비와 가공비 각각에 대하여 계산

2) 완성품 환산량 = 물량 × 완성도

예제 6-1 완성품환산량

甲회사는 당기에 10,000원의 원가를 투입하여 A 제품 200개를 완성하고 100개(50%)는 미완성 상태이다.

해설

100% 가공된 완성품 1개에 대하여 50% 가공된 기말재공품은 완성품 0.5개와 동일

구 분	수 량 (완성도)	완성품환산량	원가 배분
완성품	200개 (100%)	200개 (200 × 100%)	8,000원 = 10,000 × $\frac{200\text{개}}{250\text{개}}$
기말재공품	100개 (50%)	50개 (100 × 50%)	2,000원 = 10,000 × $\frac{50\text{개}}{250\text{개}}$
계	300개	250개	10,000원

제2절 종합원가계산

1. 원가계산 5단계

(1) 물량흐름 파악 : 공정 흐름에 따라 파악

재공품

기 초	×××	완 성	×××
당기착수	×××	기 말	×××
	×××		×××

(2) 원가요소별 완성품환산량 계산

원가요소의 투입시점이 다르기 때문에 재료비와 가공비 각각에 대하여 계산

(3) 원가요소별 원가집계

원가요소별로 기초재공품원가와 당기투입원가를 집계

(4) 원가요소별 완성품환산량 단위당 원가 계산

원가요소별로 집계된 원가를 완성품환산량으로 나누어 계산

(5) 완성품원가와 기말재공품원가 계산

완성품환산량 완성품환산량 단위당 원가를 곱하여 계산

• 재무회계에서 선입선출법, 평균법 등은 원가흐름을 가정하지만 종합원가계산에서 선입선출법, 평균법은 물량의 흐름으로 생각하면 된다.

2. 원가흐름의 가정에 따른 원가계산 과정

(1) 선입선출법

1) 기초재공품이 먼저 완성된 후에 당기 착수분이 완성된다고 가정하고 계산
2) 기말재공품은 당기 착수분으로만 구성
3) 기초재공품의 원가는 당기 완성품 원가에만 포함
4) 완성품환산량 단위당 원가 계산시 당기발생 원가만 고려하여 계산

재공품

기 초	×××	완 성 :	기 초	×××
			당기착수	×××
당기착수	×××	기 말 :	당기착수	×××
	×××			×××

예제 6-2 선입선출법

乙회사는 B 제품을 한 공정을 통하여 생산하고 있다. 당기 중의 자료는 다음과 같다. 선입선출법에 따라 제조원가보고서를 작성하시오.

구 분	수 량	완성도	재료비	가공비	비 고
기초재공품	1,000개	70%	1,800원	2,500원	원재료는 공정초기에 투입
기말재공품	2,000개	50%	–	–	가공비는 전공정에 걸쳐 균
당기발생원가	–	–	13,200원	20,600원	등하게 발생

당기말까지 10,000개가 완성되었다.

해 설

1. 공정도 작성

0% — 50%(기말) — 70%(기초) — 100%

* 기초재공품 : 전기에 착수하여 70% 가공된 상태로서 당기에 추가로 30% 가공하여 완성
* 기말재공품 : 당기에 착수하여 50% 가공된 상태

2. 제조원가보고서

재공품							완성품 환산량	
	수 량	원 가			수 량	원 가	재료비	가공비
기초 70%	1,000 [*1]	4,300	완성 :	기초	1,000	?	0	300
				착수	9,000		9,000	9,000
착수	11,000 [*2]	33,800	기말 : 50%	착수	2,000	?	2,000	1,000
	12,000	38,100			12,000	38,100	11,000	10,300
						[*3]당기 발생 원가 :	13,200	20,600
						완성품 환산량 단위당 원가 :	@1.2	@2

*1 기초재공품 원가 = 1,800원 + 2,500원 = 4,300원
*2 당기발생 원가 = 13,200원 + 20,600원 = 33,800원
*3 선입선출법에서 기초재공품 원가는 모두 완성품 원가에만 포함되므로 완성품 환산량 단위당 원가 계산시 고려하지 않는다.

완성품 원가 = @1.2 × 9,000개 + @2 × 9,300개 + **4,300원** = 33,700원
기말재공품 원가 = @1.2 × 2,000개 + @2 × 1,000개 + = 4,400원
13,200원 　 20,600원 　 38,100원

(2) 평균법

1) 기초재공품은 전기에 생산에 착수된 것이지만 당기에 착수한 것으로 가정하고 계산
2) 기말재공품은 기초재공품과 당기 착수분으로 구성
3) 기초재공품의 원가는 당기 완성품 원가와 기말재공품 원가에 포함
4) 완성품환산량 단위당 원가 계산시 기초재공품 원가와 당기발생 원가를 고려하여 계산
5) 기초재공품이 없으면 선입선출법과 평균법의 결과는 동일

재공품

기 초	×××	완 성	×××
당기착수	×××	기 말	×××
	×××		×××

예제 6-3 평균법 : 6-2에서 계속

자료는 6-2와 같다. 평균법에 따라 제조원가보고서를 작성하시오.

해 설

• 기초재공품은 전기에 착수하여 70% 가공된 상태지만 당기 착수분과 동일하게 당기에 생산에 착수했다 고 가정하므로 가공도 70%는 의미가 없다.

1. 공정도 작성

0%	50%	70%	100%
	기말	기초	

2. 제조원가보고서

재공품							완성품 환산량	
	수 량	원 가			수 량	원 가	재료비	가공비
기초 70%	1,000 *1	4,300	완성 :	기초	1,000	?	10,000	10,000
착수	11,000 *2	33,800	기말 : 50%	착수	2,000	?	2,000	1,000
	12,000	38,100			12,000	38,100	12,000	11,000
					*3기초재공품 원가 :		1,800	2,500
					당기 발생 원가		13,200	20,600
					총원가		15,000	23,100
					완성품 환산량 단위당 원가 :		@1.25	@2.1

*1 기초재공품 원가 = 1,800원 + 2,500원 = 4,300원
*2 당기발생 원가 = 13,200원 + 20,600원 = 33,800원
*3 평균법에서 기초재공품 원가는 기말재공품 원가에도 배분되므로 완성품 환산량 단위당 원가 계산시 고려해야 한다.

완성품 원가 =	@1.25 × 10,000개	+	@2.1 × 10,000개	=	33,500원
기말재공품 원가 =	@1.25 × 2,000개	+	@2.1 × 1,000개	=	4,600원
	15,000원		23,100원		38,100원

제3절 공정별 원가계산

1. 의의

(1) 여러 공정을 거쳐 제품이 완성되는 경우의 종합원가계산

(2) 전공정에서 완성된 물량이 차공정으로 대체되어 추가가공을 거쳐 최종 제품이 완성

2. 원가흐름

재공품 (제1공정)

차변		대변	
기초	××	**완성** (차공정 대체)	××
직·재	××		
직·노	××		
제·간	××	기말	××

→ 재공품 (제2공정)

차변		대변	
기초	××		
전공정 대체	××	**완성**	××
직·재	××		
직·노	××	기말	××
제·간	××		

→ 제 품

차변		대변	
기초	××	**판매**	××
완성	××	기말	××

* 제 2공정의 전공정 대체원가는 공정 초기에 투입되는 재료비로 생각하면 되며 가공도는 항상 0%임

예제 6-4 전공정대체원가

乙회사는 B 제품을 2개의 공정을 통하여 생산하고 있다. 제 2공정의 자료는 다음과 같다. 제 2공정에서 원재료는 공정 말에 투입되며 가공비는 전 공정에 걸쳐 균등하게 발생한다.

선입선출법에 따라 제 2공정의 제조원가보고서를 작성하시오.

구 분	수 량	완성도	전공정원가	재료비	가공비
기초재공품	400개	25%	1,952원	–	318원
전공정대체 (당기착수량)	800개	–	–	–	–
기말재공품	200개	75%	–	–	
당기발생원가	–	–	4,000원	3,040원	3,822원

- 전공정대체 : 당기 초에 투입되는 재료로 봄
- 기초재공품 : 전기에 착수하여 25% 가공된 상태로서 당기에 추가로 75% 가공하여 완성
- 기말재공품 : 당기에 착수하여 75% 가공된 상태

해설

1. 공정도 작성

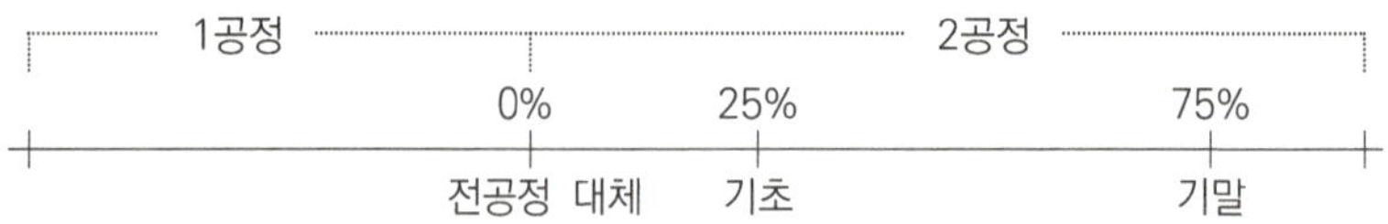

2. 제조원가보고서

재공품					완성품 환산량		
	수 량	원 가		수 량	전공정비	재료비	가공비
기초	400	2,270	완성 : 기초	400	0	400	300
25%			착수	600	600	600	600
착수	800	10,862	기말 : 착수	200	200	0	150
			75%				
	1,200	13,132		1,200	800	1,000	1,050
			당기 발생 원가	:	4,000	3,040	3,822
			완성품 환산량 단위당 원가	:	@5	@3.04	@3.64

* 제 1공정에서 완성된 물량은 제 2공정의 당기착수량에 해당

* 기초재공품 원가 = 1,925원 + 318원 = 2,243원

* 당 기 발 생 원가 = 4,000원 + 3,040원 + 3,822원 = 10,862원

* 선입선출법에서 기초재공품 원가는 모두 완성품 원가에만 포함되므로 완성품 환산량 단위당 원가 계산시 고려하지 않는다.

완성품 원가	=	@5 × 600개	+	@3.04 × 1,000개	+	@3.64 × 900개	+ **2,270원**	= 11,586원
기말재공품 원가	=	@5 × 200개	+	@3.04 × 0개	+	@3.64 × 150개		= 1,546원
		4,000원		3,040원		3,822원		13,132원

제4절 공손품

1. 의의

(1) 검사과정에서 품질 및 규격이 표준에 미달하여 검사과정에서 탈락한 불합격품

(2) 불량 원재료, 작업자의 실수 및 기계결함 등으로 발생하며 폐기되거나 재가공을 거쳐 판매되기도 함

(3) 검사과정에서 공손품이 발견되므로 공손품의 가공도는 검사시점까지임

2. 분류

(1) 정상공손 : 통제불능, 원가성 있음

능률적인 상황에서도 발생하는 공손으로 관리를 잘해도 불가피하게 발생하므로 정상이며 제품원가에 포함

(2) 비정상공손 : 통제가능, 원가성 없음

능률적인 상황이었다면 발생하지 않을 수 있었던 공손으로 영업외비용으로 처리

• 이렇게 분류하여 처리하는 것은 재무회계에서 감모손실의 처리 방법과 동일하다.

3. 공손수량 파악

(1) 실제로 정상공손과 비정상공손을 구분하기 어려우므로 회사의 공손정책에 따라 일정비율을 정상공손으로 허용

(2) 검사시점 통과기준
정상공손수량 = 당기 중 검사를 통과한 정상품 × 정상공손률

(3) 검사시점 도달기준
정상공손수량 = 당기 중 검사를 받은 수량 × 정상공손률

(4) 정상공손수량은 원가흐름의 가정과 관계없이 실제 물량흐름인 선입선출법에 따라 파악

예제 6-5 **공손품**

다음 자료에 따라 비정상공손 수량을 계산하시오. 회사는 완성품 수량의 5%를 정상공손으로 허용하고 있다.

- 기초재공품 200개
- 기말재공품 100개
- 당기착수량 800개
- 공손수량 80개

해설

재공품

차변		대변	
기초	200	완성	820
		공손	80
당기착수	800	기말	100
	1,000		1,000

정 상 공 손 = 820개 × 5% = 41개
비정상공손 = 80개 - 41개 = 39개

예제 6-6 공손품

丙회사의 자료는 다음 자료에 따라 물음에 답하시오.

구 분	수 량	완성도	비 고
기초재공품	1,000개	40%	당기착수량은 11,000개이며,
기말재공품	2,000개	60%	당기말까지 8,000개가 완성되었다.

1. 丙회사는 검사를 통과한 정상품의 10%를 정상공손으로 허용한다.
   검사시점이 20%, 50%, 80%인 경우 정상공손수량을 계산하시오.
2. 丙회사는 검사를 받은 수량의 10%를 정상공손으로 허용한다.
   검사시점이 20%, 50%, 80%인 경우 정상공손수량을 계산하시오.

해 설

1. 공정도 작성

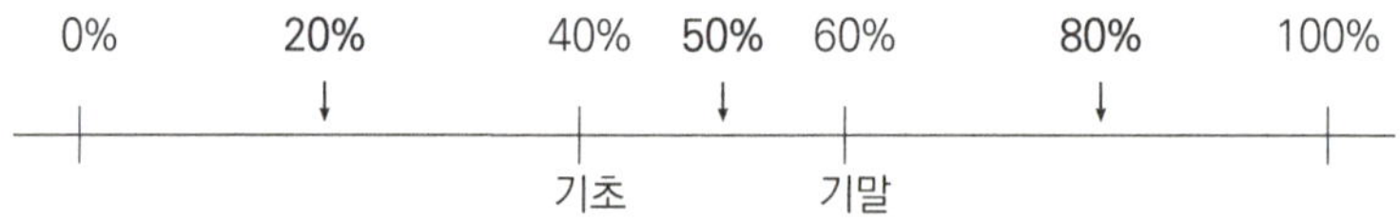

2. 공손수량 파악

재공품

기초 (40%)	1,000	완성 : 기초	1,000
		: 착수	7,000
		공손	2,000
당기착수	11,000	기말 (60%)	2,000
	12,000		12,000

3. 검사시점 통과기준
   검사시점을 통과했다는 것은 검사시점에서 검사를 받고 계속 생산을 진행했다는 뜻이므로 공손품은 제외하고 계산한다.

   (1) 20%
   1) 기초재공품은 전기에 40% 가공되었으므로 이미 검사시점을 통과한 상태임
   2) 당기에 검사시점을 통과한 물량
      당기에 착수하여 완성한 7,000개와 기말재공품 2,000개
   3) 정상공손 수량 = 9,000개 × 10% = 900개

   (2) 50%
   1) 당기에 검사시점을 통과한 물량
      기초재공품 1,000개와 당기에 착수하여 완성한 7,000개 및 기말재공품 2,000개
   2) 정상공손 수량 = 10,000개 × 10% = 1,000개

   (3) 80%
   1) 기말재공품은 당기에 착수하여 60% 가공되었으므로 검사시점에 도달하지 못함

2) 당기에 검사시점을 통과한 물량
   기초재공품 1,000개와 당기에 착수하여 완성한 7,000개
3) 정상공손 수량 = 8,000개 × 10% = 800개

4. 검사시점 도달기준
검사시점에 도달한 물량에는 공손품도 포함한다.

(1) 20%
1) 기초재공품은 전기에 40% 가공되었으므로 이미 검사시점을 통과한 상태임
2) 당기에 검사시점에 도달한 물량
   당기에 착수하여 완성한 7,000개와 기말재공품 2,000개 및 공손품 2,000개
3) 정상공손 수량 = 11,000개 × 10% = 1,100개

(2) 50%
1) 당기에 검사시점에 도달한 물량
   기초재공품 1,000개와 당기에 착수하여 완성한 7,000개와 기말재공품 2,000개 및 공손품 2,000개
2) 정상공손 수량 = 12,000개 × 10% = 1,200개

(3) 80%
1) 기말재공품은 당기에 착수하여 60% 가공되었으므로 검사시점에 도달하지 못함
2) 당기에 검사시점에 도달한 물량
   기초재공품 1,000개와 당기에 착수하여 완성한 7,000개 및 공손품 2,000개
3) 정상공손 수량 = 10,000개 × 10% = 1,000개

4. 정상공손원가의 배분

(1) 정상공손은 능률적인 상황에서도 발생하는 공손으로 관리를 잘해도 불가피하게 발생하므로 정상이며 제품원가에 포함

(2) 기말재공품이 검사시점을 통과하지 않은 경우
1) 검사시점에 도달하지 않아 검사를 받지 않았다는 의미
2) 공손 발생과 관계 없으므로 정상공손원가를 완성품에만 배분

(3) 기말재공품이 검사시점을 통과한 경우
1) 검사시점에 도달하여 검사를 받고 계속 생산이 진행되었다는 의미
2) 기말재공품도 공손 발생과 관계있으므로 정상공손원가를 완성품과 기말재공품의 물량에 비례하여 배분

전산회계 1급

06 연습문제

제6장 종합원가계산

01 다음 자료를 통해 종합원가계산을 이용하는 기업의 가공비 완성품환산량을 계산하면 얼마인가?

- 기초재공품 2,000개 (완성도 40%)
- 당기착수량 8,000개
- 당기완성품 7,000개
- 기말재공품 3,000개 (완성도 30%)
- 모든 제조원가는 공정 전반에 걸쳐 균등하게 투입된다.
- 원가흐름에 대한 가정으로 선입선출법을 사용하고 있다.

① 7,100개　② 7,200개
③ 7,400개　④ 7,500개

정답 ①

재공품					완성품 환산량	
					재료비	가공비
기초	2,000	완성 :	기초	2,000		1,200
40%			착수	5,000		5,000
착수	8,000	기말 :	착수	3,000		900
		30%				
	10,000			10,000		7,100

02 기초재공품은 10,000개(완성도 20%), 당기 완성품 수량은 190,000개, 기말재공품 은 8,000개(완성도 40%)이다. 평균법과 선입선출법이 가공비에 대한 완성품 환산 량의 차이는 얼마인가? (단, 재료는 공정 초에 전량 투입되고, 가공비는 공정 전반에 걸쳐 균등하게 투입된다.)

① 2,000개　② 5,000개
③ 6,000개　④ 7,000개

정답 ①

선입선출법과 평균법의 차이는 기초재공품의 완성품 환산량 차이이다.
10,000개 × 20% = 2,000개

03 다음은 ㈜옥타곤의 제조활동과 관련하여 발생한 자료이다. 당기 중에 발생한 정상공손 수량은 얼마인가? (단, 공손품을 제외한 파손품이나 작업폐물은 없는 것으로 한다.)

- 기초재공품 500개
- 당기착수량 4,000개
- 당기완성품 3,500개
- 기말재공품 200개
- 비정상공손수량 300개

① 200개 ② 300개

③ 400개 ④ 500개

정답 ④

재공품

기 초	500	완 성	3,500
		공 손	800
당기착수	4,000	기 말	200
	4,500		4,500

정상공손 = 800개 - 300개 = 500개

04 다음 중 개별원가계산과 종합원가계산에 대한 설명으로 틀린 것은?

① 개별원가계산은 제품을 비반복적으로 생산하는 업종에 적합하다.

② 종합원가계산은 직접비와 간접비의 구분이 중요하다.

③ 개별원가계산은 조선업, 건설업 등의 업종에 적합하다.

④ 종합원가계산이란 단일 종류의 제품을 연속적으로 대량 생산하는 경우 적합하다.

• 종합원가계산은 재료비와 가공비, 개별원가계산은 직접비와 간접비의 구분이 중요하다.

정답 ②

05 다음 중 종합원가계산에서 공손품 회계에 대한 설명으로 틀린 것은?

① 공손품의 의미는 재작업이 불가능한 불합격품을 의미한다.
② 공손품의 검사시점이 기말재공품의 완성도 이전인 경우에 공손품원가를 모두 완성품에만 부담시킨다.
③ 비정상공손품원가는 영업외비용으로 처리한다.
④ 정상공손은 생산과정에서 불가피하게 발생하는 공손이다.

정답 ②

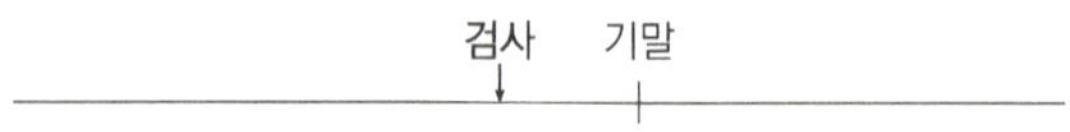

기말재공품도 검사를 받은 이후이므로 공손품에 대한 책임이 있다.

06 선입선출법에 의한 종합원가계산 과정에서 완성품환산량 단위당 원가를 다음과 같이 계산하는 경우 Ⓐ에 해당하는 것은?

$$\text{선입선출법에 의한 완성품 환산량 단위당 원가} = \frac{Ⓐ}{\text{완성품 환산량}}$$

① 기초재공품 원가
② 당기투입원가
③ 당기투입원가 - 기초재공품 원가
④ 기초재공품 원가 - 당기투입원가

정답 ②

07 다음 중 개별원가계산과 종합원가계산에 대한 내용으로 잘못 짝지어진 것은?

	구 분	종합원가계산	개별원가계산
①	핵심과제	완성품환산량 계산	제조간접비 배분
②	생산형태	소품종 대량생산	다품종 소량생산
③	장 점	정확한 원가계산	경제성 및 편리함
④	원가집계	공정별 집계	개별 작업별 집계

정답 ③

08 종합원가계산 제도하에서 완성품 환산량의 계산에 선입선출법을 사용하여 당기에 실제 발생한 재료비와 가공비의 합계액을 계산하면 얼마인가?

- 기초재공품 1,000개 (완성도 30%)
- 당기완성품 4,000개
- 기말재공품 1,200개 (완성도 60%)
- 재료비 완성품환산량 단위당 원가 @1,000
- 가공비 완성품환산량 단위당 원가 @1,200
- 재료비는 공정초기에 전량 투입되고, 가공비는 공정 전반에 걸쳐 균등하게 투입된다.
- 공손이나 작업폐물은 없는 것으로 간주한다.

① 9,264,000원　　② 9,504,000원
③ 10,586,000원　　④ 11,400,000원

정답 ②

재공품						완성품 환산량	
	수 량	원 가		수 량	원 가	재료비	가공비
기초	1,000		완성 : 기초	1,000		0	700
30%			착수	3,000		3,000	3,000
착수	4,200		기말 : 착수	1,200		1,200	720
			60%				
	5,200			5,200		4,200	4,420
				*1 당기 발생 원가 :		?	?
				완성품 환산량 단위당 원가 :		@1,000	@1,200

*1. **4,200 × @1,000 + 4,420 × @1,200 = 9,504,000원**

09 종합원가계산방법 중 선입선출법에 대한 설명으로 틀린 것은?

① 실제 물량흐름을 반영한다.
② 전기 작업분을 포함한 평균개념이다.
③ 당기 작업분만 포함한 당기 단가개념이다.
④ 기초재공품 원가는 먼저 완성품원가를 구성하는 것으로 가정한다.

정답 ②

10 다음 자료에 따른 평균법에 의한 재료비와 가공비의 완성품환산량은 얼마인가?

> 원재료는 공정 30% 시점에 전량 투입되며, 가공비는 공정기간동안 균등하게 투 입된다고 가정한다.
>
> • 기초재공품 3,000개 (완성도 40%)
> • 당기착수량 7,000개
> • 당기완성품 8,000개
> • 기말재공품 2,000개 (완성도 20%)

	재료비	가공비
①	8,000개	10,000개
②	8,000개	8,400개
③	10,000개	8,400개
④	10,000개	10,000개

정답 ②

재공품					완성품 환산량	
	수 량			수 량	재료비	가공비
					30%	
기초 40%	3,000		완성	8,000	8,000	8,000
착수	7,000		기말 20%	2,000	0	400
	10,000			10,000	8,000	8,400

PART 3

부가가치세법

CONTENTS

Chapter 1

부가가치세의 의의

Guide

제 1 장은 부가가치세 과세체계로서의 중요성이 있다. 부가가치세 전반의 내용을 이해하는데 절대적인 위치를 차지한다 할 수 있으므로 완전히 이해할 수 있어야 한다.

1. 부가가치세

(1) 부가가치

사업자가 생산 활동 또는 유통 과정을 통하여 새로이 창출한 가치의 증가액

(2) 부가가치세

재화와 용역이 생산 · 유통되는 각 단계의 부가가치를 과세대상으로 하는 조세

2. 과세대상

• 부가가치세의 정의에 따르면 과세대상은 당연히 부가가치 그 자체가 되어야 할 것이다. 그러나, 현행 부가가치세는 전단계세액공제법에 따라 과세하므로 재화의 공급, 용역의 공급, 재화의 수입을 과세대상으로 하고 있다.

• 무체물
1. 전기 · 가스 · 열 등 관리할 수 있는 자연력
2. 특허권, 영업권 등의 권리

(1) 국내에서 사업자가 공급하는 재화

1) 사업자 아닌 자가 일시적으로 공급하는 재화 제외, 면세재화 제외

2) 재화

① 재산가치가 있는 모든 유체물과 무체물

② 소비대상이 아닌 화폐 · 어음 · 수표 · 주식 · 사채는 재화가 아님

(2) 국내에서 사업자가 공급하는 용역

1) 사업자 아닌 자가 일시적으로 공급하는 용역 제외

2) 용역 : 재화 외의 재산가치가 있는 모든 역무 및 그 밖의 행위

(3) 재화의 수입 : 수입자가 사업자인지 여부 불문

- 용역의 수입
  용역은 그 성질상 생산과 동시에 소비되어 '용역의 수입'이라는 개념 자체가 부적절하므로 현행법 상 용역의 수입은 과세대상이 아니다.

3. 부가가치세율 : 10% (0%)

4. 과세체계 : 전단계세액공제법

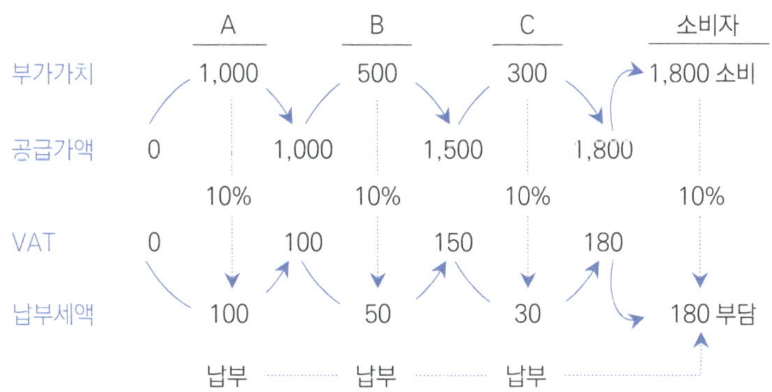

- A는 1,000원의 부가가치를 창출하여 1,000원에 판매하면서 100원의 매출세액을 거래징수하여 납부한다. B는 500원의 부가가치를 창출하여 1,500원에 판매하면서 150원의 매출세액을 거래징수하고 100 원의 매입세액을 공제한 후 50원을 납부한다. 이러한 흐름이 거래과정에서 반복된다.
- 총가치 = 각 단계 부가가치 합계 = 소비자의 소비액

이 경우 소비자 가격은 1,980원(VAT 포함)이며, 최종 소비자의 VAT 부담액은 180원이다.

5. 중간 단계에 영세율이 적용되는 경우

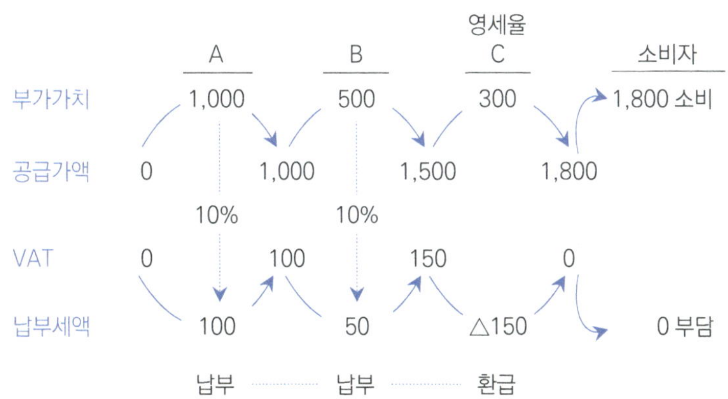

- C에게 영세율이 적용되면 매출세액(1,800원 × 0%)은 0이고, 매입세액 150원은 공제되어 150원을 환급 받는데 이것은 A와 B가 납부한 금액이 모두 취소되는 결과가 된다.

이 경우 소비자 가격은 1,800원(VAT 포함)이며, 최종 소비자의 VAT 부담액은 0원이다.

따라서, 중간단계에 영세율이 적용되면 소비자는 부가가치세 부담이 없는 소비가 가능해진다.

→ 완전면세

6. 중간 단계에 면세가 적용되는 경우

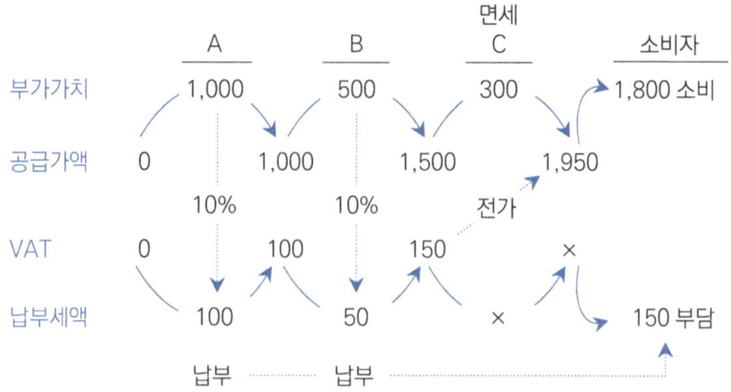

이 경우 소비자 가격은 1,950원(VAT 포함)이며, 최종 소비자의 VAT 부담액은 150원이다.

따라서, 중간단계에 면세가 적용되면 면세 단계의 VAT만큼 가격이 하락한다.

→ 부분면세

- C가 면세사업자인 경우 판매할 때 거래징수 의무가 없어 매출세액은 0이고, 매입세액이 공제되지 않아 납부할 세액도 환급될 세액도 없다. C는 공제받지 못한 매입세액 150원을 가격에 포함하여 전가하므로 최종소비자의 부가가치세 부담이 완전히 제거되지 않는다.
- 이상의 과세체계와 영세율 및 면세에 대한 개념도는 세법개론 10판 임상엽, 정정운 상경사 P820 ~ P825를 참조하였다.

7. 우리나라 부가가치세

(1) 국세 : 국가가 부과주체

(2) 물세 : 인적 사정을 고려하지 않음

(3) 일반소비세 : 면세대상으로 열거된 것 외의 모든 재화 · 용역이 과세대상

(4) 간접세

법률상의 납세의무자(사업자)와 실질적인 담세자(최종소비자)가 일치하지 않는 조세

(5) 전단계세액공제법 : 다단계과세

납부세액 = 매출세액 − 매입세액 (세금계산서 · 그 밖의 매입세액)

(6) 소비지국 과세원칙

국제 교역에서 이중과세를 조정하기 위하여 수출재화에 대하여 영세율을 적용하여 수출 국의 과세효과를 제거하고 수입국(소비지국)에서 과세

(7) 신고납세제도 : 납세의무자가 신고기한 이내에 자발적으로 신고 · 납부

(8) 면세제도 운용

- 거래징수
공급자가 그 공급을 받는 자에게 공급가액의 10%를 부가가치세로 징수하여 납부한다.
- 우리나라는 소비형 부가가치세를 채택하고 있다. 이 유형은 자본재 구입시 부담한 부가가치세를 즉시 회수할 수 있어 투자 촉진 효과가 있고 그 시행이 간편하다.

8. 부가가치세 계산구조

	과 세 표 준	: 재화 · 용역의 공급가액 (면세대상 재화 · 용역 제외)
(×)	세 율	: 10 % (영세율 0 %)
	매 출 세 액	
(−)	매 입 세 액	: 과세기간 중 매입세액 (불공제 세액 제외)
	납부세액 (환급세액)	
(−)	공 제 세 액	
(+)	가 산 세	
	차가감납부(환급)세액	

• 공급가액과 공급대가
공급가액은 VAT를 제외한 가격으로 일반과세자의 과세표준이며, 공급대가는 VAT를 포함한 가격으 로 간이과세자의 과세표준이다.

9. 회계처리

(1) 일반적인 경우

1) 매입시점

(차) 상 품	×××	(대) 현 금	×××
부가세대급금	×××		

2) 판매시점

(차) 현 금	×××	(대) 매 출	×××
		부가세예수금	×××

3) 과세기간 종료일

(차) 부가세예수금	×××	(대) 부가세대급금	×××
		미지급세금	×××

4) 납부시점

(차) 미지급세금	×××	(대) 현 금	×××

(2) 중간 단계에 영세율이 적용되는 경우

1) 매입시점

(차) 상 품	×××	(대) 현 금	×××
부가세대급금	×××		

2) 판매시점 : 영세율 적용

(차) 현 금	×××	(대) 매 출	×××

* 세율이 「0」이므로 매출세액을 거래징수하지 않는다.

3) 과세기간 종료일

(차) 미수금	×××	(대) 부가세대급금	×××

(3) 중간 단계에 면세가 적용되는 경우

1) 매입시점

(차) 상 품	×××	(대) 현 금	×××

* 매입세액이 공제되지 않는다.

2) 판매시점 : 면세 적용

(차) 현 금	×××	(대) 매 출	×××

* 거래징수 의무가 없으므로 매출세액을 거래징수하지 않는다.

전산회계 1급

01 연습문제

제1장 부가가치세의 의의

01 다음 중 현행 부가가치세법에 대한 설명으로 가장 틀린 것은?

① 부가가치세는 전단계세액공제법을 채택하고 있다.
② 주사업장 총괄납부시 종된 사업장은 부가가치세 신고와 납부의무가 없다.
③ 부가가치세는 0% 또는 10%의 세율을 적용한다.
④ 사업자는 사업장 관할 세무서장이 아닌 다른 세무서장에게도 사업자등록의 신청을 할 수 있다.

정답 ②

주사업장 총괄납부는 복수의 사업장이 있는 사업자의 자금 부담을 완화하기 위하여 납부와 환급만 주사업장에서 총괄하는 것이므로 신고까지는 사업장별로 해야 한다.

02 다음 중 현행 부가가치세법에 대한 설명으로 틀린 것은?

① 부가가치세는 사업장마다 신고 및 납부하는 것이 원칙이다.
② 부가가치세 부담은 전적으로 최종소비자가 하는 것이 원칙이다.
③ 사업상 독립적으로 재화를 공급하는 자는 영리를 목적으로 하는 경우에만 납세의무가 있다.
④ 부가가치세의 납세의무자는 과세대상인 재화 또는 용역을 공급하는 사업자와 재화를 수입하는 자이다.

정답 ③

영리성 유무는 불문하므로 국가 및 지방자치단체도 사업자가 될 수 있다.

03 우리나라 부가가치세법에 대한 설명 중 가장 거리가 먼 항목은?

① 세부담의 역진성을 완화하기 위해 면세제도를 두고 있다.
② 소비지국 과세원칙에 따라 수입하는 재화에는 부가가치세가 과세된다.
③ 사업자가 아닌 자가 일시적으로 재화를 공급하는 경우 부가가치세 납부의무가 없다.
④ 부가가치세의 과세대상은 크게 재화와 용역의 공급 그리고, 재화와 용역의 수입으로 구분된다.

정답 ④

용역의 수입은 부가가치세 과세대상이 아니다.

04 우리나라 부가가치세의 특징과 가장 관련이 없는 것은?

① 국세 ② 간접세

③ 개별소비세 ④ 소비지국 과세원칙

정답 ③

일반소비세에 해당한다.

Chapter 2

납세의무자 : 사업자

Guide

제 2 장은 부가가치세 납세의무자인 사업자에 대한 내용으로 사업자의 요건과 사업자등록을 하지 않았을 때 불이익에 대하여 정리하도록 한다.

1. 사업자의 요건

(1) 영리목적의 유무는 불문 : 조세의 중립성 유지

(2) 사업상 재화 · 용역을 공급하는 자

계속 · 반복적으로 재화 · 용역을 공급하는 자

(3) 사업의 독립성 : 다른 사람에게 고용 또는 종속되어 있지 않은 자

- 영리목적은 불문하므로 국가 · 지방자치단체와 지방자치단체조합도 사업자가 될 수 있다.
- 독립성
  1. 인적 독립성
     자기계산 · 자기책임을 뜻한다.
  2. 물적 독립성
     어떤 사업에 부수되거나 그 사업의 연상에 불과한 행위여서는 안 된다.

2. 사업자의 분류

(1) 과세사업자

부가가치세 과세대상이 되는 재화 · 용역을 공급하는 개인 · 법인사업자

1) 일반과세자

납부세액 = 매출세액 − 매입세액 (세금계산서, 그 밖의 매입세액)

2) 간이과세자 : 직전 연도 공급대가가 8,000만원에 미달하는 개인사업자

납부세액 = 공급대가 × 업종별 부가가치율 × 10% (0%)

- 간이과세자는 영세한 사업자이므로 부가가치세법상 의무를 이행하도록 하면 부담이 될 수 있으므로 간편한 방법으로 신고하고 납부할 수 있게 하였다.

(2) 면세사업자

1) 부가가치세가 면세되는 재화나 용역을 공급하는 사업자

2) 『부가가치세법』상 사업자가 아니므로 『부가가치세법』상 의무 없음

(3) 겸영사업자

과세사업과 면세사업을 함께 영위하는 자

(4) 재화의 수입에 대한 납세의무자

재화를 수입하는 자는 사업자인지 여부 불문하고 과세

- 거래징수는 공급자가 하는 것인데 수입의 경우 공급자가 우리나라 부가가치세법상 납세의무자가 아니므로 세관장이 수입하는 자로부터 거래징수하고 수입세금계산서를 교부한다.

3. 사업자등록

(1) 사업장마다 사업개시일로부터 20일 이내에 사업장 관할세무서에 신청

신규사업자는 사업개시일 전 등록 가능

- 일반적으로 사업개시일은 제조 · 판매개시일이고, 사업개시 전에 사업장임차 및 매입 등 초기투자가 일어난다. 사업 개시일부터 사업자 등록을 허용하면 이러한 초기투자에 대한 매입세액을 공제받을 수 없게 된다.

(2) 등록대상자 : 신규사업자

1) 면세사업자는 『법인세법』 · 『소득세법』에 의한 사업자등록을 함
   면세사업자가 과세사업으로 전환하거나 겸영하게 되는 경우 사업자등록을 하거나 정정 신고를 함
2) 겸영사업자는 과세사업자로 『부가가치세법』상 사업자등록을 함

- 직권등록
  사업자가 등록하지 않으면 관할 세무서장이 조사하여 등록시킬 수 있다.
- 등록 거부
  사업개시 전 사업자등록 신청을 받은 세무서장은 신청자가 사실상 사업을 시작하지 아니할 것으 로 인정될 때에는 사업자등록을 거부할 수 있다.

(3) 사업자등록증 발급

1) 신청일로부터 2일 내에 사업자등록증 발급
2) 사업장 현황 확인이 필요할 경우 5일에 한해 연장 가능

(4) 사업자등록정정

- 사업자등록 정정신고를 받은 세무서장은 신청일부터 2일 이내에 재발급해야 한다.

1) 상호, 법인의 대표자 및 사업의 종류 변경
2) 사업장 이전
3) 상속으로 인한 사업자 명의 변경
4) 공동사업자 구성원 · 출자지분 변경
5) 기타

(5) 휴 · 폐업신고 및 사업자등록의 말소

휴 · 폐업 또는 사업 개시전 등록의 경우 사실상 사업을 하지 아니하게 되는 때

(6) 미등록시 불이익

- 신규사업자의 최초 과세기간은 사업개시일(사업자등록 신청일)부터 개시일이 속하는 과세기간 종료일까지이다.

1) 미등록가산세 부과
   사업개시일부터 등록 신청일의 직전일까지의 공급가액의 1%
2) 매입세액불공제
   단, 공급시기가 속하는 과세기간이 끝난 후 20일 이내에 등록 신청한 경우
   등록신청일부터 공급시기가 속하는 과세기간 개시일(1.1 또는 7.1)까지 역산한 기간내의 매입세액은 공제

전산회계 1급

02 연습문제

제2장 납세의무자 : 사업자

01 다음 중 사업자등록 정정사유가 아닌 것은?

① 통신판매사업자가 사이버몰의 명칭 또는 인터넷 도메인 이름을 변경하는 때
② 공동사업자의 구성원 또는 출자지분의 변동이 있는 때
③ 증여로 인하여 사업자의 명의가 변경되는 때
④ 법인사업자의 대표자를 변경하는 때

정답 ③

상속으로 인하여 사업자의 명의가 변경되는 때

02 다음은 사업자등록 신청에 대한 설명이다. 빈칸에 알맞은 것은?

부가가치세법상 사업자등록을 신청하기 전의 매입세액은 매출세액에서 공제하지 않는다. 다만, 공급시기가 속하는 과세기간이 끝난 후 ( ) 이내에 사업자등록 신청을 할 경우 등록 신청일부터 공급시기가 속하는 과세기간 기산일까지 역산한 기간 내의 매입세액은 매출세액에서 공제될 수 있다.

① 10일 ② 15일
③ 20일 ④ 25일

정답 ③

03 다음 괄호 안에 들어갈 말은 무엇인가?

사업장이 둘 이상인 사업자는 사업자 단위로 해당 사업자의 본점 또는 주사무소 관할 세무서장에게 등록을 신청할 수 있다. 이 경우 등록한 사업자를 ( )라 한다.

① 간이과세자 ② 겸영사업자
③ 총괄납부사업자 ④ 사업자단위과세사업자

정답 ④

04 다음 중 현행 부가가치세법에 대한 설명으로 가장 틀린 것은?

① 신규로 사업을 시작하려는 자는 사업개시일 이전이라도 사업자등록을 신청할 수 있다.
② 사업자등록을 신청하기 전의 매입세액은 원칙적으로 공제되지 않는다.
③ 주사업장 총괄납부시 종된 사업장은 부가가치세 신고의무가 없다.
④ 사업자등록의 신청은 사업장 관할 세무서장이 아닌 다른 세무서장에게도 할 수 있다.

정답 ③

05 다음 간이과세자 중 세금계산서 발급의무가 있는 사업자는?

① 직전 연도의 공급대가의 합계액이 5,000만원인 목욕탕업을 운영하는 간이과세자
② 직전 연도의 공급대가의 합계액이 3,000만원인 여관업을 운영하는 간이과세자
③ 직전 연도의 공급대가의 합계액이 7,000만원인 제조업을 운영하는 간이과세자
④ 직전 연도의 공급대가의 합계액이 4,000만원인 미용실을 운영하는 간이과세자

정답 ③

직전 연도의 공급대가의 합계액이 4,800만원 이상인 간이과세자는 세금계산서를 발급하는 것이 원칙이지만 목욕 · 이발 · 미용업의 경우에는 영수증을 발급한다.

06 다음은 부가가치세법상 납세의무자에 대한 설명이다. 가장 옳은 것은?

① 간이과세자는 직전 1역년 공급대가가 8,000만원 미만인 법인사업자를 말한다.
② 영리를 추구하지 않는다면 재화 · 용역을 공급하여도 사업자에 해당하지 않는다.
③ 사업자가 아니라면 재화를 수입하는 경우 부가가치세 납세의무가 발생하지 않는다.
④ 영세율을 적용받는 사업자도 납세의무자에 해당된다.

정답 ④

① 법인은 간이과세가 적용되지 않는다.
② 영리성 유무는 불문한다.
③ 재화를 수입하는 경우 수입자는 사업자 여부와 관계없다.

07 다음 중 부가가치세법상 사업자등록에 대한 설명으로 옳은 것은?

① 사업자는 사업장마다 사업개시일부터 20일 이내에 사업자등록을 신청하는 것이 원칙이다.

② 신규 사업자는 사업개시일 이전이라면 사업자등록 신청이 불가능하다.

③ 일반과세자가 3월 25일에 사업자등록을 신청하고 실제 사업개시일은 4월 1일인 경우 4월 1일부터 6월 30일까지가 최초 과세기간이 된다.

④ 사업자등록의 신청은 사업장 관할세무서장이 아닌 다른 세무서장에게는 불가능하다.

정답 ①

Chapter 3

과세기간

Guide

제 3 장 과세기간과 제 11 장 신고 · 납부방법은 함께 정리하도록 한다.

1. 과세기간 : 과세표준 및 납부세액을 계산하기 위한 단위기간

(1) 계속사업자

1) 일반과세자

① 제 1 과세기간 : 1월 1일 ~ 6월 30일

② 제 2 과세기간 : 7월 1일 ~ 12월 31일

2) 간이과세자 : 1월 1일 ~ 12월 31일 (단일과세기간)

(2) 신규사업자의 최초 과세기간

• 일반과세자의 사업개시일이 2.1인 경우 최초 과세기간은 2. 1 ~ 6. 30이다.

사업개시일(사업개시일 이전에 사업자등록을 신청한 경우 사업자등록 신청일) ~ 사업개시일이 속하는 과세기간의 종료일

(3) 폐업자

폐업일이 속하는 과세기간 개시일 ~ 폐업일

(4) 간이과세를 포기하고 일반과세자가 되고자 하는 경우

일반과세를 적용받고자 하는 달의 전달 마지막 날까지 간이과세 포기 신고를 해야 함

* 4월 1일부터 일반과세를 적용받고자 3월 31일까지 포기 신고한 경우
  1월 1일 ~ 3월 31일 : 간이과세자
  4월 1일 ~ 6월 30일 : 일반과세자

2. 신고 · 납부기한

(1) 예정신고 · 납부

1) 제 1 과세기간 : 1월 1일 ~ 3월 31일 → 4월 25일까지 예정신고
2) 제 2 과세기간 : 7월 1일 ~ 9월 30일 → 10월 25일까지 예정신고

(2) 확정신고 · 납부

1) 제 1 과세기간 : 4월 1일 ~ 6월 30일 → 7월 25일까지 확정신고
2) 제 2 과세기간 : 10월 1일 ~ 12월 31일 → 1월 25일까지 확정신고
  * 예정신고기간은 각 과세기간의 일부일 뿐이므로 예정신고에서 누락된 내용은 그 자체가 확정신고 대상이 된다.
3) 간이과세자 : 1월 1일 ~ 12월 31일 → 1월 25일까지 확정신고
  * 간이과세자는 예정고지납부를 원칙으로 하되 예외적인 경우에는 예정신고가 가능하다.

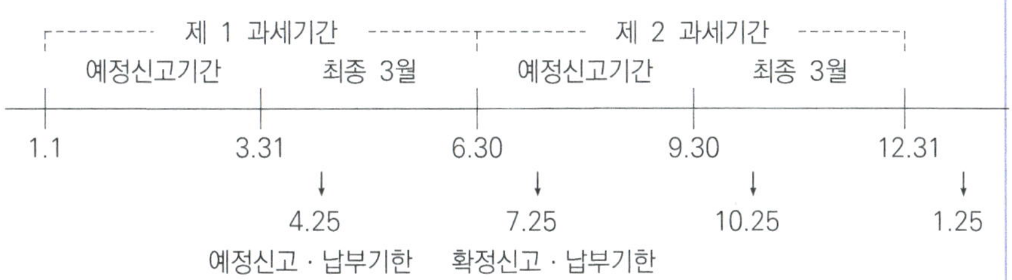

• 예정신고기간이란, 신고기간이 아니라 신고의 대상이 되는 기간을 말한다.
• 확정신고기간이란, 신고의 대상이 되는 기간이 아니라 순수한 신고기간(1. 1 ~ 1. 25 또는 7. 1 ~ 7. 25)을 말한다. 확정신고기간과 과세기간 최종 3월을 혼동해서는 안 된다.

전산회계 1급

03 연습문제

제3장 과세기간

01 다음 중 부가가치세법상 과세기간에 대한 설명으로 가장 옳지 않은 것은?

① 간이과세자 : 1월 1일 ~ 12월 31일

② 사업자가 폐업하는 경우 : 폐업일이 속하는 과세기간의 개시일부터 폐업일까지

③ 일반과세자가 간이과세자로 변경되는 경우 : 그 변경 이후 1월 1일 ~ 12월 31일까지

④ 신규로 사업을 시작하는 경우 : 사업개시일부터 그 날이 속하는 과세기간 종료일까지

정답 ③

그 변경 이후 7월 1일 ~ 12월 31일까지

Chapter 4

납세지

Guide

제 4 장은 사업장별 과세원칙과 그 예외, 주사업장총괄납부와 사업자단위과세제도에 대한 내용이다.

1. 사업장별 과세원칙

(1) 복수의 사업장이 있는 경우 사업장별로 사업자등록을 하고 각각 신고 · 납부

(2) 사업장

1) 사업자 · 그 사용인이 상시 주재하여 거래의 전부 · 일부를 행하는 장소

2) 직매장은 사업장에 포함, 하치장은 사업장이 아님, 임시사업장은 기존사업장에 포함

• 여기에서 거래란 재화 · 용역의 공급을 뜻한다. 따라서, 단순한 업무 연락장소, 원재료 및 중간제 품의 생산만을 위한 장소, 재고자산의 보관만을 위한 장소 등은 사업장이 아니다.

(3) 사업유형별 사업장

구 분	사업장
광 업	광업사무소의 소재지
제조업	최종 제품의 완성 장소, 포장 · 충전만 하는 장소 제외
건설업 · 운수업 부동산매매업	• 법인사업자 : 그 법인의 등기부상 소재지 • 개인사업자 : 업무총괄장소
부동산임대업	그 부동산의 등기부상 소재지
무인자동판매기에 의한 사업	그 사업에 관한 업무총괄장소
비거주자 · 외국법인	비거주자 또는 외국법인의 국내사업장
사업장을 설치하지 않은 경우	사업자의 주소 · 거소
위 이외 신청하는 경우	위의 사업장 이외의 장소도 사업자의 신청에 따라 사업장으로 등록 가능 (무인자동판매기에 의한 사업은 제외)

• 직매장 : 판매를 위하여 특별히 판매시설을 갖춘 장소

• 하치장 : 재화의 보관 · 관리를 위한 장소

• 임시사업장
각종 행사가 개최되는 장소에 행사기간동안 개설되는 장소로서 임시사업장의 사업개시일부터 10 일 이내에 개설신고를 해야 한다.

2. 주사업장총괄납부

- 부가가치세는 기한내에 신고하고 납부해야 한다. 그러나, 예정신고 때에는 일반환급은 없으며 확정 신고 기한 경과 후 30일 이내에 환급되므로 '사업장별 과세원칙'을 고수할 경우 사업자의 자금문제가 심화된다.
- 정기신고분이 아닌 수정신고 및 경정청구는 그 사유가 발생한 사업장 관할 세무서장에게 제출하고 세액을 납부해야 한다.

(1) 취지 : 사업자의 자금 문제 해소

(2) 의의

사업자의 사업장이 둘 이상인 경우 사업자등록 및 신고 등은 각 사업장별로 하지만 정기 신고분에 대한 납부(환급)은 주사업장에서 총괄하여 납부(환급)할 수 있는 제도

(3) 주된 사업장

1) 법인 : 본점(주사무소) 또는 지점(분사무소)
2) 개인 : 주사무소

(4) 총괄납부 신청

- 1기부터 적용하고자 하는 경우 전년도 12월 11일까지, 2기부터 적용하고자 하는 경우 6월 10일까지 신청해야 한다.
- 주사업장 총괄납부와 사업자단위과세제도는 신청만 하면 되며 세무서장의 승인을 받아야 하는 것은 아니다.
- 주사업장총괄납부와 사업자단위과세제도의 포기 과세기간 개시 20일 전에 포기신고서를 제출하면 된다.

1) 계속사업자 : 총괄납부하고자 하는 과세기간 개시 20일 전까지 신청
2) 신규사업자 : 주된 사업장의 사업자등록증을 받은 후 20일 이내 신청
3) 사업장이 하나인 사업자가 추가로 사업장을 개설하는 경우
추가 사업장의 사업개시일로부터 20일 이내(추가 사업장의 사업개시일이 속하는 과세기간 이내로 한정함) 신청

(5) 총괄납부 효력

1) 납부(환급) 외의 모든 것은 사업장별 과세원칙이 적용
2) 재화공급의 특례(간주공급) 적용 배제

3. 사업자단위과세제도

(1) 본점에서 회사 전체 업무를 관리하는 것이 가능해짐에 따라 둘 이상의 사업장이 있는 사업자의 경우 사업자 단위로 하나의 사업자등록을 하여 『부가가치세법』상의 모든 업무를 총괄하는 제도
(2) 주된 사업장 : 본점(주사무소)
(3) 적용 효과
1) 사업자 단위로 부가가치세에 관한 모든 업무 처리
2) 재화공급의 특례(간주공급) 적용 배제

전산회계 1급

04 연습문제

제4장 납세지

01 다음은 부가가치세법에 따른 주사업장 총괄납부와 사업자단위 과세에 대한 설명이다. 가장 틀린 것은?

① 주사업장 총괄납부란 사업장이 둘 이상 있는 사업자가 일정한 요건을 갖춘 경우 각 사업장의 납부세액 및 환급세액을 합산하여 주된 사업장에서 총괄하여 납부할 수 있는 제도이다.

② 주사업장 총괄납부 제도는 세액의 납부(환급)만 총괄하는 것이 원칙이나, 별도로 신청하는 경우 주사업장에서 총괄하여 신고가 가능하다.

③ 사업자단위과세를 적용받는 경우 세금계산서의 발급 · 수취, 부가가치세신고 · 납부 및 수정신고, 경정청구 모두 주된 사업장에서 총괄하여 이루어진다.

④ 주사업장 총괄납부와 사업자단위과세 모두 원칙적으로 적용받고자 하는 과세기간 개시 20일 전까지 관할세무서장에게 신청하여야 적용이 가능하다.

정답 ②

주사업장에서 총괄하여 납부하거나 환급받는 것만 가능하다.

02 현행 부가가치세법에 대한 설명으로 옳지 않은 것은?

① 사업자만이 부가가치세를 납부할 의무가 있다.

② 납세지는 사업자단위과세 및 주사업장 총괄납부 사업자가 아닌 경우, 각 사업장의 소재지로 한다.

③ 사업자단위과세 사업자가 아닌 경우, 사업자는 사업장마다 사업개시일로부터 20일 이내에 사업장 관할세무서장에게 사업자등록을 신청해야 한다.

④ 신규로 사업을 시작하는 자에 대한 최초의 과세기간은 사업개시일부터 그 날이 속하는 과세기간의 종료일까지로 한다.

정답 ①

면세사업자는 부가가치세법상의 사업자가 아니므로 부가가치세 납부의무가 없다.

Chapter 5

부가가치세의 과세대상거래

Guide

> 제 5 장은 재화공급의 특례(간주공급)에 대한 내용이 핵심이다. 유형별로 그 취지 및 공급시기, 과세표준과 세금계산서를 연관시켜 함께 정리해야 한다.

1. 재화의 공급

계약상 · 법률상 모든 원인에 의하여 재화를 인도 · 양도하는 것

(1) 실질공급

1) 매매계약

현금 · 외상 · 할부 · 장기할부 · 조건부 · 기한부 · 위탁판매, 기타 매매계약에 의하여 재화를 인도하거나 양도

- 열거된 내용은 대가수수 방법이나 판매형태가 다를 뿐 공급과 그 대가 관계의 형성이라는 점에서는 다를 게 없다.

2) 가공계약

자기가 주요자재의 전부 · 일부를 부담하고 상대방으로부터 인도받은 재화에 공작을 가하여 새로운 재화를 만드는 가공계약에 의하여 재화를 인도하거나 양도

- 주요자재를 전혀 부담하지 아니하고 가공만 하면 '용역의 공급'에 해당한다.

3) 교환계약

재화의 인도대가로 다른 재화를 인도받거나 용역을 제공받는 교환계약에 의하여 재화를 인도하거나 양도

4) 현물출자, (임의)경매, 수용 등 그 밖의 계약상 · 법률상 원인에 의하여 재화를 인도하거나 양도

- A가 B에게 과세재화를 현물출자하고 B가 주식을 교부한 경우
  1. A는 공급에 대한 대가관계가 형성되므로 부가가치세가 과세된다.
  2. B는 주식을 공급하고 대가를 받은 것으로 볼 수 있으나 주식은 과세대상 재화가 아니므로 부가가치세 문제는 없다.

2. 재화공급의 특례 : 간주공급

(1) 의의

사업자간 또는 소비자간의 과세형평을 위하여 실질적인 재화의 공급은 아니지만 재화의 공급으로 간주

• 간주공급의 필요성
1. 과세사업
 매입시 매입세액 공제
 판매시 매출세액 발생
2. 면세사업
 매입시 매입세액 불공제
 판매시 매출세액 발생 ×
3. 매입세액은 일단 매입이 발생한 과세기간에 공제한다. 이후 매출세액이 발생하지 않으면, 1, 2의 기본흐름이 깨지므로 매출세액을 발생시키는 방법으로 해결한다. 이것이 간주공급이다.

(2) 자가공급

사업자가 자기 사업과 관련하여 생산하거나 취득한 재화를 자기 사업을 위하여 사용 · 소비하는 것으로 다음의 3가지에 한해 재화의 공급으로 봄

1) 면세전용(轉用)
 ① 과세사업을 위해 생산 · 취득한 재화를 면세사업을 위하여 사용 · 소비하는 것
 ② 매입세액이 불공제된 것 제외

2) 비영업용 소형승용자동차 및 그 유지를 위한 재화
 ① 과세사업을 위해 생산 · 취득한 재화를 비영업용 소형승용자동차로 사용하거나 그 승용차의 유지를 위하여 사용 · 소비하는 것
 ② 매입세액이 불공제된 것 제외

• 비영업용소형승용차는 매입세액 불공제 대상이다.

3) 판매목적 타사업장 반출
 ① 둘 이상의 사업장이 있는 사업자가 자기 사업을 위해 생산 · 취득한 재화를 판매할 목적으로 다른 사업장에 반출하는 것
 ② 주사업장 총괄납부 · 사업자단위과세제도가 적용될 경우 제외

• '사업장별 과세원칙'에서는 납부와 환급의 시차로 인하여 사업자의 자금문제가 심화된다. 이를 해결하기 위하여 공급으로 보는데, '주사업장 총괄납부'와 '사업자단위 과세제도'가 적용되면 이 문제가 해결되므로 공급으로 볼 필요가 없다.

(3) 개인적 공급

1) 사업자가 자기 사업과 관련하여 생산하거나 취득한 재화를 자기나 그 사용인이 무상 · 저가로 사용 · 소비하는 것

2) 개인적 공급이 아닌 것
 ① 매입세액이 불공제된 것
 ② 작업복 · 작업모 · 작업화로 제공되는 것, 직장체육비 · 직장연예비와 관련된 재화
 ③ 1인당 연간 10만원 이내의 경조사와 관련된 재화
 ④ 1인당 연간 10만원 이내의 명절 · 기념일 등과 관련된 재화

• 연간 10만원을 초과하는 경우 초과하는 금액에 대해서는 재화의 공급으로 본다.

(4) 사업상 증여

1) 사업자가 자기 사업과 관련하여 생산하거나 취득한 재화를 자기 고객이나 불특정 다수인에게 증여하는 것

2) 사업상 증여가 아닌 것
① 매입세액이 불공제된 것
② 증여되는 재화의 대가가 주된 거래인 재화의 공급대가에 포함되는 것
③ 견본품

• 사업자가 폐업하는 경우 폐업 신고와 함께 사업자등록증을 반납하게 된다. 이후에는 더 이상 사업자가 아니므로 남아있는 재화를 판매하더라도 거래징수할 의무가 없다. 따라서, 폐업시점에 모두 공급된 것으로 보아 과세되는 것이다.

(5) 폐업시 잔존재화

1) 사업을 폐업하거나 사업 개시전 등록한 자가 사실상 사업을 시작하지 아니하게 된 경우 남아있는 재화는 폐업하는 시점에 사업자 자기에게 공급한 것으로 봄

2) 매입세액이 불공제된 것 제외

3. 재화의 공급으로 보지 않는 경우

(1) 담보제공

채권 담보에 불과하고 재화의 소유권이 실질적으로 이전된 것이 아님

• 사업양도를 공급으로 볼 경우 사업양도인은 거래징수하여 매출세액으로 납부하고, 사업양수인은 매입세액으로 공제받는다. 따라서, 정부는 세수입이 없고 사업양수인의 자금부담만 심화된다.

(2) 포괄적 사업양도

1) 사업장별로 그 사업에 관한 모든 권리 · 의무를 승계
2) 과세의 실익이 없고 부가가치세가 사업양도에 장애가 되는 것을 방지

• 법원경매와 공개매각을 재화의 공급으로 보아 과세하면 정부 입장에서 세수가 일실된다.

(3) 조세의 물납 , 법에 따른 경매 · 공개매각

4. 용역의 공급

(1) 계약상 · 법률상의 모든 원인에 의하여 역무를 제공하거나 재화 · 시설물 · 권리를 사용 하게 하는 것

(2) 범위

• 주요자재를 전부 · 일부 부담하고 가공하여 공급하면 '재화의 공급'에 해당한다. 이 경우 거래 상 대방으로부터 인도받은 재화의 가액은 과세표준에 포함하지 않는다.

1) 건설업은 용역의 공급으로 의제
2) 제조 · 가공업자가 상대방으로부터 인도받은 재화에 주요자재를 전혀 부담하지 않고 단순히 가공만 해 주는 것

3) 산업상 · 상업상 · 과학상 지식, 경험, 숙련에 관한 정보를 제공하는 것
4) 부동산업 · 임대업 (전 · 답 · 과수원 · 임야 · 염전임대업 및 공익사업 관련 지역권 · 지상권 설정 및 대여사업 제외)

(3) 용역의 공급으로 보지 않는 경우 : 용역의 무상공급, 자가공급

• 사업자가 특수관계인에게 사업용 부동산의 임대용역을 무상으로 공급하는 경우에는 시가를 과세표준으로 하여 과세된다.

5. 재화의 수입

(1) 수입

1) 외국으로부터 우리나라에 들어온 물품
2) 수출신고 후 선적이 완료된 물품이 국내로 다시 반입되는 것

• 수출하는 재화의 공급시기는 '선적일'이므로 선적이 완료된 물품은 영세율이 적용되어 우리나라 부가가치세 부담이 제거된 상태로서 외국 물품으로 취급되는 것이다.

(2) 수입시 부가가치세 징수

외국에 있는 공급자를 대신하여 세관장이 부가가치세를 거래징수하고 수입세금계산서를 발급

6. 부수재화와 부수용역

• 패키지(package)화된 재화 · 용역의 공급이 증가하는 현실을 반영하여 주된 부분에 따라 부수된 부분 늘 일치시켜 과세당국과 납세의무자의 효율성을 제고하려는 데 그 취지가 있다.

• 이것은 해당 대가가 주된거래인 재화 · 용역의 공급대가에 일반적으로 포함되어 공급되거나 거래의 관행상 주된 거래의 재화 · 용역의 공급에 부수하여 공급되는 것으로 보는 재화 · 용역을 말한다.

(1) 주된 거래에 부수되어 공급되는 재화와 용역

1) 독립된 거래가 아니며 주된 거래에 포함
2) 주된 거래에 따라 과세 · 면세 여부 판단
   주된 재화 · 용역이 과세대상이면 부수재화 · 용역도 과세대상
3) 적용 예
   ① 연습용 CD를 포함한 컴퓨터 책을 공급
      주된 재화인 책이 면세이므로 CD도 면세
   ② 컴퓨터 소프트웨어와 함께 매뉴얼 공급
      주된 재화인 컴퓨터 소프트웨어가 과세이므로 매뉴얼도 과세

(2) 주된 사업에 부수되어 공급되는 재화와 용역

1) 독립된 거래
2) 주된 사업에 따라 과세 · 면세 여부 판단
3) 적용 예
   ① 은행에서 건물을 일시적으로 공급
      은행은 면세사업자이므로 일시적으로 공급한 건물은 주된 사업

• 과세사업자가 일시적으로 토지를 공급한 경우에는 면세된다. 면세대상 재화는 누가 공급하더 라도 면세된다는 점에 주의한다.

에 따라 면세

② 참치 통조림 제조업체가 참치알을 공급
참치알은 부산물로서 주된 사업에 따라 판단하므로 통조림 제조업이 과세이므로 과세

전산회계 1급

05 연습문제

제5장 부가가치세의 과세대상거래

01 다음 중 부가가치세 과세대상 거래에 해당하지 않는 것은?

① 사업자가 행하는 재화의 공급
② 사업자가 행하는 용역의 공급
③ 재화의 수입
④ 용역의 수입

정답 ④

02 다음 중 부가가치세 과세대상에 해당하는 것을 모두 고른 것은?

가. 상품을 국외로부터 수입하는 경우
나. 제품을 판매목적으로 수출하는 경우
다. 차량을 양도담보 목적으로 제공하는 경우
라. 사업용 기계장치를 매각하는 경우

① 나, 다, 라　　② 가, 나, 다
③ 가, 나, 라　　④ 가, 다, 라

정답 ③

가. 소비지국 과세원칙에 따라 재화의 수입에 대하여 과세한다.
나. 영세율이 적용된다.
다. 양도담보는 채권 담보 목적일 뿐 소유권이 이전되는 것은 아니다.

03 다음 중 부가가치세법상 재화의 공급으로 간주되어 과세대상이 되는 항목은? 모두 매입세액 공제를 받았다.

① 직장 연예 및 직장 문화와 관련된 재화를 제공하는 경우
② 사업을 위해 착용하는 작업복 · 작업모 및 작업화를 제공하는 경우
③ 사용인 1인당 연간 10만원 이내의 경조사와 관련된 재화 제공
④ 사업자가 자기생산 · 취득 재화를 자기의 고객이나 불특정 다수에게 증여하는 경우

정답 ④

04 다음 중 부가가치세법상 용역의 공급에 해당하지 않는 것은?

① 건설업의 경우 건설업자가 건설자재의 전부 또는 일부를 부담하는 것
② 부동산의 매매 또는 그 중개를 사업 목적으로 나타내어 부동산을 판매하는 것
③ 산업상 · 상업상 또는 과학상의 지식 · 경험 또는 숙련에 관한 정보를 제공하는 것
④ 자기가 주요자재를 전혀 부담하지 아니하고 상대방으로부터 인도받은 재화를 단순히 가공만 해주는 것

정답 ②

건설업의 경우에는 무조건 용역의 공급으로 본다.

05 부가가치세법상 재화의 공급으로 보지 아니하는 거래를 모두 고른 것은?

A. 저당권 등 담보 목적으로 부동산을 제공하는 것
B. 사업장별로 그 사업에 관한 모든 권리와 의무를 포괄적으로 승계시키는 사업의 양도
C. 매매계약에 의한 재화의 인도
D. 폐업시 잔존재화 (해당 재화의 매입 당시 매입세액 공제 받음)
E. 상속세를 물납하기 위해 부동산을 제공하는 것

① A, D
② B, C, E
③ A, B, E
④ A, B, D, E

정답 ③

Chapter 6

재화와 용역의 공급시기 및 공급장소

Guide

제 6 장 공급시기는 과세기간, 신고 · 납부, 세금계산서 발급, 과세표준과 관련되는 부분이다. 세금계산서 발급과 관련하여 선발급과 후발급에 대한 내용도 중요하다.

1. 재화의 공급시기

(1) 일반적 기준

1) 재화의 이동이 필요한 경우 (일반적인 상품 · 제품)
 재화가 인도되는 때

2) 재화의 이동이 필요하지 않은 경우 (부동산 · 무체물)
 재화가 이용가능하게 되는 때

3) 그 외의 경우 : 재화의 공급이 확정되는 때

(2) 거래형태별 공급시기

1) 현금 · 외상판매, 단기할부판매
 당해 재화가 인도되거나 이용가능하게 되는 때

2) 장기할부판매 : 대가의 각 부분을 받기로 한 때

3) 반환 · 동의 기타 조건부 · 기한부판매
 그 조건이 성취되거나 기한이 경과되어 판매가 확정되는 때

4) 완성도기준지급 · 중간지급조건부판매 및 계속적 공급
 대가의 각 부분을 받기로 한 때

5) 자가공급 · 개인적공급 : 당해 재화가 사용 · 소비되는 때

6) 판매목적 타사업장 반출 : 재화를 반출한 때

7) 사업상 증여 : 재화를 증여하는 때

8) 폐업시 잔존재화 : 폐업하는 때

9) 무인판매기에 의한 판매 : 현금을 인취하는 때

- 장기할부판매 : 대가를 2회 이상 분할하여 지급하고 최종 부불금 지급기일까지 1년 이상인 것
- 장기할부판매는 대금지급 방법에 불과하므로 법인세법과 소득세법에서는 '인도하는 때'를 수입 시기로 본다. 그러나, 부가가치세는 대금회수기간이 장기이므로 공급자의 자금문제가 심화 되므 로 '대가의 각 부분을 받기로 한 때'로 한다.
- 완성도기준지급
 완성된 정도에 따라 대금을 지급하는 것
- 중간지급조건부
 계약금 · 중도금 · 잔급을 지급받고 인도하는 경우로서 계약금 지급 약정일의 다음 날부터 인도 일까지의 기간이 6개월 이상인 경우

10) 수출재화

선적일, 내국신용장에 의해 공급하는 재화는 재화의 인도일

11) 위탁판매 : 수탁자 · 대리인의 공급시기를 위탁자의 공급시기로 함

2. 용역의 공급시기

(1) 일반적 기준

역무가 제공되거나 재화 · 시설물 또는 권리가 사용되는 때

(2) 거래형태별 공급시기

1) 통상적인 용역공급 : 역무의 제공이 완료되는 때

2) 완성도기준지급 · 중간지급 · 장기할부 및 기타 조건부 용역공급
대가의 각 부분을 받기로 한 때

3) 그 외의 경우 : 역무의 제공이 완료되고 그 공급가액이 확정되는 때

4) 부동산 임대용역

① 임대료를 받기로 한 날

② 간주임대료 및 둘 이상의 과세기간에 걸쳐 부동산 임대용역을 공급하고 그 대가를 선불 · 후불로 받는 경우
예정신고기간 또는 과세기간의 종료일

3. 세금계산서 발급과 공급시기

(1) 원칙 : 재화 · 용역의 공급시기를 작성일자로 하여 세금계산서 발급

(2) 공급시기 전 세금계산서를 발급

1) 원칙 : 금지

2) 예외 : 선발급 - 세금계산서의 발급시점이 공급시기

① 공급시기 이전에 대가의 전부 또는 일부를 지급받고 이와 동시에 지급받은 대가에 대하여 세금계산서를 발급하는 것
대가를 먼저 지급받고 공급시기가 되기 전의 다른 과세기간에 세금계산서를 발급하는 경우도 포함

② 공급시기 이전에 세금계산서를 발급하고 7일 이내에 대가를 지급받는 경우도 가능

• 대가의 지급 없이 세금계산서를 미리 발급받아 매입세액을 부당하게 환급받는 것을 방지하기 위 해 원칙적으로 선발급을 금지한다.

③ 다음의 요건을 충족할 경우 7일 이후에 대가를 지급받는 경우도 가능
- 계약서 등에 대금청구시기와 지급시기를 따로 적고
- 그 사이의 기간이 30일 이내인 경우
- 세금계산서 발급일이 속하는 과세기간(공급받는 자가 조기환급을 받은 경우 발급 일부터 30일 이내)에 공급시기가 도래하는 경우

④ 세금계산서 발급 후 동일한 과세기간 이내에 대가를 지급받는 경우
단, 조기환급을 받기 위해서는 30일 이내에 대가를 지급받아야 함

(3) 공급시기 후 세금계산서를 발급

1) 공급자
① 공급시기가 속하는 과세기간의 확정신고기한까지 발급한 경우 가산세 : 공급가액의 1%
② 공급시기가 속하는 과세기간의 확정신고기한이 지난 후 발급한 경우 가산세 : 공급가액의 2%

2) 공급받는 자
① 공급시기가 속하는 과세기간의 확정신고기한까지 발급받은 경우 매입세액 공제 + 가산세 (공급가액의 0.5%)
② 공급시기가 속하는 과세기간의 확정신고기한이 지난 후 발급받은 경우 매입세액 불공제

- 이 경우에는 매입세액 불공제 자체가 불이익이므로 가산세를 부과할 필요가 없다.
- 참고 : 다음의 경우에도 예외적으로 매입세액공제가 허용된다.
  1. 공급시기 이후 세금계산서를 발급받았으나 실제 공급시기가 속하는 과세기간의 확정신고기 한 다음날부터 1년 이내에 발급받은 것으로서 수정신고 · 경정청구하거나 거래사실을 확인 하여 결정 · 경정하는 경우
  2. 공급시기 이전에 세금계산서를 발급받았으나 실제 공급시기가 6개월 이내에 도래하고 거래 사실을 확인하여 결정 · 경정하는 경우

4. 재화 · 용역의 공급장소

(1) 의의

1) 재화 · 용역의 공급이 국내 거래인가, 국외 거래인가 판단하는 기준
2) 국외거래에 대해서는 우리나라의 과세권이 미치지 않음
3) 따라서, 공급장소는 우리나라의 과세권이 미치는지 여부를 판단하는 장소적 기준

(2) 재화의 공급

1) 재화의 이동이 필요한 경우 : 재화의 이동이 개시되는 장소
2) 재화의 이동이 필요하지 않은 경우
   재화의 공급시기에 재화가 소재하는 장소

(3) 용역의 공급

1) 역무가 제공되거나 재화 · 시설물 또는 권리가 사용되는 장소
2) 국내외에 걸쳐 용역이 제공되는 국제운송인 경우에 사업자가 비거주자 또는 외국법인인 경우
   여객이 탑승하거나 화물이 적재되는 장소
3) 전자적 용역의 경우
   용역을 공급받는 자의 사업장 소재지 · 주소지 · 거소지

전산회계 1급

06 연습문제

제6장 재화와 용역의 공급시기 및 공급장소

01 다음 중 부가가치세법상 재화의 공급시기가 잘못 연결된 것은?

① 외국으로 직수출하는 경우 : 선적일 또는 기적일
② 무인판매기를 이용하여 재화를 공급하는 경우 : 현금을 투입한 때
③ 장기할부판매의 경우 : 대가의 각 부분을 받기로 한 때
④ 폐업할 때 자기생산 · 취득 재화 중 남아 있는 재화 : 폐업일

정답 ②

현금을 인취한 때

02 다음 중 재화의 공급시기로 옳지 않은 것은?

① 현금판매, 외상판매 : 재화가 인도되거나 이용 가능하게 되는 때
② 내국물품의 외국반출 및 중계무역방식의 수출 : 수출재화의 선(기)적일
③ 재화의 공급으로 보는 가공의 경우 : 가공이 완료된 때
④ 반환조건부 · 동의조건부, 그 밖의 조건부 판매 : 그 조건이 성취되거나 기한이 지나 판매가 확정되는 때

정답 ③

가공된 재화를 인도하는 때

Chapter 7

영세율과 면세

Guide

제 7 장 영세율과 면세는 직접적인 비교대상으로서 모든 시험에서 언제든지 출제될 수 있는 부분으로 대단히 중요한 내용이다. 그 체계를 완전히 이해한 후 완벽히 기억해야 한다.

1. 영세율

(1) 의의

1) 과세사업자의 재화와 용역의 공급에 '0'의 세율을 적용
2) 전단계세액공제법에서 매출세액은 '0'이고 매입세액은 공제되어 환급
3) 이전 단계에서 과세된 효과가 전부 제거되어 최종소비자는 부가가치세 부담이 없는 소비가 가능
4) 완전면세제도

• 국제 교역에서 생산지국(수출국)이 과세하면 간접세율이 낮은 나라에서 생산된 재화가 가격경쟁상 유리해지는 문제점이 생긴다.

(2) 적용취지 : 소비지국과세원칙 구현

국제 교역에서 국가간 이중과세를 조정하기 위해 수출품에 대해 영세율을 적용하고 수입하는 재화에 세관장이 국외의 공급자를 대신하여 수입자로부터 거래징수

(3) 적용대상 사업자

1) 과세사업자, 면세사업자는 면세를 포기해야 영세율 적용 가능
2) 내국법인 · 거주자에 한해 적용
외국법인 · 비거주자의 경우에는 상호면세주의 적용

• 상호면세
그 외국에서 우리나라의 거주자 또는 내국법인에게 동일한 면세를 하는 경우에 한하여 영세율을 적용한다.

(4) 적용대상 거래

1) 수출하는 재화

① 내국물품의 국외 반출, 공해상에서 채포된 수산물을 외국으로 반출하는 것

* 대행위탁수출의 경우 수출품 생산업자에게 영세율 적용, 무역업자의 수출대행수수료는 국내 용역공급에 대한 대가이므로 10%를 적용하여 과세한다.

② 외국인도수출, 중계무역수출, 위탁판매수출, 위탁가공무역수출

③ 내국신용장 · 구매확인서에 의해 공급하는 경우

영세율세금계산서를 발급해야 함

2) 국외에서 제공하는 용역

3) 선박 · 항공기의 외국항행용역

4) 기타 외화획득사업 : 외화획득에 기여하는 사업

- 내국신용장 · 구매확인서
  수출에 필요한 제품 등을 국내에서 조달하기 위해 원신용장을 근거로 개설하는 것을 내국신용장 이라 하고, 외국환은행장이 이에 준하여 발급한 것을 구매확인서라 한다.
- 공급일이 속하는 과세기간 말부터 25일 이내 내국신용장 등이 개설되는 경우에 영세율을 적용한다.
- 제1차 내국신용장 뿐만 아니라 제2차, 제3차 내국신용장도 포함되며 일단 내국신용장 등에 의해 공급된 후에는 그 재화를 수출 용도에 사용했는지는 불문하고 영세율을 적용한다.

(5) 세금계산서

1) 발급

내국신용장 · 구매확인서에 의해 공급하는 경우, 수출재화임가공용역

2) 발급의무 면제

직수출 재화, 국외에서 제공하는 용역, 항공기의 외국항행용역 등

- 국외에서 제공하는 용역의 경우에는 국외거래이지만 그 용역과 관련하여 국내에서 부담한 매입 세액을 환급하기 위해 영세율을 적용한다.

(6) 영세율 첨부서류

수출실적명세서 등의 필수 첨부서류를 제출하지 않은 경우 영세율을 적용하되 영세율 과세표준 신고불성실가산세(과세표준의 0.5%) 적용

2. 면 세

(1) 의의

1) 부가가치세의 납세의무가 면제되는 것

2) 면세사업자는 거래징수 의무가 없으므로 매출세액은 없고 매입세액은 공제되지 않음

3) 따라서, 환급받을 수 없으며 면세사업자가 부담한 매입세액은 가격에 포함하여 다음 거래 상대방에게 전가하므로 이전 단계에서 과세된 효과가 전부 제거되지 않음

4) 부분면세제도

- 면세사업자는 부가가치세법상의 사업자가 아니므로 부가가치세법상의 사업자등록, 세금계산서 발급, 과세표준의 신고 등의 의무는 없다.

(2) 적용취지 : 부가가치세의 역진성 완화

- 역진성
  부가가치세는 일반소비세이므로 모든 재화 · 용역에 10%로 과세되므로 소득금액 대비 VAT부담 비율은 저소득층 소비자에게 높게 나타난다.

기초 생활필수품 · 국민후생용역 등과 관련하여 최종소비자의 세부담 경감을 위해 운용

(3) 면세 적용대상

1) 기초생활필수품

① 미가공식료품

② 우리나라에서 생산된 미가공 비식용 농 · 축 · 수 · 임산물

③ 수돗물, 연탄 · 무연탄

④ 여객운송용역
단, 택시, 우등고속버스(일반고속버스는 면세), 고속철도, 항공기, 케이블카 등은 과세

⑤ 여성 생리처리용 위생용품, 영유아용 기저귀와 분유 · 액상형 분유

- ①의 미가공은 성질의 변화가 없는 것, ②의 미가공은 성질과 모양의 변화가 없는 것이다.
- 된장, 고추장 등의 단순가공식품은 규격단위로 포장하여 공급하는 경우에만 과세된다.
- 유연탄 · 갈탄 · 착화탄 · 숯은 과세

2) 의료보건용역과 혈액

① 의료법에 따른 의료기관이 제공하는 용역 (조산원 포함)
단, 미용목적의 성형수술은 과세

② 약사가 제공하는 의약품의 조제용역

- 쌍꺼풀수술, 코 성형수술, 유방확대 · 축소술 등 유방암수술에 따른 유방 재건술은 면세 적용

3) 교육 · 문화 · 종교관련 재화 · 용역

① 정부의 인 · 허가를 받은 교육용역 (무도학원 · 운전학원은 과세)

② 도서 · 신문 · 잡지 (광고는 과세) 및 도서대여용역

③ 비영리 예술 · 문화행사 및 비직업 운동경기 · 예술창작품

④ 도서관 · 과학관 · 박물관 · 동물원 · 식물원 등에 입장

- 오락시설과 함께 있는 동물원 · 식물원은 과세 (에버랜드, 서울랜드 등)

4) 부가가치 생산요소
금융 · 보험용역, 토지 공급, 법소정 인적용역

5) 기타

① 주택과 부수토지의 임대용역

② 국민주택과 당해 주택의 건설용역(국민주택 리모델링용역 포함)

③ 우표 · 인지 · 복권 등

④ 공동주택 어린이집의 임대용역

⑤ 공익단체가 공급하는 법 소정 재화 · 용역

⑥ 국가 · 지방자치단체 · 지방자치단체조합이 공급하는 재화 · 용역

⑦ 국가 · 지방자치단체 · 공익단체에 무상으로 공급하는 재화 · 용역

- 주택 임대에 대하여 면세하는 것은 서민에게는 생활필수 용역이고 주거관련 비용이 크므로 소득의 재배분 측면을 고려한 것이다.
- 수집용 우표는 과세

부동산의 공급 (재화의 공급)	부동산의 임대(용역의 공급)
토지의 공급 : 면세	토지의 임대 : 과세 (전 · 답 등 및 주택부수토지 임대는 면세)
건물의 공급 : 과세 (국민주택의 공급은 면세)	건물의 임대 : 과세 (주택임대는 면세)

(4) 면세포기

1) 면세는 최종소비자의 세부담 경감이 적용 취지이므로 면세포기대상은 한정
2) 포기 대상
   ① 영세율 적용대상 재화 · 용역
   ② 학술 · 기술의 연구와 발표를 주된 목적으로 하는 단체가 학술 · 기술 연구와 관련하여 실비 또는 무상으로 공급하는 재화 · 용역
3) 시기의 제한 없이 언제든지 포기가능, 면세포기 후 3년간은 면세적용 불가

- 면세 포기에 대한 세무서장의 승인은 필요하지 않다.
- 일부 재화는 수출하고 일부 재화는 국내에 공급할 경우 수출하는 재화에 대하여만 면세포기의 효력이 있다. 즉, 면세포기대상을 구분하여 포기할 수 있다.

3. 영세율과 면세의 비교

구 분	영세율	면 세
적용 취지	소비지국 과세원칙 구현	역진성 완화
적용 대상	수출 등 외화획득 거래	생활필수품 등
제도의 성격	완전면세제도	불완전면세제도
납부세액 계산 구조	매출세액 '0' − 매입세액 ∴ 전액 환급	거래징수 의무 없음 매입세액 공제 안됨
사업자등록 의무	○	×*
세금계산서 발급	○	×*
신고납부의무	○	×
매출처별세금계산서 합계표 제출	○	×
매입처별세금계산서 합계표 제출	○	○

- 면세사업자는 법인세법 · 소득세법상 사업자등록을 하며, 계산서를 발급하며 대리납부 의무를 진다.

전산회계 1급

07 연습문제

제7장 영세율과 면세

01 다음 중 부가가치세법상 면세에 해당하지 않는 것은?

① 택시에 의한 여객운송용역
② 도서대여 용역
③ 미술관에의 입장
④ 식용으로 제공되는 임산물

정답 ①

02 다음 중 면세대상에 해당하는 것으로만 짝지어진 것은?

A. 금융보험 · 용역	B. 도서 · 신문	C. 가공식료품
D. 전세버스 운송용역	E. 토지의 공급	F. 연탄 및 무연탄

① A, B, D, E　　② A, B, C, F
③ A, B, E, F　　④ B, D, E, F

정답 ③

03 다음 중 부가가치세법상 면세되는 재화 또는 용역은?

① 광고 용역
② 인 · 허가받은 교육용역 (무도학원과 자동차운전학원은 제외)
③ 일반 의약품 판매
④ 항공기에 의한 여객운송용역

정답 ②

04 다음 중 부가가치세 영세율과 관련한 설명으로 틀린 것은?

① 영세율은 수출하는 재화 뿐만 아니라 국외에서 공급하는 용역에도 적용된다.
② 영세율이 적용되는 경우에는 항상 세금계산서 발급 의무가 면제된다.
③ 영세율이 적용되는 사업자는 부가가치세법상 과세사업자이어야 한다.
④ 영세율이 적용되는 사업자는 부가가치세법상 사업자로서의 제반의무를 이행해야 한다.

정답 ②

내국신용장 · 구매확인서에 의해 재화를 공급하는 경우에는 영세율 세금계산서를 발급하여야 한다.

05 다음 중 부가가치세 영세율과 관련된 설명 중 틀린 것은?

① 영세율은 세부담의 역진성을 완화하기 위한 제도이다.
② 수출하는 재화는 영세율이 적용된다.
③ 직수출하는 재화의 경우에는 세금계산서 발급의무가 면제된다.
④ 국외에서 공급하는 용역의 공급에 대하여는 영세율이 적용된다.

정답 ①

영세율은 소비지국 과세원칙을 구현에 그 취지가 있고, 면세는 세부담의 역진성을 완화하기 위한 제도이다.

06 다음 중 그 공급이 부가가치세 면세대상에 해당하지 않는 것은?

① 토지　② 복권
③ 신문광고　④ 수돗물

정답 ③

07 다음은 부가가치세법상 면세포기와 관련된 설명이다. 맞게 설명한 것은?

① 면세포기는 관할 세무서장의 승인을 얻어야 한다.

② 면세사업자는 면세포기 신고일로부터 3년간은 부가가치세를 면제받지 못한다.

③ 면세사업자는 모든 재화 · 용역에 대하여 면세포기가 가능하다.

④ 면세사업자가 면세를 포기해도 매입세액공제가 불가능하다.

정답 ②

① 면세포기는 승인을 요하지 않으며 언제든지 가능하다.
③ 면세는 소비자를 위한 것이므로 포기 대상에 대하여만 포기 가능하다.

08 다음 중 부가가치세 면세대상이 아닌 것은?

① 항공기에 의한 여객운송 용역

② 도서, 신문, 잡지, 관보

③ 연탄과 무연탄

④ 우표, 인지, 증지, 복권

정답 ①

Chapter 8

과세표준과 매출세액의 계산

Guide

제 8 장에서는 과세표준을 공급시기와 함께 연관 지어 정리하고, 대손세액공제의 필요성에 대하여 정리하도록 한다.

① 신 고 내 용

구 분				금 액	세율	세액
과세 표준 및 매출 세액	과 세	세 금 계 산 서 발 급 분	(1)		10/100	
		매 입 자 발 행 세 금 계 산 서	(2)		10/100	
		신 용 카 드 · 현 금 영 수 증 발행분	(3)		10/100	
		기 타 (정 규 영 수 증 외 매 출 분)	(4)		10/100	
	영세율	세 금 계 산 서 발 급 분	(5)		0/100	
		기 타	(6)		0/100	
	예 정 신 고 누 락 분		(7)			
	대 손 세 액 가 감		(8)			
	합 계		(9)		㉮	

1. 과세표준의 범위

• 일반과세자의 과세표준은 공급가액으로서 부가가치세를 제외한 금액으로 하되 대가에 부가가치세 포함 여부가 분명하지 않으면 포함된 것으로 보고 거래금액에 110분의 100을 곱한 금액을 과세표준으로 한다.

(1) 금전으로 대가를 받는 경우 : 그 대가

1) 외상판매 및 할부판매의 경우 : 공급한 재화의 총가액
2) 장기할부판매 · 완성도기준지급 · 중간지급조건부 및 계속적으로 재화 · 용역을 공급하는 경우 : 계약에 따라 받기로 한 대가의 각 부분
3) 대가의 일부로 받는 운송보험료, 산재보험료, 운송비, 포장비, 하역비

(2) 금전 이외의 대가를 받는 경우 : 다음의 순서로 적용

1) 공급한 재화 · 용역의 시가 → 공급받은 재화 · 용역의 시가 → 시가평가액
2) 시가평가액
   법인세법 · 소득세법상의 부당행위계산 부인 규정에 따른 가격을 뜻한다.

(3) 특수관계인에게 저가 공급하거나 무상 공급한 경우

자기가 공급한 재화의 시가

구 분	저가공급	무상공급
재 화	시 가	시 가
용 역	시 가	과세 제외 단, 특수관계인에게 부동산임대용역을 무상 제공한 경우 : 시가

(4) 폐업시 잔존재화

시가, 감가상각대상 자산은 간주시가

- 매출환입, 매출에누리
  그 사유가 발생한 날이 속하는 예정신고기간 또는 과세기간의 과세표준에서 공제한다.
- 재화의 이동이 필요한 경우의 공급시기는 거래상대방에게 인도되는 때이다.
  따라서, 공급시기가 도래하기 전에 자기소유의 재화가 감소된 것이므로 과세표준에서 제외한다.
- 사업자가 봉사료를 자기의 수입금액에 계상하는 경우에는 과세표준에 포함한다.
- 판매장려물품 지급시 사업상 증여에 해당하므로 시가를 과세표준에 포함한다.
  甲법인이 상품을 10,000원에 판매하고 판매장려금 100원과 판매장려 물품 200원을 지급했다면 과 세표준은 10,200원이 된다.
- 관세의 과세가격은 거래가격이다. 이는 수입물품의 대가로서 구매자가 판매자에게 지급했거나 지급 해야 할 총금액을 의미하며, 관세는 자산의 취득에 관련된 조세이다.
- 선적일(7월 1일)의 기준환율은 1,000원/$이고, 6월 1일 선수금 중 $10는 11,000원에 환가하고 $10 는 계속 보유하였으며 8월 1일 잔금 $20를 수령한 경우 과세표준 11,000원 + $30 × 1,000원/$ = 41,000원

2. 과세표준에 포함하지 않는 금액

(1) 매출에누리 및 환입 · 매출할인
(2) 공급받는 자에게 도달하기 전에 파손 · 훼손 · 멸실된 재화의 가액
(3) 재화 · 용역의 공급과 직접 관련되지 아니하는 국고보조금 · 공공보조금
(4) 공급대가의 지급지연으로 인하여 받는 연체이자
(5) 종업원의 봉사료를 세금계산서 등에 대가와 구분 기재하고 지급사실이 확인되는 경우

3. 과세표준에서 공제하지 않는 금액 : 과세표준에 포함하는 것

대손금, 판매장려금 지급액, (공급받는 자에게 보관시키는) 하자보증금

4. 재화의 수입에 대한 과세표준

관세의 과세가격 + 관세 + 개별소비세 + 교통 · 에너지 · 환경세 + 주세 + 교육세 · 농어촌특별세

5. 대가를 외국통화 또는 외국환으로 받은 경우의 과세표준

(1) 공급시기 도래 전에 원화로 환가한 경우 : 그 환가한 금액
(2) 공급시기 이후에 외국통화나 외국환의 상태로 보유하거나 지급받은 경우 공급시기의 『외국환거래법』에 따른 기준환율 또는 재정환율에 의하여 환산한 금액

6. 과세표준계산 특례

(1) 간주공급

1) 자가공급 · 개인적공급 · 사업상증여 · 폐업시 잔존재화

① 시가

② 감가상각대상 자산은 간주시가

취득가액 × (1 − 감가상각률 × 경과된 과세기간 수)

* 1. 감가상각률
건물 · 구축물 : 5%, 20 과세기간 한도
기타자산 : 25%, 4 과세기간 한도
2. 경과된 과세기간 수
과세기간 중에 자산을 취득하거나 간주 공급한 경우에는 과세기간 개시일에 취득하거나 간주 공급한 것으로 보고 계산한다.

2) 판매목적 타사업장 반출

① 취득가액 또는 (취득가액 + 일정액)

② 일정액

해당 재화가 개별소비세, 주세 등이 부과되는 재화인 경우 해당 개별소비세, 주세 등

(2) 부동산임대용역을 공급하는 경우 : 임대료 + 간주임대료 + 관리비

1) 임대료

과세기간에 수입할 임대료, 선불 또는 후불로 받는 경우에는 월수로 안분계산한 금액

2) 간주임대료

$$\text{당해 과세기간의 전세금·보증금} \times \text{정기예금이자율} \times \frac{\text{과세대상기간 일수}}{365}$$

3) 관리비

• 간주시가
감가상각대상인 자산은 중고재화로서 중고시장이 활성화되기 어려우므로 감가상각을 고려하여 계산한 금액을 시가로 본다.

• 간주임대료는 계산상의 금액이므로 세금계산서 발급 대상은 아니다.

7. 대손세액공제

(1) 사업자가 외상으로 재화 · 용역을 공급한 후 부가가치세가 포함된 매출채권 · 미수금을 회수하지 못한 경우 회수할 수 없는 채권에 대한 부가가치세를 대손이 확정된 과세기간의 매출세액에서 차감하여 사업자의 자금부담을 완화

(2) 대손요건 : 『법인세법』 『소득세법』과 동일
① 파산 · 사망 · 소멸시효 완성
② 부도 발생일부터 6개월 이상 경과된 어음 · 수표
③ 소액채권 등

• 2024년 1월 27일이 공급일이라면 2034년 7월 25일까지 대손이 확정되어야 한다.

(3) 대손확정기한
공급일로부터 10년이 경과된 날이 속하는 과세기간에 대한 확정신고기한까지 대손요건이 확정되는 경우 적용 가능

(4) 대손세액

대손금액(부가가치세를 포함한 금액)의 $\frac{10}{110}$

• 예정신고기간에 대손이 확정된 경우에도 확정신고시에 적용한다.

(5) 공제시기 : 대손이 확정된 날이 속하는 과세기간의 확정신고시에 적용

(6) 대응 조정

구 분	공급자	공급을 받는 자
대손이 확정된 날이 속하는 과세기간	매출세액에서 차감	매입세액에서 차감
대손이 변제된 날이 속하는 과세기간	매출세액에 가산	매입세액에 가산

전산회계 1급

08 연습문제

제8장 과세표준과 매출세액의 계산

01 부가가치세 과세사업을 영위하던 사업자가 폐업할 때 다음과 같은 남아 있는 재화의 부가가치세 과세표준은 얼마인가? 단, 매입 당시 매입세액 공제를 받았음

상품 : 취득가액 20,000,000원	시가 15,000,000원
토지 : 취득가액 25,000,000원	시가 10,000,000원

① 15,000,000원　② 20,000,000원
③ 25,000,000원　④ 10,000,000원

정답 ①

토지는 면세이고 폐업시 잔존재화의 과세표준은 시가이다.

02 다음 자료를 이용하여 부가가치세 과세표준을 계산하면 얼마인가?

항목	금액	항목	금액
• 매출액	50,000,000원	• 대손금	1,000,000원
• 판매장려금	3,000,000원	• 매출에누리	2,000,000원

① 43,000,000원　② 48,000,000원
③ 49,000,000원　④ 50,000,000원

정답 ②

매출에누리는 매출액에서 차감하고, 대손금과 판매장려금은 과세표준에서 공제하지 않는다.

03 다음 부가가치세의 과세표준에 대한 설명 중 가장 거리가 먼 것은?

① 재화의 수입에 대한 과세표준에는 그 재화에 대한 관세도 포함된다.
② 재화를 공급받는 자에게 지급하는 장려금이나 대손금액은 과세표준에서 공제한다.
③ 용역의 공급에 대하여 부당하게 낮은 대가를 받는 경우, 자기가 공급한 용역의 시가를 공급가액으로 본다.
④ 금전 이외의 대가를 받는 경우, 자기가 공급한 재화 또는 용역의 시가를 과세표준으로 한다.

정답 ①

장려금 지급액과 대손금은 과세표준에서 공제하지 않는다.

• 중간지급조건부
계약금, 중도금, 잔금을 지급받고 인도하는 경우로서 계약금 지급 약정일의 다음날부터 인도일까지의 기간이 6개월 이상인 경우를 말한다.
문제의 경우 계약금 지급일인 4월 15일의 다음 날부터 인도일인 11월 30일까지의 기간이 6개월 이상이므로 이에 해당한다.

04 과세사업자인 ㈜미래전자는 20×1년 당사 제품인 기계장치를 공급하는 계약을 아래와 같이 체결하였다. 이 거래와 관련하여 20×1년 1기 확정신고기간의 과세표준에 포함되어야 할 공급가액은 얼마인가?

• 총판매대금		35,000,000원 (부가가치세 별도)
• 4월 15일	계약금	20,000,000원 지급
• 5월 15일	1차 중도금	5,000,000원 지급
• 7월 15일	2차 중도금	5,000,000원 지급
• 11월 30일	잔 금	5,000,000원 지급하고 제품 인도

① 20,000,000원 ② 25,000,000원
③ 30,000,000원 ④ 35,000,000원

정답 ②

중간지급조건부의 공급시기는 대가의 각 부분을 받기로 한 때이고, 과세표준은 받기로 한 대가의 각 부분이다.
따라서, 계약금과 1차 중도금이 1기 확정 신고기간의 과세표준이 된다.

05 다음 중 재화의 공급에 대한 부가가치세 과세표준에 대한 설명 중 틀린 것은?

① 재화의 수입에 대한 부가가치세의 과세표준은 관세의 과세가격에 관세, 개별소비세 등도 포함한다.
② 금전 외의 대가를 받는 경우 : 자기가 공급한 재화 또는 용역의 시가
③ 폐업하는 경우 : 폐업시 남아 있는 재고자산의 장부가액(원가)
④ 사업자가 재화 또는 용역을 공급하고 그 대가로 받은 금액에 부가가치세가 포함되어있는지가 분명하지 아니한 경우에는 그 대가로 받은 금액에 110분의 100을 곱한 금액을 공급가액으로 한다.

정답 ③

폐업시 잔존재화의 과세표준은 시가로 한다.

06 다음 자료에 의해 부가가치세법상 일반 과세사업자의 부가가치세 매출세액을 계산하면 얼마인가?

총매출액	10,000,000원
- 일반 과세매출액	8,000,000원
- 영세율 매출액	2,000,000원
- 매출할인	1,000,000원 (전액 일반 과세매출과 관련됨)
- 외상으로 일반 과세매출한 금액 중 대손세액공제 120,000원 발생	

① 580,000원 ② 680,000원
③ 780,000원 ④ 880,000원

정답 ①

(8,000,000원 - 1,000,000원) × 10% - 120,000원 = 580,000원

07 다음 중 부가가치세법상 대손세액공제에 관한 설명 중 틀린 것은?

① 부가가치세가 과세되는 재화 · 용역의 공급과 관련된 채권이어야 한다.
② 부도발생일로부터 3개월 이상 지난 수표 · 어음 · 중소기업의 외상매출금은 대손세액 공제 대상이다.
③ 확정신고와 함께 대손금액이 발생한 사실을 증명하는 서류를 제출하여야 한다.
④ 대손이 확정되면 공급자는 대손이 확정된 날이 속하는 과세기간의 매출세액에서 대손세액을 차감한다.

정답 ②

부도발생일로부터 6개월 이상 지난 수표 · 어음 · 중소기업의 외상매출금이 대손세액공제 대상이다.

08 다음 자료에서 부가가치세법상 일반과세자의 부가가치세 과세표준은 얼마인가? 단, 다음 금액에는 부가가치세가 포함되어 있지 않다.

• 총매출액	5,000,000원
• 매출환입액	500,000원
• 총매입액	3,000,000원
• 판매장려금 지급액	200,000원

① 4,500,000원 ② 4,300,000원
③ 3,600,000원 ④ 1,700,000원

정답 ①

5,000,000 - 500,000원 = 4,500,000원

09 다음은 ㈜미래의 과세자료이다. 부가가치세 과세표준은 얼마인가?
단, 거래금액에는 부가가치세가 포함되어 있지 않다.

• 외상판매액	2,000,000원	
• 대표이사 개인 목적으로 사용한 제품	원가 80,000원	시가 120,000원
• 비영업용 소형승용차(2,000cc) 매각대금	100,000원	
• 화재로 인하여 소실된 제품	200,000원	

① 2,080,000원 ② 2,120,000원
③ 2,220,000원 ④ 2,380,000원

정답 ③

2,000,000원 + 120,000원(시가) + 100,000원 = 2,220,000원

10 다음 중 부가가치세 과세표준에 대한 설명으로 옳지 않은 것은?

① 대손금은 과세표준에서 공제하지 않는다.
② 공급에 대한 대가의 지급이 지체되었음을 이유로 받는 연체이자는 공급가액에 포함한다.
③ 금전 이외의 대가를 받는 경우 자기가 공급한 재화 · 용역의 시가를 과세표준으로 한다.
④ 외화로 대가를 받은 후 공급시기가 되기 전에 환가한 경우 환가한 금액을 과세표준으로 한다.

정답 ②

Chapter 9

매입세액의 계산

Guide

제 9 장에서는 매입세액불공제 대상에 대하여 그 취지와 함께 정리하고 기억하도록 한다.

매입세액	세금계산서 수취분	일반매입	(10)			
		수출기업 수입분 납부유예	(10-1)			
		고정자산매입	(11)			
	예정신고누락분		(12)			
	매입자발행세금계산서		(13)			
	그밖의공제매입세액		(14)			
	합계 (10)-(10-1)+(11)+(12)+(13)+(14)		(15)			
	공제받지못할매입세액		(16)			
	차감계 (15) - (16)		(17)		㉯	
납부(환급)세액(매출세액㉮ - 매입세액㉯)					㉰	

• 세금계산서 수취분(10, 10-1, 11)에는 공제 · 불공제 대상을 불문하고 세금계산서 수취분은 모두 반영된다. 따라서, 이 중 매입세액 불공제 대상은 16에 기재되어 차감되는 것이다.

1. 매입세액 공제액

(1) 세금계산서 수취분 : 매입세금계산서 및 수입세금계산서

(2) 신용카드매출전표상의 매입세액 : 신용카드매출전표 등 수취명세서 제출

(3) 매입자발행세금계산서에 의한 매입세액공제

• 일반과세자 또는 세금계산서를 발행할 수 있는 간이과세자가 발행한 신용카드매출전표 · 직불카드 영수증 · 기명식 선불카드영수증 · 현금영수증을 발급받아 확정신고기한 후 5년간 보관하고 신용카드매출전표 등 수취명세서를 제출해야 한다.

2. 매입세액 불공제

(1) 매입처별세금계산서합계표의 미제출, 부실 · 허위 기재 매입세액

(2) 세금계산서 미수취 또는 부실 · 허위 기재 매입세액

(3) 사업과 직접 관련이 없는 지출에 대한 매입세액

(4) 비영업용 소형승용차의 구입과 유지 및 임차비용에 관한 매입세액
단, 경차(배기량 1,000cc 이하, 길이 3.6m 이하, 폭 1.6m 이하)는 공제

(5) 접대비 관련 지출 매입세액

• 세법은 사업 관련성이 중요하다. 사업과 관련 없는 지출은 부가가치세에서는 매입세액이 불공제되 고, 법인세와 소득세에서는 비용으로 인정되지 않는다.

• 비영업용 소형승용차 관련 매입세액
업무용과 비업무용의 구분이 곤란하고 교통혼잡 등의 억제 목적에서 정책적으로 불공제한다.

(6) 면세사업 및 토지의 자본적 지출 관련 매입세액

부가가치세 면세대상인 재화 · 용역을 공급받으면서 과세대상으로 잘못 인지하여 세금계산서를 발급받은 경우 공급자가 납부세액을 모두 납부한 경우에는 공제 가능

(7) 사업자등록 전 매입세액

단, 공급시기가 속하는 과세기간이 끝난 후 20일 이내에 등록 신청한 경우 등록신청일부터 공급시기가 속하는 과세기간 개시일(1.1 또는 7.1)까지 역산한 기간 내의 매입세액은 공제

3. 매입세액의 공제시기

재화의 사용 · 소비여부, 세액의 지급여부와 관계없이 매입이 발생한 과세기간에 공제

전산회계 1급

09 연습문제

제9장 매입세액의 계산

01 부가가치세법상 다음의 매입세액 중 매출세액에서 공제되는 매입세액은?

① 접대비 관련 매입세액
② 토지 관련 매입세액
③ 면세사업 관련 매입세액
④ 과세사업용 화물차 구입 관련 매입세액

정답 ④

02 다음은 과세사업을 영위하는 ㈜미래에서 발생한 매입세액이다. 이 중 부가가치세법상 매입세액불공제 금액은 얼마인가?

A. 토지 취득시 발생한 중개수수료 매입세액	2,200,000원
B. 건물의 취득과 관련된 건물분 감정평가수수료 매입세액	5,500,000원
C. 과세사업에 사용하던 건물과 부속토지를 양도하면서 발생한 중개수수료 매입세액	3,000,000원

① 7,700,000원　② 2,200,000원
③ 8,500,000원　④ 5,200,000원

정답 ②

C는 공제대상이 되는 매입세액이다.

03 다음 자료에 의하면 일반 과세사업자인 ㈜미래의 부가가치세 납부세액은 얼마인가?

• 전자세금계산서 발급에 의한 제품매출액	7,000,000원 (부가가치세 별도)
• 신용카드에 의한 원재료 매입액 (매입세액 공제 가능)	2,750,000원 (공급대가)
• 세금계산서를 받고 구입한 거래처 선물 구입비	300,000원 (부가가치세 별도)

① 425,000원　② 435,000원
③ 444,000원　④ 450,000원

정답 ④

7,000,000원 × 10% - 250,000원) = 450,000원

Chapter 10

세금계산서

Guide

제 10 장에서는 공급시기와 관련하여 세금계산서의 발급시기와 특례를 중심으로 정리한다.

1. 증명서류의 종류

• 간이과세자도 세금계산서 발급을 원칙으로 한다. 다만, 간이과세자 중 신규사업자 및 직전 연도 공급대가 합계액이 4,800만원 미만인 사업자는 영수증을 발급할 수 있다.

과 세 사 업 자	일 반 과 세 자	세금계산서
	간 이 과 세 자	세금계산서, 영수증
면 세 사 업 자	사업자간의 거래분	계 산 서
	최종소비자 거래분	영 수 증
세 관 장		수입세금계산서

2. 세금계산서의 발급

(1) 세금계산서의 기능

1) 부가가치세의 전가와 매입세액 공제

2) 거래의 상호대사 → 과세자료의 양성화

3) 송장, 대금영수증 및 청구서

(2) 세금계산서의 발급시기

1) 원칙 : 공급시기

2) 선발급 : 그 발급시점이 공급시기

공급시기 도래 전에 대가의 전부 · 일부를 받고 그 받은 대가에 대하여 세금계산서를 발급하는 경우

3) 특례 : 일괄 발급

• 1. 16 ~ 2. 15 1역월이 아니다.

재화 · 용역의 공급일이 속하는 달의 다음달 10일까지 발급 가능

① 거래처별로 1역월의 공급가액을 합계하여 당해 월의 말일자를 작성일자로 하여 발급

1. 1 ~ 1. 31 거래분

1월 31일을 작성일자로 하여 2월 10일까지 발급

② 거래처별로 1역월 이내에서 사업자가 임의로 정한 기간의 공급가액을 합계하여 그 기간의 종료일자를 작성일자로 하여 발급

1. 1 ~ 1. 15 거래분

1월 15일을 작성일자로 하여 2월 10일까지 발급

③ 관계 증명서류 등에 따라 실제 거래사실이 확인되는 경우로서 해당 거래일을 작성일자로 하여 발급

전자세금계산서(공급받는자보관용)	승인번호	- -
	관리번호	

공급자					공급받는자				
	등록번호	- -	종사업장 번호			등록번호	- -	종사업장 번호	
	상호 (법인명)		성 명 (대표자)			상호 (법인명)		성 명 (대표자)	
	사업장 주소					사업장 주소			
	업 태	제조	종 목	보석가공		업 태	제조	종 목	유리

작성			공급가액											세액										수정사유
년	월	일	천	백	십	억	천	백	십	만	천	백	십	일	십	억	천	백	십	만	천	백	십	일

비고								
월	일	품 목	규격	수량	단가	공급가액	세 액	비 고

합계금액	현 금	수 표	어 음	외상미수금	이 금액을 영수함

(3) 세금계산서의 기재사항

1) 필요적 기재사항 : 정확히 기재하지 않으면 세금계산서 효력 상실

① 공급자의 등록번호 · 성명 · 명칭

② 공급받는 자의 등록번호

③ 공급가액과 부가가치세

④ 작성연월일

2) 임의적 기재사항 : 세금계산서의 효력에 영향이 없는 것

① 공급하는 자의 주소

② 공급받는 자의 상호 · 성명 · 주소

③ 품목, 단가 · 수량

④ 공급연월일 등

- 필요적 기재사항은 세금계산서의 굵은 선 안에 있는 내용이다.
- 필요적 기재사항 중 일부가 착오로 사실과 다르게 적혔으나 거래사실이 확인되는 경우에는 매입 세액공제가 허용된다.

(4) 위탁판매 등의 경우

1) 수탁자가 위탁자를 공급자로 하여 발급
2) 위탁자가 직접 인도하는 경우 수탁자의 등록번호를 부기

(5) 전자세금계산서

1) 발급대상자
   ① 법인사업자
   ② 직전 연도 사업장별 과세 공급가액과 면세 수입금액의 합계액이 1억원 (2024년 7월 1일 이후 8천만원) 이상인 개인사업자
2) 전자세금계산서를 발급한 경우 발급일의 다음날까지 발급명세를 국세청장에게 전송

- 개인은 요건을 충족한 경우 당해 연도 제2기부터 그 다음해 제1기까지 전자세금계산서 의무발급 대상이다.
- 전송기한 내에 전송하지 않으면 지연전송 또는 미전송 가산세가 부과된다.
- 전자세금계산서를 발급하면 세금계산서 보관의무와 세금계산서합계표 제출의무가 면제된다.

(6) 발급의무 면제

1) 택시, 노점, 행상, 무인판매기를 이용한 재화의 공급
2) 목욕 · 이발 · 미용업
3) 간주공급
   판매목적 타사업장 반출의 경우에는 발급하되 총괄납부 사업자 · 사업자단위과세제도가 적용되는 경우에는 발급하지 않음
4) 직수출 · 국외에서 제공하는 용역 및 선박 · 항공기의 외국항행용역
5) 간주임대료
6) 신용카드매출전표 등을 발급하는 경우

- 신용카드에 의한 대금결제가 일반화됨에 따라 세금계산서와 신용카드매출전표를 발급받아 이중 공제받는 것을 방지하기 위한 것이다.

(7) 수정세금계산서의 작성 · 발급

세금계산서를 발급한 후 기재사항에 오류 · 착오 또는 정정사유가 있는 경우 경정통지 전까지 발급

1) 처음 공급한 재화가 환입된 경우
2) 계약의 해제로 재화 또는 용역이 공급되지 아니한 경우
3) 계약의 해지 등에 따라 공급가액에 추가되거나 차감되는 금액이 발생한 경우
4) 재화나 용역을 공급한 후 공급시기가 속하는 과세기간 종료 후 25일 이내에 내국신용장이 개설되었거나 구매확인서가 발급된 경우
5) 필요적 기재사항 등이 착오 또는 착오 외의 사유로 잘못 적힌 경우
6) 착오로 전자세금계산서를 이중으로 발급한 경우
7) 면세 등 발급대상이 아닌 거래 등에 대하여 발급한 경우

8) 세율을 잘못 적용하여 발급한 경우

(8) 매입자발행세금계산서

공급자가 재화 · 용역의 공급시기에 세금계산서를 발급하지 않거나 부도 · 폐업 등으로 공급자가 수정세금계산서 발급이 어려운 경우 공급받은 자가 공급시기가 속하는 과세기간의 종료일부터 6개월 이내에 신청하여 관할 세무서장의 확인을 받아 발급

(9) 수입세금계산서 : 세관장이 수입시기에 거래징수하고 발급

3. 영수증

(1) 공급받는 자와 부가가치세가 별도로 기재되지 아니한 약식 계산서

(2) 종류

금전등록기 계산서, 신용카드매출전표, 직불카드 영수증, 승차권 · 입장권 등

(3) 발급의무자

1) 거래대상이 사업자가 아니라 소비자이고 거래가 소액으로 빈번한 경우
2) 다음의 사업을 하는 일반과세자와 간이과세자
   ① 소매업, 음식점업, 숙박업, 목욕 · 이발 · 미용업, 입장권 발행사업, 소비자에게 공급하는 사업 등
   ② 소매업, 음식점업, 숙박업 등은 공급받는 자가 요구하는 경우에는 세금계산서를 발급해야 함

- 1)은 환입된 날, 2)는 계약 해제일, 3)은 증감 사유가 발생한 날, 4) ~ 8)은 처음 작성한 날을 작성일자로 하여 발급한다.

- 신청대상자
  일반 · 간이과세자 및 면세사업자 모두 매입자발행세금계산서 발급을 신청할 수 있다.
- 매입자발행세금계산서는 거래 건당 공급대가가 5만원 이상인 경우로 한다.

- 신용카드매출전표 등 발행의 효과
  개인사업자는 세액공제를 받을 수 있고, 수령자는 발행받은 전표를 보관하고 신용카드매출전표수령 명세서를 제출하면 매입세액 공제가 가능하다.
- 금전등록기 계산서
  이를 발급하고 해당 감사테이프를 보관한 때에는 영수증을 발급하고 기장을 이행한 것으로 보며 현 금수입금액을 기준으로 과세표준을 계산할 수 있다.

전산회계 1급

10 연습문제

제10장 세금계산서

01 다음 중 부가가치세법상 수정(전자)세금계산서를 발급할 수 없는 경우는 어느 것인가?

① 처음 공급한 재화가 환입된 경우
② 해당 거래에 대하여 세무조사 통지를 받은 후에 세금계산서의 필요적 기재사항이 잘못 기재된 것을 확인한 경우
③ 착오로 전자세금계산서를 이중으로 발급한 경우
④ 과세기간의 확정신고기한까지 경정할 것을 전혀 알지 못한 경우로서 필요적 기재사항이 착오 외의 사유로 잘못 적힌 경우

정답 ②

02 다음 중 전자세금계산서 제도에 대한 설명으로 가장 틀린 것은?

① 발급기한은 원칙적으로 공급시기지만 예외도 있다.
② 전송기한은 발급일의 다음 날까지이다.
③ 전자세금계산서 관련 가산세는 미(지연)발급 가산세와 미(지연)전송 가산세 등이 있다.
④ 발급의무자는 모든 법인사업자 및 직전 연도 과세공급가액과 면세수입금액의 합계가 10억원 이상인 개인사업자이다.

정답 ④

03 다음 중 세금계산서의 필요적 기재사항이 아닌 것은?

① 공급가액 ② 부가가치세
③ 공급품목 ④ 작성연월일

정답 ③

04 다음 중 부가가치세법상 세금계산서 제도와 관련한 설명 중 틀린 것은?

① 공급시기가 도래하기 전에 세금계산서를 발급하고 발급일로부터 7일 이내에 대가를 지급받는 경우에는 적법한 세금계산서를 발급한 것으로 본다.

② 세금계산서의 필요적 기재사항의 일부가 기재되지 않은 경우에도 그 효력이 인정된다.

③ 월 합계 세금계산서 등의 경우에는 재화 · 용역의 공급일이 속하는 달의 다음달 10일 까지 발급 가능하다.

④ 법인사업자는 전자세금계산서 의무발급 대상자이다.

정답 ②

05 다음 중 세금계산서 발급과 관련한 내용으로 틀린 것은?

① 전자세금계산서를 발급한 경우 다음 날까지 발급명세를 국세청장에게 전송해야 한다.

② 소매업 또는 미용, 목욕탕 및 유사서비스업을 경영하는 자가 공급하는 재화 · 용역의 경우 세금계산서를 발급하지 아니할 수 있다.

③ 간이과세자는 세금계산서를 발급할 수 없다.

④ 수입세금계산서 발급자는 세관장이다.

정답 ③

간이과세자도 원칙적으로 세금계산서를 발급한다. 단, 연간 공급대가가 4,800만원 미만인 간이과세자는 세금계산서를 발급할 수 없다.

06 부가가치세법상 영세율 적용 대상 중 세금계산서 발급 의무가 있는 것은?

① 직수출하는 재화 ② 구매확인서에 의한 수출재화

③ 국외에서 제공하는 용역 ④ 항공기의 외국항행 용역

정답 ②

Chapter 11

부가가치세의 신고와 납부

Guide

제 11 장은 절차적인 내용이다. 신고와 납부는 환급까지 포함하여 과세기간과 함께 정리한다.

1. 예정신고와 확정신고

(1) 예정신고 · 납부

1) 법인사업자

① 제 1 과세기간 : 1월 1일 ~ 3월 31일 → 4월 25일까지 예정신고

② 제 2 과세기간 : 7월 1일 ~ 9월 30일 → 10월 25일까지 예정신고

2) 신고대상

① 예정신고기간의 과세표준과 세액

② 대손세액공제 · 가산세 및 조기환급 신고분은 제외

- 예정신고기간에 대손이 발생한 경우에도 확정신고하는 때에 대손세액공제를 적용한다.

3) 개인사업자 및 영세 법인사업자

① 원칙 : 고지납부

- 직전 과세기간 납부세액의 1/2에 해당하는 금액을 결정하여 고지서를 발부하여 징수하되
- 예정고지세액이 50만원 미만이거나 재난 등의 사유로 납부할 수 없다고 인정되는 경우에는 예정고지 · 납부를 면제

② 예정신고 가능한 경우

- 휴업 · 사업부진 등으로 예정신고기간의 공급가액 · 납부세액이 직전 과세기간 공급가액 · 납부세액의 1/3에 미달하는 경우
- 각 예정신고기간분에 대하여 조기환급을 받고자 하는 경우

- 무신고가산세와 납부지연가산세는 예정신고대상에서 제외된다.
- 징수해야 할 금액이 50만원 미만이거나 해당 과세기간 개시일 현재 간이과세자가 일반과세자로 변경된 경우에는 이를 징수하지 않는다.
- 영세 법인사업자란 직전 과세기간의 과세표준이 1.5억원 미만인 법인을 말한다.

(2) 확정신고 · 납부

1) 제 1 과세기간 : 4월 1일 ~ 6월 30일 → 7월 25일까지 확정신고
2) 제 2 과세기간 : 10월 1일 ~ 12월 31일 → 1월 25일까지 확정신고
3) 신고대상
   과세기간 최종 3월에 대한 과세표준과 세액, 예정신고 누락분

• 폐업시에는 폐업일이 속하는 달의 말일부터 25일 이내 확정신고

(3) 제출 서류

1) 부가가치세신고서
2) 매출처별 · 매입처별세금계산서합계표
3) 신용카드매출전표 등 발행금액 집계표
4) 영세율 첨부서류 : 누락하는 경우 무신고에 해당하여 가산세 부과
5) 신용카드매출전표 등 수취명세서
6) 대손세액공제신고서 : 확정신고시에만 첨부
7) 기타

• 예정신고기간에 대손이 확정된 경우에도 확정신고시에 대손세액공제를 적용한다.

2. 결정 및 경정

(1) 부가가치세는 신고납세제도 세목으로서 납세의무자의 신고에 의해 확정

(2) 결정

예정신고 · 확정신고를 하지 않은 경우 정부의 조사에 의하여 결정

(3) 경정

① 예정신고 · 확정신고의 내용에 오류 · 탈루가 있는 경우 정부의 조사에 의하여 경정
② 세금계산서 합계표 미제출, 세금계산서 합계표 기재사항의 전부 · 일부가 적혀 있지 않거나 사실과 다르게 적힌 때
③ 사업장의 이동이 빈번한 때 등 부가가치세를 포탈할 우려가 있는 경우

3. 환급

• 예정신고시에 발생한 환급세액은 환급하지 않고 확정신고시 납부할 세액에서 차감한 후 기한내에 환급한다.

(1) 환급세액 : 매입세액이 매출세액을 초과하는 경우

(2) 일반환급 : 각 확정신고기한 경과후 30일 내에 환급

(3) 조기환급

1) 적용 취지 : 수출과 설비투자 및 재무구조개선 지원 목적

2) 적용 대상

① 영세율이 적용되는 때

② 사업설비를 신설 · 취득 · 확장 · 증축하는 때

③ 재무구조개선계획 이행 사업자

3) 조기환급 신고하는 경우 신고기한 종료 후 15일내 조기환급

* 조기환급기간 : 예정신고기간 · 과세기간 최종 3월 중의 매월 또는 매 2월
  제 1 과세기간의 경우 : 1월 · 2월 또는 1월과 2월, 4월 · 5월 또는 4월과 5월
  제 2 과세기간의 경우 : 7월 · 8월 또는 7월과 8월, 10월 · 11월 또는 10월과 11월
* 조기환급신고는 조기환급기간이 끝난 날부터 25일 이내에 한다.

전산회계 1급

11 연습문제

제11장 부가가치세의 신고와 납부

01 다음 중 부가가치세법상 원칙적인 조기환급과 관련된 내용으로 틀린 것은?

① 관할 세무서장은 조기환급 신고기한이 지난 후 15일 이내에 환급해야 한다.

② 조기환급기간은 예정신고기간 중 또는 과세기간 최종 3개월 중 매월 또는 매 2월을 말한다.

③ 조기환급기간이 끝난 날부터 15일 이내에 기간에 대한 과세표준과 환급세액을 신고하여야 한다.

④ 사업설비를 신설 · 취득 · 확장 또는 증축하는 경우에는 조기환급 대상이 된다.

정답 ③

25일 이내에 신고해야 한다.

Chapter 12

간이과세

Guide

제 12 장 간이과세제도는 전단계세액공제법에 대한 예외이므로 일반과세자와 비교하여 정리하도록 한다.

1. 범위

• 간이과세 적용 취지
세법지식 · 기장능력이 부족한 영세사업자의 납세의무 이행에 편의를 도모하기 위한 데 있다.

개인사업자로서 직전 연도의 공급대가가 8,000만원에 미달하는 경우

2. 배제대상

• 직전연도 공급대가의 합계액이 4,800만원 이상인 과세유흥장소 및 부동산임대 사업자도 간이과세가 배제된다.

(1) 광업, 제조업, 도매업 및 상품중개업, 부동산매매업, 특정 부동산임대업
(2) 일정한 과세유흥장소를 영위하는 사업, 전문인적용역, 건설업
(3) 전기 · 가스 · 증기 · 수도업, 전문 · 과학 · 기술서비스업, 사업시설 관리 · 사업지원 및 임대서비스업
(4) 『소득세법』상 복식부기의무자가 영위하는 사업
(5) 둘 이상의 사업장이 있는 경우 그 사업장의 공급대가 합계가 8,000만원 이상인 경우
(6) 간이과세가 적용되지 않는 다른 사업장을 보유하고 있는 사업자
(7) 일반과세자로부터 양수한 사업의 경우

3. 계산구조

• 간이과세자는 납부세액을 소득세법상 필요경비에 산입한다.

	과세표준	: 재화 · 용역의 공급대가 (VAT 포함)
(×)	업종별 부가가치율	: 소매업 (10%), 제조업 (20%), 건설업 (30%)
	세율	: 10 % (영세율 0 %)
	납부세액	
(−)	공제세액	: 매입세금계산서 등 수취세액 공제 등
(+)	가산세	: 미등록가산세, 신고불성실 · 납부지연가산세 등
	차가감 납부할세액	

(1) 매입세금계산서 등 수취세액 공제

세금계산서 등을 발급받은 매입액(공급대가) × 0.5%

• 간이과세자가 세금계산서와 신용카드매출전표를 수취하도록 하는 데에 그 취지가 있다.

(2) 신용카드매출전표 등 발행 세액공제

1) 개인사업자가 신용카드매출전표, 직불카드 영수증, 기명식 선불카드 영수증, 현금영수증을 발행할 경우
2) 발행금액의 1.3%를 연간 1,000만원 한도 범위 내에서 공제

(3) 가산세

1) 간이과세자도 원칙적으로 세금계산서를 발급하므로 세금계산서 관련 가산세 적용
2) 미등록 가산세
   사업개시일부터 등록을 신청한 날의 직전일까지의 공급대가의 0.5%
3) 신고불성실가산세 · 납부지연가산세 및 영세율과세표준 신고불성실가산세는 일반과세자와 동일

• 세금계산서 관련 가산세
세금계산서 발급 관련 가산세 및 매출처별 세금계산서합계표 관련 가산세
• 세금계산서 미수취 가산세
간이과세자가 세금계산서 발급의무가 있는 사업자로부터 공급받고 세금계산서를 수취하지 않은 경우 공급대가의 0.5%를 가산세로 부과한다.

4. 신고와 납부

(1) 과세기간(1월 1일 ~ 12월 31일)의 과세표준과 세액을 과세기간 종료 후(폐업시에는 폐업일이 속한 달의 말일부터) 25일 이내에 신고하고 납부

(2) 예정신고 · 납부

1) 원칙 : 예정부과제도
   ① 예정부과기간 : 1월 1일 ~ 6월 30일
   ② 직전 과세기간에 대한 납부세액의 2분의 1에 해당하는 금액을 예정 고지하여 징수하되 예정고지세액이 50만원 미만이거나 재난 등의 사유로 납부할 수 없다고 인정되는 경우에는 예정고지 · 납부를 면제
   ③ 7월 1일 ~ 7월 10일까지 납세고지서를 발부하고 7월 25일까지 징수

• 일반과세자인 개인사업자도 직전 과세기간 납부세액의 1/2에 해당하는 금액을 고지납부하는데 과세기간이 6개월이라는 점이 다를 뿐이다.

2) 예외 : 예정신고
   ① 휴업 · 사업부진 등으로 예정부과기간의 공급대가 · 납부세액이 직전 과세기간의 공급대가 · 납부세액의 1/3에 미달하는 경우 예정신고 가능

② 세금계산서를 발급한 간이과세자는 예정신고해야 함

(3) 납부의무 면제

해당 과세기간(1월 1일 ~ 12월 31일)의 공급대가가 4,800만원 미만인 경우

5. 간이과세 포기

(1) 일반과세를 적용받고자 하는 달의 전달 마지막 날까지 신고서를 제출하여 포기 가능

(2) 간이과세를 포기하면 이후 3년간 간이과세 적용 불가

• 간이과세자가 예정신고 및 확정신고하는 경우에는 부가가치세 신고서 및 매출처별세금계산서합계 표와 매입처별세금계산서합계표 등을 제출해야 한다.

• 간이과세자는 세금계산서를 발행할 수 없으므로 거래 관계에서 불이익을 받을 수 있다. 이는 제도 상 불이익을 주어 스스로 일반과세로 전환하도록 유도하려는 것이다.

• 간이과세를 포기한 경우의 과세기간
  1. 간이과세자
     1. 1 ~ 포기신고일이 속하는 달의 말일
  2. 일반과세자
     포기신고를 한 달의 다음 달 1일 ~ 과세기간 종료일

PART 4

실습편

CONTENTS

프로그램 설치하기

「한국세무사회 국가공인자격시험 홈페이지 (license.kacpta.or.kr)」에서 「케이렙 (KcLep) 수험용 프로그램」을 다운로드하여 설치한다.

1. 홈페이지 화면 아래 「케이렙(수험용) 다운로드」에서 설치파일을 다운로드한다.

2. 다운받은 파일을 더블 클릭하여 설치 안내에 따라 설치를 진행한다.

3. 바탕화면에 「바로가기 아이콘」이 생성되면 프로그램을 열어 실습을 시작한다.

들어가기

1. 「바로가기 아이콘」을 더블클릭

   「케이렙 (KcLep) 수험용 프로그램」의 초기 창을 연다.

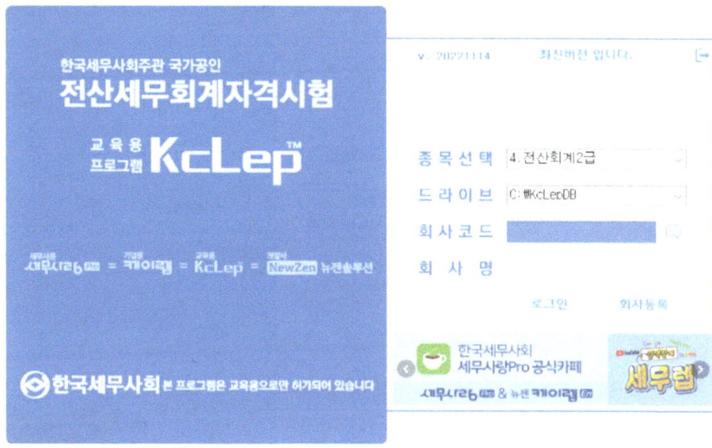

2. 「급수선택」

   준비하는 시험의 급수를 선택한다.

3. 「드라이브」

   「C:\KcLepDB」 또는 「D:\KcLepDB」 중 저장할 드라이브를 선택한다.

4. 「회사코드」에서 클릭

   「회사코드도움」 창에서 등록되어 있는 회사를 검색 · 선택 후 확인하면 초기 창에 선택한 회사가 나타난다.

5. 로그인

   선택한 회사를 확인한 후 로그인하면 메뉴 창이 열린다.

6. 작업메뉴

   처음에는 「회계관리」가 선택되어 각 작업메뉴가 나타나고, 필요한 입력 작업을 시작한다.

※ 「케이렙 (KcLep)」을 최초로 설치하여 새로운 회사를 등록하는 경우

1. 이 경우에는 대상 회사가 등록되어 있지 않으므로 위와 같이 회사를 선택할 수 없다.
2. 이 경우에는 초기 창에서 「회사등록」을 클릭하여 대상 회사를 새로 등록한다.
3. 「회사등록」을 클릭하면 「회사등록」 창이 열리고, 여기서 대상 회사의 「사업자등록증」 등을 확인하여 필요한 자료를 정확히 입력한다.
4. 「회사등록」을 하고 종료한 후, 다시 초기 창에서 「회사코드」에서 등록된 회사를 선택하고 로그인한다.

Chapter 1

기초정보등록

제1절 회사등록

Guide

> 제 1 절에서는 분개 등 입력 작업을 하기 전에 거래처 등에 대한 자료를 등록하는 작업으로서 단순하지만 기본 자료로서의 중요성이 있으므로 실무상 관련 자료를 참고하여 정확히 입력해야 한다. 입력 창의 왼쪽 아래에 [알림]이 나타나므로 이를 참조하면 된다. KcLep은 회사 · 거래처 · 계정과목 등 모두 코드 체계에 따라 관련 장부에 반영되므로 이에 주의하여 F2 또는 을 클릭하여 조회해 가며 입력한다. 입력 속도를 높이기 위해서는 마우스 보다 키보드의 Enter Esc → Tab 등을 주로 이용하는 것이 좋다.

등록하고자 하는 회사의 「사업자등록증」 및 법인의 경우 「법인등기부등본」 등을 확인하여 정확히 입력

1. 코 드

0101 ~ 9999 범위에서 원하는 번호를 선택하여 입력

2, 회사명

영문 30자, 한글 30자 내로 입력

3. 구 분

(1) 법인사업자는 「1.법인」, 개인사업자는 「2.개인」으로 입력

(2) 법인을 개인으로 입력하면 법인과 관련된 메뉴는 실행되지 않음

4. 사 용

해당 코드의 회사를 사용하면 「0.사용」, 사용하지 않으면 「1.미사용」으로 입력

5. 회계연도(사업연도)

(1) 사업자 등록을 신청한 연도부터 사업연도를 파악하여 입력
(2) 사업연도 입력을 잘못한 경우 : 1. 1 ~ 12. 31 → 1. 1 ~ 6. 30
전표를 입력할 때에 7월 이후 전표를 입력할 수 없음

6. 사업자등록번호, 법인등록번호

(1) 「사업자등록증」과 「법인등기부등본」에 따라 입력
(2) 사업자등록번호 및 법인등록번호, 개인 주민등록번호는 형식이 있으므로 틀리게 입력되면 입력란이 붉은 색으로 바뀌므로 확인하여 수정

7. 과세유형

사업자등록증을 참고하여 「1. 일반과세」「2. 간이과세」「3. 면세사업자」 중 선택하여 입력

8. 대표자명 및 대표자 거주구분

(1) 성과 이름은 붙여서 입력하고 2인 이상인 경우 「~외 몇 명」으로 입력
(2) 「1. 거주자」「2. 비거주자」 중 선택하여 입력
* 소득세법상 거주자는 국내에 주소를 두거나 183일 이상 거소를 둔 자로서 국적과는 상관 없다.

9. 대표자 주민등록번호

외국인은 「외국인등록번호」 또는 「재외국민등록번호」를 입력

10. 사업장주소 / 본점주소

(1) F2 또는 💬 을 클릭하여 검색하여 입력
(2) 검색 창에서 「도로명주소 우편번호」와 「지번주소 우편번호」를 클릭하여 검색

11. 주업종 코드

F2 또는 💬 을 클릭하여 검색하여 입력

12. 설립연월일, 개업연월일

「사업자등록증」과 「법인등기부등본」에 따라 입력

13. 사업장 동코드 / 본점 동코드 및 사업장 관할 세무서 / 본점 관할 세무서

F2 또는 을 클릭, 검색하여 입력

예제 1-1 회사등록

㈜에이전자(회사코드 2001)는 제조업체로서 내국 법인사업자이며 중소기업이다.
「사업자등록증」과 추가 자료에 따라 회사등록을 하시오.

1. 사업자등록증

사업자등록증

(법인사업자)

등록번호 131-81-35215

법 인 명(단 체 명) ㈜에이전자

대 표 자 남진호

개 업 연 월 일 20××년 07월 01일 법인등록번호 110111-0134372

사 업 장 소 재 지 경기도 광명시 광명로 58 (가학동)

사 업 의 종 류 업태 제조, 도 · 소매 종목 전자제품

발 급 사 유 신규

사업자단위과세 적용사업자 여부 여 ( ) 부 (✓)

20××년 07월 01일

광명세무서장

* 사업장 주소는 본점 주소와 동일하다.

2. 기타자료

(1) 회계연도(사업연도)는 제 7 기 20××년 01월 01일 ~ 20××년 12월 31일

* 20××년도를 본인이 학습하는 년도로 수정하여 입력하도록 한다. 개업연월일도 동일하다. 2023년에 학습하는 경우 당기는 2023년으로, 개업연도는 2017년도로 입력하면 된다.

(2) 대표자 주민번호는 580102 – 1234567 이다.

(3) 주업종코드는 「321001 제조업 / 그 외 기타 전자부품 제조업」이다.

(4) 사업장 전화번호는 031-7894-4561이고, 팩스는 031-7894-4562이다.

(5) 설립연월일은 개업연월일과 같다.

(6) 지방소득세 납세지는 광명시이며, 지방세 법인 구분은 「주식회사ㅇㅇ」으로 한다.

해설

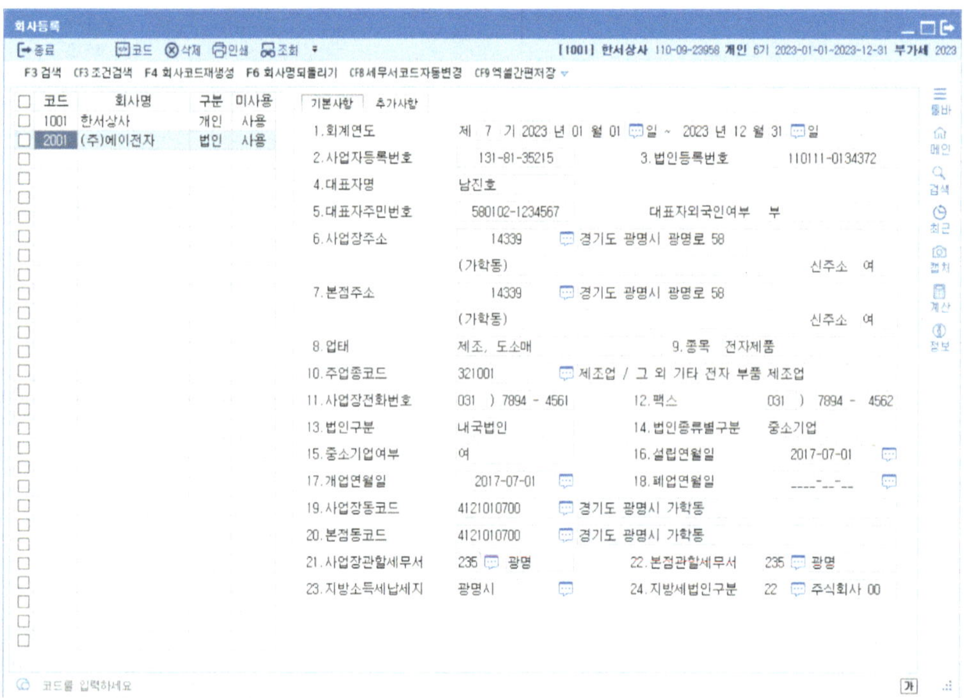

제2절 환경등록

Guide

KcLep의 기본 사항은 모두 도·소매업과 같은 상기업을 기본으로 설정되어 있으므로 제조업 및 서비스업 등은 업종의 성격에 맞게 등을 수정하여 입력 작업을 효율적으로 수행할 수 있다. 「기본계정」이 업종에 맞게 설정되지 않으면 「매입매출전표」를 입력할 때에 매번 계정과목을 수정해야 하므로 매우 불편하다.

1. 기본계정 설정

(1) 기본 「매입」 계정과 기본 「수익」 계정

1) 상기업은 상품을 매입하여 판매

「상품」 계정과 「상품매출」 계정이 주로 사용됨

2) 제조업은 원재료를 매입하여 제품을 생산하여 판매

「원재료」 계정과 「제품매출」 계정이 주로 사용됨

3) KcLep은 기본적으로 상기업으로 설정되어 있으므로, 회사 업종에 따라 설정을 변경할 수 있는데 제조업의 경우에는 기본 「매입」 계정과 기본 「수익」 계정을 다음과 같이 수정하면 능률적인 입력이 가능

- 기본계정 (매입) : 146.상품 → 153.원재료
- 기본계정 (매출) : 401.상품매출 → 404.제품매출

(2) 신용카드 기본계정 설정

신용카드로 결제가 이루어진 경우 기본계정은 「미수금」과 「미지급금」으로 설정되어 있음 「외상매출금」과 「외상매입금」도 사용 가능하므로 상황에 맞게 적절히 수정하여 사용

(3) 부가가치세 포함

1) 「매입매출전표」에 세금계산서 자료를 입력할 경우 공급가액(VAT를 제외한 금액)을 입력하면 10%의 부가가치세(영세율의 경우에는 0)가 반영

2) 카드전표·현금영수증 자료를 입력할 경우 공급대가(VAT를 포함한 금액)를 입력하면 공급가액과 부가가치세로 구분되어 반영

3) 따라서, 증명서류에 따라 입력하기 위해서는 「환경등록 - 4.부가세 포함여부」에서 다음과 같이 지정해 주어야 함

- 카과·현과의 공급가액에 부가세 포함 : 1.전체포함
- 건별의 공급가액에 부가세 포함 : 1.포함
- 과세의 공급가액에 부가세 포함 : 0.전체미포함

예제 1-2 환경등록

「환경등록」에서 다음 항목을 수정하시오. 수정 사항이 없다면 확인만 하시오.

1. 분개유형 설정

(1) 매출과 매입의 기본계정 「404.제품매출」과 「153.원재료」

(2) 신용카드매출채권 「120.미수금」

(3) 신용카드매입채무 「253.미지급금」

2. 부가세 포함 여부

(1) 카과 및 현과의 공급가액에 부가세 포함 「1.전체포함」

(2) 건별 공급가액에 부가세 포함 「1.포함」

(3) 과세 공급가액에 부가세 포함 「0.전체미포함」

해 설

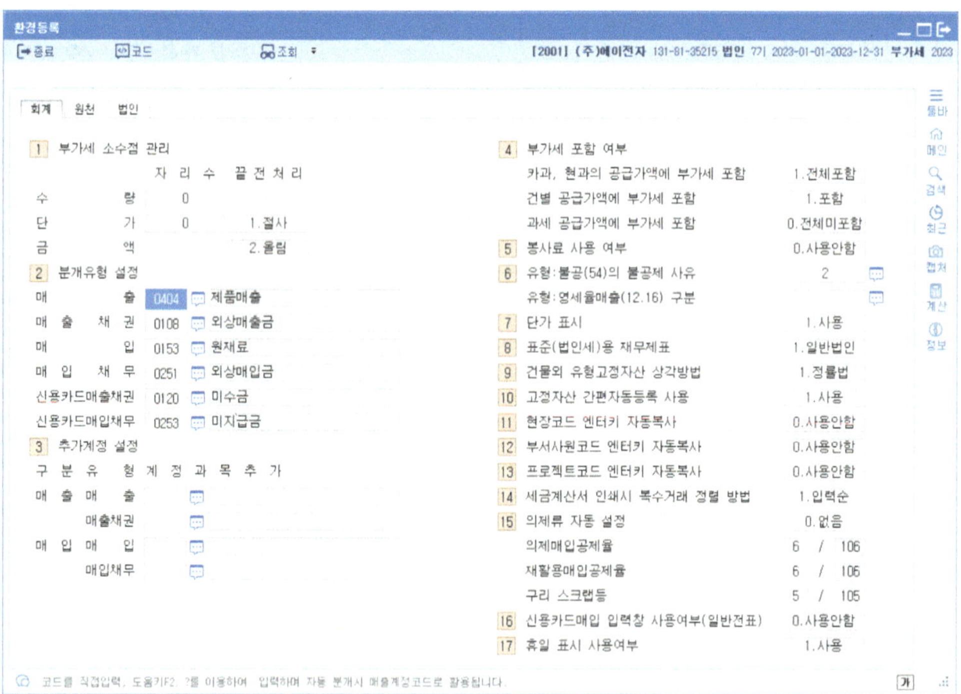

제3절 거래처등록

Guide

KcLep에서는 회사, 계정과목 및 적요, 거래처가 모두 코드로 연결된다. 특히, 전표를 입력할 때 채권 · 채무 계정에는 관련된 거래처를 입력해 주어야 「거래처원장」에 자동으로 반영된다. 따라서, 거래처를 관리하기 위해 「거래처등록」에서 개별 거래처에 코드를 부여하여 거래처에 관한 정보를 등록한다.

1. 일반거래처 (101 ~ 97999)

(1) 세금계산서를 수수하는 일반거래처를 등록

(2) 국민연금관리공단, 인천세관, 성북세무서, 강동구청 등을 거래처로 등록해서 사용해도 좋음

(3) 유형

1.매출, 2.매입, 3.동시 중 거래처 유형을 선택하여 입력

2. 금융기관 (98000 ~ 99599)

(1) 회사가 거래하고 있는 은행의 통장, 정기예금 및 정기적금을 등록

(2) 유형

1.보통예금, 2.당좌예금, 3.정기적금, 4.정기예금, 5.기타 중 선택하여 입력

3. 신용카드 (99600 ~ 99999)

(1) 신용카드 가맹이 된 카드회사 및 회사가 경비로 사용하는 법인카드를 등록

(2) 구분

1) 1.매출, 2.매입 중 카드 유형을 선택하여 입력
2) 틀리게 입력되면 전표를 입력할 때에 카드회사가 검색되지 않음

예제 1-3 거래처등록

다음 자료에 따라 ㈜에이전자의 거래처를 등록하시오. 유형은 「동시」로 입력한다.

1. 일반거래처

코 드	거래처명	사업자등록번호	대표자 성명	업 태	종 목
00101	㈜봄꽃상사	511-81-10050	김 성 태	소 매	잡화 외
00102	㈜우진	211-81-37576	김 관 용	서비스	정화조 청소
00103	㈜마포	121-81-40628	김 민 규	소 매	철 물
00104	㈜남촌전자	107-85-19850	권 유 은	도 · 소매	전자제품
00105	구암전자	214-06-19153	임 남 섭	도 · 소매	전자제품
00106	㈜렉스	104-81-83559	전 춘 식	건설업	방수 외
00107	현대자동차	120-81-35097	김 현 대	서비스, 제조	자동차
00108	정풍상사	125-16-01672	조 동 천	도 · 소매	철 물
00109	㈜삼성	120-86-87945	이 대 호	제 조	전자제품
00110	㈜토즈상사	303-81-04262	최 석 수	도 · 소매	전자제품
00201	마로전자	220-07-04201	김 성 순	도 · 소매	전자제품
00202	향토전자	125-20-87279	김 태 서	도 · 소매	전자제품
00203	㈜티제이전자	214-88-37031	조 장 풍	도 · 소매	전자제품
00204	㈜현대전자	214-88-08540	김 철	제 조	전자제품
00205	㈜강골전자	120-81-15640	김 지 수	제 조	전자제품
00206	케네디상사	211-78-73330	최 경 섭	도 · 소매	잡 화
00207	로즈전자	129-15-53044	박 해 수	도 · 소매	전자제품
00208	명가전자	218-01-32997	김 미 영	도 · 소매	전자제품
00209	㈜증평	226-85-29343	박 모 아	제 조	철골 외
00210	본가전자	220-08-69803	신 창 서	도 · 소매	전자부품
00211	현진상사	215-22-90315	최 미 화	도 · 소매	전자부품
00212	안성상사	211-71-53053	강 대 성	도 · 소매	전자부품

2. 금융기관

코 드	거래처명	계 좌 번 호	유 형	비 고
98002	기업은행	770-854-99650	당좌예금	
98003	하나은행	4874-4599-7845-5563	보통예금	
98004	국민은행	123-749-63365	보통예금	

3. 신용카드

코 드	거래처명	가맹점 (카드) 번호	유 형	비 고
99600	국민카드	14786549	매 출	
99601	비씨카드	1478-4512-4513-7464	매 입	3. 사업용카드

해설

1. 일반거래처

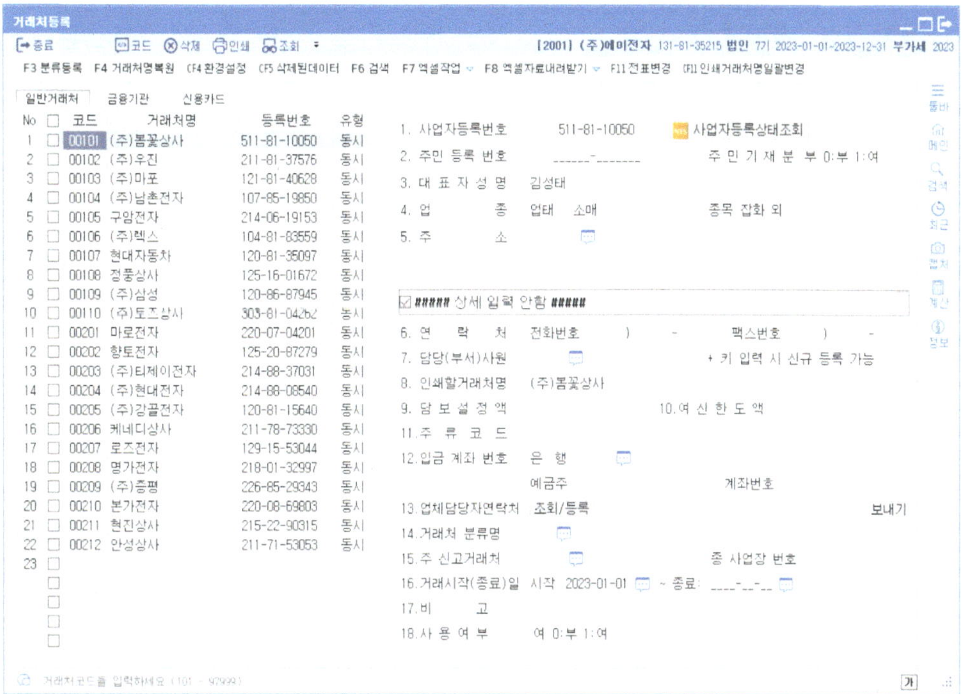

2. 금융기관

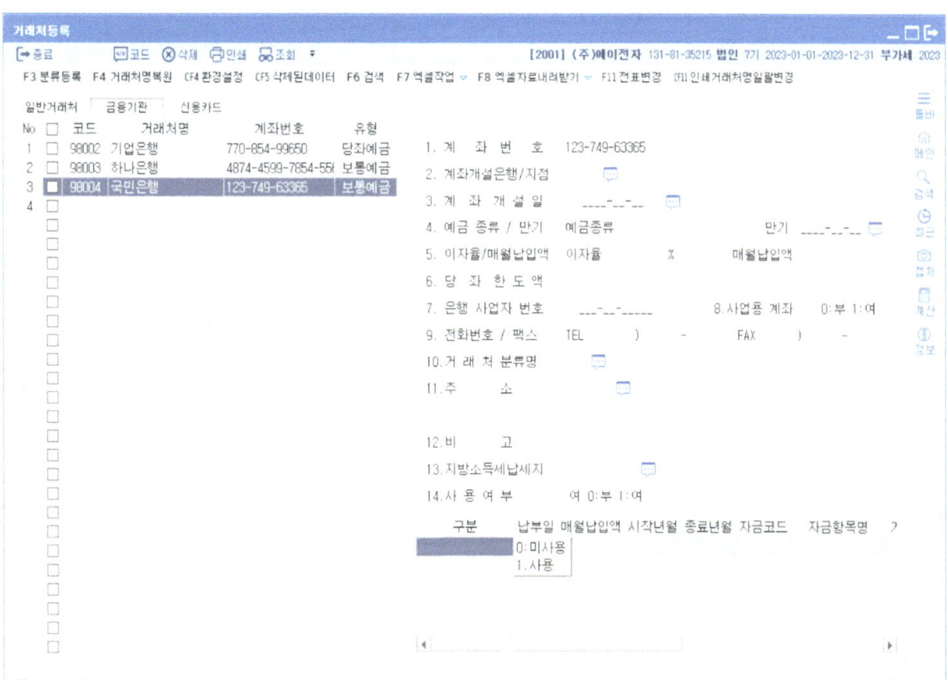

3. 신용카드

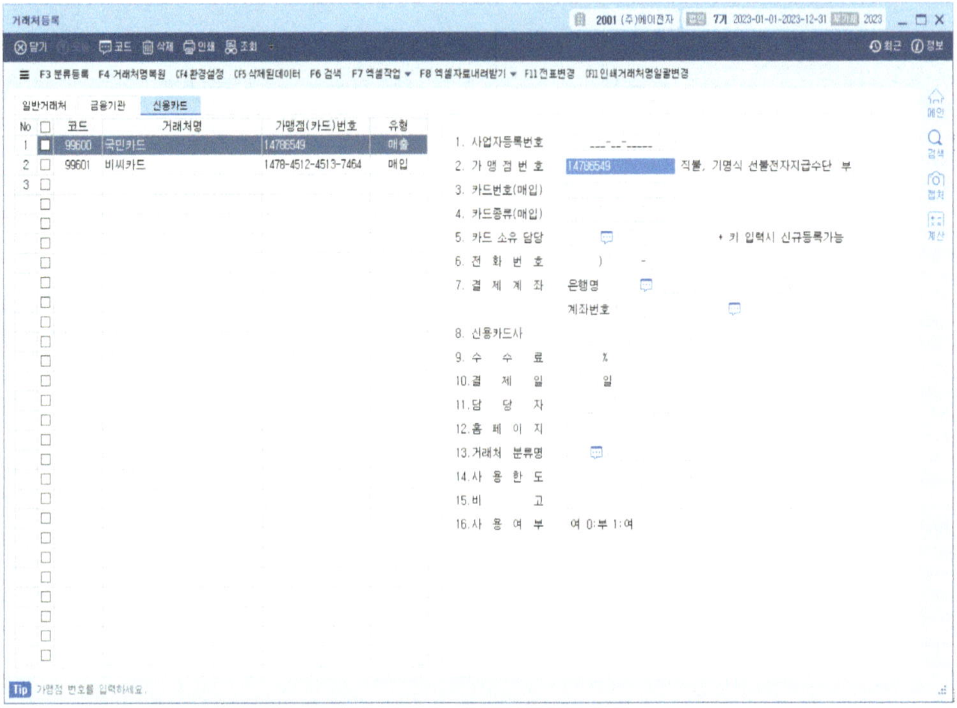

제4절 계정과목 및 적요등록

Guide

KcLep에서는 계정과목에 고유 코드가 부여되어 계정과목간의 관계, 관련된 장부와 재무제표가 코드로 연결되어 반영된다. 계정과목이 같아도 부여된 코드가 다르면 오류가 발생하여 전혀 다른 결과물이 산출된다. KcLep은 「계정과목및적요등록」에 「계정체계」를 보여주고 있으므로 그 규칙을 파악하면 능률적으로 입력할 수 있다.

1. 화면 구성

(1) 「계정체계」 - 「코드/계정과목 · 성격 · 관계」 - 적요 등 계정과목 등록 사항

1) 「계정체계」에서 각 항목을 클릭하면 범위 내의 「계정과목」이 나타남
2) 각 계정과목을 클릭하면 해당 계정과목에 등록된 내용과 현금적요, 대체적요에 등록된 내용이 나타남

2. 계정체계

(1) 자산 · 부채 · 자본 · 수익 · 비용이 구분되어 코드 범위와 함께 나타남

1) 당좌자산 (0101 ~ 0145), 재고자산 (0146 ~ 0175), 투자자산 (0176 ~ 0194) …
2) 유동부채 (0251 ~ 0290), 비유동부채 (0291 ~ 0330) …
3) 매출 (0401 ~ 0430) … 제조원가 (0501 ~ 0600) … 판매관리비 (0801 ~ 0900) …

3. 코드/계정과목

(1) 코드체계

1) 「101.현금」 ~ 「999.소득세비용」까지 코드 범위 내에서 기본 코드가 자동으로 부여
2) 1000 ~ 1010까지 특수계정과목을 등록 가능
3) 검은색과 빨간색으로 구분
   - 검은색 계정과목 : 계정과목을 선택한 후 필요에 따라 변경하여 사용 가능
   - 빨간색 계정과목 : 일반적으로 사용되는 계정과목으로 결산서와 세무서식에 자동 반영되는 부분
     * 빨간색 계정과목을 수정할 경우 계정과목을 선택한 후 Ctrl + F2를 누르면 수정이 가능
   - 사용자설정계정과목 : 계정과목 활용을 자유롭게 하도록 회사에 적합하도록 새로운 계정과목을 등록하여 사용

4) 평가계정은 본 계정의 다음 코드가 부여, 「관계」란에 본 계정 코드 입력

- 108.외상매출금 109.대손충당금
- 110.받을어음 111.대손충당금
- 202.건물 203.감가상각누계액
- 206.기계장치 207.감가상각누계액

5) 차감계정은 본 계정의 다음 코드가 부여, 「관계」란에 본 계정 코드 입력

- 146.상품 147.매입환출및에누리 148.매입할인
- 153.원재료 154.매입환출및에누리 155.매입할인
- 401.상품매출 402.매출환입및에누리 403.매출할인
- 404.제품매출 405.매출환입및에누리 406.매출할인

6) 비용계정 구분 : 100자리 수만 다르고 나머지 2자리 수는 공통

- 제조원가 (0501 ~ 0600) 511.복리후생비 512.여비교통비 513.접대비 …
- 도급원가 (0601 ~ 0650) 611.복리후생비 612.여비교통비 613.접대비 …
- 분양원가 (0701 ~ 0750) 711.복리후생비 712.여비교통비 713.접대비 …
- 판매관리비(0801 ~ 0900) 811.복리후생비 812.여비교통비 813.접대비 …

  * 복리후생비 : 생산직 근로자에 대한 것은 511, 영업 · 관리직 근로자에 대한 것은 811

7) 계정과목간의 연결

자산계정 중 비용 · 원가화되는 과정이 계속 · 반복적으로 이루어지는 경우 그 자산 계정과 원가계정이 코드로 연결

- 146.상품 ↔ 451.상품매출원가
- 150.제품 ↔ 455.제품매출원가
- 152.완성건물 ↔ 453.분양매출원가
- 153.원재료 ↔ 501.원재료비
- 162.부재료 ↔ 502.부재료비
- 156.원재료(도급) ↔ 601.원재료비
- 159.원재료(분양) ↔ 701.원재료비
- 165.건설용지 ↔ 710.건설용지비

* 자산 계정이 접대비 · 기부금 등의 일반경비로 대체되는 경우가 있는데 이 때에는 전표를 입력하면서 반드시 적요에 「8.타계정으로대체액 손익계산서(원가명세서) 반영분」을 입력해야 정확히 반영된다.

(2) 성격 · 관계

1) 「성격」은 그 계정과목의 특성을 의미하며 재무제표 작성을 위해 필요

2) 예금인지 대여금인지 여부, 상각자산인지, 차감계정인지 등의 특성을 구분

3) 법인세 세무조정과 관련

* 「가지급금/가수금」의 성격을 부여하면 법인세법상 가지급금 등 관련 세무조정에 영향을 미칠 수 있다.

4) 평가계정 등은 「관계」란에 본 계정 코드가 표시

4. 적요등록

(1) 「적요」는 거래내용을 파악하기 위한 설명 문구

(2) 기능

1) 같은 내용의 거래가 반복되는 경우 입력 편의
2) 세무조정을 할 때 한도 계산 등에 영향을 미치는 정보 제공
3) 기말 결산시 재고자산의 이동 등에 영향을 미치는 정보 제공
4) 「부가가치세」 신고와 관련된 서식 작성에 영향을 주는 정보 제공

(3) 구성

1) 현금적요 : 현금의 입금 · 출금의 거래를 기록
2) 대체적요 : 현금의 입금 · 출금이 수반되지 않는 거래를 기록
3) 고정적요 : 다른 장부 · 서식에 관련되므로 반드시 입력해야 하는 항목
   ① 6.의제매입세액공제신고서 자동반영분
   ② 1.신용카드등 사용 일반접대비

* 현금적요 및 대체적요는 수정하여 사용 가능하지만 고정적요는 수정할 수 없다.

※ 주요 단축키

단 축 키	사 용 법
[말풍선] 또는 F2	계정과목 및 거래처 등 코드 검색
Enter↵	커서 이동
Esc	저장 후 나오기
+	숫자 000 입력
[Tab] 또는 ⇆	입력 중 좌우측 이동
[알림]	입력 창 왼쪽 아래 입력방법 설명
X 또는 F5	삭 제

예제 1-4 계정과목 및 적요등록

다음 자료에 따라 ㈜에이전자의 「계정과목및적요등록」을 입력하거나 수정하시오.

1. 「420.사용자설정계정과목」을 「용역매출 (성격 : 1.매출)」 계정으로 수정하시오.
2. 「812.여비교통비」 계정의 현금적요 6번에 「숙박요금 지급」으로 입력하시오.
3. 「189.사용자설정계정과목」을 「기계임차보증금 (성격 : 3.일반)」으로 수정하시오.
4. 「979.사용자설정계정과목」을 「유형자산손상차손 (성격 : 4.평가손실)」로 수정하시오.

해설

1. 용역매출 (성격 : 1.매출)

매 출 : 0401-0430	0420	용 역 매 출	1.매 출

계정코드(명) 0420 용역매출
성격 1.매 출 외화 0.부

2. 812.여비교통비 : 숙박요금 지급

판 매 관 리 비 : 0801-0900	0812	여 비 교 통 비	3.경 비

적요NO	현금적요
1	시내교통비 지급
2	출장여비 지급
3	해외출장비 지급
4	주차료및 통행료지급
5	시외교통비 지급
6	숙박요금 지급

3. 기계임차보증금 (성격 : 3.일반)

투 자 자 산 : 0176-0194	0189	기 계 임 차 보 증 금	3.일 반

계정코드(명) 0189 기계임차보증금
성격 3.일 반 외화 0.부

4. 유형자산손상차손 (성격 : 4.평가손실)

영 업 외 비 용 : 0951-0997	0979	유 형 자 산 손상차손	4.평 가 손 실

계정코드(명) 0979 유형자산손상차손
성격 4.평 가 손 실 외화 0.부

제5절 전기분 재무제표

Guide

계속된 회사의 경우 「마감후이월」 메뉴를 이용하여 이월하면 당기에 전기 재무제표는 자동으로 반영되지만 전기까지는 수동으로 회계처리하고 당기부터 프로그램을 이용하여 회계처리하는 등의 경우에는 『전기분 재무제표』를 직접 입력하여 전기 잔액을 이월시켜야 한다.
프로그램 구조에 따라 메뉴 구성 순서대로 『전기분 재무상태표』, 『전기분 손익계산서』, 『전기분 원가명세서』, 『전기분 이익잉여금처분계산서』의 순서로 입력한다.

1. 전기분 재무상태표

(1) 재고자산과 관련 계정의 연결

1) 「146.상품」, 「150.제품」은 『손익계산서』의 「상품매출원가」, 「제품매출원가」 산정과정에 반영되고,
2) 「153.원재료」는 『제조원가명세서』의 「원재료비」 산정과정에 반영되고 「169.재공품」은 「당기제품제조원가」 산정과정에 반영되므로
3) 전기분 재무상태표가 먼저 입력되어야 함

(2) 입력방법

1) 계정과목

① 계정과목 코드를 알면 직접 코드를 입력

② 계정과목 코드를 모르면 ⋯ 을 클릭하거나 F2를 눌러 검색하여 입력

③ 코드란에 계정과목 두 자 정도를 입력하여 검색한 후 입력

* 계정과목 입력 방법은 손익계산서를 입력할 때에도 동일하다.

2) 계정과목을 검색할 때 코드가 다른 같은 계정과목이 검색되는 경우

「계정체계」에서 어느 코드 범위의 계정과목인지 확인하여 입력

① 매도가능증권

당좌자산 「123.매도가능증권」 투자자산 「178.매도가능증권」

② 전기오류수정손익

이익잉여금 (중대한 오류) 「370.전기오류수정이익」 「371.전기오류수정손실」

영업외손익 (중대하지 않은 오류) 「912.전기오류수정이익」 「962.전기오류수정손실」

(3) 입력 주의사항

1) 화면 구성

① 「자산」은 왼쪽(차변)에, 「부채와 자본」은 오른쪽(대변)에 입력

② 차변에서는 「자산」만 검색되고, 대변에서는 「부채 · 자본」만 검색됨

2) 입력이 다 된 경우

① 차변 합계 = 대변 합계 → 창 오른쪽 아래에 「대차차액」이 「0」이 되어야 함

② 차변 합계 ≠ 대변 합계 → 「대차차액」 금액이 빨간색으로 나타남

3) 가지급금과 가수금 : 해당 임직원별로 지급과 회수의 적요 번호를 등록

① 「가지급금」 : 지급적요 1. 회수적요 4

② 「가수금」 : 지급적요 1. 회수적요 4

4) 퇴직급여충당부채와 퇴직연금충당부채

① 「퇴직급여충당부채」와 「퇴직연금충당부채」 금액을 입력하면 커서가 창 아래로 이동하고 여기서 원가별로 구분하여 입력

② 결산할 때 『손익계산서』의 「판매비와관리비」와 『제조원가명세서』의 「원가경비」로 구분하여 반영

5) 『재무상태표』 대변 항목 「미처분이익잉여금」은 「375.이월이익잉여금」으로 입력

* 「377.이월이익잉여금」으로 입력하지 않도록 한다.

예제 1-5 전기분 재무상태표

다음 자료에 따라 ㈜에이전자의 『전기분 재무상태표』를 입력하시오.

재 무 상 태 표

㈜에이전자 제 6 기 20××년 12월 31일 단위 : 원

계 정 과 목	금	액	계 정 과 목	금 액
자 산			부 채	
1. 유 동 자 산		**503,505,000**	**3. 유 동 부 채**	**156,779,000**
① 당 좌 자 산		**462,010,000**	외 상 매 입 금	65,000,000
현 금		15,950,000	지 급 어 음	35,880,000
당 좌 예 금		55,000,000	미 지 급 금	14,500,000
보 통 예 금		154,210,000	예 수 금	124,000
정 기 예 금		50,000,000	부 가 세 예 수 금	1,775,000
단기매매증권		15,000,000	선 수 금	12,000,000
외 상 매 출 금	70,000,000		단 기 차 입 금	25,000,000
대 손 충 당 금	700,000	69,300,000	선 수 수 익	2,500,000
받 을 어 음	15,000,000			
대 손 충 당 금	150,000	14,850,000		
미 수 금	80,000,000		**4. 비 유 동 부 채**	**110,000,000**
대 손 충 당 금	800,000	79,200,000	장 기 차 입 금	100,000,000
선 급 금		8,500,000	퇴직급여충당부채*	10,000,000
② 재 고 자 산		**41,495,000**	**부 채 총 계**	**266,779,000**
원 재 료		14,995,000		
재 공 품		6,500,000		
제 품		20,000,000		
2. 비유동자산		**258,600,000**	자 본	
① 투 자 자 산		**12,500,000**	5. 자 본 금	447,991,000
매도가능증권		2,500,000	9. 미처분이익잉여금	47,335,000
퇴직연금운용자산		10,000,000	(당기순이익	43,600,000)
② 유 형 자 산		**246,100,000**	**자 본 총 계**	**495,326,000**
건 물	250,000,000			
감가상각누계액	65,000,000	185,000,000		
기 계 장 치	59,880,000			
감가상각누계액	18,780,000	41,100,000		
차 량 운 반 구	45,000,000			
감가상각누계액	25,000,000	20,000,000		
자 산 총 계		**762,105,000**	**부채와 자본 총계**	**762,105,000**

* 이 중 2,000,000원은 생산직 사원, 8,000,000원은 영업 · 관리부 사원에 대한 것이다.

해설

1. 108.외상매출금과 110.받을어음, 120.미수금에 대한 대손충당금은 각각 109번과 111번, 121번을 사용한다.
2. 202.건물과 206.기계장치, 208.차량운반구에 대한 감가상각누계액은 각각 203번과 207번, 209번을 사용한다.
3. 매도가능증권은 투자자산이므로 178.매도가능증권으로 입력한다.
   * 123.매도가능증권은 당좌자산이다.
4. ㈜에이전자는 제조업체이므로 퇴직급여충당부채는 제조와 판관비 항목으로 구분, 입력한다.
5. 미처분이익잉여금은 375.이월이익잉여금 계정으로 입력한다.
6. 대차차액이 「0」인지 여부를 확인한다.

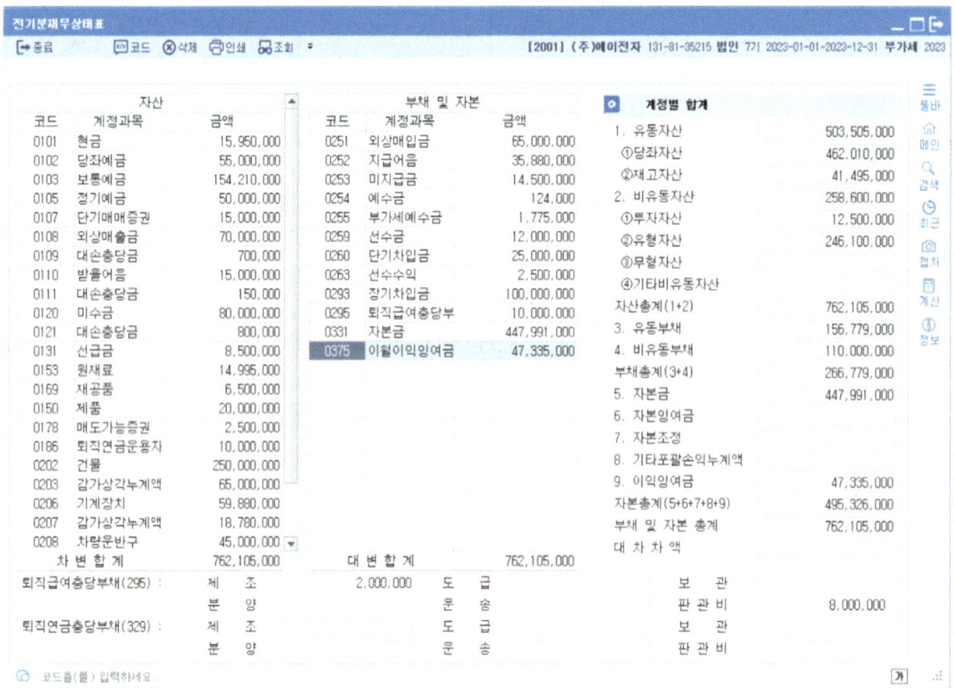

전기분재무상태표

종료 코드 삭제 인쇄 조회

[2001] (주)에이전자 131-81-35215 법인 7기 2023-01-01~2023-12-31 부가세 2023

자산 코드	계정과목	금액
0101	현금	15,950,000
0102	당좌예금	55,000,000
0103	보통예금	154,210,000
0105	정기예금	50,000,000
0107	단기매매증권	15,000,000
0108	외상매출금	70,000,000
0109	대손충당금	700,000
0110	받을어음	15,000,000
0111	대손충당금	150,000
0120	미수금	80,000,000
0121	대손충당금	800,000
0131	선급금	8,500,000
0153	원재료	14,995,000
0169	재공품	6,500,000
0150	제품	20,000,000
0178	매도가능증권	2,500,000
0186	퇴직연금운용자	10,000,000
0202	건물	250,000,000
0203	감가상각누계액	65,000,000
0206	기계장치	59,880,000
0207	감가상각누계액	18,780,000
0208	차량운반구	45,000,000
	차 변 합 계	762,105,000

부채 및 자본 코드	계정과목	금액
0251	외상매입금	65,000,000
0252	지급어음	35,880,000
0253	미지급금	14,500,000
0254	예수금	124,000
0255	부가세예수금	1,775,000
0259	선수금	12,000,000
0260	단기차입금	25,000,000
0263	선수수익	2,500,000
0293	장기차입금	100,000,000
0295	퇴직급여충당부	10,000,000
0331	자본금	447,991,000
0375	이월이익잉여금	47,335,000
	대 변 합 계	762,105,000

계정별 합계	
1. 유동자산	503,505,000
①당좌자산	462,010,000
②재고자산	41,495,000
2. 비유동자산	258,600,000
①투자자산	12,500,000
②유형자산	246,100,000
③무형자산	
④기타비유동자산	
자산총계(1+2)	762,105,000
3. 유동부채	156,779,000
4. 비유동부채	110,000,000
부채총계(3+4)	266,779,000
5. 자본금	447,991,000
6. 자본잉여금	
7. 자본조정	
8. 기타포괄손익누계액	
9. 이익잉여금	47,335,000
자본총계(5+6+7+8+9)	495,326,000
부채 및 자본 총계	762,105,000
대 차 차 액	

퇴직급여충당부채(295) :	제 조	2,000,000	도 급		보 관	
	분 양		운 송		판 관 비	8,000,000
퇴직연금충당부채(329) :	제 조		도 급		보 관	
	분 양		운 송		판 관 비	

코드를(를) 입력하세요.

2. 전기분 손익계산서

(1) 「455.제품매출원가」 입력

1) 「455.제품매출원가」를 검색하여 입력하면 입력창이 열림
2) 전기분 재무상태표에 입력된 「150.제품」이 기말제품재고액에 이미 반영되어 있으므로 「기초제품재고액」과 「당기제품제조원가」를 추가 입력
3) 손익계산서의 「당기순이익」은 장부마감 과정을 통해 재무상태표의 「미처분이익잉여금」과 이익잉여금처분계산서의 「Ⅰ.미처분이익잉여금」에 반영

(2) 계정과목 검색

1) 판매관리비(0801 ~ 0900)와 영업외손익(0901 ~ 0997)만 검색되고
2) 제조원가(0501 ~ 0600)는 검색되지 않음

(3) 재무상태표와 손익계산서의 연관 관계

㈜에이전자 재무상태표 20××.12.31

Ⅰ. 유동자산	Ⅰ. 부　채
1. 당좌자산	1. 유동부채
2. 재고자산	2. 비유동부채
Ⅱ. 비유동자산	Ⅱ. 자　본
1. 투자자산	1. 자본금
2. 유형자산	2. 자본잉여금
3. 무형자산	3. 기타포괄손익누계액
4. 기　타 비유동자산	4. 이익잉여금
	• 이익준비금
	• 기타법정적립금
	• 임의적립금
	• 미처분 이익잉여금 ← (Ⅹ. 당기순손익)
총자산	**총부채 및 총자본**

㈜에이전자 손익계산서 1.1 ~ 12.31

	Ⅰ. 매출액		××
(−)	Ⅱ. 매출원가		××
	1. 기초제품재고액	××	
	2. 당기제품제조원가	××	
	3. 기말제품재고액	××	
	Ⅲ. 매출총이익		××
(−)	Ⅳ. 판매비와관리비		××
	Ⅴ. 영업손익		××
(+)	Ⅵ. 영업외수익		××
(−)	Ⅶ. 영업외비용		××
	Ⅷ. 법인세비용차감전 순손익		××
(−)	Ⅸ. 법인세비용		××
	Ⅹ. 당기순손익		××

예제 1-6 전기분 손익계산서

다음 자료에 따라 ㈜에이전자의 『전기분 손익계산서』를 입력하시오.

손익계산서

㈜에이전자 제 5 기 20××년 01월 01일 ~ 12월 31일 단위 : 원

계 정 과 목	금 액	
1. 매 출 액		**487,410,000**
제 품 매 출	487,410,000	
2. 매 출 원 가		**330,510,000**
① 제품매출원가		**330,510,000**
기초제품 재고액	25,000,000	
당기제품제조원가	325,510,000	
기말제품 재고액	20,000,000	
3. 매 출 총 이 익		**156,900,000**
4. 판매비와관리비		**107,100,000**
급 여	55,000,000	
복 리 후 생 비	4,100,000	
통 신 비	2,500,000	
수 도 광 열 비	6,500,000	
세 금 과 공 과	2,500,000	
감 가 상 각 비	25,000,000	
임 차 료	6,000,000	
수 선 비	800,000	
차 량 유 지 비	400,000	
운 반 비	1,500,000	
도 서 인 쇄 비	1,000,000	
수 수 료 비 용	1,200,000	
잡 비	600,000	
5. 영 업 이 익		**49,800,000**
6. 영 업 외 수 익		**800,000**
이 자 수 익	800,000	
7. 영 업 외 비 용		**7,000,000**
이 자 비 용	5,500,000	
잡 손 실	1,500,000	
10. 당 기 순 이 익		**43,600,000**

해설

* 「455제품매출원가」를 검색하여 입력하면 입력창이 열린다.
기말 제품재고액은 전기분 재무상태표에 입력된 금액이 반영되어 있으므로 기초 제품재고액과 당기제품제조원가를 추가 입력한다.

매출원가

기초제품재고액		
당기제품제조원가	+	
매입환출및에누리	-	
매입할인	-	
타계정에서대체액	+	
타계정으로대체액	-	
관세환급금	-	
제품평가손실	+	
제품평가손실환입	-	
기말제품재고액	-	20,000,000
매출원가	=	-20,000,000

확인(Tab)

전기분손익계산서

종료 코드 삭제 인쇄 조회 [2001] (주)에이전자 131-81-35215 법인 7기 2023-01-01~2023-12-31 부가세 2023

F4 중단 F11 주식수

전기 제 006 기 2022 년 01 월 01 일 ~ 2022 년 12 월 31 일

코드	계정과목	금액
0404	제품매출	487,410,000
0455	제품매출원가	330,510,000
0801	급여	55,000,000
0811	복리후생비	4,100,000
0814	통신비	2,500,000
0815	수도광열비	6,500,000
0817	세금과공과	2,500,000
0818	감가상각비	25,000,000
0819	임차료	6,000,000
0820	수선비	800,000
0822	차량유지비	400,000
0824	운반비	1,500,000
0826	도서인쇄비	1,000,000
0831	수수료비용	1,200,000
0848	잡비	600,000
0901	이자수익	800,000
0951	이자비용	5,500,000
0980	잡손실	1,500,000

계정별합계

1.매출	487,410,000
2.매출원가	330,510,000
3.매출총이익(1-2)	156,900,000
4.판매비와관리비	107,100,000
5.영업이익(3-4)	49,800,000
6.영업외수익	800,000
7.영업외비용	7,000,000
8.법인세비용차감전순이익(5+6-7)	43,600,000
9.법인세비용	
10.당기순이익(8-9)	43,600,000
11.주당이익(10/주식수)	

코드를(를) 입력하세요.

3. 전기분 원가명세서

(1) 제조원가명세서

1) 제품의 생산과정에서 발생하는 제조원가를 집계하여 당기제품제조원가의 산정과정이 표시되는 제조업체의 필수 부속명세서

2) 재무제표는 아님

(2) 원가설정

1) KcLep은 도 · 소매업을 기본업종으로 하여 매출원가는 「451.상품매출원가」가 기본으로 설정되어 있으므로 업종이 다를 경우 원가를 설정해야 함

2) 전기분 원가명세서를 열면 「매출원가 및 경비선택」 창이 열림

* 열리지 않으면 화면 위 「원가설정」을 클릭하여 열면 된다.

3) 창의 설명을 참고하여 [편집 ⇆] 클릭하여

① 사용여부를 「1.여」로 수정한 후 [선택 ⇆] 클릭

② Enter↵

(3) 「501.원재료비」 입력

1) 「501.원재료비」를 검색하여 입력하면 입력창이 열림

2) 전기분 재무상태표에 입력된 「153.원재료」가 기말원재료재고액에 이미 반영되어 있으므로 「기초원재료재고액」과 「당기원재료매입액」을 추가 입력

3) 「기초재공품재고액」은 창 오른쪽에 직접 입력

4) 제조원가명세서의 「당기제품제조원가」는 손익계산서의 「455.제품매출원가」 산정과정에 반영

(4) 계정과목 검색

1) 제조원가(0501~0600)만 검색되고

2) 판매관리비(0801~0900)와 영업외손익(0901~0997)은 검색되지 않음

(5) 손익계산서와 제조원가명세서의 연관 관계

㈜에이전자 손익계산서 1.1 ~ 12.31

	Ⅰ. 매출액		××
(−)	Ⅱ. 매출원가		××
	1. 기초제품재고액	××	
	2. 당기제품제조원가	××	
	3. 기말제품재고액	××	
	Ⅲ. 매출총이익		××
(−)	Ⅳ. 판매비와관리비		××
	Ⅴ. 영업손익		××
(+)	Ⅵ. 영업외수익		××
(−)	Ⅶ. 영업외비용		××
	Ⅷ. 법인세비용차감전순손익		××
(−)	Ⅸ. 법인세비용		××
	Ⅹ. 당기순손익		××

㈜에이전자 제조원가명세서 1.1 ~ 12.31

	Ⅰ. 직접재료비		××
	1. 기초원재료재고액	××	
	2. 당기원재료매입액	××	
	3. 기말원재료재고액	××	
(+)	Ⅱ. 직접노무비		××
(+)	Ⅲ. 제조간접비		××
	Ⅳ. 당기총제조원가		××
(+)	Ⅴ. 기초재공품		××
(−)	Ⅵ. 기말재공품		××
	Ⅶ. 당기제품제조원가		××

예제 1-7 전기분 원가명세서

다음 자료에 따라 ㈜에이전자의 『전기분 원가명세서』를 입력하시오.

제조원가명세서

㈜에이전자 제 6 기 20××년 01월 01일 ~ 12월 31일 단위 : 원

계정과목	금 액	
1. 원재료비		**213,645,000**
기초원재료 재고액	6,000,000	
당기원재료 매입액	222,640,000	
기말원재료 재고액	14,995,000	
3. 노무비		**65,000,000**
임 금	65,000,000	
4. 경 비		**50,135,000**
복리후생비	15,850,000	
가스수도료	2,000,000	
전 력 비	3,585,000	
감가상각비	5,500,000	
임 차 료	6,500,000	
수 선 비	2,500,000	
보 험 료	1,200,000	
차량유지비	5,500,000	
소 모 품 비	7,500,000	

5. 당기총제조원가		328,780,000
6. 기초 재공품 재고액		3,430,000
8. 합 계		332,210,000
9. 기말 재공품 재고액		6,500,000
10. 타계정으로 대체액		200,000
11. 당기제품제조원가		325,510,000

해설

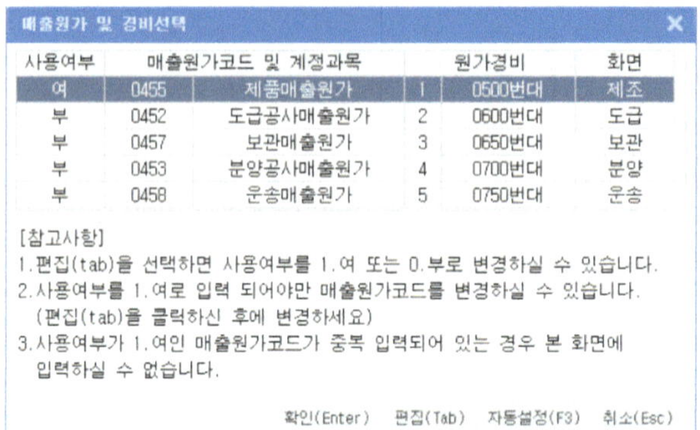

매출원가 및 경비선택

사용여부	매출원가코드 및 계정과목			원가경비	화면
여	0455	제품매출원가	1	0500번대	제조
부	0452	도급공사매출원가	2	0600번대	도급
부	0457	보관매출원가	3	0650번대	보관
부	0453	분양공사매출원가	4	0700번대	분양
부	0458	운송매출원가	5	0750번대	운송

[참고사항]
1.편집(tab)을 선택하면 사용여부를 1.여 또는 0.부로 변경하실 수 있습니다.
2.사용여부를 1.여로 입력 되어야만 매출원가코드를 변경하실 수 있습니다.
(편집(tab)을 클릭하신 후에 변경하세요)
3.사용여부가 1.여인 매출원가코드가 중복 입력되어 있는 경우 본 화면에 입력하실 수 없습니다.

확인(Enter) 편집(Tab) 자동설정(F3) 취소(Esc)

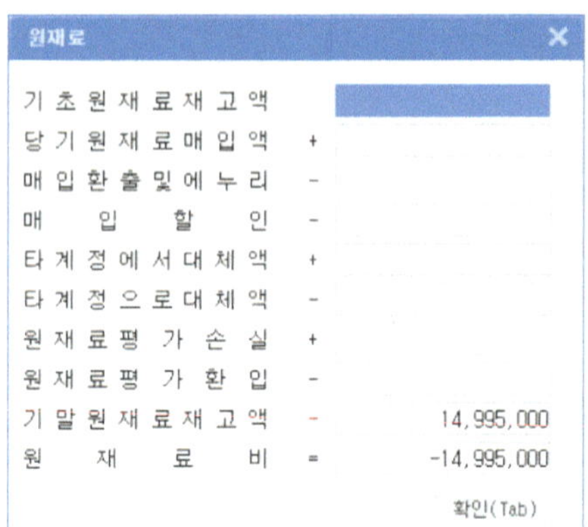

원재료

기초원재료재고액		
당기원재료매입액	+	
매입환출및에누리	-	
매입할인	-	
타계정에서대체액	+	
타계정으로대체액	-	
원재료평가손실	+	
원재료평가환입	-	
기말원재료재고액	-	14,995,000
원재료비	=	-14,995,000

확인(Tab)

전기분원가명세서

종료 코드 삭제 인쇄 조회

[2001] (주)에이전자 131-81-35215 법인 7기 2023-01-01~2023-12-31 부가세 2023

F4 원가설정 F8 합계재계산

0500번대 제조

2022년

코드	계정과목	금액
0501	원재료비	213,645,000
0504	임금	65,000,000
0511	복리후생비	15,850,000
0515	가스수도료	2,000,000
0516	전력비	3,585,000
0518	감가상각비	5,500,000
0519	임차료	6,500,000
0520	수선비	2,500,000
0521	보험료	1,200,000
0522	차량유지비	5,500,000
0530	소모품비	7,500,000

계정별합계	
1.원재료비	213,645,000
2.부재료비	
3.노무비	65,000,000
4.경비	50,135,000
5.당기총제조비용	328,780,000
6.기초재공품재고액	3,430,000
7.타계정에서대체액	
8.합 계	332,210,000
9.기말재공품재고액	6,500,000
10.타계정으로대체액	200,000
11.당기제품제조원가	325,510,000

4. 전기분 이익잉여금처분계산서

* 기본 재무제표는 「자본변동표」이며, 「이익잉여금처분계산서」는 기본 재무제표가 아니고 자본변동표에 대한 주석으로 기재할 수 있다.

(1) 「Ⅲ.이익잉여금처분액」에 반영될 금액은 없음

1) 「이익잉여금」 처분은 주주총회 의결사항

2) 이익잉여금의 처분 과정

① 결산 완료 후 「재무제표」가 작성되면 외부 회계감사와 내부감사 후 이사회에 보고

② 이사회는 「이익잉여금」의 처분계획을 세워 차기 초 주주총회를 소집하여 보고

③ 주주총회 결의를 통해 「이익잉여금」 처분이 확정

④ 이를 반영하여 『이익잉여금처분계산서』를 작성

3) 따라서, 결산일 현재 「이익잉여금」의 처분이 결정될 수 없음

(2) 전기분 이익잉여금처분계산서를 삭제할 경우

1) 툴바의 [기본 과목으로 변경]을 클릭하여 전기분 이익잉여금처분계산서의 내용을 초기화 가능
2) 입력된 내용을 초기화한 후 새로 입력

(3) 입력방법

1) 칸 추가 및 삭제

   입력 화면에 입력할 항목이 없는 경우 툴바의 [F4 칸추가]를 눌러 해당 항목 란에 칸을 추가하여 필요한 항목을 설정하여 입력

2) 「6.당기순이익」, 「합계(Ⅰ+Ⅱ)」, 「Ⅳ.차기이월미처분이익잉여금」란에 커서가 위치할 때 활성화

(4) 손익계산서와 이익잉여금처분계산서의 관계

㈜에이전자 손익계산서 1.1 ~ 12.31

	Ⅰ. 매출액		××
(−)	Ⅱ. 매출원가		××
	1. 기초제품재고액	××	
	2. 당기제품제조원가	××	
	3. 기말제품재고액	××	
	Ⅲ. **매출총이익**		××
(−)	Ⅳ. 판매비와관리비		××
	Ⅴ. **영업손익**		××
(+)	Ⅵ. 영업외수익		××
(−)	Ⅶ. 영업외비용		××
	Ⅷ. **법인세비용차감전순손익**		××
(−)	Ⅸ. 법인세비용		××
	Ⅹ. **당기순손익**		××

㈜에이전자 이익잉여금 처분계산서 1.1 ~ 12.31

	Ⅰ. **미처분이익잉여금**	××
	1. 전기이월미처분이익잉여금	
	…	
	6. 당기순이익	
(+)	Ⅱ. 임의적립금 등 이입액	××
	합 계	××
(−)	Ⅲ. 이익잉여금 처분액	××
	1. 이익준비금	
	…	
	4. 배당금	
	…	
	7. 배당평균적립금	
	Ⅳ. **차기이월미처분이익잉여금**	××

(5) 이익잉여금처분계산서와 재무상태표의 관계

㈜에이전자 재무상태표 20××.12.31

Ⅰ. 유동자산	Ⅰ. 부채
1. 당좌자산	1. 유동부채
2. 재고자산	2. 비유동부채
Ⅱ. 비유동자산	Ⅱ. 자본
1. 투자자산	1. 자본금
2. 유형자산	2. 자본잉여금
3. 무형자산	3. 기타포괄손익누계액
4. 기타비유동자산	4. 이익잉여금
	• 이익준비금
	• 기타법정적립금
	• 임의적립금
	• 미처분이익잉여금
총자산	**총부채 및 총자본**

㈜에이전자 이익잉여금 처분계산서 1.1 ~ 12.31

	Ⅰ. 미처분이익잉여금	××
(−)	1. 전기이월미처분이익잉여금	
	…	
	6. 당기순이익	
	Ⅱ. 임의적립금 등 이입액	××
	합 계	××
(−)	Ⅲ. 이익잉여금 처분액	××
	1. 이익준비금	
	…	
(+)	4. 배당금	
(−)	…	
	7. 배당평균적립금	
(−)	**Ⅳ. 차기이월미처분이익잉여금**	××

예제 1-8 전기분 이익잉여금처분계산서

다음 자료에 따라 ㈜에이전자의 『전기분 이익잉여금처분계산서』를 입력하시오.

이익잉여금처분계산서

제 6 기 20××년 01월 01일 ~ 12월 31일

㈜에이전자 처분확정일 20××년 02월 25일 단위 : 원

계정과목	금 액	
Ⅰ. 미처분이익잉여금		**47,335,000**
1. 전기이월미처분이익잉여금	3,735,000	
2. 회계변경의 누적효과		
3. 전기오류수정이익		
5. 중간배당액		
6. 당기순이익	43,600,000	
Ⅱ. 임의적립금 등의 이입액		**0**
1.		
2.		
합 계 (Ⅰ + Ⅱ)		**47,335,000**
Ⅲ. 이익잉여금 처분액		**0**

1. 이익준비금		
2, 재무구조개선적립금		
3. 주식할인발행차금 상각액		
4. 배당금		
가. 현금배당		
나. 주식배당		
5. 사업확장적립금		
6. 감채적립금		
7. 배당평균적립금		
8. 기업합리화적립금		
Ⅳ. 차기이월미처분이익잉여금		**47,335,000**

해설

전기분잉여금처분계산서

종료 인쇄 조회 [2001] (주)에이전자 131-81-35215 법인 7기 2023-01-01~2023-12-31 부가세 2023

F4 F6 불러오기 CF3 기본 과목으로 변경

처분확정일자 : 2023 년 2 월 25 일

과목	계정과목명		제 6(전)기 2022년01월01일~2022년12월31일 금액	
	코드	계정과목	입력금액	합계
I. 미처분이익잉여금				47,335,000
1. 전기이월미처분이익잉여금			3,735,000	
2. 회계변경의 누적효과	0369	회계변경의누적효과		
3. 전기오류수정이익	0370	전기오류수정이익		
4. 전기오류수정손실	0371	전기오류수정손실		
5. 중간배당금	0372	중간배당금		
6. 당기순이익			43,600,000	
II. 임의적립금 등의 이입액				
1.				
2.				
합계(I + II)				47,335,000
III. 이익잉여금처분액				
1. 이익준비금	0351	이익준비금		
2. 재무구조개선적립금	0354	재무구조개선적립금		
3. 주식할인발행차금상각액	0381	주식할인발행차금		
4. 배당금				
가. 현금배당	0265	미지급배당금		
주당배당금(률)		보통주(원/%)		
		우선주(원/%)		
나. 주식배당	0387	미교부주식배당금		
주당배당금(률)		보통주(원/%)		
		우선주(원/%)		
5. 사업확장적립금	0356	사업확장적립금		
6. 감채적립금	0357	감채적립금		

합계율(률) 입력하세요.

제6절 거래처별 초기이월

Guide

계속된 회사의 경우 「마감후이월」 메뉴를 이용하여 이월하면 거래처별 잔액이 자동으로 반영되지만 전기까지는 수동으로 회계처리하고 당기부터 프로그램을 이용하여 회계처리하는 등의 경우에는 채권·채무 관련 계정의 거래처별 잔액을 이월받아 관리의 연속성을 유지시켜야 한다.

1. 장부구조

회계는 회사에서 일어나는 회계거래를 체계적으로 기록하여 관리하는 과정이므로 장부구조를 세분화하여 관리

(1) 주요부

분개장, 총계정원장

(2) 보조부

1) 보조원장

매출장, 매입장, 현금출납장, 받을어음기입장, 지급어음기입장 등

2) 보조기입장

매출처원장, 매입처원장, 상품재고장

* KcLep은 매출처원장, 매입처원장을 「거래처원장」에서 관리하고 있다.
「상품재고장」은 재고자산의 입고 및 출고를 관리하는 장부로서 회계장부는 아니다.

(3) 전표에 분개하면 계정과목과 거래처 등이 코드로 연결되어 관련된 보조장부에 자동으로 반영

2. 입력방법

(1) 전기분 재무상태표가 입력된 후 입력

1) 툴바의 [F4 불러오기]를 클릭하여 재무상태표의 자료를 불러옴

① 입력 창 왼쪽에 『재무상태표』의 자료가 나타나고 계정과목별로 차액이 나타남

② 거래처별 금액을 관리할 필요가 있는 계정과목을 선택한 후 [Tab]을 눌러 입력 창 오른쪽으로 커서 이동

③ 거래처별로 금액을 입력하여
거래처별 금액의 합계 = 재무상태표의 금액 → 「차액금액」이 「0」이 됨
거래처별 금액의 합계 ≠ 재무상태표의 금액 → 「차액금액」이 빨간색으로 나타남

2) F2를 눌러 거래처별 금액을 관리할 필요가 있는 계정과목을 검색해서 입력해도 됨

예제 1-9 거래처별 초기이월

다음 자료에 따라 「거래처원장」과 「계정별원장」에 반영되도록 거래처별로 초기이월하시오.

계정과목	재무상태표 금액	거 래 처	금 액
당좌예금	55,000,000	기업은행	55,000,000
보통예금	154,210,000	하나은행	154,210,000
외상매출금	70,000,000	㈜우진	10,250,000
		구암전자	36,150,000
		㈜토즈상사	23,600,000
받을어음	15,000,000	㈜마포	7,000,000
		㈜남촌전자	8,000,000
미수금	80,000,000	㈜봄꽃상사	2,000,000
		㈜렉스	78,000,000
선급금	8,500,000	현대자동차	2,200,000
		㈜삼성	4,400,000
		정풍상사	550,000
		㈜토즈상사	1,350,000
외상매입금	65,000,000	마로전자	9,240,000
		향토전자	20,000,000
		㈜증평	25,760,000
		본가전자	10,000,000
지급어음	35,880,000	㈜티제이전자	18,000,000
		㈜현대전자	17,880,000
미지급금	14,500,000	㈜강골전자	4,500,000
		로즈전자	5,000,000
		명가전자	5,000,000
선수금	12,000,000	케네디상사	12,000,000
단기차입금	25,000,000	국민은행	25,000,000
장기차입금	100,000,000	국민은행	100,000,000

해설

* 재무상태표 금액과 거래처별 금액의 합계가 일치하여 「차액」이 '0'이 되어야 한다.

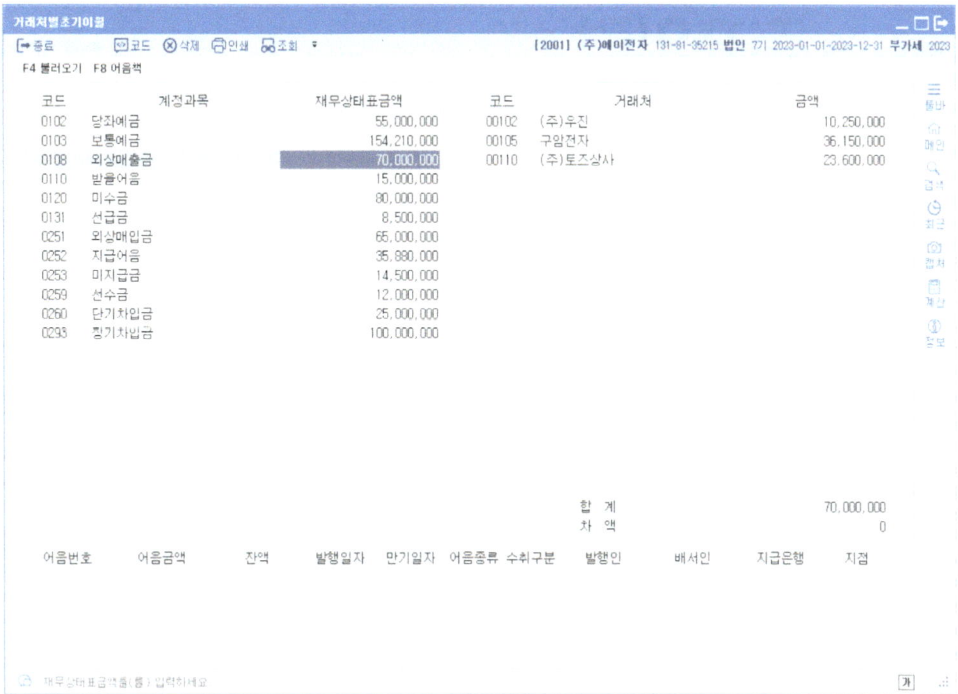

제7절 마감후 이월

1. 마감과정

(1) 수익 · 비용 계정 잔액을 「0」으로 하여 정리하고 손익계정을 자본으로 대체

(2) 자산 · 부채 · 자본 계정 잔액을 차기이월

2. 마감후 이월 과정

(1) 「마감일자/이월일자」는 자동으로 표시되므로 직접 입력할 필요 없음

(2) [이월목록]에서 마감하고자 하는 항목을 선택하고 [F6 마감실행] 클릭

* 마감 완료 후에는 전표의 추가입력, 수정 · 삭제 불가능

(3) 「마감후이월」 후에 전표 누락 등으로 인해 전표수정이 불가피한 경우 [F11 마감취소]를 클릭하여 마감을 해제한 후 수정

Chapter 2

전표입력

제1절 일반전표 입력

Guide

KcLep은 전표를 둘로 나누어 「일반전표」에는 「부가가치세」와 관련 없는 거래를, 「매입매출전표」에는 「부가가치세」와 관련된 거래를 입력한다. KcLep은 계정과목과 거래처 등이 모두 코드로 연결되므로 이에 주의하여 정확히 입력해야 관련 장부에 반영된다. 두 전표의 입력방법은 대체로 유사하며 「매입매출전표」에 입력한 자료는 일반 장부 외에 「부가가치세 관련 서식」에 추가 반영되는 점이 다르다.

1. 회계순환과정

(1) 재무제표를 작성하기까지의 일련의 과정

(2) 전산회계 시스템은 「회계순환과정」을 프로그램화한 것에 불과하므로 실습 · 실무에서도 이 과정 중에 어느 단계의 작업인지를 파악하는 것이 중요

(3) 시스템의 차이

1) 수기 시스템은 장부 마감 후 재무제표 작성

2) 전산회계 시스템은 재무제표 작성 후 장부 마감

* 전산회계 시스템에서는 분개를 반영하면 「회계순환과정」에 따라 재무제표에까지 자동 반영

회계거래 ↓	• 회계거래인지 여부 판단
회계처리 (분개장) ↓	• 일반전표 및 매입매출전표 → 분개장에 반영
전기 (총계정원장) ↓	
수정전시산표 ↓	• 현금주의 : 결산예비절차
기말수정분개 ↓	• 현금주의를 발생주의로 전환
수정후시산표 ↓	• 발생주의
장부마감 ↓	• I/S 계정 마감 → B/S 계정 마감
재무제표 작성	• 재무상태표 · 손익계산서

(4) 일반전표와 매입매출전표 입력과정은 「회계순환과정」 중 회계거래 ~ 전기까지의 과정으로 입력 작업에서 가장 중요한 과정

2. 화면구성

(1) 날짜

1) 월, 일을 모두 지정하면 특정일의 분개만 입력 가능
2) 월만 지정하면 별도로 일자를 입력하면서 분개해야 함

(2) 전표번호

1) 일자별로 「00001」부터 자동으로 부여
2) 대체전표는 1개의 전표로서 같은 번호가 부여되고 대차가 일치하면 다음 번호 부여
3) 하나의 전표에 다른 번호가 부여되어 대차가 일치하지 않는 경우
   툴바의 [번호수정]을 클릭한 후 전표번호를 수정

(3) 전표구분 : 3전표제를 사용, [알림]을 참고하여 전표 유형을 입력

1) 현금전표 1. 출 금 2. 입 금 (차변 또는 대변에 현금이 고정)
2) 대체전표 3. 차 변 4. 대 변
3) 결산전표 5. 결산차변 6. 결산대변

* 분개를 할 때 반드시 어느 전표를 사용해야만 하는 것은 아니다. 다만, 현금 입금 · 출금 거래의 경우에는 현금전표를 사용하면 차변과 대변에 한번만 입력하면 되므로 능률적이다.

* 결산전표는 기말수정분개 항목을 자동분개로 반영할 때 사용하므로 전표를 입력할 때에 사용할 일은 없다.

4) 급여 100원을 현금 지급한 경우

① 출금전표로 입력한 경우 : 대변에 「현금 100」이 고정되므로 차변만 입력

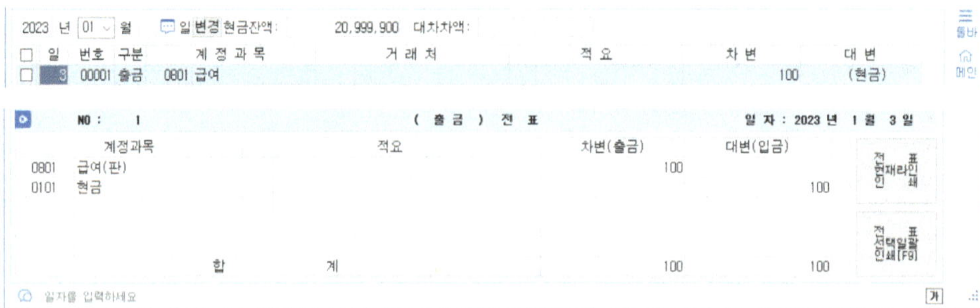

② 대체전표로 입력한 경우

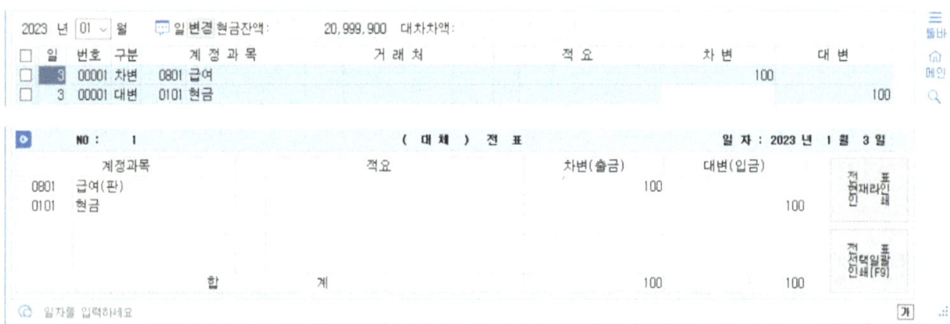

(4) 단축키 활용

1) [F4 복사]

* 매월 급여자료가 동일한 경우 등 매월 반복되는 거래에 이 기능을 이용하면 편리하다.

① 복사하고자 하는 전표를 선택한 후 원하는 일자로 복사

② 해당 기수 내에서만 복사 및 이동이 가능 (20×1년의 전표를 20×2년으로 복사 불가)

2) [F6 검색]

검색 조건을 부여하여 조건에 맞는 전표 검색 가능

3) [F6 검색] → [대차차액검색]

① 분개의 대차가 일치하지 않는 전표를 찾을 경우

② 「대차차액전표」를 찾아 수정하고 복귀하면 됨

* 「대차차액 자동입력」 기능

차변 금액을 입력하고 그에 상응하는 대변 금액을 입력할 때 Space Bar 를 누르면 금액이 자동으로 생성된다. 대차가 맞지 않는 경우에 금액을 수정할 때에도 사용하면 편리하다.

4) [전표삽입]

① 동일한 전표 사이에 「계정과목」을 추가하려고 할 때 사용

② 급여 지급 거래에 대하여 당기분 임금 1,000원이 누락된 경우 「504.임금」 계정을 라인 사이에 추가할 경우 계정과목을 추가하려는 자리 다음 라인을 클릭하고 [전표삽입]을 클릭하면 새로운 라인이 추가

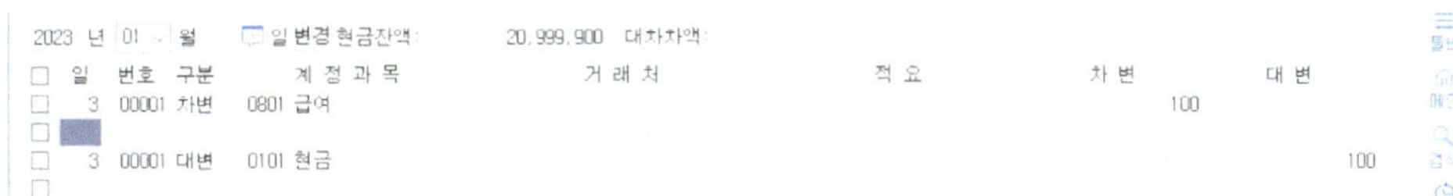

5) [삭제한데이터]

삭제된 데이터를 검색할 경우 사용

6) [데이터복구]

삭제된 데이터 검색 후 삭제된 데이터를 복구할 경우 사용

7) [휴지통비우기]

삭제된 데이터 검색 후 삭제된 데이터를 완전히 삭제할 경우 사용

3. 입력방법

* 자료를 입력할 때 프로그램 기능을 사용하여 수정할 수 있지만 ⓧ 또는 F5를 클릭하여 삭제한 후 다시 입력하는 것이 능률적이다.

(1) 계정과목

1) 계정과목 코드를 알면 직접 코드를 입력

2) 계정과목 코드를 모르면 을 클릭하거나 F2를 눌러 검색창에서 검색하여 입력

3) 코드란에 계정과목 두 자 정도를 입력하여 검색한 후 입력

4) 계정과목을 검색할 때 코드가 다른 같은 계정과목이 검색되는 경우

① 「계정체계」에서 어느 코드 범위의 계정과목인지 확인하여 입력

② 매도가능증권의 경우

- 당좌자산 「123.매도가능증권」
- 투자자산 「178.매도가능증권」

5) 입력이 다 되면 차변 금액과 대변 금액이 일치하여 「대차차액」이 「0」이 되어야 하고, 일치하지 않으면 화면 위 「대차차액」 금액이 나타나므로 수정하면 됨

(2) 거래처

1) 채권 · 채무는 거래처별로 관리하기 위해 「거래처원장」에 반영되도록 계정과목에 거래처를 코드로 등록하여 입력

* KcLep은 코드로 연결되므로 거래처를 코드 없이 입력하면 「거래처원장」에 반영되지 않는다.

2) 자주 사용하지 않거나 관리할 필요 없는 거래처는 코드 없이 입력해도 됨

3) 전표를 입력하면서 새로운 거래처를 등록할 경우

① 「기초정보관리」 - 「거래처등록」에서 입력

② 거래처 코드 란에서 [+]를 누르거나 「00000」을 입력하고 새로운 거래처명을 입력한 후 [Enter↵]를 누르면 등록 창이 열림

→ 등록하고자 하는 코드를 입력하고 [수정 [⭾]] 클릭

→ 거래처의 사업자등록을 확인하여 입력한 후 [Esc] 또는 [⭾] 클릭하여 완료

(3) 적요

1) 적요 란에 커서가 위치하면 「계정과목및적요등록」에 등록된 내용이 나타나므로 적절한 번호를 선택하여 입력

2) 「적요」는 거래내용을 파악하기 위한 설명 문구로서 실무에서는 적절히 활용해야 하지만 시험 목적으로는 생략하도록 하고 있음

3) 다른 장부 · 서식에 관련되는 「고정적요」 및 「8.타계정으로대체액 손익계산서(원가명세서) 반영분」 등은 반드시 입력해야 함

예제 2-1 일반전표 입력

㈜에이전자의 거래내역에 대하여 다음에 주의하여 「일반전표」에 회계처리 하시오.

* 주의사항
  1. 채권과 채무 계정에 대해서는 관련된 거래처 코드를 선택하는 방법으로 반드시 입력한다.
  2. 부가가치세는 무시하고 일반적인 적요의 등록은 생략한다.
  3. 유형자산과 무형자산 취득 거래에 대해서는 감가상각을 위한 고정자산 간편 등록은 생략한다.

해설

1. 1월 1일

기초 재무상태표의 선수수익은 전기말에 결산을 하면서 기계 임대료 수익의 당기분을 대체한 것이다.
이에 대한 기초 재수정 분개를 하시오.

대체	(차) 선수수익	2,500,000	(대) 904.임대료	2,500,000

* ㈜에이전자는 제조업체이므로 임대료는 영업외수익에 해당한다.
  전기에 기말수정분개를 추정하면 다음과 같다. 회계기간이 바뀌었으므로 당기 수익에 반영하기 위한 기초 재수정분개를 위와 같이 해야 한다.

대체	(차) 904.임대료	2,500,000	(대) 선수수익	2,500,000

2. 1월 5일

한성상사로부터 원재료를 구입하기로 하고 계약금 100,000원을 현금으로 지급하였다.
한성상사를 다음 자료에 따라 신규 등록하시오.
거래처 코드 213번, 220-08-37596, 대표자 백희숙, 업태 : 도 · 소매, 종목 : 전기자재

1.출금	(차) 선급금 (한성상사)	100,000	(대) 현 금	100,000

* 거래처 코드 란에서 [+]를 누르거나 「00000」을 입력하고 새로운 거래처명을 입력한 후 [Enter↵]를 누르면 등록 창이 열린다.

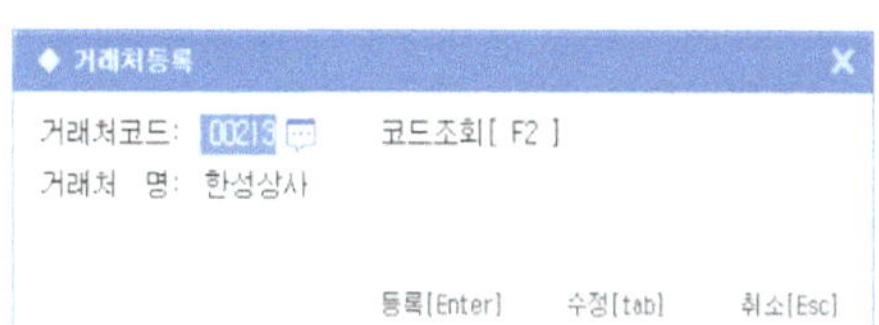

등록하고자 하는 코드를 입력하고 [수정 [Tab]]을 클릭하여 거래처의 사업자등록을 확인하여 입력한 후 [Esc] 또는 [Tab] 클릭하여 완료한다.

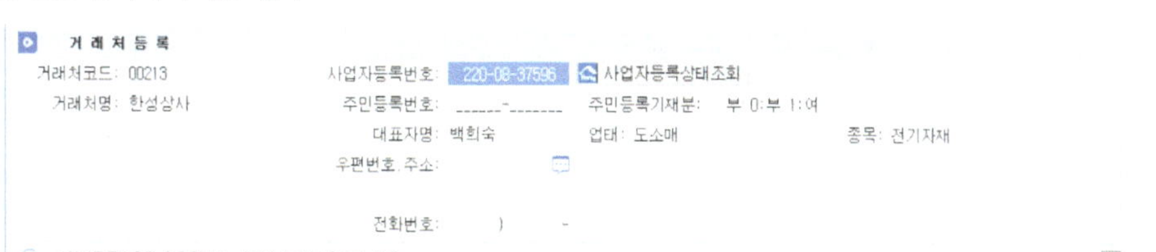

3. 1월 7일

국민은행으로부터 현금 11,000,000원을 차입(만기 1년, 이자율 연 5%)하여 국민은행 보통예금 계좌에 입금하였다.

대체	(차) 보통예금 (국민은행)	11,000,000	(대) 단기차입금 (국민은행)	11,000,000

4. 1월 9일

사무용품(관리용 120,000원, 공장용 100,000원)을 현금 구입하고 비용처리 하였다.

대체	(차) 830.소모품비	120,000	(대) 현 금	220,000
	530.소모품비	100,000		

* 「1.출금」 전표로 입력할 경우에는 2개의 분개로 나누어 입력하면 된다.

5. 1월 10일

관리부의 전화요금, 인터넷 사용료 및 유선 TV 사용료 120,000원을 현금으로 지급하였다.

1.출금	(차) 814.통신비	120,000	(대) 현 금	120,000

6. 1월 10일

㈜우진에 대한 외상매출금 5,000,000원을 하나은행 보통예금 계좌로 이체 받았다.

대체	(차) 보통예금 (하나은행)	5,000,000	(대) 외상매출금 (㈜우진)	5,000,000

7. 1월 11일

㈜증평에 대한 외상매입금 4,000,000원을 하나은행 보통예금 계좌에서 이체하여 지급하였다.

대체	(차) 외상매입금 (㈜증평)	4,000,000	(대) 보통예금 (하나은행)	4,000,000

8. 1월 20일

공장 직원의 시내 출장비 7,000원을 현금 지급하였다.

1.출금	(차) 512.여비교통비	7,000	(대) 현 금	7,000

9. 1월 25일

직전연도 제2기 부가가치세 확정신고분 부가가치세 1,775,000원을 하나은행 보통예금 계좌에서 납부하였다. 신고 당시 공제받을 매입세액이 없어 매출세액과 매입세액을 정리하는 회계처리를 생략하여 장부에는 「부가가치세 예수금」 잔액이 그대로 남아있다.

대체	(차) 부가세예수금	1,775,000	(대) 보통예금 (하나은행)	1,775,000

* 일반적으로 부가가치세의 신고 및 납부에 대한 회계처리는 다음과 같다.

12.31	(차) 부가세예수금	×××	(대) 부가세대급금 미지급세금	××× ×××
1.25	(차) 미지급세금	×××	(대) 현 금	×××

그러나, 공제받을 매입세액(부가세대급금)이 없어 12월 31일에 부가가치세 정리에 대한 회계처리를 생략하였으므로 위와 같이 회계처리한 것이다.

10. 1월 27일

공장에서 사용하는 트럭의 타이어를 교체하고 150,000원을 현금 지급하였다.

1.출금	(차) 522.차량유지비	150,000	(대) 현 금	150,000

* 수익적 지출에 해당하므로 비용으로 처리한다. 「520.수선비」 계정을 사용해도 된다.

11. 1월 28일

마로전자에 대한 외상매입금 9,240,000원을 하나은행 보통예금 계좌에서 이체하여 지급하였다.

대체	(차) 외상매입금 (마로전자)	9,240,000	(대) 보통예금 (하나은행)	9,240,000

12. 1월 28일

1월분 종업원에 대한 급여 내역은 다음과 같으며 실지급액은 하나은행 보통예금 계좌에서 지급하였다. 회계처리를 하고 3월, 5월, 7월 28일에 복사하여 회계처리를 반영하시오. 매월의 급여 지급내역은 같다.

구 분	급 여	소득세 등 예수금	실지급액
영업 · 관리직	5,000,000원	90,000원	4,910,000원
생산직	4,800,000원	85,000원	4,715,000원
계	9,800,000원	175,000원	9,625,000원

대체	(차) 801.급여 504.임금	5,000,000 4,800,000	(대) 예수금 보통예금 (하나은행)	175,000 9,625,000

* 회계처리한 후 해당 분개를 체크(✓)하고, F4복사 키를 눌러 복사일자(3월 28일 …)를 지정한 후 확인 ⇥키를 눌러 해당 일자에 반영한다.

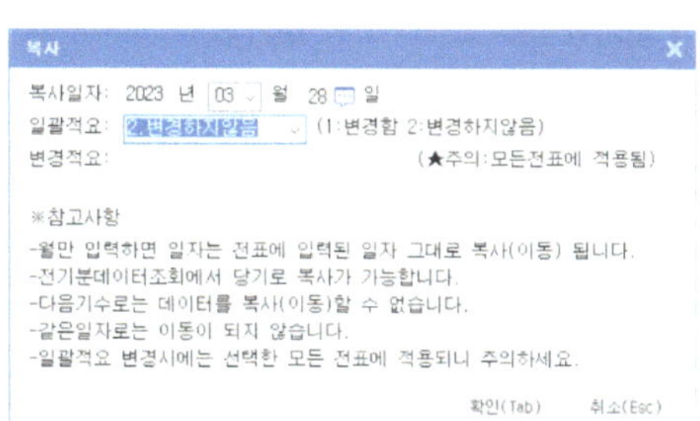

13. 1월 29일

자동차 면허세를 현금 납부하였다.

영업부 차량 138,000원 생산부 차량 156,000원

대체	(차) 817.세금과공과 517.세금과공과	138,000 156,000	(대) 현 금	294,000

* 「1.출금전표」로 입력해도 된다.

14. 1월 30일

구암전자에 대한 외상매출금 16,000,000원을 회수하면서 당사의 하나은행 보통예금 계좌로 이체받았다.

대체	(차) 보통예금 (하나은행)	16,000,000	(대) 외상매출금 (구암전자)	16,000,000

15. 2월 8일

관리부에서 사용할 사무용 문구류 40,800원과 공장용 소모 자재대 70,300원을 현금 구입하고 비용처리 하였다.

1.출금	(차) 830.소모품비 530.소모품비	40,800 70,300	(대) 현 금	111,100

* 「대체전표」로 입력해도 된다.

16. 2월 10일

㈜현대전자의 지급어음 17,880,000원의 만기가 도래하여 기업은행 당좌수표를 발행하여 지급하였다.

대체	(차) 지급어음 (㈜현대전자)	17,880,000	(대) 당좌예금 (기업은행)	17,880,000

17. 2월 10일

소득세 등 예수금과 건강보험료 회사 부담분 (영업 · 관리직 55,000원, 생산직 48,000원을 함께 국민은행 보통예금에서 계좌이체 방법으로 납부하였다.

1월의 급여 자료를 참고하되 건강보험료 회사 부담분은 「복리후생비」 계정으로 회계처리 한다.

대체	(차) 예수금 811.복리후생비 511.복리후생비	175,000 55,000 48,000	(대) 보통예금 (국민은행)	278,000

* 일반적으로 국민연금 회사 부담분은 「세금과공과」 계정을, 건강보험 회사 부담분은 「복리후생비」 계정을 사용하여 회계처리 한다.
* 소득세예수금, 국민연금예수금, 건강보험료예수금으로 별도 계정을 등록하여 사용해도 좋다.

18. 2월 19일

관리부서와 생산부서의 신문구독료 10,000원씩 현금으로 지급하였다.

1.출금	(차) 826.도서인쇄비 526.도서인쇄비	10,000 10,000	(대) 현 금	20,000

19. 2월 25일

정기 주주총회가 열렸으며 주주 결의에 따라 재무제표가 확정되고 「미처분이익잉여금」의 처분내역이 다음과 같이 확정되었다. 이에 대한 회계처리를 하고, 『전기분 이익잉여금처분계산서』에 반영하시오.

① 현금배당 3,000,000원 이익준비금 적립 300,000원

② 주식배당 1,000,000원

대체	(차) 375.이월이익잉여금	4,300,000	(대) 미지급배당금 이익준비금 미교부주식배당금	3,000,000 300,000 1,000,000

* 『전기분 이익잉여금처분계산서』의 해당 란에 처분내역을 반영한다.
따라서, 『이익잉여금처분계산서』는 주주총회 결의시점에서 최종 완성된다.

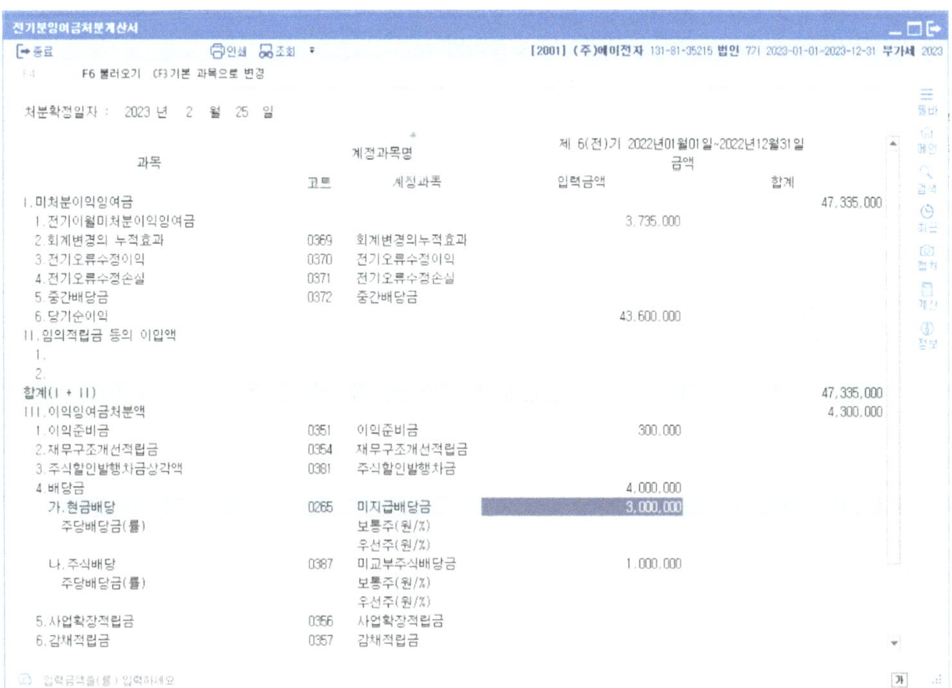

전기분잉여금처분계산서

종료 인쇄 조회 [2001] (주)에이전자 131-81-35215 법인 7기 2023-01-01~2023-12-31 부가세 2023

F6 불러오기 CF3 기본 과목으로 변경

처분확정일자 : 2023 년 2 월 25 일

과목	계정과목명 코드	계정과목명 세칭과목	제 6(전)기 2022년01월01일~2022년12월31일 금액 입력금액	합계
I.미처분이익잉여금				47,335,000
1.전기이월미처분이익잉여금			3,735,000	
2.회계변경의 누적효과	0369	회계변경의누적효과		
3.전기오류수정이익	0370	전기오류수정이익		
4.전기오류수정손실	0371	전기오류수정손실		
5.중간배당금	0372	중간배당금		
6.당기순이익			43,600,000	
II.임의적립금 등의 이입액				
1.				
2.				
합계(I + II)				47,335,000
III.이익잉여금처분액				4,300,000
1.이익준비금	0351	이익준비금	300,000	
2.재무구조개선적립금	0354	재무구조개선적립금		
3.주식할인발행차금상각액	0381	주식할인발행차금		
4.배당금			4,000,000	
가.현금배당	0265	미지급배당금	3,000,000	
주당배당금(률)		보통주(원/%)		
		우선주(원/%)		
나.주식배당	0387	미교부주식배당금	1,000,000	
주당배당금(률)		보통주(원/%)		
		우선주(원/%)		
5.사업확장적립금	0356	사업확장적립금		
6.감채적립금	0357	감채적립금		

입력금액을(를) 입력하세요

20. 2월 27일

적십자회비 55,000원을 현금으로 납부하였다.

1.출금	(차) 817.세금과공과	55,000	(대) 현 금	55,000

* 적십자 회비는 특례기부금이므로 「953.기부금」 계정을 사용해도 좋다.

21. 3월 10일

㈜남촌전자에 대한 받을어음 8,000,000원에 대하여 어음할인을 하면서 할인료로 450,000원을 부담하고 잔액은 국민은행 보통예금에 입금되었다. 이 거래는 매각거래로 분류되었다.

대체	(차) 보통예금 (국민은행)	7,550,000	(대) 받을어음 (㈜남촌전자)	8,000,000
	매출채권처분손실	450,000		

* 어음할인 거래가 차입거래로 분류되었다면 분개는 다음과 같다.

대체	(차) 보통예금 (국민은행)	7,550,000	(대) 단기차입금 (국민은행)	8,000,000
	이자비용	450,000		

22. 3월 20일

2월 25일에 주주총회 결의에 따라 확정된 현금배당금을 국민은행 보통예금 계좌에서 이체하여 지급하였으며 주식배당에 대하여 주권을 발행하여 교부하였다.

대체	(차) 미지급배당금	3,000,000	(대) 보통예금 (국민은행)	3,000,000
	미교부주식배당금	1,000,000	자본금	1,000,000

23. 3월 21일

생산부서의 전력요금 2,000,000원과 공장 사무실의 난방용 유류대 198,000원을 하나은행 보통예금 계좌에서 이체하여 지급하였다.

대체	(차) 516.전력비	2,000,000	(대) 보통예금 (하나은행)	2,198,000
	515.가스수도료	198,000		

24. 3월 22일

관리부서의 업무용 인터넷사용료, 전화요금, TV 수신료 합계 105,200원을 현금으로 납부하였다.

1.출금	(차) 814.통신비	105,200	(대) 현 금	105,200

25. 4월 7일

영업사원 박성실의 부산 출장비로 300,000원을 현금 지급하였다.
박성실은 거래처등록 하지 않고 간단히 메모한다.

1.출금	(차) 134.가지급금 (박성실)	300,000	(대) 현 금	300,000

* 출장비를 지급하는 시점에는 증명서류 등이 없어 「여비교통비」 계정으로 회계처리하면 안 된다.

26. 4월 10일

박성실이 출장에서 돌아와 영수증 등 증명서류를 제출한 금액은 260,000원이었으며 잔액은 현금으로 반납하였다.

대체	(차) 812.여비교통비 현 금	260,000 40,000	(대) 134.가지급금 (박성실)	300,000

27. 4월 16일

관리부서의 도시가스요금 52,000원을 현금으로 납부하였다.

1.출금	(차) 815.수도광열비	52,000	(대) 현 금	52,000

28. 4월 20일

영업부에서 사용할 사무용품 196,000원과 공장용 소모자재대 203,000원을 현금 구입하고 비용처리 하였다.

1.출금	(차) 830.소모품비 530.소모품비	196,000 203,000	(대) 현 금	399,000

29. 4월 22일

생산부 직원이 시내 출장비로 택시비 20,000원에 대한 영수증을 첨부하여 청구하여 현금으로 지급하였다.

1.출금	(차) 512.여비교통비	20,000	(대) 현 금	20,000

30. 4월 23일

영업부서에서 매출거래처 직원과 식사를 하고 식대 200,000원을 비씨카드로 결제하고 「신용카드매출전표」를 발급받았다.

대체	(차) 813.접대비	200,000	(대) 미지급금 (비씨카드)	200,000

* 회사가 카드 결제한 경우 카드회사가 대금을 지급한 후 회사로부터 회수하므로 「미지급금」에 대한 거래처는 카드회사로 입력한다.

31. 5월 4일

야근하는 사원들을 위해 피자헛에서 피자를 다음과 같이 주문하고 비씨카드로 결제하였다.

영업부서 100,000원 생산부서 150,000원

대체	(차) 811.복리후생비 511.복리후생비	100,000 150,000	(대) 미지급금 (비씨카드)	250,000

32. 5월 19일

향토전자에 대한 외상매입금 4,345,000원을 하나은행 보통예금 계좌에서 이체하여 지급하였다.

대체	(차) 외상매입금 (향토전자)	4,345,000	(대) 보통예금 (하나은행)	4,345,000

33. 5월 31일

마로전자의 주식 3,500,000원을 투자 목적으로 취득하였다. 대금은 국민은행 보통예금 통장에서 이체하여 지급하였으며 수수료 1,000원은 현금 지급하였다.

대체	(차) 178.매도가능증권	3,501,000	(대) 보통예금 (국민은행)	3,500,000
			현 금	1,000

* 투자 목적으로 취득하였으므로 투자자산 코드 범위내의 「178.매도가능증권」 계정을 사용해야 한다. 당좌자산 코드 범위내의 「123.매도가능증권」을 사용하지 않도록 주의한다.

34. 6월 23일

생산부서에서 원재료 매입처 직원과 식사를 하고 식대 65,000원을 비씨카드로 결제하고 「신용카드매출전표」를 발급받았다.

대체	(차) 513.접대비	65,000	(대) 미지급금 (비씨카드)	65,000

35. 6월 25일

회계부서에서 사용할 소모성 비품 46,600원과 공장용 소모품 105,300원을 현금으로 구입하고 비용처리하였다.

1.출금	(차) 830.소모품비	46,600	(대) 현 금	151,900
	530.소모품비	105,300		

36. 6월 30일

본가전자에 대한 외상매입금 10,000,000원을 하나은행 보통예금 계좌에서 이체하여 지급하였다.

대체	(차) 외상매입금 (본가전자)	10,000,000	(대) 보통예금 (하나은행)	10,000,000

37. 7월 7일

공장분 주민세 62,500원을 현금으로 납부하였다.

1.출금	(차) 517.세금과공과	62,500	(대) 현 금	62,500

38. 7월 12일

비씨카드의 카드대금 515,000원이 국민은행 보통예금 계좌에서 자동이체 되었다.

대체	(차) 미지급금 (비씨카드)	515,000	(대) 보통예금 (국민은행)	515,000

39. 7월 22일

영업사원 박성실에게 현금 300,000원을 가불해 주었다.

1.출금	(차) 임직원등단기채권 (박성실)	300,000	(대) 현 금	300,000

* 가불금은 급여를 지급할 때 정산한다.

40. 7월 28일

급여 지급시 박성실에 대한 가불금 300,000원과 상계하였다.
가불금을 반영하여 앞서 복사하여 입력한 급여지급 분개를 수정하시오.

대체	(차) 801.급여	5,000,000	(대) 예수금	175,000
	504.임금	4,800,000	임직원등단기채권 (박성실)	300,000
			보통예금 (하나은행)	9,325,000

* [전표삽입] 기능을 활용하여 반영된 분개를 수정한다.

41. 8월 1일

안성상사와 제품 판매계약을 하고 계약금 1,000,000원을 하나은행 보통예금 계좌루 이체 받았다.

대체	(차) 보통예금 (하나은행)	1,000,000	(대) 선수금 (안성상사)	1,000,000

42. 8월 20일

전기에 명가전자에서 외상으로 구입한 기계장치의 구입대금 5,000,000원을 기업은행 당좌수표를 발행하여 지급하였다.

대체	(차) 미지급금 (명가전자)	5,000,000	(대) 당좌예금 (기업은행)	5,000,000

43. 8월 31일

당기분 법인세 중간예납 신고를 하고 중간예납세액 5,000,000원을 하나은행 보통예금 계좌에서 이체하여 납부하였다. 광명세무서를 거래처코드 214번에 등록하시오.

대체	(차) 선납세금 (광명세무서)	5,000,000	(대) 보통예금 (하나은행)	5,000,000

* 중간예납세액은 사업연도 중에 중간예납기간(사업연도 개시일 ~ 6개월이 되는 날)의 세액을 미리 신고하고 납부하는 것이다. 이후 정규 법인세 산정과정에서 정산한다.

44. 9월 10일

당사의 최대주주인 김지운 씨로부터 본사를 신축할 토지를 기증받았다.
증여 당시 토지의 공정가액은 40,000,000원이었다.

대체	(차) 토 지	40,000,000	(대) 자산수증이익	40,000,000

* 제공한 자산의 공정가액이 없으므로 토지의 취득가액은 취득한 토지의 공정가액으로 한다.

45. 9월 18일

지난 8월 22일 조선상사에 수출한 제품에 대한 외상매출금 55,000,000원을 회수하였는데 환율 상승으로 인하여 원화 환산액은 57,500,000원이었으며 국민은행 보통예금 계좌에 입금하였다. 조선상사를 111번에 신규 등록하시오.

대체	(차) 보통예금 (국민은행)	57,500,000	(대) 외상매출금 (조선상사)	55,000,000
			외환차익	2,500,000

* 「외화환산손익」 계정은 외화채권 · 채무를 보유한 상태에서 기말에 외화 환산하는 경우에 사용하는 계정이다. 이 경우에는 외화채권 · 채무를 상환하는 과정이므로 「외환차손익」 계정을 사용한다.

46. 9월 26일

㈜강골전자와 원재료 구입계약을 하고 계약금 5,000,000원을 기업은행 당좌수표를 발행하여 지급하였다.

대체	(차) 선급금 (㈜강골전자)	5,000,000	(대) 당좌예금 (기업은행)	5,000,000

47. 10월 1일

자금을 조달하기 위하여 3년 만기 회사채를 발행하였다. 발행당시 자료는 다음과 같다.
액면가액 15,000,000원 발행가액 14,400,000원 (하나은행 보통예금 계좌 입금)

대체	(차) 보통예금 (하나은행)	14,400,000	(대) 사 채	15,000,000
	사채할인발행차금	600,000		

* 「사채할인발행차금」은 「291.사채」에 대한 차감적 평가계정이므로 코드 검색할 필요 없이 292번을 선택하면 된다.

48. 10월 12일

㈜봄꽃상사의 미수금 2,000,000원이 대손처리 요건에 충족되어 당일 대손처리하기로 하였다.
대손충당금을 조회하여 회계 처리하시오. 단, 부가가치세는 고려하지 않는다.

대체	(차) 121.대손충당금	800,000	(대) 미수금 (㈜봄꽃상사)	2,000,000
	기타의대손상각비	1,200,000		

* 「미수금」은 영업이외 활동에서 발생하는 채권이므로 이에 대하여 대손이 발생하는 경우에는 영업외비용에 해당하는 「기타의대손상각비」 계정을 사용한다. 또한, 「대손충당금」은 120.미수금에 대한 차감적 평가계정이므로 121.대손충당금을 사용해야 한다.

49. 10월 18일

㈜증평에 대한 외상매입금 중 10,000,000원을 상환하기 위하여 약속어음을 발행하였다.

대체	(차) 외상매입금 (㈜증평)	10,000,000	(대) 지급어음 (㈜증평)	10,000,000

50. 10월 20일

정풍상사에 제품 판매계약을 체결하고 계약금 20,000,000원을 국민은행 보통예금 계좌로 받았다.

대체	(차) 보통예금 (국민은행)	20,000,000	(대) 선수금 (정풍상사)	20,000,000

51. 10월 24일

㈜토즈상사의 제품 판매대금 7,040,000원을 회수하여 국민은행 보통예금 계좌에 입금하였다.

대체	(차) 보통예금 (국민은행)	7,040,000	(대) 외상매출금 (㈜토즈상사)	7,040,000

52. 10월 25일

업무용 차량에 대한 취득세 3,000,000원을 국민은행 보통예금 계좌에서 이체하여 납부하였다.
고정자산에 대한 간편등록은 생략한다.

대체	(차) 차량운반구	3,000,000	(대) 보통예금 (국민은행)	3,000,000

53. 10월 31일

10월 말에 퇴직한 사원에 대하여 퇴직소득세를 차감하고 퇴직금을 하나은행 보통예금 계좌에서 이체하여 지급하였으며 그 내역은 다음과 같다.

구 분	급 여	소득세 등 예수금	실지급액
영업 · 관리직	3,000,000원	40,000원	2,960,000원
생산직	2,000,000원	30,000원	1,970,000원
계	5,000,000원	70,000원	4,930,000원

대체	(차) 295.퇴직급여충당부채 (01.퇴직시 퇴직급여충당부채 상계(판관)) 295.퇴직급여충당부채 (02.퇴직시 퇴직급여충당부채 상계(제조))	3,000,000 2,000,000	(대) 예수금 보통예금 (하나은행)	70,000 4,930,000

* 퇴직급여충당부채 잔액을 조회하여 영업 · 관리직과 생산직 근로자에 대한 금액을 구분하여 적요란에 입력해 주어야 한다.

54. 11월 2일

직원 박성실에게 현금 3,000,0000원을 대여하였는데 상환기일은 차차기 9월 30일이었다.

1.출금	(차) 장기대여금 (박성실)	3,000,000	(대) 현 금	3,000,000

55. 11월 3일

케네디상사에 자금을 현금 대여하면서 타인발행 당좌수표 10,000,000원을 지급하였다.
대여조건 : 연 이자율 3%, 6개월 후 회수

1.출금	(차) 단기대여금 (케네디상사) 10,000,000	(대) 현 금 10,000,000

* 타인발행수표는 현금에 해당한다.

56. 11월 10일

판매부 직원이 퇴직하였으며, 동 직원의 퇴직금은 5,000,000원이다. 회사는 은행에 확정 급여형(DB형) 퇴직연금에 가입하고 있다. 관련 자료를 조회하여 회계처리 하시오.

대체	(차) 퇴직급여충당부채 5,000,000 (01.퇴직시 퇴직급여충당부채 상계(판관))	(대) 퇴직연금운용자산 5,000,000

* 이 분개는 다음의 두 분개로 나누어 볼 수 있다.

1. 은행으로부터 퇴직연금 회수

2.입금	(차) 현 금 5,000,000	(대) 퇴직연금운용자산 5,000,000

2. 퇴직금 지급

1.출금	(차) 퇴직급여충당부채 5,000,000	(대) 현 금 5,000,000

57. 11월 20일

국민은행에 대한 장기차입금 36,000,000원을 국민은행 보통예금 계좌에서 이체하여 상환하였다.

대체	(차) 장기차입금 (국민은행) 36,000,000	(대) 보통예금 (국민은행) 36,000,000

58. 12월 1일

영업부 차량을 자동차 보험에 가입하고 1년분 보험료 3,960,000원을 국민카드로 결제하였다.
보험기간은 당기 12월 1일 ~ 차기 11월 30일이다.

대체	(차) 821.보험료 3,960,000	(대) 미지급금 (국민카드) 3,960,000

* 보험료 계정에 보험기간(20××. 12. 1 ~ 20××. 11. 30)을 기록해두면 결산과정에서 확인할 수 있어 편리하다.
* 다음과 같이 회계처리해도 된다.

대체	(차) 선급비용 3,960,000	(대) 미지급금 (국민카드) 3,960,000

59. 12월 10일

단기 매매차익을 목적으로 카카오 주식(100주, @20,000원)을 취득하고, 취득대금은 국민은행 보통예금 계좌에서 이체하였다. 이 과정에서 발생한 수수료 1,000원은 현금 지급하였다.
카카오 주식은 시장성 있는 주식이었다.

대체	(차) 단기매매증권 984.수수료비용	2,000,000 1,000	(대) 보통예금 (국민은행) 현 금	2,000,000 1,000

* 「단기매매증권」을 취득하는 과정에서 발생하는 취득부대비용은 비용으로 처리한다.
  단, 이것은 투자활동이므로 「영업외비용」으로 처리하여야 하므로 「831.수수료비용」 계정을 사용해서는 안 된다.

60. 12월 15일
불우이웃돕기 성금으로 사회복지공동모금회에 1,000,000원을 국민은행 보통예금 계좌에서 이체하였다.

대체	(차) 953.기부금	1,000,000	(대) 보통예금 (국민은행)	1,000,000

* 불우이웃돕기 성금은 세법상 일반기부금에 해당한다.

61. 12월 16일
제품을 온라인으로 판매하면서 택배로 발송하였는데 택배비가 20,000원 발생하여 현금으로 지급하였다.

1.출금	(차) 824.운반비	20,000	(대) 현 금	20,000

62. 12월 17일
영업부 직원이 지방 출장을 가면서 회사 차량을 이용하였는데 고속도로 통행료 및 유류비 등으로 80,000원을 사용하고 증명서류를 첨부하여 청구하였으므로 현금으로 지급하였다.

1.출금	(차) 822.차량유지비	80,000	(대) 현 금	80,000

63. 12월 20일
단기매매차익 목적으로 취득했던 카카오 주식 50주를 주당 24,000원에 처분하고, 거래 수수료 2,000원을 제외한 잔액은 국민은행 보통예금 계좌로 입금되었다.

대체	(차) 보통예금 (국민은행)	1,198,000	(대) 단기매매증권 단기매매증권처분이익	1,000,000 198,000

* 처분 수수료는 별도로 비용 처리하지 않고 처분가액에서 차감한다.
  처분가액 = 50주 × @24,000 − 2,000원 = 1,198,000원
  단기매매증권처분이익 = 1,198,000원 − 1,000,000원 = 198,000원
* 「단기매매증권처분이익」 계정이 아닌 「단기투자자산처분이익」 계정을 사용해도 된다.

64. 12월 30일
구암전자의 외상매출금 1,100,000원을 현금으로 회수하였다.

2.입금	(차) 현 금	1,100,000	(대) 외상매출금 (구암전자)	1,100,000

제2절 매입매출전표 입력

Guide

KcLep은 전표를 둘로 나누어 「일반전표」에는 부가가치세와 관련 없는 거래를, 「매입매출전표」에는 부가가치세와 관련된 거래를 입력한다. 두 전표의 입력방법은 대체로 유사하며 「매입매출전표」에 입력한 자료는 일반 장부 외에 「부가가치세 신고서 및 부속명세서」에 추가 반영되는 점이 다르다. 이를 위해 「매입매출전표」에서는 과세코드를 정확히 입력하는 것에 초점을 맞추어 「부가가치세 신고서 및 부속명세서」에 어떻게 반영되는지 파악하여 이후에는 「부가가치세신고서 및 부속명세서」를 수동으로 작성할 수 있어야 한다.

1. 화면구성

* 「일반전표」와 동일한 내용은 생략한다.

(1) 부가세유형

1) 일자를 입력하면 입력 창 아래에 「부가세유형」이 나타남

2) 부가세유형에 따라 분개와 「부가가치세신고서」 및 「부가가치세 관련 서식」에 달리 반영되므로 증명서류를 확인하여 정확히 입력

3) 매출유형

유 형	입력되는 증명서류와 내용	반영되는 관련서식
11.과세	과세재화 등을 공급하고 **세금계산서** 발행	매출처별 세금계산서합계표
12.영세	과세재화 등을 공급하고 **영세율세금계산서** 발행[*1]	
13.면세	면세재화 등을 공급하고 **계산서** 발행	매출처별계산서합계표
14.건별	세금계산서가 발행되지 않는 과세매출[*2]	부동산임대 공급가액명세서
15.간이	간이과세자의 매출	
16.수출	영세율세금계산서가 발행되지 않는 경우[*3]	수출실적명세서
17.카과	과세재화 등을 공급하고 **신용카드전표** 발행	신용카드매출전표 발행집계표
18.카면	면세재화 등을 공급하고 **신용카드전표** 발행	
19.카영	영세율 대상 재화 등을 공급하고 **신용카드전표** 발행	
20.면건	면세재화 등을 공급하고 계산서를 발행하지 않은 경우	
21.전자	전자적 결제수단으로 결제받은 경우	
22.현과	과세재화 등을 공급하고 **현금영수증** 발행	신용카드매출전표 발행집계표
23.현면	면세재화 등을 공급하고 **현금영수증** 발행	
24.현영	영세율 대상 재화 등을 공급하고 **현금영수증** 발행	

* 「세금계산서(계산서)」와 「신용카드매출전표」를 함께 발행한 경우
『부가가치세법』은 「세금계산서(계산서)」와 「신용카드매출전표」 중 하나만 발행하도록 하고 있으나 현실적으로 「세금계산서(계산서)」를 발행한 후 결제수단으로 「신용카드매출전표」를 발행하기도 한다.
「세금계산서(계산서)」 외에는 모두 영수증에 해당하므로 「11.과세」 「13.면세」로 입력하고 분개에서 「4.카드」를 선택하고 「카드회사」를 입력한다.

* 「세금계산서(계산서)」를 보고 입력할 경우에는 「공급가액」을 입력하면 「부가가치세」가 자동으로 반영되고, 영수증에는 「공급대가(VAT 포함)」가 기재되어 있으므로 「공급대가」를 입력하면 「공급가액」과 「부가가치세」로 구분되어 입력된다.

*1. 내국신용장(Local L/C) · 구매확인서에 의해 공급하는 경우
*2. 간이영수증 · 금전등록기 영수증 발행, 세금계산서가 발행되지 않는 거래(간주공급, 간주임대료 등)
*3. 외국에 직접 수출하는 경우, 대행수출 포함

4) 매입유형

유 형	입력되는 증명서류와 내용	반영되는 관련서식
51.과세	과세재화 등을 공급받고 **세금계산서** 수취	매입처별 세금계산서합계표
52.영세	과세재화 등을 공급받고 **영세율세금계산서** 수취*1	
53.면세	면세재화 등을 공급받고 **계산서** 수취	매입처별계산서합계표
54.불공	세금계산서를 수취했지만 매입세액 불공제대상인 경우*2	공제받지 못할 매입세액명세서
55.수입	과세재화 등을 수입하고 세관장으로부터 **수입세금계산서** 수취*3	매입처별 세금계산서합계표
56.금전	매입세액공제 가능한 **금전등록기영수증** 수취	
57.카과	과세재화 등을 공급받고 **신용카드전표** 수취	신용카드매출전표등 수령금액합계표
58.카면	면세재화 등을 공급받고 **신용카드전표** 수취	
59.카영	영세율 대상 재화 등을 공급받고 **신용카드전표** 수취	
60.면건	면세재화 등을 공급받고 계산서를 수취하지 않은 경우	
61.현과	과세재화 등을 공급받고 **현금영수증** 수취	
62.현면	면세재화 등을 공급받고 **현금영수증** 수취	신용카드매출전표등 수령금액합계표

*1. 내국신용장(Local L/C) · 구매확인서에 의해 공급받는 경우

*2. 「불공제 사유」에 체크하면 「공제받지 못할 매입세액명세서」에 반영된다.

*3. 「수입세금계산서」는 세관장이 국외의 공급자를 대신하여 발행한다는 점 외에는 일반적인 「세금계산서」와 같다. 다만, 「수입세금계산서」의 공급가액은 「부가가치세」 징수를 위한 과세표준일 뿐이므로 「매입매출전표」의 분개대상은 아니므로 매입세액에 대해서만 분개된다.

(2) 단축키 활용

* 일반전표와 동일한 내용은 생략한다.

1) [F7 복수거래]

거래품목이 다수일 경우 클릭하여 입력 창 아래로 이동한 후 입력하면 「품명」에 「~외」로 입력됨. 100개까지 입력 가능

2) [F11 간편집계 및 기타]

① 클릭하면 [매출매입 관련 집계표] 창이 열리고, 「매출」과 「매입」 유형별로 금액의 합계를 월별, 분기별로 비교하여 나타냄

② 아이콘의 역삼각형을 클릭하면 추가 메뉴가 나타남

2. 입력방법

(1) 매입매출전표는 「부가가치세」와 관련된 분개를 입력하므로 입력 사항도 세금계산서와 관련되어 있음

1) 세금계산서 필요적 기재사항

다음과 같이 세금계산서 서식에서 굵은 선 안에 기재된 사항으로 누락되거나 잘못 기재되면 세금계산서의 효력이 없음

① 공급자의 사업자등록번호 · 상호 · 성명
② 공급받는 자의 사업자등록번호
③ 작성연월일
④ 공급가액과 부가가치세액

2) 임의적 기재사항(품명 · 수량 · 단가 등)은 세금계산서 효력에 영향이 없으므로 입력 방식에 제한이 없고 생략도 가능

* 입력된 품명 · 수량 · 단가는 입력 창 아래에 자동으로 반영된다.

(2) 전자

전자세금계산서와 전자계산서는 화면 아래 [알림]을 참조하여 「1.여」를 선택

(3) 분개 : 3전표제를 사용, [알림]을 참고하여 전표 유형을 입력

① 1.현금 : 출금 거래와 입금 거래
② 2.외상 : 전액 「외상매출금」 계정과 「외상매입금」 계정이 사용되는 경우
③ 3.혼합 : 현금 · 외상 이외의 거래 자료를 입력하는 경우
④ 4.카드 : 신용카드로 결제한 경우
⑤ 5.추가

* 분개를 할 때 반드시 어느 전표를 사용해야만 하는 것은 아니다, 다만, 현금 입 · 출금 거래는 현금전표를 사용하면 차변과 대변에 한번만 입력하면 되므로 능률적이다.

(4) 4.카드

1) 부가세 유형 17.카과 18.카면 19.카영 57.카과 58.카면 59.카영을 선택하면 카드 거래처를 입력해야 함

2) 세금계산서와 신용카드전표가 함께 발행된 경우

부가세유형을 「11.과세」로 입력하고 「분개」에서 「4.카드」를 입력하면 카드거래처 입력 창이 열리고, 여기에서 카드거래처를 입력함

3) 분개에서 외상매출금, 미수금, 외상매입금, 미지급금 계정에 대한 거래처가 카드회사로 수

정 · 반영

* 「4.카드」가 아닌 「3.혼합」으로 입력해도 되는데 이 때에는 채권 · 채무에 대한 거래처를 카드 거래처로 직접 수정해야 한다.

4) 여기서 카드회사를 입력해야만 「신용카드매출전표발행집계표」의 해당항목에 반영

(5) 부가세유형과 분개유형에 따라 기본계정인 「제품매출」과 「부가세예수금」 및 「원재료」와 「부가세대급금」 계정이 자동 입력되고 나머지 항목을 추가 · 수정 입력하여 분개를 완성

- 기본계정 (매입) 146.상품 → 153.원재료
- 기본계정 (매출) 401.상품매출 → 404.제품매출

* 능률적인 입력을 위해 「기초정보관리 – 환경등록」에서 기본계정을 회사 업종에 맞게 적절히 수정한다.

3. 빠른 입력방법

(1) 빠른 유형 Tab

1) 입력 창 위에 「빠른 유형 Tab」이 정렬되어 있음

* 위에 설명된 입력방법은 「전체입력」 상태에서 입력하는 방법이다.

2) 같은 유형의 매입매출전표를 입력하는 경우

① [전자입력]을 클릭하면 입력 창에서 「전자 : 1.여 0.부」를 입력하는 부분이 사라지고 모든 전표가 전자세금계산서로 입력

② [매출과세]를 클릭하면 「11.과세」를 선택하지 않고 입력할 수 있음

③ [17.매출카과], [51.매입과세], [57.매입카과]도 동일

(2) 기본 유형의 변경

1) 「빠른 유형 Tab」은 기본적으로 「매출」은 [11.매출과세]와 [17.매출카과]가, 「매입」은 [51.매입과세]와 [57.매입카과]로 설정되어 있음

2) 회사 상황에 맞게 다른 유형으로 변경 가능
툴바 [F11 간편집계 및 기타]에서 [Tab화면 설정]을 클릭하여 열린 창에서 「부가세유형」을 수정하면 바뀐 「부가세유형 Tab」이 나타남

4. 예정신고 누락분 입력방법

(1)「예정신고 누락분」은 부가가치세 확정 신고하는 때에 포함하여 신고해야 함

(2) 예정신고에서 누락된 세금계산서를「부가가치세 확정신고서」에 반영할 때 사용

(3) 입력방법

1) 추가하고자 하는 전표를 선택한 후
   ① [F11 간편집계 및 기타]에서 [예정누락분]을 클릭하거나
   ② 단축 키 Shift + F5를 누름

2) 열린 창에서「확정신고 개시년월」을 입력하고 [확인]

※ 입력순서

1. 매출 거래인지 매입 거래인지 파악한다.
2. 증명서류(세금계산서, 계산서, 신용카드전표, 현금영수증, 영수증 등)를 파악하여「과세유형」을 결정한다.
3. 증명 서류의 내용을 입력한다.
   단, 품목, 수량 및 단가는 (세금)계산서의 임의적 기재사항이므로 생략해도 된다.
4. 세금계산서는 공급가액으로, 영수증은 공급대가로 입력한다.
5. 거래처를 입력한다.
6. 전자(세금)계산서의 경우에는「1.여」를 입력한다.
7.「분개 유형」을 결정한다.

예제 2-2 매입매출전표 입력

㈜에이전자의 거래내역에 대하여 다음에 주의하여 「매입매출전표」에 회계처리 하시오.

* 주의사항

1. 채권과 채무 계정에 대해서는 관련된 거래처를 반드시 입력한다.
2. 일반적인 적요의 등록은 생략한다.
3. 유형자산과 무형자산 취득 거래에 대해서는 감가상각을 위한 고정자산 간편 등록은 생략한다.

해설

1. 1월 1일

한성상사로부터 내국신용장(Local L/C)에 의해 원재료 14,626,000원을 구입하고, 「영세율 전자세금계산서」를 발급받았으며, 대금은 외상으로 하였다.

유 형	품 목	수량	단가	공급가액	부가세	공급처명	전자	분개
52.영세	원재료			14,626,000	0	한성상사	여	외상

(차)	원재료	14,626,000	(대)	외상매입금 (한성상사)	14,626,000

2. 1월 3일

㈜티제이전자로부터 중고기계를 20,000,000원(부가가치세 별도)에 구입하고, 「전자세금계산서」를 발급받았으며, 대금은 외상으로 하였다. 고정자산 간편등록은 생략한다.

유 형	품 목	수량	단가	공급가액	부가세	공급처명	전자	분개
51.과세	기계장치	1		20,000,000	2,000,000	㈜티제이전자	여	혼합

(차)	기계장치	20,000,000	(대)	미지급금 (㈜티제이전자)	22,000,000
	부가세대급금	2,000,000			

* 기계장치 취득은 투자활동으로서 외상거래인 경우 「미지급금」 계정을 사용해야 한다.
따라서, 분개 란에서 외상을 선택하면 「외상매입금」이 자동으로 선택되므로 「혼합」을 선택해야 한다.

* 기계장치는 감가상각 대상 자산이므로 결산과정에서 감가상각해야 하는데 여기서 간편 등록하면 감가상각비를 자동으로 산출할 수 있다.

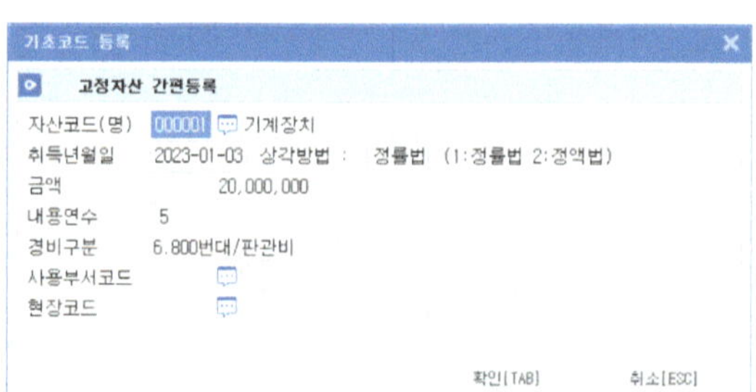

3. 1월 5일

㈜봄꽃상사에 내국신용장에 의해 제품 10,500,000원을 외상으로 판매하고, 「영세율전자세금계산서」를 발급하였다.

유 형	품 목	수량	단가	공급가액	부가세	공급처명	전자	분개
12.영세	제 품			10,500,000	0	㈜봄꽃상사	여	외상

(차)	외상매출금 (㈜봄꽃상사)	10,500,000	(대)	제품매출	10,500,000

* 영세율 구분 : 3. 내국신용장 · 구매확인서에 의하여 공급하는 재화

3-1. 위 3. 1월 5일의 거래는 거래일을 확인한 결과 1월 7일의 거래였다.
이 전표를 1월 7일로 이동하시오.
이동할 전표를 선택(✓)하고, 툴바에서 [F4복사 - SF3이동] 클릭하여 [이동일자]를 입력 한 후 [확인]을 클릭한다.

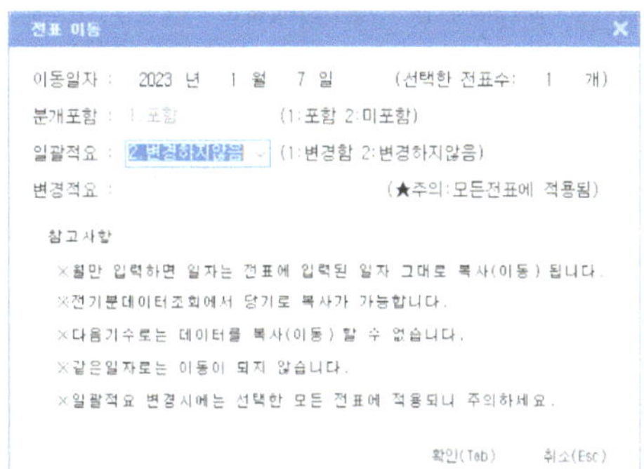

4. 1월 5일

㈜삼성에 제품 126,700,000원(부가가치세 별도)을 판매하고, 「전자세금계산서」를 발급하였으며, 대금은 기업은행 당좌예금 계좌로 이체되어 입금되었다.

유 형	품 목	수량	단가	공급가액	부가세	공급처명	전자	분개
11.과세	제 품			126,700,000	12,670,000	㈜삼성	여	혼합

(차)	당좌예금 (기업은행)	139,370,000	(대)	제품매출	126,700,000
				부가세예수금	12,670,000

5. 1월 6일

㈜우진에 제품 11,000,000(부가가치세 포함)을 판매하고, 지출증빙용 「현금영수증」을 발급해주었다.
대금은 현금으로 지급받았다.

유 형	품 목	수량	단가	공급가액	부가세	공급처명	전자	분개
22.현과	제 품			10,000,000	1,000,000	㈜우진		현금

(차)	현 금	11,000,000	(대)	제품매출	10,000,000
				부가세예수금	1,000,000

* 「환경등록」 메뉴에서 4. 부가세 포함 여부 - 카과, 현과의 공급가액에 부가세 포함을 「1.전체포함」으 로 설정하였다. 따라서, 공급가액 란에 부가가치세를 포함한 11,000,000원으로 입력하면 공급가액 10,000,000원과 부가세 1,000,000원으로 구분되어 입력된다.

6. 1월 8일

㈜티제이전자로부터 내국신용장(Local L/C)에 의해 원재료 2,594,000원을 구입하고, 「영세율전자세금계산서」를 발급받았으며, 대금은 외상으로 하였다.

유 형	품 목	수량	단가	공급가액	부가세	공급처명	전자	분개
52.영세	원재료			2,594,000	0	㈜티제이전자	여	외상

(차)	원재료	2,594,000	(대)	외상매입금 (㈜티제이전자)	2,594,000

7. 1월 9일

㈜마포에 제품 1,600,000원(부가가치세 별도)을 판매하고, 「전자세금계산서」를 발급하였으며, 대금은 국민카드로 결제받고 「신용카드매출전표」를 발급하였다.

유 형	품 목	수량	단가	공급가액	부가세	공급처명	전자	분개
11.과세	제 품			1,600,000	160,000	㈜마포	여	카드

(차)	미수금 (국민카드)	1,760,000	(대)	제품매출	1,600,000
				부가세예수금	160,000

* 「17.카과」로 입력하지 않도록 과세유형 선택에 주의해야 한다. 「전자세금계산서」가 발급되었으므로 「11.과세」로 입력해야 한다. 「신용카드매출전표」는 영수증에 불과하다.
* 「17.카과」로 입력한 경우에는 분개유형에서 「카드」를 선택하면 미수금에 대한 거래처가 카드회사로 선택되지만, 「11.과세」로 입력하는 경우에는 분개유형에서 「카드」를 선택하면 다음과 같은 창이 열리므로 F2로 검색하여 카드회사를 선택한다.

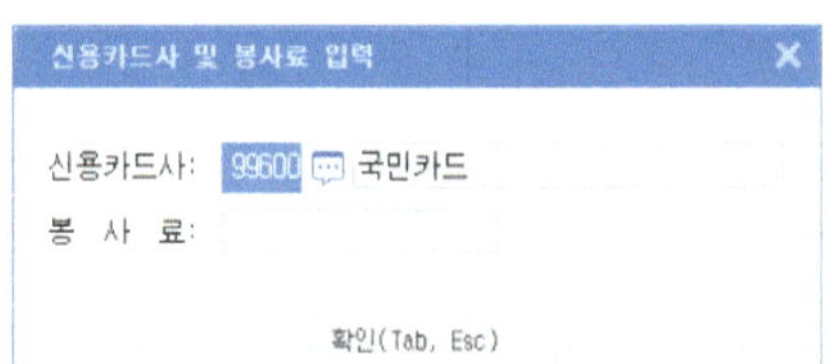

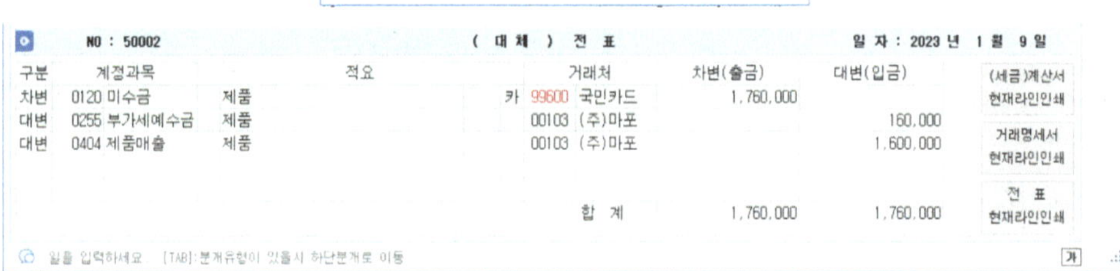

8. 1월 9일

㈜남촌전자에 내국신용장에 의해 제품 450,000원을 판매하고, 지출증빙용 「현금영수증」을 발급해주었다. 대금은 현금으로 지급받아 하나은행 보통예금 계좌에 입금하였다.

유 형	품 목	수량	단가	공급가액	부가세	공급처명	전자	분개
24.현영	제 품			450,000	0	㈜남촌전자		혼합

(차)	보통예금 (하나은행)	450,000	(대)	제품매출	450,000

* 영세율 구분 : 3.내국신용장 · 구매확인서에 의하여 공급하는 재화

* 「보통예금」 계정에 입금되었으므로 분개유형을 「현금」으로 선택하지 않도록 주의한다.

9. 1월 9일

㈜현대전자로부터 원재료 5,000,000원(부가가치세 별도)을 구입하고, 「전자세금계산서」를 발급받았으며, 대금은 외상으로 하였다.

유 형	품 목	수량	단가	공급가액	부가세	공급처명	전자	분개
51.과세	원재료			5,000,000	500,000	㈜현대전자	여	외상

(차)	원재료	5,000,000	(대)	외상매입금 (㈜현대전자)	5,500,000
	부가세대급금	500,000			

10. 1월 10일

구암전자에 제품 31,120,000원(부가가치세 별도)을 외상판매하고, 「전자세금계산서」를 발급하였다.

유 형	품 목	수량	단가	공급가액	부가세	공급처명	전자	분개
11.과세	제 품			31,120,000	3,112,000	구암전자	여	외상

(차)	외상매출금 (구암전자)	34,232,000	(대)	제품매출	31,120,000
				부가세예수금	3,112,000

11. 1월 11일

향토전자로부터 내국신용장에 의해 원재료 19,620,000원을 구입하고, 「영세율전자세금계산서」를 발급받았으며, 대금은 외상으로 하였다.

유 형	품 목	수량	단가	공급가액	부가세	공급처명	전자	분개
52.영세	원재료			19,620,000	0	향토전자	여	외상

(차)	원재료	19,620,000	(대)	외상매입금 (향토전자)	19,620,000

12. 1월 11일

㈜렉스에 제품 3,600,000원(부가가치세 별도)을 현금판매하고, 「전자세금계산서」를 발급하였다.

유 형	품 목	수량	단가	공급가액	부가세	공급처명	전자	분개
11.과세	제 품			3,600,000	360,000	㈜렉스	여	현금

(차)	현 금	3,960,000	(대)	제품매출	3,600,000
				부가세예수금	360,000

13. 1월 15일

㈜현대전자로부터 내국신용장에 의해 원재료 2,000,000원을 구입하고, 「영세율전자세금계산서」를 발급받았으며, 대금은 외상으로 하였다.

유 형	품 목	수량	단가	공급가액	부가세	공급처명	전자	분개
52.영세	원재료			2,000,000	0	㈜현대전자	여	외상

(차)	원재료	2,000,000	(대)	외상매입금 (㈜현대전자)	2,000,000

14. 1월 17일

현대자동차에 제품 4,400,0000원(부가가치세 포함)을 판매하였으며, 간이영수증을 발급하고 대금은 국민은행 보통예금에 입금되었다.

유 형	품 목	수량	단가	공급가액	부가세	공급처명	전자	분개
14.건별	제 품			4,000,000	400,000	현대자동차		혼합

(차)	보통예금 (국민은행)	4,400,000	(대)	제품매출	4,000,000
				부가세예수금	400,000

* 과세유형 14.건별, 17.카과, 22.현과의 경우 「공급가액」 란에는 「환경설정」에서 설정한 바에 따라 부가가치세를 포함한 「공급대가」로 입력하면 「공급가액」과 「부가세」로 구분되어 입력된다.

15. 1월 21일

케네디상사로부터 관리부에서 사용할 전문서적 800,000원을 외상으로 구입하고, 「전자계산서」를 발급받았다.

유 형	품 목	수량	단가	공급가액	부가세	공급처명	전자	분개
53.면세	전문서적	1		800,000	-	케네디상사	여	혼합

(차)	826.도서인쇄비	800,000	(대)	미지급금 (케네디상사)	800,000

16. 1월 22일

정풍상사에 내국신용장에 의해 제품 900,000원을 현금 판매하고, 「영세율전자세금계산서」를 발급하였다.

유 형	품 목	수량	단가	공급가액	부가세	공급처명	전자	분개
12.영세	제 품			900,000	0	정풍상사	여	현금

(차)	현 금	900,000	(대)	제품매출	900,000

* 영세율 구분 : 3.내국신용장 · 구매확인서에 의하여 공급하는 재화

17. 1월 23일

현대자동차에 차량을 3,000,000원(부가가치세 별도)에 매각하고 「전자세금계산서」를 발급하였으며 대금은 하나은행 보통예금 계좌로 이체받았다

동 차량의 취득원가는 12,000,000원이며 매각 당시 감가상각누계액은 10,000,000원이었다.

매각일까지의 감가상각에 대한 회계처리는 무시하기로 한다.

유 형	품 목	수량	단가	공급가액	부가세	공급처명	전자	분개
11.과세	차 량	1		3,000,000	300,000	현대자동차	여	혼합

(차)	209.감가상각누계액	10,000,000	(대)	차량운반구	12,000,000
	보통예금 (하나은행)	3,300,000		부가세예수금	300,000
				유형자산처분이익	1,000,000

18. 1월 25일

본사 건물의 정하조 청소를 하고 ㈜우진에 용역수수료 200,000원(부가가치세 별도)을 국민은행 보통예금 계좌에서 이체하여 지급하고 「전자세금계산서」를 발급받았다.

유 형	품 목	수량	단가	공급가액	부가세	공급처명	전자	분개
51.과세	정화조청소			200,000	20,000	㈜우진	여	혼합

(차)	831.수수료비용	200,000	(대)	보통예금 (국민은행)	220,000
	부가세대급금	20,000			

19. 1월 28일

㈜삼성에 제품 2,000,000원(부가가치세 포함)을 판매하였으며, 국민카드로 결제받고 「신용카드매출전표」를 발급하였다.

유 형	품 목	수량	단가	공급가액	부가세	공급처명	전자	분개
17.카과	제 품			1,818,182	181,818	㈜삼성		카드

(차)	미수금 (국민카드)	2,00,000	(대)	제품매출	1,818,182
				부가세예수금	181,818

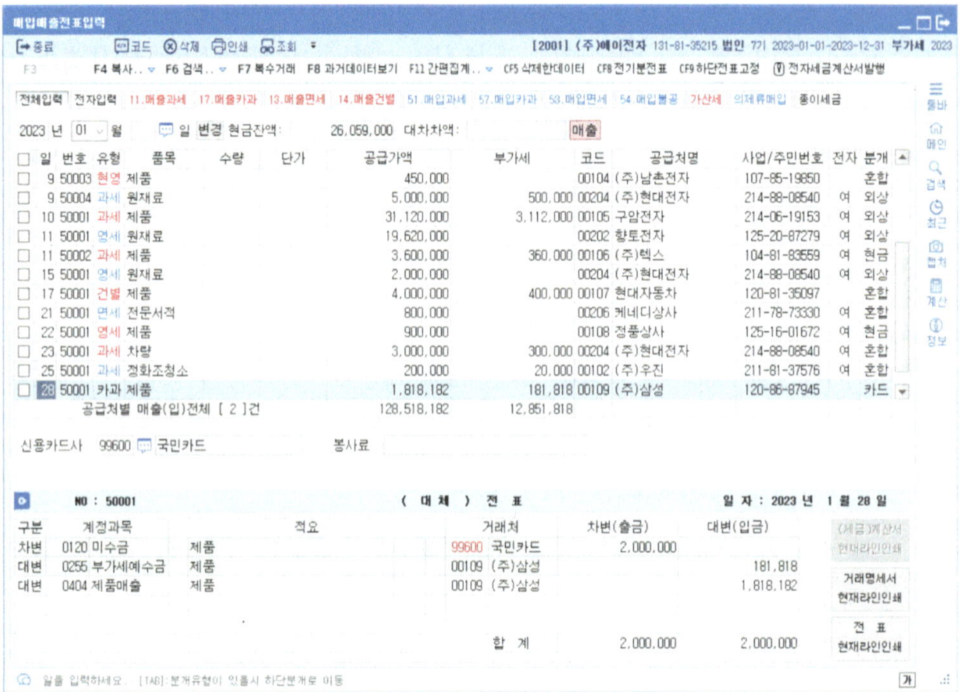

20. 2월 3일

1월 5일 한성상사와 계약했던 원재료 2,000,000원(부가가치세 별도)을 구입하고, 「전자세금계산서」를 발급받았으며, 대금은 계약금을 제외한 잔액을 국민은행 보통예금 계좌에서 이체하여 지급하였다.

유 형	품 목	수량	단가	공급가액	부가세	공급처명	전자	분개
51.과세	원재료			2,000,000	200,000	한성상사	여	혼합

(차)	원재료	2,000,000	(대)	선급금 (한성상사)	100,000
	부가세대급금	200,000		보통예금 (국민은행)	2,100,000

21. 2월 6일

㈜토즈상사에 제품 3,200,000원(부가가치세 별도)을 외상 판매하고, 「전자세금계산서」를 발급하였다.

유 형	품 목	수량	단가	공급가액	부가세	공급처명	전자	분개
11.과세	제 품			3,200,000	320,000	㈜토즈상사	여	외상

(차)	외상매출금 (㈜토즈상사)	3,520,000	(대)	제품매출	3,200,000
				부가세예수금	320,000

22. 2월 7일

㈜남촌전자에 제품 2,480,000원(부가가치세 별도)을 판매하고, 「전자세금계산서」를 발급 하였으며 대금은 하나은행 보통예금 통장으로 받았다.

유 형	품 목	수량	단가	공급가액	부가세	공급처명	전자	분개
11.과세	제 품			2,480,000	248,000	㈜남촌전자	여	혼합

(차)	보통예금 (하나은행)	2,728,000	(대)	제품매출	2,480,000
				부가세예수금	248,000

23. 2월 8일

구암전자에 제품 9,900,000원(부가가치세 포함)을 판매하고, 「전자세금계산서」를 발급하였으며 대금은 국민은행 보통예금 통장으로 받았다.

유 형	품 목	수량	단가	공급가액	부가세	공급처명	전자	분개
11.과세	제 품			9,000,000	900,000	구암전자	여	혼합

(차)	보통예금 (국민은행)	9,900,000	(대)	제품매출	9,000,000
				부가세예수금	900,000

24. 2월 8일

㈜봄꽃상사에 제품 10,000,000원(부가가치세 별도)을 외상 판매하고, 「전자세금계산서」를 발급하였다.

유 형	품 목	수량	단가	공급가액	부가세	공급처명	전자	분개
11.과세	제 품			10,000,000	1,000,000	㈜봄꽃상사	여	외상

(차)	외상매출금 (㈜봄꽃상사)	11,000,000	(대)	제품매출	10,000,000
				부가세예수금	1,000,000

25. 2월 10일

㈜증평에 생산부서의 기계장치 점검과 도색작업을 의뢰하여 작업을 하고, 「전자세금계산서」를 발급받았으며 대금 5,000,000원(부가가치세 별도)은 기업은행 당좌수표를 발행하여 지급하였다. 이는 기계장치에 대한 수익적 지출에 해당한다.

유 형	품 목	수량	단가	공급가액	부가세	공급처명	전자	분개
51.과세	도색작업등			5,000,000	500,000	㈜증평	여	혼합

(차)	520.수선비	5,000,000	(대)	당좌예금 (기업은행)	5,500,000
	부가세대급금	500,000			

26. 2월 18일

로즈전자로부터 원재료 3,450,000원(부가가치세 별도)을 구입하고, 「전자세금계산서」를 발급받았으며, 대금은 어음을 발행하여 지급하였다.

유 형	품 목	수량	단가	공급가액	부가세	공급처명	전자	분개
51.과세	원재료			3,450,000	345,000	로즈전자	여	혼합

(차)	원재료	3,450,000	(대)	지급어음 (로즈전자)	3,795,000
	부가세대급금	345,000			

27. 2월 19일

㈜토즈상사에 제품 560,000원(부가가치세 별도)을 판매하고, 「전자세금계산서」를 발급하였으며, 대금은 동사가 발행한 어음으로 받았다.

유 형	품 목	수량	단가	공급가액	부가세	공급처명	전자	분개
11.과세	제 품			560,000	56,000	㈜토즈상사	여	혼합

(차)	받을어음 (㈜토즈상사)	616,000	(대)	제품매출	560,000
				부가세예수금	56,000

28. 2월 22일

㈜삼성에 제품(12개, 공급가액 @12,000원)을 판매하였으며, 국민카드로 결제받고 「신용카드매출전표」를 발급하였다.

유 형	품 목	수량	단가	공급가액	부가세	공급처명	전자	분개
17.카과	제 품	12	12,000	144,000	14,400	㈜삼성		카드

(차)	미수금 (국민카드)	158,400	(대)	제품매출	144,000
				부가세예수금	14,400

* 이 경우에는 「공급가액」 란에 「공급대가」로 입력해야 한다는 점에 주의한다.

29. 2월 24일

회사 업무용 PC를 전부 교체하기 위해 명가전자로부터 35,000,000원(부가가치세 별도)을 구입하고, 대금은 비씨카드로 결제하고 「신용카드매출전표」를 발급받았으며, 부가가치세는 현금 지급하였다.

유 형	품 목	수량	단가	공급가액	부가세	공급처명	전자	분개
57.카과	업무용 PC			35,000,000	3,500,000	명가전자		혼합

(차)	비 품	35,000,000	(대)	미지급금 (비씨카드)	35,000,000
	부가세대급금	3,500,000		현 금	3,500,000

* 분개유형을 「카드」를 선택하면 「미지급금」 계정이 38,500,000원으로 입력되어 수정할 수 없다. 따라서, 「혼합」을 선택하고, 「미지급금」 계정에 카드회사를 직접 입력한다.

30. 2월 25일

현진상사로부터 원재료 10,600,000원(부가가치세 별도)을 구입하고, 「전자세금계산서」를 발급받았으며, 대금은 외상으로 하였다.

유 형	품 목	수량	단가	공급가액	부가세	공급처명	전자	분개
51.과세	원재료			10,600,000	1,060,000	현진상사	여	외상

(차)	원재료	10,600,000	(대)	외상매입금 (현진상사)	11,660,000
	부가세대급금	1,060,000			

31. 2월 27일

정풍상사에 제품 2,530,000원(부가가치세 포함)을 판매하였으며, 국민가드로 결제받고 「신용카드매출전표」를 발급하였다.

유 형	품 목	수량	단가	공급가액	부가세	공급처명	전자	분개
17.카과	제 품			2,300,000	230,000	정풍상사		카드

(차)	미수금 (국민카드)	2,530,000	(대)	제품매출	2,300,000
				부가세예수금	230,000

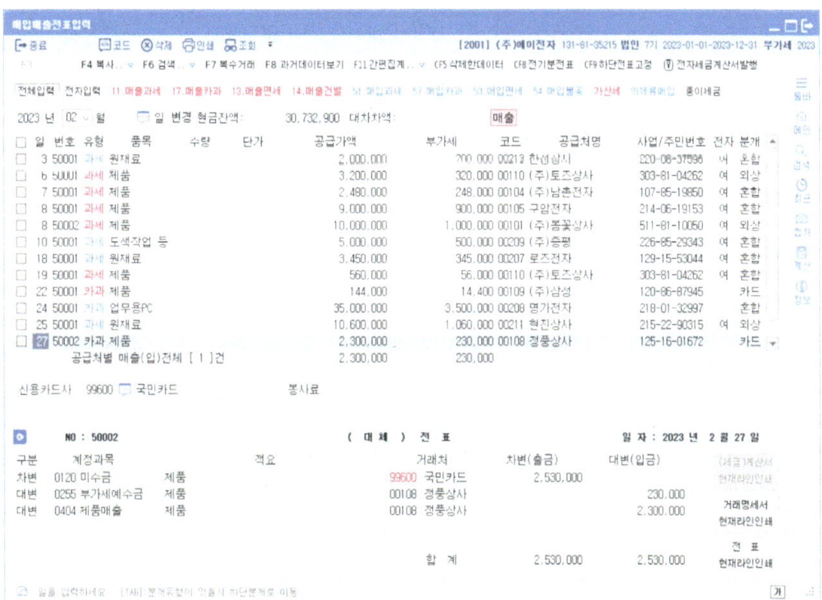

32. 3월 6일

㈜마포에 제품 1,950,000원(부가가치세 포함)을 현금 판매하고, 「지출증빙용 현금영수증」을 발급하였다.

유 형	품 목	수량	단가	공급가액	부가세	공급처명	전자	분개
22.현과	제 품			1,772,728	177,272	㈜마포		현금

(차) 현 금	1,950,000	(대) 제품매출	1,772,727
		부가세예수금	177,273

34. 3월 22일

명가전자로부터 원재료 11,264,000원(부가가치세 포함)을 구입하고, 「전자세금계산서」를 발급받았으나 당사의 사업자등록번호가 기재되어 있지 않았다.

대금은 기업은행 당좌수표를 발행하여 지급하였다.

유 형	품 목	수량	단가	공급가액	부가세	공급처명	전자	분개
54.불공	원재료	1		10,240,000	1,024,000	명가전자	여	혼합

(차) 원재료	11,264,000	(대) 당좌예금 (기업은행)	11,264,000

* 매입세액 불공제 사유 : ① 필요적 기재사항 누락 등

35. 3월 24일

구암전자에 제품 15,000,000원(부가가치세 별도)을 판매하고 「전자세금계산서」를 발급하였다. 대금 중 10,000,000원은 구암전자가 발행한 약속어음으로 받고 나머지는 현금으로 받았다.

유 형	품 목	수량	단가	공급가액	부가세	공급처명	전자	분개
11.과세	제 품			15,000,000	1,500,000	구암전자	여	혼합

(차) 받을어음 (구암전자)	10,000,000	(대) 제품매출	15,000,000
현 금	6,500,000	부가세예수금	1,500,000

36. 3월 27일

안성상사로부터 원재료 30,000,000원(부가가치세 별도)을 구입하고, 「전자세금계산서」를 발급받았으며, 대금은 외상으로 하였다.

유 형	품 목	수량	단가	공급가액	부가세	공급처명	전자	분개
51.과세	원재료			30,000,000	3,000,000	안성상사	여	외상

(차) 원재료	30,000,000	(대) 외상매입금 (안성상사)	33,000,000
부가세대급금	3,000,000		

37. 3월 28일

마로전자에 제품 700,000원(부가가치세 별도)을 현금 판매하고, 「지출증빙용 현금영수증」을 발급하였다.

유 형	품 목	수량	단가	공급가액	부가세	공급처명	전자	분개
22.현과	제 품			700,000	70,000	마로전자		현금

(차) 현 금	770,000	(대) 제품매출	700,000
		부가세예수금	70,000

38. 3월 31일

향토전자로부터 원재료 75,000,000원(부가가치세 별도)을 구입하고, 「전자세금계산서」를 발급받았으며, 대금은 외상으로 하였다.

유 형	품 목	수량	단가	공급가액	부가세	공급처명	전자	분개
51.과세	원재료			75,000,000	7,500,000	향토전자	여	외상

(차)	원재료	75,000,000	(대)	외상매입금 (향토전자)	82,500,000
	부가세대급금	7,500,000			

39. 3월 31일

㈜티제이전자로부터 원재료 3,500,000원(부가가치세 별도)을 구입하면서 비씨카드로 결제하고 「시출승빙용 신용카드매출전표」를 교부받았다.

유 형	품 목	수량	단가	공급가액	부가세	공급처명	전자	분개
57.카과	원재료			3,500,000	3,500,000	㈜티제이전자		카드

(차)	원재료	3,500,000	(대)	미지급금 (비씨카드)	3,850,000
	부가세대급금	350,000			

40. 5월 31일

홍콩 거래처 만리상사로부터 원재료 $2,000를 외상으로 수입하고, 평택세관장으로부터 「수입전자세금계산서」를 교부받았으며 부가가치세는 현금으로 납부하였다.
만리상사를 215번으로, 평택세관을 216번으로 신규 등록하시오.
원재료 매입에 대한 회계처리는 「일반전표」에서 별도로 하기로 하며, 이 때 기준환율은 1,200원/$이었다.

유 형	품 목	수량	단가	공급가액	부가세	공급처명	전자	분개
55.수입	원재료	1		2,400,000	240,000	평택세관	여	현금

(차)	부가세대급금	240,000	(대)	현 금	240,000

* $2,000 × 1,200/$ = 2,400,000

대체	(차) 원재료	2,400,000	(대) 외상매입금 (만리상사)	2,400,000

41. 6월 3일

㈜렉스에 제품을 판매하고 대금 25,000,000원(부가가치세 별도)은 현금으로 회수하였으며 「전자세금계산서」를 발급해 주었다.

유 형	품 목	수량	단가	공급가액	부가세	공급처명	전자	분개
11.과세	제 품			25,000,000	2,500,000	㈜렉스	여	현금

(차)	현 금	27,500,000	(대)	제품매출	25,000,000
				부가세예수금	2,500,000

42. 6월 20일

현대자동차에 제품을 외상 판매하였다.
대금은 6,400,000원(부가가치세 별도)이었으며 「전자세금계산서」를 발급해 주었다.

유 형	품 목	수량	단가	공급가액	부가세	공급처명	전자	분개
11.과세	제 품			6,400,000	640,000	현대자동차	여	외상

(차)	외상매출금 (현대자동차)	7,040,000	(대)	제품매출	6,400,000
				부가세예수금	640,000

43. 6월 26일

정풍상사에 제품을 현금으로 판매하였다. 대금 19,000,000원(부가가치세 별도)에 대하여 「전자세금계산서」를 발급해 주었다.

유 형	품 목	수량	단가	공급가액	부가세	공급처명	전자	분개
11.과세	제 품			19,000,000	1,900,000	정풍상사	여	현금

(차)	현 금	20,900,000	(대)	제품매출	19,000,000
				부가세예수금	1,900,000

44. 7월 15일

공장 기계장치의 주요 부품을 교체하였으며 이로 인하여 획기적인 성능 향상이 있었다.

공장에서 사용하는 트럭의 타이어를 교체하였다. 거래처 입력은 생략한다.

기계장치의 부품 교체비는 2,200,000원, 타이어 교체비는 330,000원이었으며 비씨카드로 결제하고 「지출증빙용 신용카드매출전표」를 교부받았다.

교체비는 부가가치세가 포함된 금액이다.

유 형	품 목	수량	단가	공급가액	부가세	공급처명	전자	분개
57.카과	부품 교체			2,300,000	230,000			카드

(차)	기계장치	2,000,000	(대)	미지급금 (비씨카드)	2,530,000
	520.수선비	300,000			
	부가세대급금	230,000			

* 기계장치의 부품 교체는 「자본적 지출」이며, 트럭의 타이어 교체는 「수익적 지출」에 해당한다.

45. 7월 24일

영업사원이 업무에 이용하는 승용차의 주유를 위해 사용하도록 ㈜문성주유소 발행 주유상품권(10매, @50,000원, 부가가치세 별도)을 현금 구입하고, 「전자세금계산서」를 발급받았다. ㈜문성주유소를 217번으로 신규 등록하시오.

유 형	품 목	수량	단가	공급가액	부가세	공급처명	전자	분개
54.불공	주유상품권	10	50,000	500,000	50,000	㈜문성주유소	여	현금

(차)	822.차량유지비	550,000	(대)	현 금	550,000

* 매입세액 불공제 사유 : ③ 비영업용 소형승용차 구입 · 유지 및 임차

46. 8월 2일

케네디상사로부터 생산직 사원을 위한 휴게실에 비치할 커피와 차 600,000원(부가가치세 별도)을 구입하고, 「지출증빙용 현금영수증」을 교부받았으며, 대금은 국민은행 보통예금 계좌에서 이체하였다.

유 형	품 목	수량	단가	공급가액	부가세	공급처명	전자	분개
61.현과	커피 등			600,000	60,000	케네디상사		혼합

(차)	511.복리후생비	600,000	(대)	보통예금 (국민은행)	660,000
	부가세대급금	60,000			

* 실무상 「소모품비」로 처리해도 되지만 보다 적절한 「복리후생비」로 처리하였다.

47. 8월 10일

로즈전자로부터 회사 홍보용으로 로비에 설치하기 위해 TV를 4,400,000원(부가가치세 포함)에 구입하고, 「전자세금계산서」를 교부받았으며 대금은 국민은행 보통예금에서 이체하여 지급하였다. 그러나, 이 TV는 대표이사 사무실에 개인 시청용으로 설치된 것으로 회사 업무와는 상관이 없다.

유 형	품 목	수량	단가	공급가액	부가세	공급처명	전자	분개
54.불공	TV	1		4,000,000	400,000	로즈전자	여	혼합

(차)	비 품	4,400,000	(대)	보통예금 (국민은행)	4,400,000

* 매입세액 불공제 사유 : ② 사업과 직접 관련 없는 지출

48. 8월 10일

사내 행사를 진행하면서 직원에게 선물로 제공하기 위해 현진상사로부터 경품(면세물품)을 2,200,000원에 현금 구입하고, 「전자계산서」를 발급받았다.

유 형	품 목	수량	단가	공급가액	부가세	공급처명	전자	분개
53.면세	경 품			2,200,000		현진상사	여	현금

(차)	811.복리후생비	2,200,000	(대)	현 금	2,200,000

49. 8월 22일

중국 업체 조선상사에 제품 55,000,000원을 수출하고, 대금은 다음 달에 받기로 하였다.

유 형	품 목	수량	단가	공급가액	부가세	공급처명	전자	분개
16.수출	제 품			55,000,000	0	조선상사		외상

(차)	외상매출금 (조선상사)	55,000,000	(대)	제품매출	55,000,000

* 영세율 구분 : 1. 직접수출(대행수출 포함)

국외에 직접 수출하는 재화에 대하여는 「영세율전자세금계산서」 발급이 면제된다.

50. 9월 2일

안성상사로부터 원재료 500개(공급가액 @50,000, 부가가치세 별도)를 구입하고 「전자세금계산서」를 발급받았으며, 대금 중 7,000,000원은 제품을 판매하고 받아 보관 중인 ㈜마포의 「약속어음」을 배서하여 지급하고, 잔액은 외상으로 하였다.

유 형	품 목	수량	단가	공급가액	부가세	공급처명	전자	분개
51.과세	원재료	500	50,000	25,000,000	2,500,000	안성상사	여	혼합

(차)	원재료	25,000,000	(대)	받을어음 (㈜마포)	7,000,000
	부가세대급금	2,500,000		외상매입금 (안성상사)	20,500,000

* 어음을 배서하였으므로 「받을어음」에 대한 거래처를 「(주)마포)」로 수정한다.

51. 9월 4일

공장에서 사용하던 기계장치를 정풍상사에 매각하고 「전자세금계산서」를 발급하였다. 매각대금은 8,800,000원(부가가치세 포함)이며 국민은행 보통예금으로 수취하였다.

동 기계장치는 취득원가가 20,000,000원이며 매각 당시 감가상각누계액은 9,000,000원이 었다.

매각일까지의 감가상각에 대한 회계처리는 무시하고 회계처리 하시오.

유 형	품 목	수량	단가	공급가액	부가세	공급처명	전자	분개
11.과세	기계장치	1		8,000,000	800,000	정풍상사	여	혼합

(차)	207.감가상각누계액	9,000,000	(대)	기계장치	20,000,000
	보통예금 (국민은행)	8,800,000		부가세예수금	800,000
	유형자산처분손실	3,000,000			

52. 9월 13일

케네디상사로부터 판매거래처 선물용으로 구두상품권(20매, @100,0000 부가가치세 별도) 을 현금 구매하고 「전자세금계산서」를 발급받았다.

유 형	품 목	수량	단가	공급가액	부가세	공급처명	전자	분개
54.불공	상품권	20	100,000	2,000,000	200,000	케네디상사	여	현금

(차)	813.접대비	2,200,000	(대)	현 금	2,200,000

* 매입세액 불공제 사유 : ④ 접대비 및 이와 유사한 비용 관련

53. 9월 24일

원재료 구입처 ㈜티제이전자에 방문하면서 선물용으로 케네디상사에서 동양란을 99,000원에 구입하고, 「전자계산서」를 발급받았으며 대금은 국민은행 보통예금에서 계좌이체 하였다.

유 형	품 목	수량	단가	공급가액	부가세	공급처명	전자	분개
53.면세	동양란	1		99,000		케네디상사	여	혼합

(차)	513.접대비	99,000	(대)	보통예금 (국민은행)	99,000

* 동양란은 면세대상이고, 「전자계산서」를 발급받았으므로 「54.불공」으로 입력하면 안 된다.
또한, 「공급처명」에 「㈜티제이전자」로 입력하지 않도록 주의한다.

54. 10월 4일

마로전자에 제품 일부(5,000개, @1,000)에 마무리 작업을 하도록 위탁하고, 「전자세금계산서」를 발급받았으며 가공비 5,000,000원(부가가치세 별도)은 외상으로 하였다.

유 형	품 목	수량	단가	공급가액	부가세	공급처명	전자	분개
51.과세	가공비	5,000	1,000	5,000,000	500,000	마로전자	여	혼합

(차)	533.외주가공비	5,000,000	(대)	미지급금 (마로전자)	5,500,000
	부가세대급금	500,000			

55. 10월 31일

제조부서에서 사용하기 위한 컴퓨터를 향토전자로부터 구입하였고, 대금 1,980,000원(부가가치세 포함)을 비씨카드로 결제하고 신용카드매출전표를 발급받았다.

유 형	품 목	수량	단가	공급가액	부가세	공급처명	전자	분개
57.카과	컴퓨터	1		1,800,000	180,000	향토전자		카드

(차)	비 품	1,800,000	(대)	미지급금 (비씨카드)	1,980,000
	부가세대급금	180,000			

56. 11월 4일

㈜강골전자에서 디자인 부서에서 참고할 제품 디자인에 관한 서적을 300,000원에 외상으로 구입하고, 「전자계산서」를 발급받았다.

유 형	품 목	수량	단가	공급가액	부가세	공급처명	전자	분개
53.면세	서 적	1		300,000		㈜강골전자	여	혼합

(차)	826.도서인쇄비	300,000	(대)	미지급금 (㈜강골전자)	300,000

57. 11월 10일

본사 사무실 임차료 3,300,000원(부가가치세 포함)이 미지급상태인데, 임대인으로부터 이에 대한 「전자세금계산서」를 발급받고 현금 지급하였다. 거래처 입력은 생략한다.

유 형	품 목	수량	단가	공급가액	부가세	공급처명	전자	분개
51.과세	임차료			3,000,000	300,000		여	현금

(차)	819.임차료	3,000,000	(대)	현 금	3,300,000
	부가세대급금	300,000			

58. 11월 17일

안성상사에 제품을 판매하고 다음의 「전자세금계산서」를 발급하였다. 대금은 8월 1일에 수령한 계약금을 제외하고 나머지는 국민은행 보통예금 계좌로 받았다.

전자세금계산서					승인번호	20191110-21058052-117266459			
공급자	사업자 등록번호	131-81-35215	종사업장 번호		공급받는자	사업자 등록번호	211-71-53053	종사업장 번호	
	상호 (법인명)	(주)에이전자	성 명 (대표자)	남진호		상호 (법인명)	안성상사	성 명	강대성
	사업장 주소	경기도 광명시 광명로 58(가학동)				사업장 주소	서울시 마포구 상암동 261		
	업 태	제조, 도소매	종 목	전자제품		업 태	도소매업	종 목	전자부품
	이메일					이메일			

작성일자	공급가액	세액	수정사유
20××. 11. 17	15,000,000	1,500,000	
비고			

월	일	품 목	규 격	수 량	단 가	공 급 가 액	세 액	비 고
11	17	전자부품		150	100,000	15,000,000	1,500,000	

합 계 금 액	현 금	수 표	어 음	외 상 미 수 금	영수 이 금액을 함 청구
16,500,000	16,500,000				

유 형	품 목	수량	단가	공급가액	부가세	공급처명	전자	분개
11.과세	전자부품	150	100,000	15,000,000	1,500,000	안성상사	여	혼합

(차)	보통예금 (국민은행)	15,500,000	(대)	제품매출	15,000,000
	선수금 (안성상사)	1,000,000		부가세예수금	1,500,000

* 「거래처원장」을 조회하여 안성상사의 「선수금」을 확인한다.

59. 12월 1일

연말 선물용으로 당사 제품인 VIP선물세트를 매출 거래처 ㈜우진에 제공하였다.

VIP선물세트 : 원가 50,000원, 시가 80,000원(부가가치세 제외)

유 형	품 목	수량	단가	공급가액	부가세	공급처명	전자	분개
14.건별	선물세트	1	80,000	80,000	8,000	㈜우진		혼합

(차)	813.접 대 비	58,000	(대)	제 품	50,000
				(8.타계정으로대체액 손익계산서 반영분)	
				부가세예수금	8,000

* 이 거래는 『부가가치세법』상 「간주공급」 중 「사업상증여」에 해당하며, 이에 대하여는 세금계산서 발급이 면제되므로 과세유형은 「14.건별」이다.
* 이 거래는 다음과 같이 분개할 수도 있다.
  이렇게 분개해도 「접대비」와 「제품처분이익」을 상계하면 「당기순이익」에 미치는 효과는 같다.
  그러나, 『법인세법』에서는 「접대비」를 88,000원으로 보고 세무조정 한다.

(차)	813.접 대 비	88,000	(대)	제 품	50,000
				(8.타계정으로대체액 손익계산서 반영분)	
				부가세예수금	8,000
				제품처분이익	30,000

60. 12월 10일

㈜에이전자는 원재료의 일부를 수입하고 있다. ㈜에이스국제운송에 수입원재료의 통관비용 517,000원(부가가치세 포함)을 현금 지급하고 「전자세금계산서」를 발급받았다.

㈜에이스국제운송을 218번에 신규 등록하시오.

유 형	품 목	수량	단가	공급가액	부가세	공급처명	전자	분개
51.과세	통관수수료			470,000	47,000	㈜에이스국제운송	여	현금

(차)	원재료	470,000	(대)	현 금	517,000
	부가세대급금	47,000			

61. 12월 29일

㈜토즈상사에 제품을 1,100,000원(부가가치세 포함)에 외상판매하고 「전자세금계산서」를 발급하였다.

유 형	품 목	수량	단가	공급가액	부가세	공급처명	전자	분개
11.과세	제 품			1,000,000	100,000	㈜토즈상사	여	외상

(차)	외상매출금 (㈜토즈상사)	1,100,000	(대)	제품매출	1,000,000
				부가세예수금	100,000

제3절 고정자산 등록

Guide

회계기간 중에 사업용 고정자산을 취득할 경우에는 결산을 위한 감가상각비를 산출하기 위하여「고정자산 등록」에서 자료를 입력해야 한다. 고정자산은 반드시 해당 계정과목별로 등록해야 하며 여기서 산출된「감가상각비」는 결산자료에 자동으로 반영된다.

* 법인세법상 고정자산은 기업회계의 유형자산과 무형자산을 통칭한다.

1. 고정자산 등록

(1) 고정자산 간편등록 : 전표 입력하면서 등록하기

1) 「기초정보관리 – 환경등록」에서「10.고정자산 간편 자동등록 사용」에서「1.사용」으로 설정
2) 전표를 입력할 때 계정과목과 금액을 입력하면「고정자산 간편등록」창이 열리고 여기서 자료를 입력

(2) 고정자산 등록

「고정자산 및 감가상각 – 고정자산 등록」에서 자료를 입력

2. 입력방법

(1) 자산계정과목

1) 계정과목 코드를 알고 있으면 직접 입력
2) 또는 F2를 누르면 열리는「계정과목코드도움」창에서 계정과목 코드 선택

(2) 자산코드/명 : 구체적인 품목(본사 건물 등)을 코드 000001부터 부여하여 입력

(3) 취득년월일 : 실제 취득일(세금계산서의 작성년월일)을 입력

(4) 감가상각방법

1) 『법인세법』상 고정자산의 감가상각방법은 제한된 범위에서 선택하여 신고하고 적용
2) 신고하지 않은 경우에는 무신고시의 감가상각방법을 적용
3) 계정과목 코드가 선택되면 무신고시의 감가상각방법이 자동으로 선택됨

(5) 기초가액

1) 『법인세법』상 고정자산의 잔존가치는 「0」 단, 정률법의 경우에만 취득가액의 5%
2) 기초가액 = 취득가액 - 잔존가치
3) 따라서, 기초가액에는 취득가액을 입력하면 됨
4) 비영업용소형승용차 등과 같이 매입세액 불공제 대상인 자산은 「공급대가」로 입력

   * 매입세액 불공제액은 자산 원가에 가산된다.

(6) 전기말 상각누계액

1) 자료를 입력하면 「전기말 장부가액」과 「상각기초가액」이 자동 계산
2) 당기 중에 신규 취득자산에 대하여는 입력하지 않음
3) 전기 이전에 취득한 자산에 대해 입력하며 일부 처분한 경우에는 당기에 처분한 부분에 대한 전기말 감가상각누계액을 차감하여 입력

(7) 내용연수(상각률)

1) 『기업회계기준』에서 내용연수는 고정자산을 경제적으로 사용할 수 있는 기간을 의미
2) 『법인세법』에서 내용연수는 상각률을 계산하기 위한 것임
3) 입력 창에서 내용연수를 입력하면 상각방법별로 상각률이 자동으로 계산되어 적용

(8) 경비구분

1) 해당 고정자산의 사용 용도에 따라 입력
2) 판매비와 관리비는 「6.800번대/판관비」를 제조원가는 「1.500번대/제조」를 선택

예제 2-3 고정자산 등록

㈜에이전자의 다음 자료에 따라 고정자산 등록에 감가상각대상 고정자산을 등록하고 감가상각비를 산출하시오. 회계기간 중 자료는 무시하고, 다음에 주어진 자료만 등록하여 산출하도록 한다.
당기는 20××년 1월 1일 ~ 12월 31일이다.

계정과목	자산명	취득일	상각방법	취득원가	전기말 상각누계액	내용연수
202.건 물	본사건물	20××.10.13	정액법	100,000,000	-	20년
	공장건물	전전기 1. 1	정액법	100,000,000	10,000,000	20년
204.구축물	공장울타리	20××. 2. 6	정률법	5,000,000	-	5년
206.기계장치	공장설비	20××. 1. 1	정률법	20,000,000	-	10년

208. 차량 운반구	영업부차량	20××. 7. 1	정률법	30,000,000		5년
	공장트럭	전기 1. 1	정률법	40,000,000	16,000,000	5년
212.비 품	본사온풍기	20××. 7. 4	정률법	3,000,000	–	5년

해설

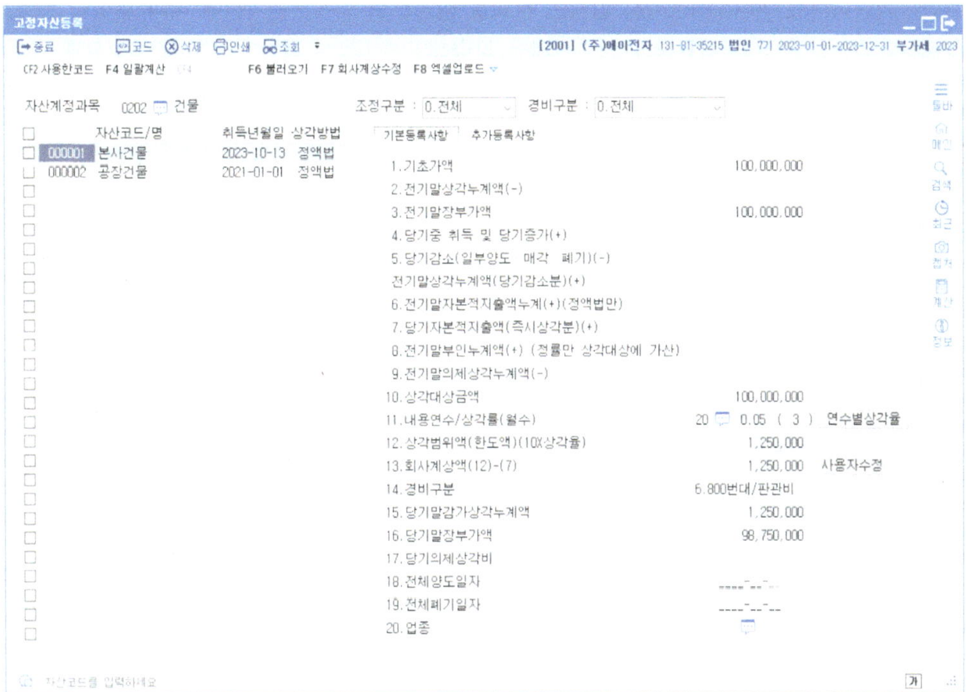

- 202. 건물 본사건물 1,250,000원 / 공장건물 5,000,000원
- 204. 구축물 공장울타리 2,067,083원
- 206. 기계장치 공장설비 5,180,000원
- 208. 차량운반구 영업부차량 6,765,000원 / 공장트럭 10,824,000원
- 212. 비품 본사온풍기 676,500원

제4절 결산 / 재무제표

Guide

기업은 회계기간 중 발생한 거래를 회계기간 종료시점을 기준으로 마감하여 재무상태와 경영성과를 파악하게 되는데 이를 위하여 수익 · 비용을 비교하고 순손익을 파악하고 자산 · 부채 · 자본의 상태를 조사하는 과정이 결산이다. 지금까지 입력한 자료를 바탕으로 회계순환과정에 따라 결산을 완료하여 재무제표를 작성하고, 재무제표간의 연관관계를 파악해야 한다.

1. 장부 읽기

- 회계이론을 공부할 경우 주로 T-계정을 활용
- KcLep은 장부를 T-계정으로 표시하지 않아 정식 장부를 읽기 어려운 경우가 있음
- 따라서, KcLep의 장부구조와 T-계정을 비교하는 과정이 필요
- 「합계잔액시산표」를 중심으로 설명하지만 그 외의 장부도 동일

(1) 합계잔액시산표 : 「자산」 계정의 표시

1) T-계정으로 표시하는 경우

㈜에이전자	합계잔액시산표	20××. 12. 31
현 금	62,493,300	
당좌예금	149,726,000	
보통예금	203,516,000	

2) KcLep에서 조회된 결과

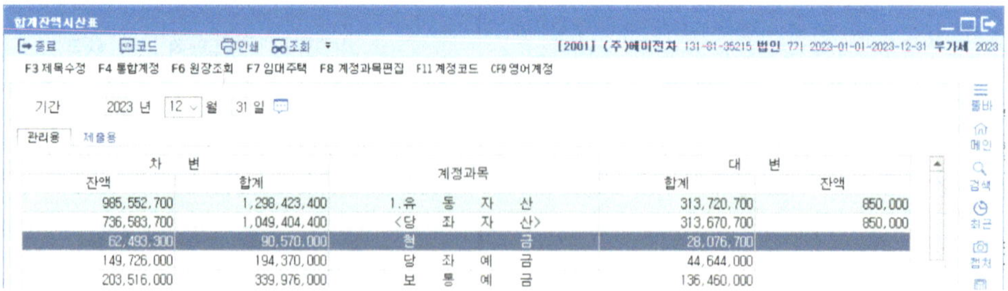

차변 잔액	차변 합계	계정과목	대변 합계	대변 잔액
985,552,700	1,298,423,400	1.유 동 자 산	313,720,700	850,000
736,583,700	1,049,404,400	<당 좌 자 산>	313,670,700	850,000
62,493,300	90,570,000	현 금	28,076,700	
149,726,000	194,370,000	당 좌 예 금	44,644,000	
203,516,000	339,976,000	보 통 예 금	136,460,000	

3) T-계정과 KcLep에서 조회된 결과 비교

① T-계정의 「현금」 계정은 12월 31일 현재의 잔액 62,493,300원만을 나타냄

② KcLep에서 조회된 합계잔액시산표의 「현금」 계정은 차변에 90,570,000원이 증가하고, 대변에 28,076,700원이 감소하여 차변 잔액 62,493,300원을 나타냄

③ 모든 「자산」 계정은 차변 증가액과 대변 감소액의 차액이 차변 잔액으로 표시

(2) 합계잔액시산표 : 「부채」와 「자본」 계정의 표시

1) T-계정으로 표시하는 경우

㈜에이전자　　　　합계잔액시산표　　　　20××. 12. 31

	외상매입금	221,815,000
	지급어음	31,795,000
	미지급금	85,420,000
	……	……
	자본금	448,991,000
	이익준비금	300,000

2) KcLep에서 조회된 결과

합계잔액시산표

종료 코드 인쇄 조회　[2001] (주)에이전자 131-81-35215 법인 7기 2023-01-01~2023-12-31 부가세 2023

F3 제목수정 F4 통합계정 F6 원장조회 F7 임대주택 F8 계정과목편집 F11 계정코드 CF9 영어계정

기간 2023 년 12 월 31 일

관리용 제출용

차변 잔액	차변 합계	계정과목	대변 합계	대변 잔액
	69,430,000	3.유 동 부 채	507,326,490	437,896,490
	37,585,000	외 상 매 입 금	259,400,000	221,815,000
	17,880,000	지 급 어 음	49,675,000	31,795,000
	5,515,000	미 지 급 금	90,935,000	85,420,000
		5.자 본 금	448,991,000	448,991,000
		자 본 금	448,991,000	448,991,000
	1,000,000	6.자 본 조 정	1,000,000	
	1,000,000	미교부주식배당금	1,000,000	
	4,300,000	7.이 익 잉 여 금	47,635,000	43,335,000
		이 익 준 비 금	300,000	300,000
	4,300,000	이월이익잉여금	47,335,000	43,035,000

3) T-계정과 KcLep에서 조회된 결과 비교

① T-계정의 「외상매입금」 계정은 12월 31일 현재의 잔액 221,815,000원만을 나타냄

② KcLep에서 조회된 합계잔액시산표의 「외상매입금」 계정은 대변에 259,400,000원 이 증가하고, 차변에 37,585,000원이 감소하여 대변 잔액 221,815,000원을 나타냄

③ T-계정의 「자본금」 계정은 12월 31일 현재의 잔액 448,991,000원만을 나타냄

④ KcLep에서 조회된 합계잔액시산표의 「자본금」 계정은 대변에 448,991,000원이 증가하고, 차변에 0원이 감소하여 대변 잔액 448,991,000원을 나타냄

⑤ 모든 「부채」와 「자본」 계정은 대변의 증가액과 차변의 감소액의 차액이 대변 잔액으로 표시

(3) 합계잔액시산표 : 「수익」과 「비용」 계정의 표시

1) T-계정으로 표시하는 경우

㈜에이전자　　　　합계잔액시산표　　　　20××. 12. 31

		제품매출	357,244,910
		… …	… …
급 여	20,000,000		
퇴직급여	2,355,000		
복리후생비	260,000		

2) KcLep에서 조회된 결과

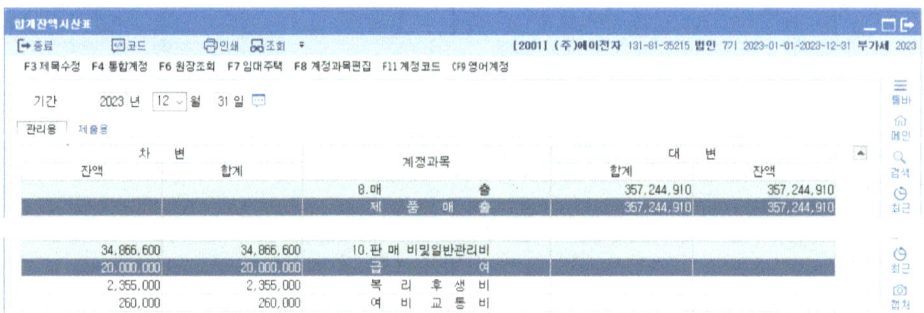
합계잔액시산표

[2001] (주)에이전자 131-81-35215 법인 7기 2023-01-01-2023-12-31 부가세 2023

기간 2023 년 12 월 31 일

차변 잔액	차변 합계	계정과목	대변 합계	대변 잔액
		8.매 출	357,244,910	357,244,910
		제 품 매 출	357,244,910	357,244,910
34,866,600	34,866,600	10.판 매 비및일반관리비		
20,000,000	20,000,000	급 여		
2,355,000	2,355,000	복 리 후 생 비		
260,000	260,000	여 비 교 통 비		

3) T-계정과 KcLep에서 조회된 결과 비교

① T-계정의 「제품매출」 계정은 12월 31일 현재의 잔액 357,244,910원만을 나타냄
T-계정의 「급여」 계정은 12월 31일 현재의 잔액 20,000,000원만을 나타냄

② KcLep에서 조회된 합계잔액시산표의 「제품매출」 계정은 대변에 357,244,910원이 발생하고, 차변에 0원이 소멸하여 차변 잔액 357,244,910원을 나타냄
KcLep에서 조회된 합계잔액시산표의 「급여」 계정은 차변에 20,000,000원이 발생하고, 대변에 0원이 소멸하여 차변 잔액 20,000,000원을 나타냄

③ 모든 「수익」 계정은 대변의 발생액과 차변의 소멸액의 차액이 대변 잔액으로 표시
모든 「비용」 계정은 차변의 발생액과 대변의 소멸액의 차액이 차변 잔액으로 표시

2. 수정전시산표

(1) 의의

전기의 적정성 여부를 파악하기 위해 모든 계정의 차변 합계와 대변 합계가 일치하는지 검증하는 표

(2) 전표 입력을 통하여 코드 체계에 따라 보조장부와 『수정전시산표』까지 모두 작성된 상태로 이를 바탕으로 기말수정분개를 수행

수정전시산표 ↓	• 현금주의 : 결산예비절차
기말수정분개 ↓	• 현금주의를 발생주의로 전환
수정후시산표 ↓	• 발생주의
장부마감 ↓	• I/S 계정 마감 → B/S 계정 마감
재무제표 작성	• 재무상태표 · 손익계산서

예제 2-4 수정전시산표

「전표」에 입력된 자료를 바탕으로 12월 31일 (결산일) 현재의 「합계잔액시산표」를 조회하여 다음 항목과 계정의 잔액을 확인하시오.

1. 당좌예금	2. 사채할인발행차금
3. 이익준비금	4. 판매비와관리비 : 차량유지비
5. 자산수증이익	

해설

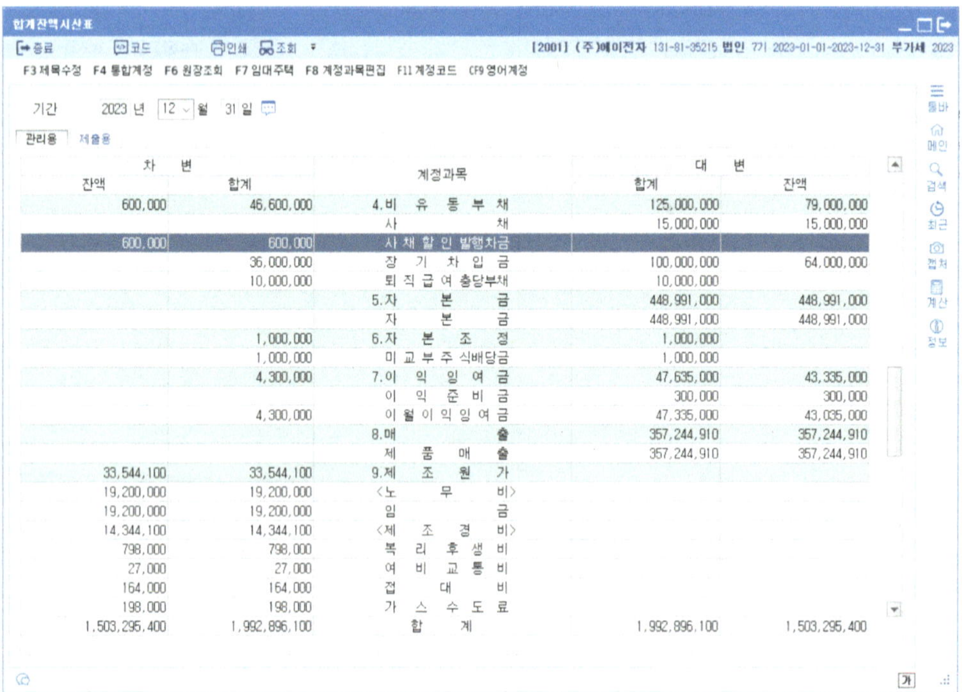

차변 잔액	차변 합계	계정과목	대변 합계	대변 잔액
600,000	46,600,000	4.비 유 동 부 채	125,000,000	79,000,000
		사 채	15,000,000	15,000,000
600,000	600,000	사 채 할 인 발행차금		
	36,000,000	장 기 차 입 금	100,000,000	64,000,000
	10,000,000	퇴 직 급 여 충당부채	10,000,000	
		5.자 본 금	448,991,000	448,991,000
		자 본 금	448,991,000	448,991,000
	1,000,000	6.자 본 조 정	1,000,000	
	1,000,000	미 교 부 주 식배당금	1,000,000	
	4,300,000	7.이 익 잉 여 금	47,635,000	43,335,000
		이 익 준 비 금	300,000	300,000
	4,300,000	이 월 이 익 잉 여 금	47,335,000	43,035,000
		8.매 출	357,244,910	357,244,910
		제 품 매 출	357,244,910	357,244,910
33,544,100	33,544,100	9.제 조 원 가		
19,200,000	19,200,000	<노 무 비>		
19,200,000	19,200,000	임 금		
14,344,100	14,344,100	<제 조 경 비>		
798,000	798,000	복 리 후 생 비		
27,000	27,000	여 비 교 통 비		
164,000	164,000	접 대 비		
198,000	198,000	가 스 수 도 료		
1,503,295,400	1,992,896,100	합 계	1,992,896,100	1,503,295,400

1. 당좌예금	149,726,000원
2. 사채할인발행차금	600,000원
3. 이익준비금	300,000원
4. 판매비와관리비 : 차량유지비	630,000원
5. 자산수증이익	40,000,000원

3. 수동결산

(1) 기말수정분개

1) 회계기간별로 정확한 손익을 계산하기 위해 기말에 발생주의로 전환하기 위해 수행하는 회계절차로서 현금 계정은 사용되지 않음
2) 외부와의 교환거래가 아닌 발생주의로 전환하는 절차이므로 원시증명서류는 없음

(2) KcLep의 결산 : 수동결산과 자동결산

1) 수동결산

   결산일에 「일반전표」에 결산대체분개를 직접 입력하는 방법

2) 자동결산

   ① 「결산 및 재무제표」 - 「결산자료입력」에서 결산자료를 입력
   ② 툴바의 [F3 전표추가]를 클릭하여 「일반전표」에 자동으로 분개 반영

3) 이러한 구분은 입력을 능률적으로 하기 위한 것에 불과하므로 「자동결산항목」도 일반전표에 직접 분개해도 되며 그 결과는 동일

(3) 기말수정분개 항목

기말수정분개 항목	수동결산 항목	자동결산 항목
1) 수익 · 비용 발생 : 미수수익 · 미지급비용	○	×
2) 수익 · 비용 이연 : 선급비용 · 선수수익	○	×
3) 소모품 정리	○	×
4) 가지급금 · 가수금 · 현금과부족 정리	○	×
5) 외화채권 · 채무의 외화환산 : 외화환산손익	○	×
6) 유가증권 평가	○	×
7) 비유동부채의 유동성 대체	○	×
8) 부가가치세 정리	○	×
9) 기말 재고자산 파악	×	○
10) 고정자산의 감가상각비	○	○
11) 대손충당금 · 퇴직급여충당부채	○	○
12) 선납세금의 법인세비용 대체	○	○
13) 법인세등 추산	○	○

(4) 수동결산 항목

1) 수익 · 비용 발생 : 미수수익 · 미지급비용

(차) 미수수익	×××	(대) 수 익	×××
(차) 비 용	×××	(대) 미지급비용	×××

2) 수익 · 비용 이연 : 선급비용 · 선수수익

(차) 선급비용	×××	(대) 비 용	×××
(차) 수 익	×××	(대) 선수수익	×××

3) 소모품 정리

① 기말 시점까지 사용분은 「비용(소모품비)」으로, 미사용분은 「자산(소모품)」으로 정리

② 회계기간 중 「자산(소모품)」 처리한 경우 : 사용분을 「비용(소모품비)」으로 대체

(차) 소모품비	×××	(대) 소모품	×××

③ 회계기간 중 「비용(소모품비)」 처리한 경우 : 미사용분을 「자산(소모품)」으로 대체

(차) 소모품	×××	(대) 소모품비	×××

* 비용(소모품비) 계정은 영업활동과 관련된 경우 830.판매비와관리비로, 제조활동과 관련된 경우에는 530.제조원가를 사용해야 한다.

4) 가지급금 · 가수금 · 현금과부족 정리

① 가지급금 · 가수금 : 본 계정에 대체하거나 원인을 찾지 못한 경우 적절히 처리

② 현금과부족

본 계정에 대체하거나 원인을 찾지 못한 경우 「잡이익」, 「잡손실」 처리

(차) 잡손실	×××	(대) 현금과부족	×××
(차) 현금과부족	×××	(대) 잡이익	×××

5) 외화채권 · 채무의 외화환산 : 외화환산손익

(차) 외화채권 · 채무	×××	(대) 외화환산이익	×××
(차) 외화환산손실	×××	(대) 외화채권 · 채무	×××

* 「외환차익」, 「외환차손」 계정은 외화채권 · 채무를 회수 · 상환하는 경우에 사용하는 계정이므로 계정 선택에 주의한다.

6) 유가증권 평가

(차) 유가증권 ××× (대) 유가증권평가이익 ×××

(차) 유가증권평가손실 ××× (대) 유가증권 ×××

* 유가증권 계정과목 분류와 평가방법에 따라 적절한 계정과목을 사용한다.

7) 비유동부채의 유동성 대체

① 장기차입금, 사채와 같은 「비유동부채」의 만기가 결산일 현재 1년 미만인 경우

② 「유동부채」 중 유동성장기부채로 대체

(차) 장기차입금 ××× (대) 유동성장기부채 ×××

* 유동성 대체 후에 만기가 연장된 경우에는 다시 「비유동부채」로 대체한다.

8) 부가가치세 정리 : 매출세액과 매입세액 정리(예정신고기간 · 과세기간 종료일)

(차) 부가세예수금 ××× (대) 부가세대급금 ×××
미지급세금 ×××

예제 2-5 수동결산

수정전시산표와 다음 결산사항을 참고하여 「일반전표」에 수동결산 항목을 회계처리 하시오.

1. 「외상매입금」 계정에는 홍콩 거래처 만리상사에 대한 「외화외상매입금」 2,400,000원 ($2,000)이 계상되어 있다. 결산일 현재 기준환율은 1,180원/$이었다.
2. 기말 시점까지 사용되지 않은 소모품이 271,000원이었다. 회사는 소모품을 구입할 때 모두 비용으로 회계처리 하였다. 이 중 영업 · 관리부에 대한 것은 123,000원이고, 생산부에 대한 것은 148,000원이었다.
3. 영업부 차량에 대하여 가입했던 자동차 보험료를 정리한다. 「보험료」 계정을 조회한 후 회계처리 하시오.
4. 국민은행에 대한 「장기차입금」 중 10,000,000원의 만기가 차기 6월 30일에 도래한다.
5. 현금출납장의 현금이 현금시재액보다 30,000원이 부족했는데 결산일 현재 그 원인을 알 수 없었다.
6. 「단기매매증권」의 기말 현재 공정가액은 15,500,000원이었다.
7. 「매도가능증권」의 기말 현재 공정가액은 6,300,000원이었다.
8. 20××년 분기별로 예정신고 및 확정신고에 대한 부가가치세를 부가가치세신고서를 조회하여 예정신고기간 및 과세기간 종료일자로 정리한다.
9. 당기분 법인세는 12,000,000원이었다. 기납부세액을 조회한 후 법인세를 정리하시오.

해설

1. 외화환산

대체	(차) 외상매입금 (만리상사)	40,000	(대) 외화환산이익	40,000

* 2,400,000원 − $2,000 × 1,180원 = 40,000원

환율 하락에 따라 상환해야 할 외상매입금이 감소하였으므로 「외화환산이익」이 발생한다.
「외환차익」 계정을 사용하지 않도록 주의한다.

2. 소모품 정리

대체	(차) 소모품	271,000	(대) 830.소모품비	123,000
			530.소모품비	148,000

* 합계잔액시산표를 조회하면 「소모품비」 계정만 조회된다.
  따라서, 미사용분을 자산으로 대체하는 분개를 한다.
* 소모품을 구입할 때 「자산」 처리한 경우에는 사용분을 「비용」으로 처리한다.

대체	(차) 소모품비	×××	(대) 소모품	×××

3. 보험료 정리

대체	(차) 선급비용	3,630,000	(대) 821.보험료	3,630,000

* 3,960,000원 × 11월 / 12월 = 3,630,000원 (차기분)
* 보험료를 지급할 때 「자산」 처리한 경우에는 당기분을 「비용」으로 처리한다.

대체	(차) 보험료	330,000	(대) 선급비용	330,000

4. 유동성 대체

대체	(차) 장기차입금 (국민은행)	10,000,000	(대) 유동성장기부채 (국민은행)	10,000,000

5. 현금과부족

2.입금	(차) 현 금	30,000	(대) 잡이익	30,000

* 장부상 현금과 현금 시재액이 일치하지 않은 경우 「현금과부족」 처리한 후 원인을 밝혀야 하지만 기말 현재 원인이 밝혀지지 않았으므로 즉시 「잡이익」 처리한 것이다.
* 이 분개는 다음과 같이 두 개의 분개로 나누어 볼 수 있다.

대체	(차) 현 금	30,000	(대) 현금과부족	30,000
	현금과부족	30,000	잡이익	30,000

6. 단기매매증권 평가 : 공정가액법

대체	(차) 957.단기매매증권평가손실	500,000	(대) 107.단기매매증권	500,000

* 「단기매매증권평가손실」 계정은 『손익계산서』 중 「영업외비용」에 반영된다.

7. 매도가능증권 평가 : 공정가액법

구분	차변	금액	대변	금액
대체	(차) 178.매도가능증권	299,000	(대) 394.매도가능증권평가이익	299,000

* 「매도가능증권평가이익」 계정은 『재무상태표』 중 「자본 - 기타포괄손익누계액」에 반영된다.
「합계잔액시산표」에서 보듯이 투자자산 중에 「178.매도가능증권」이 반영되어 있다.
따라서, 당좌자산인 「123.매도가능증권」을 사용하지 않도록 한다.

8. 부가가치세 정리

일자	차변	금액	대변	금액
3. 31	(차) 부가세예수금	22,699,491	(대) 부가세대급금	18,975,000
			미지급세금	3,724,491

일자	차변	금액	대변	금액
6. 30	(차) 부가세예수금	5,040,000	(대) 부가세대급금	240,000
			미지급세금	4,800,000

일자	차변	금액	대변	금액
9. 30	(차) 부가세예수금	800,000	(대) 부가세대급금	2,790,000
	미수금	1,990,000		

일자	차변	금액	대변	금액
12. 31	(차) 부가세예수금	1,608,000	(대) 부가세대급금	1,027,000
			미지급세금	581,000

9. 법인세 정리

구분	차변	금액	대변	금액
대체	(차) 법인세비용	12,000,000	(대) 선납세금 (광명세무서)	5,000,000
			미지급세금(광명세무서)	7,000,000

* 미지급세금 = 12,000,000원 − 5,000,000원 = 7,000,000원

4. 자동결산(결산자료입력)

(1) 의의

1) 「결산 및 재무제표」-「결산자료입력」에서 결산자료를 입력
2) 모든 자료를 입력한 후 툴바의 [F3 전표추가]를 눌러 일반전표에 자동으로 자동분개 항목을 반영

(2) 입력화면 구성

1) 『손익계산서』 구조 중 「제품매출원가」 부분에 『제조원가명세서』를 삽입한 구조

2) 매출원가 및 원가경비 선택

① 회사에서 사용하는 「매출원가」 계정과 관련된 원가경비를 연결하는 과정
② 이미 「매출원가 코드」와 「원가경비」가 선택되어 있으면 입력 창이 바로 열림

업 종	원가코드	관련 재고자산 코드	관련경비코드	
도 · 소매업	451.상품매출원가	146		
제조업	455.제품매출원가	150, 153, 162, 169	1	501 ~ 600

3) 「결산 및 재무제표」-「결산자료입력」을 클릭하면 「매출원가 및 경비선택」 창이 열림

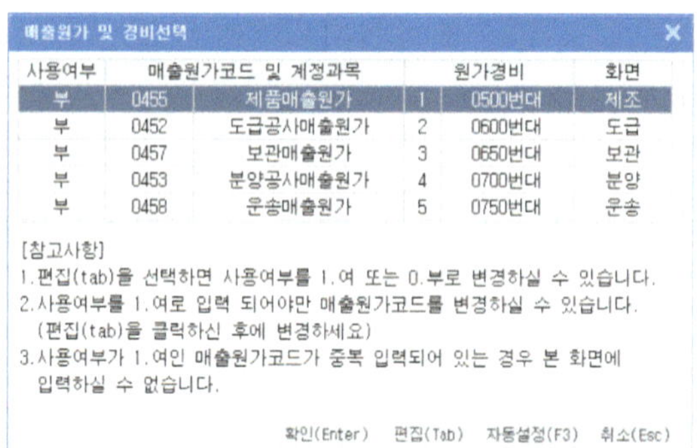

4) 제조업체의 경우 「455.제품매출원가」, 원가경비에서 「1.500번대 제조」 선택
→ [확인 Enter↵]을 누르면 입력 창이 열림

* 열리지 않으면 화면 위 「원가설정」을 클릭하여 열면 된다.

5) 회계기간 중 입력한 자료와 수동 분개한 자료가 반영되어 있음

(3) 자동결산 항목

① 「기말수정분개」는 수정전시산표와 추가 자료를 이용하여 수행하므로 합계잔액시산표 또는 계정별원장 등의 자료를 확인할 필요가 있음
② 툴바의 [F6 잔액조회]를 이용하여 필요한 자료를 조회 가능
③ 필요한 자료를 조회하면 기초잔액과 당기증감액 및 기말잔액 확인 가능

1) 기말 재고자산 파악 · 입력 : 146.상품, 153.원재료, 169.재공품, 150.제품

① 「상품」, 「원재료」, 「재공품」, 「제품」의 「실지 기말재고액」을 입력

② 「상품매출원가」 계산구조

	기초 상품재고액	×××
	당기 상품매입액	×××
(−)	기말 상품재고액	×××
	상품 매출원가	×××

* 「원재료비」와 「제품매출원가」의 계산과정도 동일하다.

③ 일반전표

(차)	상품매출원가	×××	(대) 상 품	×××
	제품매출원가	×××	제 품	×××

④ 재고자산감모손실이 발생하는 경우 : 장부상 기말재고액 ≠ 실지 기말재고액

- 재고자산감모손실은 「정상 감모손실」과 「비정상 감모손실」로 구분
- 정상 감모손실 : 원가성 있음 → 매출원가에 반영
  결산자료입력에 「실지 기말재고액」을 입력하면 매출원가에 반영
- 비정상 감모손실은 원가성이 없음 → 영업외비용으로 처리
  매출원가와 기말재고액 중 어디에도 반영되면 안 됨
- 따라서, 자동결산 전에 「비정상 감모손실」에 대해 수동분개를 하면서 재고자산의 「적요」 란에 「8.타계정대체액 손익계산서 반영분」을 입력해야 함

(차)	재고자산감모손실	×××	(대) 재고자산 (8.타계정으로대체액 손익계산서 반영분)	×××

- 수동분개 후 「결산자료입력」에 들어왔을 때 「8.타계정으로 대체액」에 반영

2) 대손충당금 추가 설정액(전입액) 및 환입액

① 『일반기업회계기준』의 대손충당금 설정방법은 「보충법」

② 수정전시산표에서 각 채권과 「대손충당금」 잔액을 확인하여 추가 설정액 계산

기말 대손추산액 (기말 채권 잔액 × 설정률) − 대손충당금 잔액

③ 입력방법

- 각 해당란에 입력 : 대손은 제조원가와 관련 없음
  - 「영업채권 − 외상매출금 · 받을어음」은 판매비와관리비에 입력 : 대손상각비
    * 대손충당금환입은 판매비와관리비의 차감항목이므로 (−)금액을 입력하면 된다.
  - 「기타채권 − 미수금 · 대여금」은 영업외비용에 입력 : 기타의대손상각비

- 툴바의 [F8 대손상각]을 이용
  - [대손상각] 창에서 각 채권과 「대손충당금」 잔액을 불러오므로 [대손율(%)]을 수정 반영하면 추가 설정액이 계산
  - [결산반영]을 클릭하면 입력 창의 해당 란에 반영

④ 일반전표

(차) 대손상각비 ××× (대) 대손충당금 ×××

3) 퇴직급여충당부채 추가 설정액(전입액) 및 환입액

① 『일반기업회계기준』의 퇴직급여충당부채 설정방법은 「보충법」

② 수정전시산표에서 「퇴직급여충당부채」 잔액을 확인하여 추가 설정액 계산

기말 퇴직급여추계액 - 퇴직급여충당부채 잔액

* 「퇴직급여추계액」은 기말 현재 전 임직원이 동시에 퇴직할 경우 지급할 퇴직금 총액이다.

③ 입력방법

- 각 해당란에 입력
  - 생산직 사원에 대한 「퇴직급여충당부채 전입액」은 제조원가에 입력
  - 영업 · 관리직 사원에 대한 「퇴직급여충당부채 전입액」은 판매비와관리비에 입력
    * 「퇴직급여충당부채환입」은 「판매비와관리비」의 차감항목이므로 (-)금액을 입력하면 된다.
- 툴바의 [퇴직충당]을 이용
  - [퇴직충당부채] 창에서 「퇴직급여충당부채」 잔액을 불러오므로 [퇴직급여추계액]을 입력하면 추가 설정액이 계산
  - [결산반영]을 클릭하면 입력 창의 해당 란에 반영

④ 일반전표

(차) 퇴직급여 ××× (대) 퇴직급여충당부채 ×××

4) 고정자산의 감가상각비

① 입력방법

- 각 해당란에 입력
  - 공장에서 사용하는 고정자산에 대한 감가상각비는 제조원가에 입력
  - 영업 · 관리부에서 사용하는 고정자산에 대한 감가상각비는 판매비와관리비에 입력
- 툴바의 [F7 감가상각]을 이용
  - [F7 감가상각] 창에서 「고정자산 등록」에서 산출된 감가상각비를 불러옴
  - 확인 후 [결산반영]을 클릭하면 입력 창의 해당 란에 반영

5) 법인세등 추산 · 선납세금의 법인세비용 대체 : 수동결산과 자동결산 모두 가능

① 수정전시산표 또는 계정별원장에서 「선납세금」 계정을 조회한 후 「미지급세금」을 계산

법인세 추산액 − 선납세금 = 미지급세금

② 입력방법

- 수동결산 : 결산일 현재 「일반전표」에 분개

(차) 법인세비용	×××	(대) 선납세금	×××
		미지급세금	×××

- 수동결산과 자동결산을 병행
  - 수동분개로 「선납세금」을 「법인세비용」으로 대체
  - 결산자료입력에서 법인세 항목 중 「추가계상액」 란에 「미지급세금」을 계산하여 추가 반영

(차) 법인세비용	×××	(대) 선납세금	×××

- 자동결산

  「결산자료입력」에서 법인세 항목 중 선납세금 및 「추가계상액」 란에 각 금액을 추가 반영

(4) 결산 완료

「결산자료입력」에 자료를 모두 반영한 후 툴바의 [F3 전표추가]를 클릭하여 일반전표에 입력한 자료에 대한 분개를 일괄 반영

(5) 자동분개의 내용

1) 제품원가 계산 분개

- 원재료비 대체 분개

(차) 원재료비	×××	(대) 원재료	×××
(차) 재공품	×××	(대) 원재료비	×××

- 노무비 대체 분개

(차) 재공품	×××	(대) 504.임금	×××
		508.퇴직급여	×××

- 제조간접비 대체 분개

(차) 재공품	×××	(대) 제조간접비	×××

- 재공품의 제품(완성품) 대체 분개

(차) 제 품	×××	(대) 재공품	×××

2) 판매된 제품 · 상품의 매출원가 분개

(차) 제품매출원가	×××	(대) 제 품	×××
(차) 상품매출원가		(대) 상 품	×××

3) 기타 「판매비와관리(0801~0900)」「영업외손익(0901~0997)」 계정

(6) 일반전표에 반영된 「기말수정분개」의 내용을 확인

입력 창 오른쪽 위에 [결산]으로 표시되고, 자동 분개된 내용이 반영

(7) 결산대체분개 전표의 일괄 삭제

1) 「결산자료입력」에 자료를 반영하여 「일반전표」에 자동 반영했는데 일부 자료가 누락되거나 변동이 생긴 경우
2) 「결산자료입력」에서 툴바의 「결산분개삭제」를 클릭하여 자동 반영된 분개를 삭제
3) 누락된 자료를 반영하고 수정한 후 「F3 전표추가」를 클릭하여 분개를 다시 반영

예제 2-6 자동결산 : 결산자료입력

1. 창고의 재고자산을 실사한 결과 기말재고자산은 다음과 같다.
감모손실에 대하여 「일반전표」에 회계처리하고, 결산자료입력에 반영하시오.

	실지재고자산	상품재고장	
• 원 재 료	16,000,000원	18,000,000원	비정상적인 감모손실이다.
• 재 공 품	3,000,000원	3,000,000원	
• 제 품	12,000,000원	12,000,000원	

2. ㈜에이전자는 기말 채권에 대하여 대손 가능성을 파악하고 있는데 기말 채권 잔액의 1%로 추정하였다.
3. 「고정자산 등록」 메뉴에 반영하여 산출된 결과를 확인하여 당기 감가상각비를 결산에 반영한다.
4. 당기말 현재 퇴직금추계액은 다음과 같으며, 이에 따라 퇴직급여충당부채를 설정한다.
   - 생산직 5,000,000원
   - 사무직 10,000,000원
6. 수동결산의 자료를 참고하여 법인세비용에 대하여 입력할 사항을 반영하시오.

1. 기말재고자산 반영

대체	(차) 재고자산감모손실	2,000,000	(대) 원재료 (8.타계정으로대체액 원가명세서 반영분)	2,000,000

* 위와 같이 비정상적인 감모손실에 대하여 수동분개로 반영한 후 「결산자료입력」 창을 열면 「타계정으로 대체액」에 2,000,000원이 반영되므로 각 재고액 란에 실지 재고자산금액을 입력한다.

2. 대손충당금 설정

(1) [F8 대손상각] 클릭

대손율(%)을 1%로 입력하면 자동 계산되며 [결산반영]을 클릭하여 해당 란에 반영

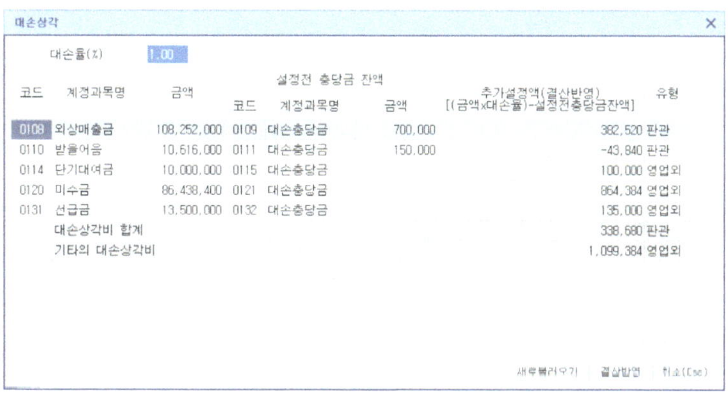

대손상각

대손율(%) 1.00

코드	계정과목명	금액	설정전 충당금 잔액 코드	계정과목명	금액	추가설정액(결산반영) [(금액x대손율)-설정전충당금잔액]	유형
0108	외상매출금	108,252,000	0109	대손충당금	700,000	382,520	판관
0110	받을어음	10,616,000	0111	대손충당금	150,000	-43,840	판관
0114	단기대여금	10,000,000	0115	대손충당금		100,000	영업외
0120	미수금	86,438,400	0121	대손충당금		864,384	영업외
0131	선급금	13,500,000	0132	대손충당금		135,000	영업외
	대손상각비 합계					338,680	판관
	기타의 대손상각비					1,099,384	영업외

* (−)로 계산된 추가설정액은 환입액이다.

(2) 직접 계산하여 해당 란에 직접 반영

* 추가설정액 = 기말 채권 잔액 × 대손율 - 설정전 충당금 잔액

1) 판매비와관리비

① 외상매출금 108,252,000원 × 1% − 700,000원 = 382,520원

② 받을어음 10,616,000원 × 1% − 150,000원 = △43,840원

2) 영업외비용

① 단기대여금 10,000,000원 × 1% = 100,000원

② 미수금 86,438,400원 × 1% = 864,384원

③ 선급금 13,500,000원 × 1% = 135,000원

3. 감가상각비 반영

(1) [F7 감가상각] 클릭

[고정자산 등록]에서 산출된 자료가 반영되며 [결산반영]을 클릭하여 해당 란에 반영

감가상각

코드	계정과목명	경비구분	고정자산등록 감가상각비	감가상각비 감가상각비X(조회기간월수/내용월수)	결산반영금액
020200	건물	판관	1,250,000	1,250,000	1,250,000
020200	건물	제조	5,000,000	5,000,000	5,000,000
020400	구축물	제조	2,067,083	2,067,083	2,067,083
020600	기계장치	제조	5,180,000	5,180,000	5,180,000
020800	차량운반구	판관	6,765,000	6,765,000	6,765,000
020800	차량운반구	제조	10,824,000	10,824,000	10,824,000
021200	비품	판관	676,500	676,500	676,500
	감가상각비(제조)합계		23,071,083	23,071,083	23,071,083
	감가상각비(판관)합계		8,691,500	8,691,500	8,691,500

새로불러오기 결산반영 취소(Esc)

(2) [고정자산 등록]에서 산출된 자료를 해당 란에 직접 반영

4. 퇴직급여충당부채 설정

(1) [F8 퇴직충당] 클릭

「퇴직급여추계액」을 입력하면 자동 계산되며 [결산반영]을 클릭하여 해당 란에 반영

퇴직충당부채

코드	계정과목명	퇴직급여추계액	설정전 잔액				추가설정액(결산반영) (퇴직급여추계액-설정전잔액)	유형
			기초금액	당기증가	당기감소	잔액		
0508	퇴직급여	5,000,000	2,000,000		2,000,000		5,000,000	제조
0806	퇴직급여	10,000,000	8,000,000		8,000,000		10,000,000	판관

새로불러오기 결산반영 취소(Esc)

(2) 직접 계산하여 해당 란에 직접 반영

* 추가설정액 = 퇴직급여 추계액 - 설정전 충당부채 잔액

1) 생산직

5,000,000원 - 0원 = 5,000,000원

2) 사무직

10,000,000원 - 0원 = 10,000,000원

5. 법인세비용

(1) 수동결산 : 결산일 현재 「일반전표」에 분개, 자동결산에 반영할 내용 없음

대체	(차) 법인세비용	12,000,000	(대) 선납세금 (광명세무서)	5,000,000
			미지급세금 (광명세무서)	7,000,000

* 미지급세금 = 12,000,000원 - 5,000,000원 = 7,000,000원

(2) 수동결산과 자동결산을 병행

1) 수동분개로 「선납세금」을 「법인세비용」으로 대체

대체	(차) 법인세비용	5,000,000	(대) 선납세금 (광명세무서)	5,000,000

2) 「결산자료입력」에서 법인세 항목 중 「추가계상액」 란에 「미지급세금」을 계산하여 추가 반영한 후 [F3 전표추가]

(3) 자동결산

「결산자료입력」에서 법인세 항목 중 「선납세금」 및 「추가계상액」 란에 각 금액을 추가 반영한 후 [F3 전표추가]

6. 모두 입력한 후 [F3 전표추가]

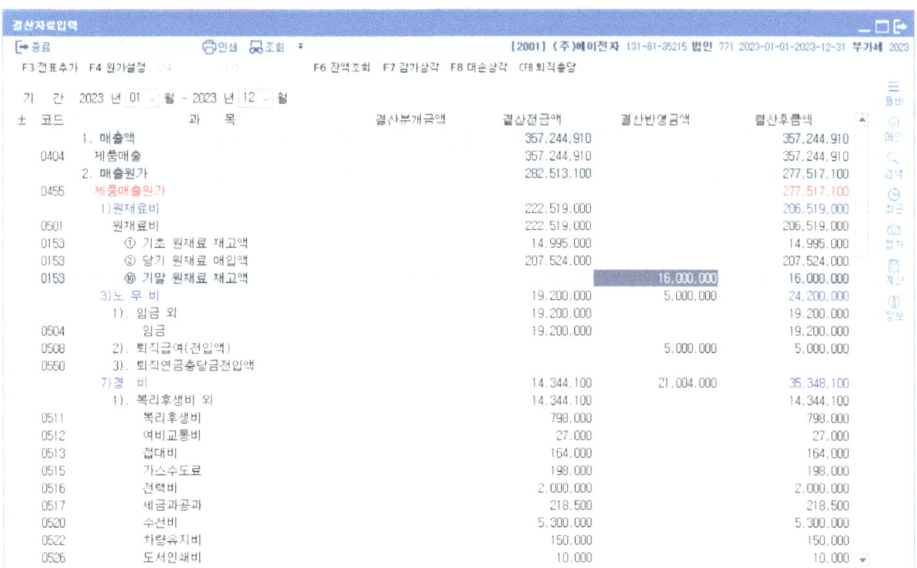
결산자료입력

[2001] (주)에이전자 131-81-35215 법인 7기 2023-01-01~2023-12-31 부가세 2023

기 간 2023 년 01 월 ~ 2023 년 12 월

코드	과 목	결산분개금액	결산전금액	결산반영금액	결산후금액
	1. 매출액		357,244,910		357,244,910
0404	제품매출		357,244,910		357,244,910
	2. 매출원가		282,513,100		277,517,100
0455	제품매출원가				277,517,100
	1)원재료비		222,519,000		206,519,000
0501	원재료비		222,519,000		206,519,000
0153	① 기초 원재료 재고액		14,995,000		14,995,000
0153	② 당기 원재료 매입액		207,524,000		207,524,000
0153	⑩ 기말 원재료 재고액			16,000,000	16,000,000
	3)노 무 비		19,200,000	5,000,000	24,200,000
	1). 임금 외		19,200,000		19,200,000
0504	임금		19,200,000		19,200,000
0508	2). 퇴직급여(전입액)			5,000,000	5,000,000
0550	3). 퇴직연금충당금전입액				
	7)경 비		14,344,100	21,004,000	35,348,100
	1). 복리후생비 외		14,344,100		14,344,100
0511	복리후생비		798,000		798,000
0512	여비교통비		27,000		27,000
0513	접대비		164,000		164,000
0515	가스수도료		198,000		198,000
0516	전력비		2,000,000		2,000,000
0517	세금과공과		218,500		218,500
0520	수선비		5,300,000		5,300,000
0522	차량유지비		150,000		150,000
0526	도서인쇄비		10,000		10,000

코드	과목				
0530	소모품비	330,600	330,600		330,600
0533	외주가공비	5,000,000	5,000,000		5,000,000
0518	2). 일반감가상각비	21,004,000		21,004,000	21,004,000
0202	건물			5,000,000	5,000,000
0206	기계장치			5,180,000	5,180,000
0208	차량운반구			10,824,000	10,824,000
0212	비품				
0455	8)당기 총제조비용		253,915,100		263,919,100
0169	① 기초 재공품 재고액		6,500,000		6,500,000
0169	⑩ 기말 재공품 재고액			3,000,000	3,000,000
0150	9)당기완성품제조원가	267,419,100	260,415,100		267,419,100
0150	① 기초 제품 재고액		20,000,000		20,000,000
0150	② 당기 제품 매입액		-50,000		-50,000
0150	⑩ 기말 제품 재고액			12,000,000	12,000,000
	3. 매출총이익		76,879,810	4,996,000	81,875,810
	4. 판매비와 일반관리비	338,680	31,113,600	19,030,180	50,143,780
	1). 급여 외		20,000,000		20,000,000
0801	급여		20,000,000		20,000,000
0806	2). 퇴직급여(전입액)			10,000,000	10,000,000
0850	3). 퇴직연금충당금전입액				
0818	4). 감가상각비			8,691,500	8,691,500
0202	건물			1,250,000	1,250,000
0206	기계장치				
0208	차량운반구			6,765,000	6,765,000

코드	과목				
0953	기부금		1,000,000		1,000,000
0954	기타의대손상각비		1,200,000		1,200,000
0956	매출채권처분손실		450,000		450,000
0957	단기투자자산평가손실		500,000		500,000
0959	재고자산감모손실		2,000,000		2,000,000
0970	유형자산처분손실		3,000,000		3,000,000
0984	수수료비용		1,000		1,000
	8. 법인세차감전이익		83,883,210	-15,113,664	68,769,546
0998	9. 법인세등	12,000,000		12,000,000	12,000,000
0136	1). 선납세금		5,000,000	5,000,000	5,000,000
0998	2). 추가계상액	12,000,000		7,000,000	7,000,000
	10. 당기순이익		83,883,210	-27,113,664	56,769,546
	11. 주당이익				
	주식수				

매출액:[357,244,910] 당기순이익:[56,769,546] 소득평율:15.89%

7. 일반전표

일반전표입력

종료 코드 삭제 인쇄 조회 [2001] (주)에이전자 131-81-35215 법인 7기 2023-01-01-2023-12-31 부가세 2023

F3 자금관리 F4 복사 F6 검색 F7 카드매출 F8 적요수정 SF2 번호수정 CF5 삭제한데이터 CF8 전기분전표 CF9 전표삽입 SF5 일괄삭제및기타

2023 년 12 월 31 일 변경 현금잔액: 62,523,300 대차차액: 결산

일	번호	구분	계정과목	거래처	적요	차변	대변
31	00009	차변	0959 재고자산감모손실			2,000,000	
31	00009	대변	0153 원재료		8 타계정으로 대체액 원가		2,000,000
31	00026	결차	0501 원재료비		1 원재료사용분 재료비대체	204,519,000	
31	00026	결대	0153 원재료		5 원재료비 대체		204,519,000
31	00027	결차	0169 재공품			204,519,000	
31	00027	결대	0501 원재료비		2 재료비 제조원가로 대체		204,519,000
31	00028	결차	0508 퇴직급여		1 퇴직충당금 당기분전입의	5,000,000	
31	00028	결대	0295 퇴직급여충당부채		7 퇴직급여충당부채당기설		5,000,000
31	00029	결차	0169 재공품			24,200,000	
31	00029	결대	0504 임금		8 제조원가로 대체		19,200,000
31	00029	결대	0508 퇴직급여		8 제조원가로 대체		5,000,000
31	00030	결차	0518 감가상각비		1 당기말 감가상각비 계상	5,000,000	
31	00030	결대	0203 감가상각누계액		4 당기 감가상각누계액 설		5,000,000
31	00031	결차	0518 감가상각비		1 당기말 감가상각비 계상	5,180,000	
			합 계			1,116,257,454	1,116,257,454

카드등사용여부

NO : 26 (대 체) 전 표 일 자 : 2023 년 12 월 31 일

계정과목		적요	차변(출금)	대변(입금)
0501	원재료비(제)	1 원재료사용분 재료비대체	204,519,000	
0153	원재료	5 원재료비 대체		204,519,000
	합 계		204,519,000	204,519,000

전표 현재라인 인쇄 / 전표 선택일괄 인쇄[F9]

구분을 입력하세요. 1.출금, 2.입금, 3.차변, 4.대변, 5.결산차변, 6.결산대변

5. 수정후시산표

(1) 의의

1) 수정전시산표에 기말수정분개가 반영된 이후의 시산표
2) 기말수정분개를 반영하면 수정전시산표가 수정후시산표로 바뀜
3) 시산표의 차변 합계와 대변 합계는 일치해야 하므로 대차 차액이 발생했다면 장부마감 전에 수정해야 함

예제 2-7 수정후시산표

기말수정분개에 입력된 자료를 바탕으로 12월 31일 (결산일) 현재의 「합계잔액시산표」를 조회하여 결산 항목이 반영되었는지 여부를 확인하시오.

해설

1. 현금시재액은 62,523,300원
2. 「단기매매증권」의 기말잔액(공정가액)은 15,500,000원
3. 대손충당금 설정

(1) 외상매출금과 받을어음의 경우 『재무상태표』에 반영된 결과

외상매출금	108,252,000	받을어음	10,616,000
대손충당금	(1,082,520)	대손충당금	(106,160)
	107,169,480		10,509,840

(2) 합계잔액시산표

합계잔액시산표

종료 코드 인쇄 조회 [2001] (주)에이전자 131-81-35215 법인 7기 2023-01-01-2023-12-31 부가세 2023

F3 제목수정 F4 통합계정 F6 원장조회 F7 임대주택 F8 계정과목편집 F11 계정코드 CF9 영어계정

기간 2023 년 12 월 31 일

관리용 제출용

차변 잔액	차변 합계	계정과목	대변 합계	대변 잔액
149,726,000	194,370,000	당좌예금	44,644,000	
203,516,000	339,976,000	보통예금	136,460,000	
50,000,000	50,000,000	정기예금		
15,500,000	17,000,000	단기매매증권	1,500,000	
108,252,000	192,392,000	외상매출금	84,140,000	
		대손충당금	1,082,520	1,082,520
10,616,000	25,616,000	받을어음	15,000,000	
		대손충당금	106,160	106,160
10,000,000	10,000,000	단기대여금		
		대손충당금	100,000	100,000
84,448,400	86,448,400	미수금	2,000,000	
	800,000	대손충당금	1,644,484	844,484
13,500,000	13,600,000	선급금	100,000	
		대손충당금	135,000	135,000

4. 선급비용 3,630,000원 (차기분 330,000원 × 11월)

5. 기말 재고자산
   - 원재료 16,000,000원
   - 재공품 3,000,000원
   - 제 품 12,000,000원

6. 기말 시점까지 사용되지 않은 소모품 271,000원

7. 「매도가능증권」의 기말잔액(공정가액)은 6,300,000원

8. 유동성장기부채 10,000,000원

9. 퇴직급여충당부채 15,000,000원

10. 당기분 법인세 12,000,000원

6. 장부마감 / 재무제표 작성

(1) 재무제표의 연관관계

㈜에이전자 재무상태표 20××.12.31

자산	부채 및 자본
Ⅰ. 유동자산	Ⅰ. 부채
1. 당좌자산	1. 유동부채
2. 재고자산	2. 비유동부채
Ⅱ. 비유동자산	Ⅱ. 자본
1. 투자자산	1. 자본금
2. 유형자산	2. 자본잉여금
3. 무형자산	3. 기타포괄손익 누계액
4. 기타 비유동자산	4. 이익잉여금
	• 이익준비금
	• 기타법정적립금
	• 임의적립금
	• 미처분 이익잉여금
총자산	**총부채 및 총자본**

㈜에이전자 손익계산서 1.1 ~ 12.31

	Ⅰ. 매출액		××
(−)	Ⅱ. 매출원가		××
	1. 기초제품재고액	××	
	2. 당기제품제조원가	××	
	3. 기말제품재고액	××	
	Ⅲ. 매출총이익		**××**
(−)	Ⅳ. 판매비와관리비		××
	Ⅴ. 영업손익		**××**
(+)	Ⅵ. 영업외수익		××
(−)	Ⅶ. 영업외비용		××
	Ⅷ. 법인세비용차감전 순손익		**××**
(−)	Ⅸ. 법인세비용		××
	Ⅹ. 당기순손익		**××**

㈜에이전자 제조원가명세서 1.1 ~ 12.31

	Ⅰ. 직접재료비		××
	1. 기초원재료재고액	××	
	2. 당기원재료매입액	××	
	3. 기말원재료재고액	××	
(+)	Ⅱ. 직접노무비		××
(+)	Ⅲ. 제조간접비		××
	Ⅳ. 당기총제조원가		**××**
(+)	Ⅴ. 기초재공품		××
(-)	Ⅵ. 기말재공품		××
	Ⅶ. 당기제품제조원가		**××**

㈜에이전자 이익잉여금 처분계산서 1.1 ~ 12.31

	Ⅰ. 미처분이익잉여금	××
	1. 전기이월미처분 이익잉여금	
	…	
	6. 당기순이익	
(+)	Ⅱ. 임의적립금 등 이입액	××
	합 계	**××**
(-)	Ⅲ. 이익잉여금 처분액	××
	1. 이익준비금	
	…	
	4. 배당금	
	…	
	7. 배당평균적립금	
	Ⅳ. 차기이월미처분이익잉여금	××

(2) 제조원가명세서 조회

1) 제조업체의 「제조원가」에 대한 내용이 집약된 필수 부속명세서
2) 「당기제품제조원가」 산정과정이 구체적으로 나타나며 「재공품」 계정과 관련
3) 「당기제품제조원가」는 『손익계산서』에서 「제품매출원가」 산정과정에 반영
4) 종류

   * 손익계산서 및 재무상태표의 경우에도 동일하다.

   ① [관리용] : 회사 내부적으로 관리하기 위한 세분화된 계정과목으로 표시
   ② [제출용] : 『일반기업회계기준』상 외부 공시용
   ③ [표준용] : 법인세를 신고할 때 첨부하여 제출하는 서식

(3) 제조원가의 흐름

재공품

기 초	완성품
직접재료비	
직접노무비	
제조간접비	기 말

제 품

기 초	매출원가
완성품	기 말

예제 2-8 원가명세서 조회

장부마감 절차에 따라 『제조원가명세서』를 조회하여 결산사항의 반영여부와 「당기제품제조원가」를 확인하시오.

해설

제조원가명세서

종료 인쇄 조회 [2001] (주)에이전자 131-81-35215 법인 7기 2023-01-01~2023-12-31 부가세 2023

F4 원가설정 F7 제목수정 F11 계정코드 CF6 비율 CF9 영어계정

기간 2023 년 12 월 31 일까지 455 제품매출원가 0500 제조 - 1.제조원가명세서

관리용 제출용 표준용

과목	제7(당)기 [2023년01월01일~2023년12월31일] 금액		제6(전)기 [2022년01월01일~2022년12월31일] 금액	
1.원재료비		204,519,000		213,645,000
기초원재료재고액	14,995,000		6,000,000	
당기원재료매입액	207,524,000		222,640,000	
타계정으로 대체액	2,000,000			
기말원재료재고액	16,000,000		14,995,000	
2.노무비		24,200,000		65,000,000
임금	19,200,000		65,000,000	
퇴직급여	5,000,000			
3.경비		35,200,100		50,135,000
복리후생비	798,000		15,850,000	
여비교통비	27,000			
접대비	164,000			
가스수도료	198,000		2,000,000	
전력비	2,000,000		3,585,000	
세금과공과	218,500			
감가상각비	21,004,000		5,500,000	
임차료			6,500,000	
수선비	5,300,000		2,500,000	
보험료			1,200,000	
차량유지비	150,000		5,500,000	
도서인쇄비	10,000			
소모품비	330,600		7,500,000	
외주가공비	5,000,000			
4.당기 총 제조비용		263,919,100		328,780,000
5.기초재공품 재고액		6,500,000		3,430,000
6.합계		270,419,100		332,210,000
7.기말재공품 재고액		3,000,000		6,500,000
8.타계정으로 대체액				200,000
9.당기제품 제조원가		267,419,100		325,510,000

(4) 손익계산서 조회

1) 「매출액」 … 「당기순이익」 산정과정이 구체적으로 나타남
2) 종류
   ① [관리용] : 회사 내부적으로 관리하기 위한 세분화된 계정과목으로 표시
   ② [제출용] : 『일반기업회계기준』상 외부 공시용
   ③ [표준용] : 법인세를 신고할 때 첨부하여 제출하는 서식
3) 당기순이익은 이익잉여금처분계산서에서 「Ⅰ.미처분이익잉여금」 산정과정에 반영되고, 재무상태표에서 자본 항목 중 「미처분이익잉여금」에 포함
4) 따라서, 수익 및 비용 계정을 우선 마감하여 당기순이익을 확정

예제 2-9 손익계산서 조회

장부마감 절차에 따라 『손익계산서』를 조회하여 결산사항의 반영여부와 「당기순이익」을 확인하시오.

해설

손익계산서

기간 2023 년 12 월

관리용 | 제출용 | 포괄손익 | 표준용

과목	제 7(당)기 2023년1월1일 ~ 2023년12월31일 금액		제 6(전)기 2022년1월1일 ~ 2022년12월31일 금액	
Ⅰ.매출액		357,244,910		487,410,000
제품매출	357,244,910		487,410,000	
Ⅱ.매출원가		275,369,100		330,510,000
제품매출원가		275,369,100		330,510,000
기초제품재고액	20,000,000		25,000,000	
당기제품제조원가	267,419,100		325,510,000	
기말제품재고액	12,000,000		20,000,000	
Ⅲ.매출총이익		81,875,810		156,900,000
Ⅳ.판매비와관리비		50,143,780		107,100,000
급여	20,000,000		55,000,000	
퇴직급여	10,000,000			
복리후생비	2,355,000		4,100,000	
여비교통비	260,000			
접대비	2,458,000			
통신비	225,200		2,500,000	
수도광열비	52,000		6,500,000	
세금과공과	193,000		2,500,000	
감가상각비	8,691,500		25,000,000	
임차료	3,000,000		6,000,000	
수선비			800,000	
보험료	330,000			
차량유지비	630,000		400,000	
운반비	20,000		1,500,000	
도서인쇄비	1,110,000		1,000,000	
Ⅴ.영업이익		31,732,030		49,800,000
Ⅵ.영업외수익		46,268,000		800,000
이자수익			800,000	
임대료	2,500,000			
단기투자자산처분이익	198,000			
외환차익	2,500,000			
외화환산이익	40,000			
유형자산처분이익	1,000,000			
자산수증이익	40,000,000			
잡이익	30,000			
Ⅶ.영업외비용		9,230,484		7,000,000
이자비용			5,500,000	
기부금	1,000,000			
기타의대손상각비	2,279,484			
매출채권처분손실	450,000			
단기투자자산평가손실	500,000			
재고자산감모손실	2,000,000			
유형자산처분손실	3,000,000			
잡손실			1,500,000	
수수료비용	1,000			
Ⅷ.법인세차감전이익		68,769,546		43,600,000
Ⅸ.법인세등		12,000,000		
법인세비용	12,000,000			
Ⅹ.당기순이익		56,769,546		43,600,000

(5) 이익잉여금처분계산서 조회

1) 이익잉여금처분계산서의 의의

① 회사의 이익잉여금의 처분 내역을 나타내 주는 표

* 이익잉여금처분계산서는 기본 재무제표가 아니며 『상법』에 따라 자본변동표의 「주석」으로 기재할 수 있다.

② 손익계산서의 당기순이익이 「Ⅰ.미처분이익잉여금」에 반영

2) 「결산/재무제표」에서 이익잉여금처분계산서를 조회하여 손익계산서의 「당기순이익」이 잘 반영되어 일치하는지 확인

3) 「저장된 데이터」를 불러올지 묻는 메시지에 대해서는 [아니오]를 선택

4) 처분 내용이 있으면 입력하면 되고, 처분 내용이 없어도 [F6 전표추가]를 클릭하여 「손익대체분개」가 일반전표에 자동으로 반영

* 여기서 추가하는 전표는 이익잉여금 처분에 대한 분개가 아니고, 「손익」 계정을 마감하여 「미처분이익잉여금」에 대체하는 장부 마감 분개이므로 「미처분이익잉여금」의 처분과 관계없이 전표를 추가하면 된다.

5) 손익대체분개의 내용

① 모든 「수익」 계정을 「손익」 계정의 대변에 대체하는 분개

(차) 수 익 ××× (대) 손 익 ×××

② 모든 「비용」 계정을 「손익」 계정의 차변에 대체하는 분개

(차) 손 익 ××× (대) 비 용 ×××

③ 당기순이익을 「377.미처분이익잉여금」 계정으로 대체하는 분개

- 당기순이익이 발생한 경우

(차) 손 익 ××× (대) 미처분이익잉여금 ×××

- 당기순손실이 발생한 경우

(차) 미처분이익잉여금 ××× (대) 손 익 ×××

④ 「전기이월미처분이익잉여금」을 「377.미처분이익잉여금」 계정으로 대체하는 분개

(차) 이월이익잉여금 ××× (대) 미처분이익잉여금 ×××

⑤ 『이익잉여금처분계산서』의 「Ⅰ.미처분이익잉여금」을 「375.이월이익잉여금」 계정으로 대체하는 분개

(차) 미처분이익잉여금 ××× (대) 이월이익잉여금 ×××

6) 계정대체 과정을 그림으로 설명

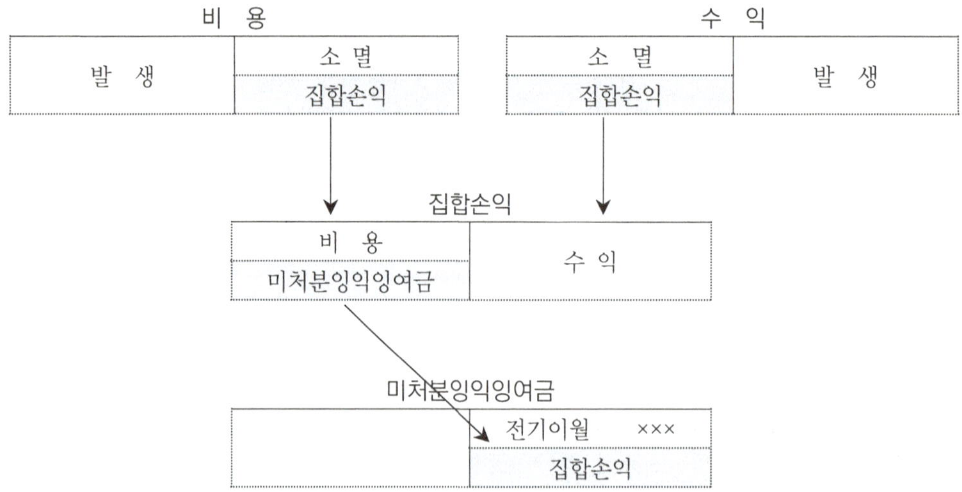

7) 결산대체분개 전표의 일괄 삭제

① 「결산대체분개」를 「일반전표」에 자동 반영했는데 손익에 변동이 생긴 경우

② 일반전표에서 툴바의 「일괄삭제 및 기타」를 클릭하거나 Shift + F5를 누름

③ [일괄삭제] 창에서 삭제하고자 하는 항목에 체크한 후 [확인(Tab)]을 눌러 자동 반영된 분개를 삭제

④ 누락된 자료를 반영하고 수정한 후 [F3 전표추가]를 클릭하여 분개를 다시 반영

⑤ 전표 삭제 후 이익잉여금처분계산서를 열 때 「저장된 자료」를 불러올지 묻는 메시지에 대해서는 「아니오」 선택

8) 「미처분이익잉여금」의 처분 과정

① 결산완료 후 재무제표가 작성되면 외부 회계감사 · 내부감사를 거쳐 이사회에 보고

② 이사회는 「미처분이익잉여금」의 처분계획을 세워 차기 초 주주총회를 소집하여 보고

③ 주주총회에서 「미처분이익잉여금」의 처분이 확정되면 이를 반영하여 이익잉여금처분계산서를 작성

④ 따라서, 결산일 현재시점에는 「미처분이익잉여금」의 처분이 결정될 수 없으므로 이익잉여금처분계산서의 「Ⅲ.이익잉여금처분액」에는 반영될 부분이 없음

⑤ 그러므로, 결산일 현재 재무상태표는 미처분이익잉여금의 처분내역이 반영되지 않은 채 작성되는 것이며, 이 금액은 이익잉여금처분계산서의 「Ⅰ.미처분이익잉여금」과 일치

예제 2-10 이익잉여금처분계산서 조회

장부마감 절차에 따라 『이익잉여금처분계산서』를 조회하여 「Ⅰ.미처분이익잉여금」과 『손익계산서』의 「당기순이익」과 일치하는지 확인한 후 「일반전표」에 마감분개를 반영하시오. 이익잉여금의 「처분 예정일」은 차기 2월 25일이다.

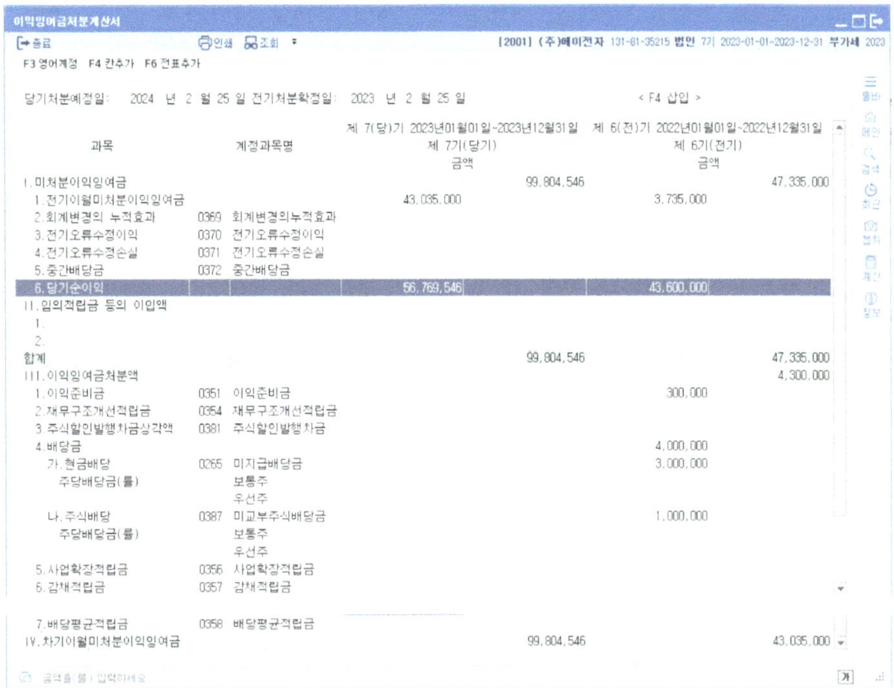

이익잉여금처분계산서

[2001] (주)예이전자 131-81-35215 법인 7기 2023-01-01~2023-12-31 부가세 2023

F3 영어계정 F4 칸추가 F6 전표추가

당기처분예정일: 2024 년 2 월 25 일 전기처분확정일: 2023 년 2 월 25 일 < F4 삽입 >

과목		계정과목명	제 7(당)기 2023년01월01일~2023년12월31일 제 7기(당기) 금액		제 6(전)기 2022년01월01일~2022년12월31일 제 6기(전기) 금액	
I.미처분이익잉여금				99,804,546		47,335,000
1.전기이월미처분이익잉여금			43,035,000		3,735,000	
2.회계변경의 누적효과	0369	회계변경의누적효과				
3.전기오류수정이익	0370	전기오류수정이익				
4.전기오류수정손실	0371	전기오류수정손실				
5.중간배당금	0372	중간배당금				
6.당기순이익			56,769,546		43,600,000	
II.임의적립금 등의 이입액						
1.						
2.						
합계				99,804,546		47,335,000
III.이익잉여금처분액						4,300,000
1.이익준비금	0351	이익준비금			300,000	
2.재무구조개선적립금	0354	재무구조개선적립금				
3.주식할인발행차금상각액	0381	주식할인발행차금				
4.배당금					4,000,000	
가.현금배당	0265	미지급배당금			3,000,000	
주당배당금(률)		보통주				
		우선주				
나.주식배당	0387	미교부주식배당금			1,000,000	
주당배당금(률)		보통주				
		우선주				
5.사업확장적립금	0356	사업확장적립금				
6.감채적립금	0357	감채적립금				
7.배당평균적립금	0358	배당평균적립금				
IV.차기이월미처분이익잉여금				99,804,546		43,035,000

* [F6 전표추가]를 눌러 손익계정의 마감분개를 장부에 반영한다.

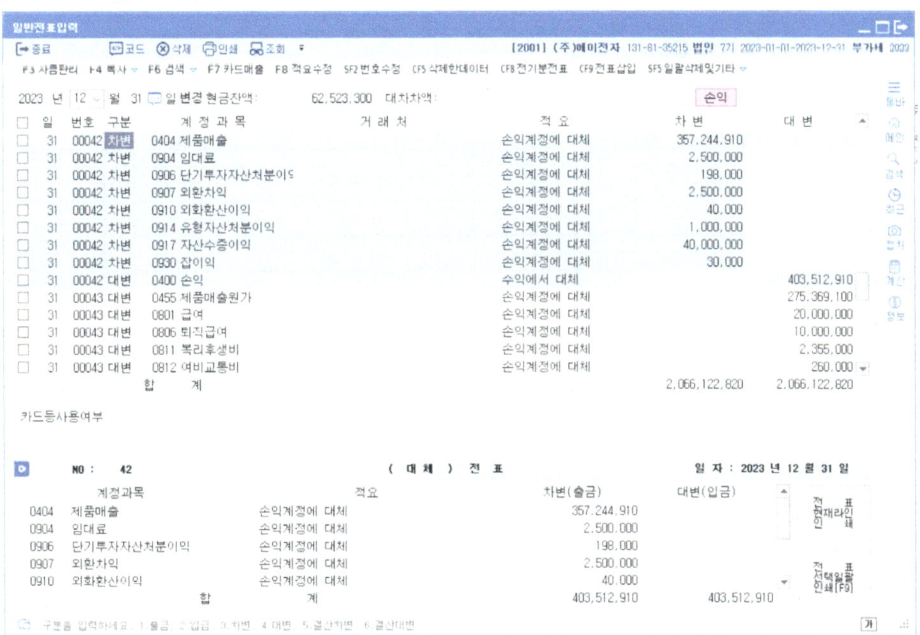

일반전표입력

[2001] (주)예이전자 131-81-35215 법인 7기 2023-01-01~2023-12-31 부가세 2023

2023 년 12 월 31 일 변경 현금잔액: 62,523,300 대차차액: 손익

일	번호	구분	계정과목	거래처	적요	차변	대변
31	00042	차변	0404 제품매출		손익계정에 대체	357,244,910	
31	00042	차변	0904 임대료		손익계정에 대체	2,500,000	
31	00042	차변	0906 단기투자자산처분이익		손익계정에 대체	198,000	
31	00042	차변	0907 외환차익		손익계정에 대체	2,500,000	
31	00042	차변	0910 외화환산이익		손익계정에 대체	40,000	
31	00042	차변	0914 유형자산처분이익		손익계정에 대체	1,000,000	
31	00042	차변	0917 자산수증이익		손익계정에 대체	40,000,000	
31	00042	차변	0930 잡이익		손익계정에 대체	30,000	
31	00042	대변	0400 손익		수익에서 대체		403,512,910
31	00043	대변	0455 제품매출원가		손익계정에 대체		275,369,100
31	00043	대변	0801 급여		손익계정에 대체		20,000,000
31	00043	대변	0806 퇴직급여		손익계정에 대체		10,000,000
31	00043	대변	0811 복리후생비		손익계정에 대체		2,355,000
31	00043	대변	0812 여비교통비		손익계정에 대체		260,000
			합계			2,066,122,820	2,066,122,820

카드등사용여부

NO : 42 (대 체) 전 표 일 자 : 2023 년 12 월 31 일

계정과목		적요	차변(출금)	대변(입금)
0404	제품매출	손익계정에 대체	357,244,910	
0904	임대료	손익계정에 대체	2,500,000	
0906	단기투자자산처분이익	손익계정에 대체	198,000	
0907	외환차익	손익계정에 대체	2,500,000	
0910	외화환산이익	손익계정에 대체	40,000	
	합계		403,512,910	403,512,910

(6) 재무상태표 조회

1) 결산일 현재 「자산」, 「부채」, 「자본」의 각 계정 잔액을 나타냄
2) 손익계산서의 당기순이익이 「미처분이익잉여금」에 「주기」로 반영
3) 기말의 「미처분이익잉여금」은 이익잉여금처분계산서의 「Ⅰ.미처분이익잉여금」과 일치
4) 종류
   ① [관리용] : 회사 내부적으로 관리하기 위한 세분화된 계정과목으로 표시
   ② [제출용] : 『일반기업회계기준』상 외부 공시용
   ③ [표준용] : 법인세를 신고할 때 첨부하여 제출하는 서식

예제 2-11 재무상태표 조회

장부마감 절차에 따라 『재무상태표』를 조회하여 「기말수정분개」 사항이 반영되었는지 여부와 자본 항목 중 「미처분이익잉여금」이 『이익잉여금처분계산서』 상의 「Ⅰ.미처분이익잉여금」과 일치하는지 확인하시오.

해 설

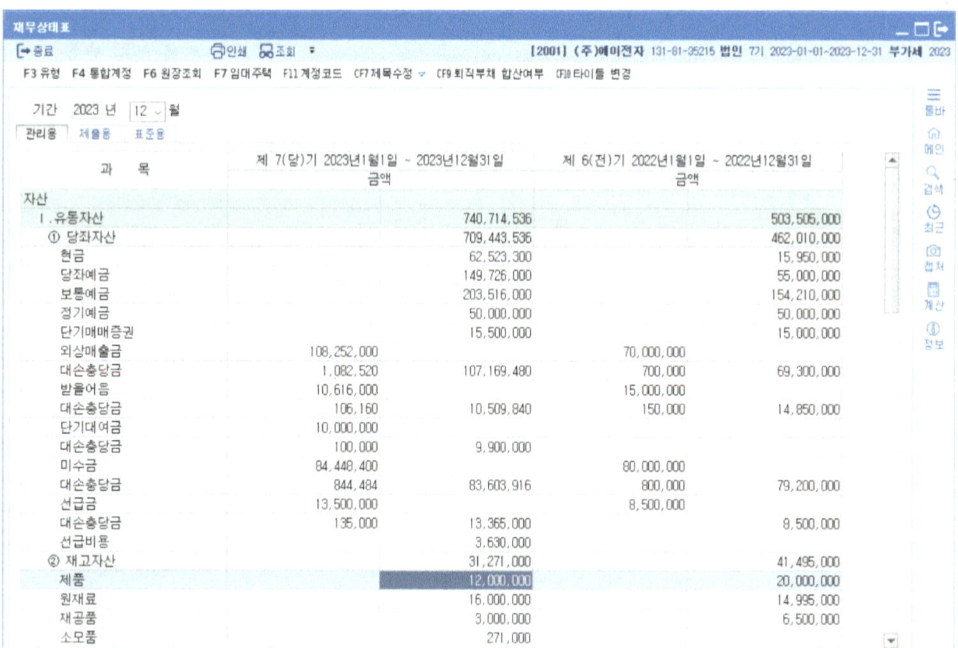
재무상태표

종료 인쇄 조회 [2001] (주)에이전자 131-81-35215 법인 7기 2023-01-01~2023-12-31 부가세 2023

F3 유형 F4 통합계정 F6 원장조회 F7 임대주택 F11 계정코드 CF7 제목수정 CF9 퇴직부채 합산여부 CF10 타이틀 변경

기간 2023 년 12 월

관리용 제출용 표준용

과 목	제 7(당)기 2023년1월1일 ~ 2023년12월31일 금액		제 6(전)기 2022년1월1일 ~ 2022년12월31일 금액	
자산				
Ⅰ.유동자산		740,714,536		503,505,000
① 당좌자산		709,443,536		462,010,000
현금		62,523,300		15,950,000
당좌예금		149,726,000		55,000,000
보통예금		203,516,000		154,210,000
정기예금		50,000,000		50,000,000
단기매매증권		15,500,000		15,000,000
외상매출금	108,252,000		70,000,000	
대손충당금	1,082,520	107,169,480	700,000	69,300,000
받을어음	10,616,000		15,000,000	
대손충당금	106,160	10,509,840	150,000	14,850,000
단기대여금	10,000,000			
대손충당금	100,000	9,900,000		
미수금	84,448,400		80,000,000	
대손충당금	844,484	83,603,916	800,000	79,200,000
선급금	13,500,000		8,500,000	
대손충당금	135,000	13,365,000		8,500,000
선급비용		3,630,000		
② 재고자산		31,271,000		41,495,000
제품		12,000,000		20,000,000
원재료		16,000,000		14,995,000
재공품		3,000,000		6,500,000
소모품		271,000		

Ⅱ.비유동자산		323,904,500		258,600,000
① 투자자산		14,300,000		12,500,000
매도가능증권		6,300,000		2,500,000
장기대여금		3,000,000		
퇴직연금운용자산		5,000,000		10,000,000
② 유형자산		309,604,500		246,100,000
토지		40,000,000		
건물	250,000,000		250,000,000	
감가상각누계액	71,250,000	178,750,000	65,000,000	185,000,000
기계장치	61,880,000		59,880,000	
감가상각누계액	14,960,000	46,920,000	18,780,000	41,100,000
차량운반구	36,000,000		45,000,000	
감가상각누계액	32,589,000	3,411,000	25,000,000	20,000,000
비품	41,200,000			
감가상각누계액	676,500	40,523,500		
③ 무형자산				
④ 기타비유동자산				
자산총계		1,064,619,036		762,105,000
부채				
Ⅰ.유동부채		431,824,490		156,779,000
외상매입금		221,775,000		65,000,000
지급어음		31,795,000		35,880,000
미지급금		85,420,000		14,500,000
예수금		719,000		124,000
미지급세금		14,115,490		
선수수익				2,500,000
유동성장기부채		10,000,000		
Ⅱ.비유동부채		83,400,000		110,000,000
사채	15,000,000			
사채할인발행차금	600,000	14,400,000		
장기차입금		54,000,000		100,000,000
퇴직급여충당부채		15,000,000		10,000,000
부채총계		515,224,490		266,779,000
자본				
Ⅰ.자본금		448,991,000		447,991,000
자본금		448,991,000		447,991,000
Ⅱ.자본잉여금				
Ⅲ.자본조정				
Ⅳ.기타포괄손익누계액		299,000		
매도가능증권평가이익		299,000		
Ⅴ.이익잉여금		100,104,546		47,335,000
이익준비금		300,000		
미처분이익잉여금		99,804,546		47,335,000
(당기순이익)				
당기: 56,769,546				
전기: 43,600,000				
자본총계		549,394,546		495,326,000
부채와자본총계		1,064,619,036		762,105,000

7. 마감후 이월

이월될 기수 및 연도에 필요한 기초 데이터를 이월/마감해주는 기능

(1) 재무상태표 계정 (「자산」, 「부채」, 「자본」 계정의 마감)

1) 「자산」, 「부채」, 「자본」 계정은 기말 잔액을 차기로 이월하는 방법으로 마감
2) 마감 분개는 없음
3) 차기에는 당기 말 잔액이 「전기이월」된 상태에서 다시 그 증감내역이 기록

자 산

전기이월	감 소
증 가	차기이월

부채 또는 자본

감 소	전기이월
차기이월	증 가

자 산

전기이월	감 소
증 가	차기이월

부채 또는 자본

감 소	전기이월
차기이월	증 가

(2) 마감 절차

1) 「마감후 이월」을 클릭하면 창이 열림
2) 창 왼쪽 「이월목록」에서 이월할 항목을 선택하고 툴바의 [F6 마감실행]을 클릭
3) 마감을 실행하면 마감이 진행되고 마감을 알리는 메시지가 나타남
4) 마감 취소

   「마감후 이월」을 실행하여 마감한 후 마감을 취소하고자 할 경우에는 툴바의 [F11 마감취소]를 클릭하여 취소 가능

예제 2-12 마감후 이월

20××년의 재무제표를 마감하고 차기로 이월하시오.

해설

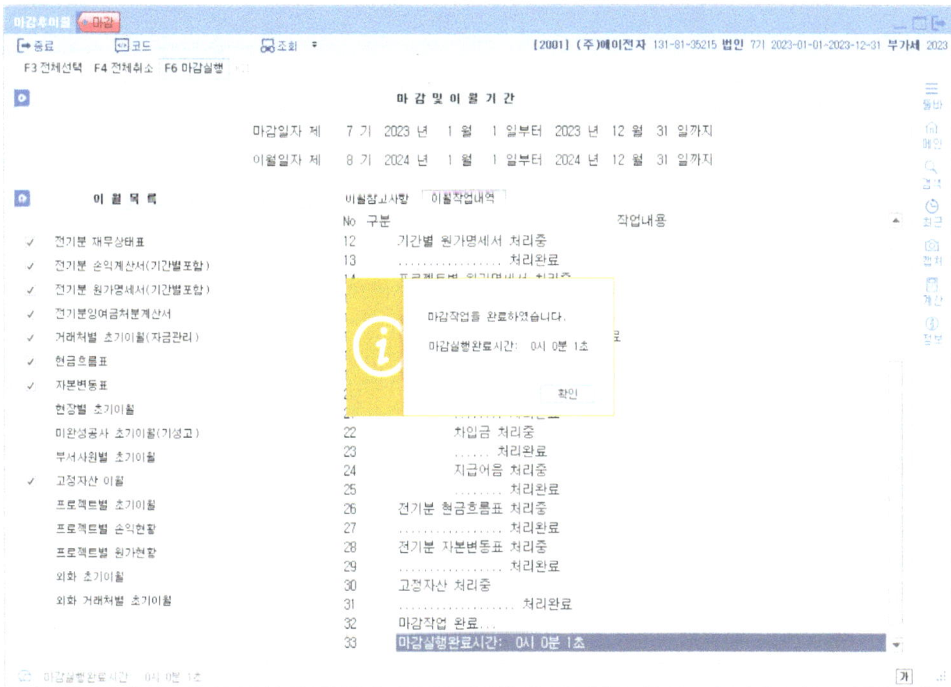

Chapter 3

부가가치세

Guide

「매입매출전표」에 부가세 유형별로 회계처리가 되면 자동으로 『부가가치세 신고서』에 자동으로 반영되므로 우선 「매입매출전표」에 정확한 부가세 유형과 회계처리가 되어야 한다.
제 3 장에서는 매출 및 매입 유형에 따라 『부가가치세 신고서』의 어느 항목에 반영되는지 그 연관관계를 파악하는 것이 중요하며, 그래야만 『부가가치세 신고서』를 수동으로 작성하는 것도 가능해진다.

제1절 부가가치세 신고서

1. 과세표준 및 매출세액

① 신 고 내 용

구 분				금 액	세율	세 액
과세표준 및 매출세액	과 세	세 금 계 산 서 발 급 분	(1)		10/100	
		매 입 자 발 행 세 금 계 산 서	(2)		10/100	
		신 용 카 드 · 현 금 영 수 증 발행분	(3)		10/100	
		기 타 (정 규 영 수 증 외 매 출 분)	(4)		10/100	
	영세율	세 금 계 산 서 발 급 분	(5)		0/100	
		기 타	(6)		0/100	
	예 정 신 고 누 락 분		(7)			
	대 손 세 액 가 감		(8)			
	합 계		(9)		㉮	

(1) 과세

1) 세금계산서 발급분

① 부가세 유형 : 11.과세

* 매출세금계산서와 신용카드매출전표가 동시에 발급된 경우에도 여기에 반영된다.

② 관련 부속명세서 :「매출처별세금계산서합계표」

2) 매입자발행 세금계산서

3) 신용카드 · 현금영수증 발행분

① 부가세 유형 : 17.카과 22.현과

② 관련 부속명세서 :「신용카드매출전표 발행집계표」

4) 기타 (정규영수증 외 매출분)

① 부가세 유형 : 14.건별

세금계산서 교부의무 면제분 (간주공급 · 간주임대료 등), 간이영수증 발행분

② 관련 부속명세서 :「부동산임대공급가액명세서」 등

(2) 영세율

1) 세금계산서 발급분

① 부가세 유형 : 12.영세

Local L/C (내국신용장) · 구매확인서에 의한 공급

② 관련 부속명세서 :「매출처별세금계산서합계표」

2) 기타

① 부가세 유형 : 16.수출 19.카영 24.현영

영세율 세금계산서 교부의무 면제분 (직수출)

② 관련 부속명세서 :「수출실적명세서」 등

(3) 예정신고 누락분

1) 부가가치세 확정신고를 할 때 예정신고에서 누락된 과세표준 · 매출세액을 유형별로 구분 기재

2) 입력 창 오른쪽에는 『부가가치세 신고서』 3쪽이 나타나는데 여기에서「예정신고 누락분」을 유형별로 구분하여 반영

(4) 대손세액가감

1) 확정신고를 할 때 『부가가치세법』이 규정한 대손요건을 충족한 경우 반영

2) 관련 부속명세서 :「대손세액공제신고서」

(5) 『부가가치세 신고서』의 (9) 합계의 금액과 「과세표준명세」의 32) 합계의 금액은 반드시 일치해야 함

2. 매입세액

<table>
<tr><td rowspan="9">매입
세액</td><td rowspan="3">세금계산서
수취분</td><td>일 반 매 입</td><td>(10)</td><td></td><td></td><td></td></tr>
<tr><td>수출기업 수입분 납부유예</td><td>(10-1)</td><td></td><td></td><td></td></tr>
<tr><td>고 정 자 산 매 입</td><td>(11)</td><td></td><td></td><td></td></tr>
<tr><td colspan="2">예 정 신 고 누 락 분</td><td>(12)</td><td></td><td></td><td></td></tr>
<tr><td colspan="2">매 입 자 발 행 세 금 계 산 서</td><td>(13)</td><td></td><td></td><td></td></tr>
<tr><td colspan="2">그 밖 의 공 제 매 입 세 액</td><td>(14)</td><td></td><td></td><td></td></tr>
<tr><td colspan="2">합 계 (10) − (10-1) + (11) + (12) + (13) + (14)</td><td>(15)</td><td></td><td></td><td></td></tr>
<tr><td colspan="2">공 제 받 지 못 할 매 입 세 액</td><td>(16)</td><td></td><td></td><td></td></tr>
<tr><td colspan="2">차 감 계 (15) − (16)</td><td>(17)</td><td></td><td>㉯</td><td></td></tr>
<tr><td colspan="5">납 부 (환 급) 세 액 (매 출 세 액 ㉮ − 매 입 세 액 ㉯)</td><td>㉰</td><td></td></tr>
</table>

(1) 세금계산서 수취분

1) 일반매입 : 유형자산과 무형자산을 제외한 매입분

2) 수출기업 수입분 납부유예

   수출 중소 · 중견기업이 수입 부가가치세를 납부유예 받은 세액

3) 고정자산 매입 : 매입매출전표에서 「고정자산」 코드로 분개된 부분

   ① 부가세 유형 : 51.과세 52.영세 54.불공 55.수입

   ② 관련 부속명세서 : 「매입처별세금계산서합계표」, 「사업설비투자실적명세서」

   ③ 교부받은 매입세금계산서의 합계액이 반영되므로 「매입세액 불공제분」도 반영되며, 「매입세액 불공제분」은 다시 「공제받지 못할 매입세액」에 반영되어 차감

(2) 예정신고 누락분

1) 확정신고를 할 때 예정신고에서 누락된 매입세액을 유형별로 구분 기재

2) 입력 창 오른쪽에는 『부가가치세 신고서』 3쪽이 나타나는데 여기에서 「예정신고 누락분」을 유형별로 구분하여 반영

(3) 매입자발행 세금계산서

(4) 그 밖의 공제매입세액

1) 부가세 유형 : 57.카과 61.현과
2) 일반과세자와 세금계산서를 발급하는 간이과세자로부터 재화 · 용역을 공급받고 「신용카드매출전표」 및 「현금영수증」 등을 교부받은 경우
3) 관련 부속명세서 : 「신용카드매출전표등수취명세서」, 「의제매입세액공제신고서」 등

(5) 공제받지 못할 매입세액

1) 부가세 유형 : 54.불공
2) 관련 부속명세서 : 「공제받지못할매입세액명세서」
3) 「세금계산서 수취분」에는 「매입세액 불공제분」도 반영되어 있으므로 여기에 반영되어 「매입세액 공제액」에서 차감
4) 매입매출전표를 입력할 때에 「54.불공」을 선택하면 열리는 창에서 「불공제 유형」을 정확히 선택해야 이 란과 「공제받지못할매입세액명세서」가 제대로 작성

3. 부가가치세 신고서 조회

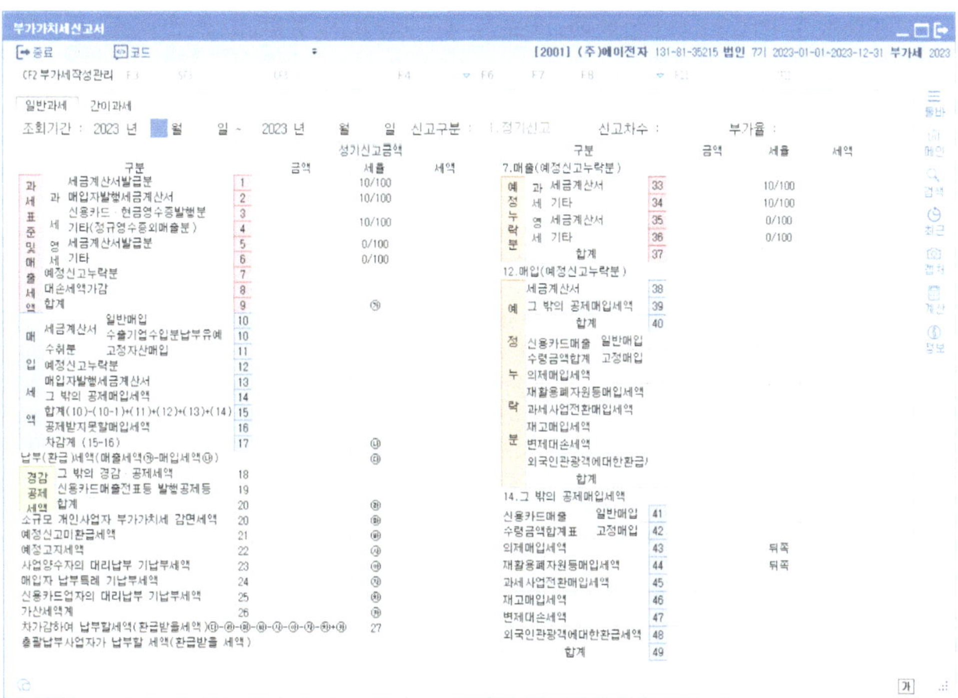

(1) 조회 창

1) 창 왼 쪽 : 『부가가치세 신고서』 1쪽 (첫 장 앞면)
2) 창 오른쪽 : 『부가가치세 신고서』 3쪽 (두번째 장 앞면)
   ① 3쪽의 내용은 1쪽에 대한 세부 항목이 나타나는데 창 왼쪽의 각 항목을 클릭함에 따라 내용이 달라짐
   ② 여기에 금액을 반영하거나 삭제할 때에는 창 오른쪽에서 해야 함

(2) 조회기간 설정

1) 예정신고기간의 내용 조회
   ① 제 1 과세기간 : 1월 1일 ~ 3월 31일
   ② 제 2 과세기간 : 7월 1일 ~ 9월 30일
2) 확정신고기간의 내용 조회
   ① 제 1 과세기간 : 4월 1일 ~ 6월 30일
   ② 제 2 과세기간 : 10월 1일 ~ 12월 31일

* 예정신고가 정확히 되었다면 확정 신고할 때에는 최종 3월분만 신고하면 되고, 예정신고에서 누락된 부분은 「예정신고 누락분」에 포함하여 신고하면 된다.
따라서, 조회기간을 「1. 1 ~ 6. 30」 또는 「7. 1 ~ 12. 31」로 설정하면 안 된다.

(3) F4 과표명세

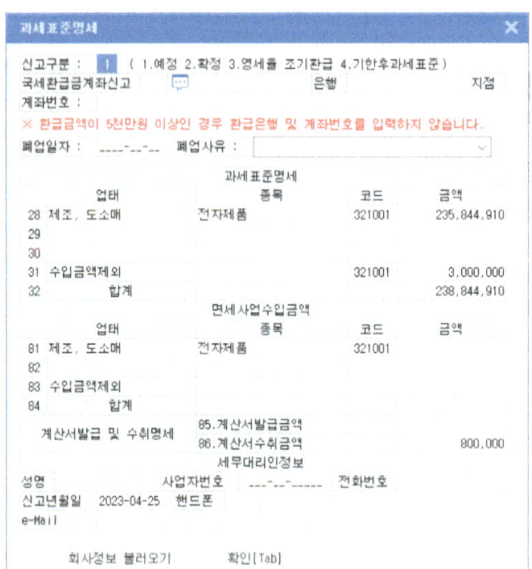
과세표준명세

신고구분 : 1 (1.예정 2.확정 3.영세율 조기환급 4.기한후과세표준)
국세환급금계좌신고 은행 지점
계좌번호 :
※ 환급금액이 5천만원 이상인 경우 환급은행 및 계좌번호를 입력하지 않습니다.
폐업일자 : ----·--·-- 폐업사유 :

과세표준명세

	업태	종목	코드	금액
28	제조, 도소매	전자제품	321001	235,844,910
29				
30				
31	수입금액제외		321001	3,000,000
32	합계			238,844,910

면세사업수입금액

	업태	종목	코드	금액
81	제조, 도소매	전자제품	321001	
82				
83	수입금액제외			
84	합계			

계산서발급 및 수취명세	85.계산서발급금액	
	86.계산서수취금액	800,000

세무대리인정보
성명 사업자번호 ---·--·----- 전화번호
신고년월일 2023-04-25 핸드폰
e-Mail

회사정보 불러오기 확인[Tab]

1) 『부가가치세 신고서』에는 1쪽 아래에 「과세표준명세」가, 3쪽 아래에 「면세사업수입금액」이 나타남
2) KcLep은 「과세표준명세」에 「과세표준명세」와 「면세사업수입금액」이 함께 나타남
3) 『부가가치세 신고서』의 (9) 합계의 금액과 「과세표준명세」의 32) 합계의 금액은 반드시

일치해야 함

4) 31) 수입금액 제외

① 부가가치세 과세표준에는 포함되지만 회계상 수입금액(매출)이 아닌 항목을 구분하여 기재

② 고정자산 매각, 간주임대료, 간주공급 등을 구분하여 기재

예제 3-1 부가가치세 신고서

1. 1분기 부가가치세 과세표준 합계와 2분기 부가가치세 과세표준 합계의 차이는 얼마인가?
2. 제 1 기 부가가치세 예정신고시 세금계산서 수취분 중 고정자산매입을 제외한 일반 매입세액은 얼마인가?

해설

1. 제 1 기 예정 및 확정 부가가치세신고서 조회 : 과세표준명세

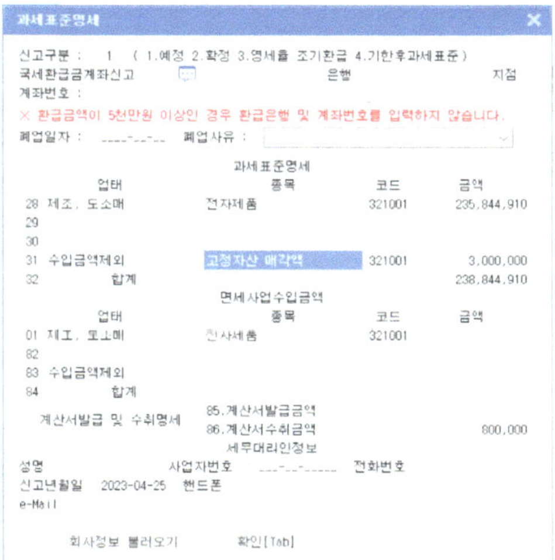

과세표준명세

신고구분 : 1 (1.예정 2.확정 3.영세율 조기환급 4.기한후과세표준)
국세환급금계좌신고 은행 지점
계좌번호 :
※ 환급금액이 5천만원 이상인 경우 환급은행 및 계좌번호를 입력하지 않습니다.
폐업일자 : ----·--·-- 폐업사유 :

과세표준명세

	업태	종목	코드	금액
28	제조, 도소매	전자제품	321001	235,844,910
29				
30				
31	수입금액제외	고정자산 매각액	321001	3,000,000
32	합계			238,844,910

면세사업수입금액

	업태	종목	코드	금액
81	제조, 도소매	전자제품	321001	
82				
83	수입금액제외			
84	합계			

계산서발급 및 수취명세 85.계산서발급금액
86.계산서수취금액 800,000

세무대리인정보
성명 사업자번호 ---·--·----- 전화번호
신고년월일 2023-04-25 핸드폰
e-Mail

회사정보 불러오기 확인[Tab]

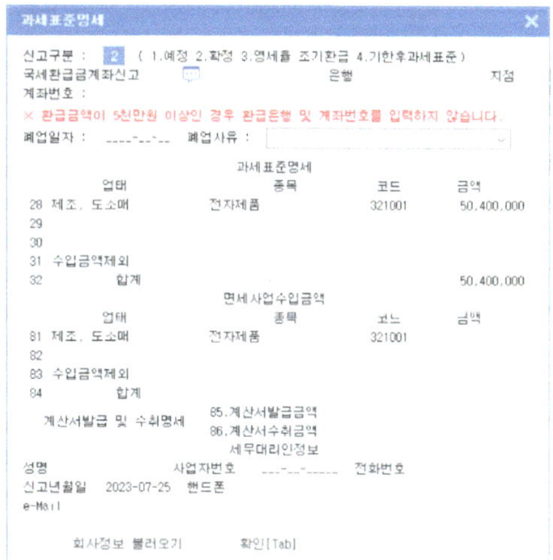

과세표준명세

신고구분 : 2 (1.예정 2.확정 3.영세율 조기환급 4.기한후과세표준)
국세환급금계좌신고 은행 지점
계좌번호 :
※ 환급금액이 5천만원 이상인 경우 환급은행 및 계좌번호를 입력하지 않습니다.
폐업일자 : ----·--·-- 폐업사유 :

과세표준명세

	업태	종목	코드	금액
28	제조, 도소매	전자제품	321001	50,400,000
29				
30				
31	수입금액제외			
32	합계			50,400,000

면세사업수입금액

	업태	종목	코드	금액
81	제조, 도소매	전자제품	321001	
82				
83	수입금액제외			
84	합계			

계산서발급 및 수취명세 85.계산서발급금액
86.계산서수취금액

세무대리인정보
성명 사업자번호 ---·--·----- 전화번호
신고년월일 2023-07-25 핸드폰
e-Mail

회사정보 불러오기 확인[Tab]

238,844,910원 - 50,400,000원 = 188,444,910원

* 1분기 과세표준 명세의 31) 수입금액 제외의 금액 3,000,000원은 매입매출전표 1월 23일의 분개로서 차량 매각액에 해당하므로 「고정자산 매각액」이라고 입력한다.

2. 제 1 기 예정 부가가치세신고서 조회 : 14,149,000원

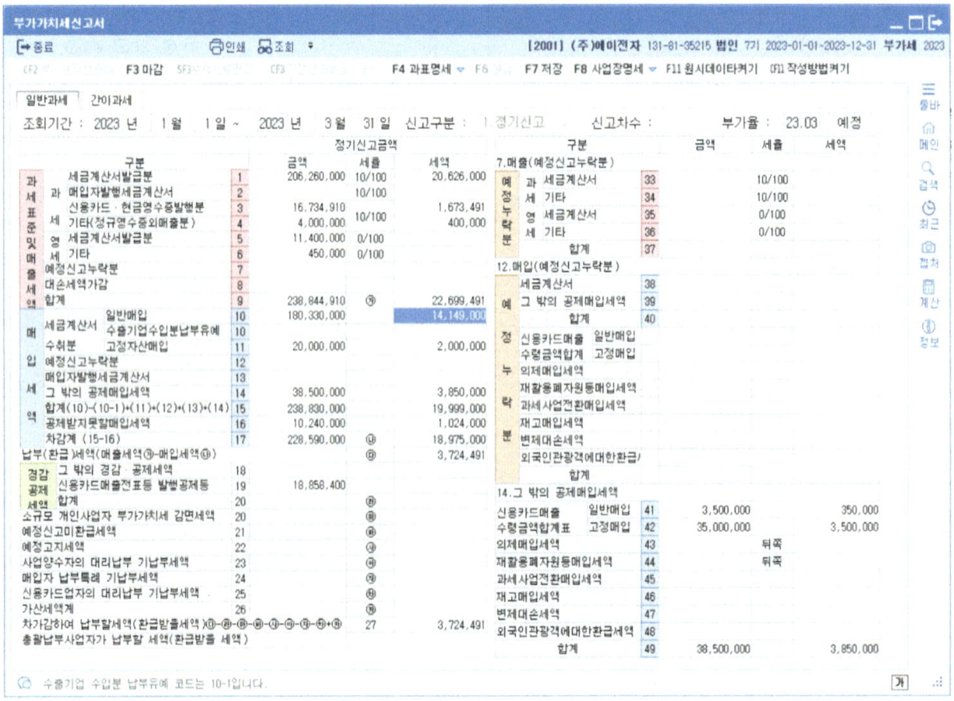

부가가치세신고서

[2001] (주)에이전자 131-81-35215 법인 7기 2023-01-01~2023-12-31 부가세 2023

F3 마감 F4 과표명세 F7 저장 F8 사업장명세 F11 원시데이타켜기 CF11 작성방법켜기

일반과세 간이과세

조회기간 : 2023 년 1 월 1 일 ~ 2023 년 3 월 31 일 신고구분 : 1.정기신고 신고차수 : 부가율 : 23.03 예정

구분			번호	정기신고금액 금액	세율	세액
과세표준및매출세액	과세	세금계산서발급분	1	206,260,000	10/100	20,626,000
	과세	매입자발행세금계산서	2		10/100	
	과세	신용카드·현금영수증발행분	3	16,734,910	10/100	1,673,491
	과세	기타(정규영수증외매출분)	4	4,000,000		400,000
	영세	세금계산서발급분	5	11,400,000	0/100	
	영세	기타	6	450,000	0/100	
	예정신고누락분		7			
	대손세액가감		8			
	합계		9	238,844,910	㉮	22,699,491
매입세액	세금계산서수취분	일반매입	10	180,330,000		14,149,000
	세금계산서수취분	수출기업수입분납부유예	10			
	세금계산서수취분	고정자산매입	11	20,000,000		2,000,000
	예정신고누락분		12			
	매입자발행세금계산서		13			
	그 밖의 공제매입세액		14	38,500,000		3,850,000
	합계(10)-(10-1)+(11)+(12)+(13)+(14)		15	238,830,000		19,999,000
	공제받지못할매입세액		16	10,240,000		1,024,000
	차감계 (15-16)		17	228,590,000	㉯	18,975,000
납부(환급)세액(매출세액㉮-매입세액㉯)					㉰	3,724,491
경감공제세액	그 밖의 경감·공제세액		18			
	신용카드매출전표등 발행공제등		19	18,858,400		
	합계		20		㉱	
소규모 개인사업자 부가가치세 감면세액			20		㉲	
예정신고미환급세액			21		㉳	
예정고지세액			22		㉴	
사업양수자의 대리납부 기납부세액			23		㉵	
매입자 납부특례 기납부세액			24		㉶	
신용카드업자의 대리납부 기납부세액			25		㉷	
가산세액계			26		㉸	
차가감하여 납부할세액(환급받을세액)㉰-㉱-㉲-㉳-㉴-㉵-㉶-㉷+㉸			27			3,724,491
총괄납부사업자가 납부할 세액(환급받을 세액)						

구분			번호	금액	세율	세액
7.매출(예정신고누락분)						
예정누락분	과세	세금계산서	33		10/100	
	과세	기타	34		10/100	
	영세	세금계산서	35		0/100	
	영세	기타	36		0/100	
	합계		37			
12.매입(예정신고누락분)						
예정누락분	세금계산서		38			
	그 밖의 공제매입세액		39			
	합계		40			
	신용카드매출수령금액합계	일반매입				
	신용카드매출수령금액합계	고정매입				
	의제매입세액					
	재활용폐자원등매입세액					
	과세사업전환매입세액					
	재고매입세액					
	변제대손세액					
	외국인관광객에대한환급/					
	합계					
14.그 밖의 공제매입세액						
신용카드매출수령금액합계표		일반매입	41	3,500,000		350,000
신용카드매출수령금액합계표		고정매입	42	35,000,000		3,500,000
의제매입세액			43		뒤쪽	
재활용폐자원등매입세액			44		뒤쪽	
과세사업전환매입세액			45			
재고매입세액			46			
변제대손세액			47			
외국인관광객에대한환급세액			48			
합계			49	38,500,000		3,850,000

수출기업 수입분 납부유예 코드는 10-1입니다.

제2절 세금계산서합계표 / 계산서합계표

1. 세금계산서합계표

(1) 일반과세자가 발급한 「매출세금계산서」와 교부받은 「매입세금계산서」의 집계표

(2) 서식

<table>
<tr><td colspan="14">매출처별세금계산서합계표(갑)
(년 제 기)</td></tr>
<tr><td colspan="14">1. 제출자 인적사항</td></tr>
<tr><td colspan="2">(1) 사업자등록번호</td><td colspan="5"></td><td colspan="3">(2) 상호(법인명)</td><td colspan="4"></td></tr>
<tr><td colspan="2">(3) 성명 (대표자)</td><td colspan="5"></td><td colspan="3">(4) 사업장소재지</td><td colspan="4"></td></tr>
<tr><td colspan="2">(5) 거래기간</td><td colspan="5">년 월 일 ~ 년 월 일</td><td colspan="3">(6) 작성일</td><td colspan="4">년 월 일</td></tr>
</table>

<table>
<tr><td colspan="14">2. 매출세금계산서 총합계</td></tr>
<tr><td colspan="2">구 분</td><td>(7)
매출 처수</td><td>(8)
매수</td><td colspan="5">(9) 공급가액
조 십억 백만 천 일</td><td colspan="5">(10) 세 액
조 십억 백만 천 일</td></tr>
<tr><td colspan="2">합 계</td><td></td><td></td><td></td><td></td><td></td><td></td><td></td><td></td><td></td><td></td><td></td><td></td></tr>
<tr><td rowspan="3">과세기간 종료일 다음달 11일까지 전송된 전자 세금계산서 발급분</td><td>사업자등록 번호 발급분</td><td></td><td></td><td></td><td></td><td></td><td></td><td></td><td></td><td></td><td></td><td></td><td></td></tr>
<tr><td>주민등록번호 발급분</td><td></td><td></td><td></td><td></td><td></td><td></td><td></td><td></td><td></td><td></td><td></td><td></td></tr>
<tr><td>소 계</td><td></td><td></td><td></td><td></td><td></td><td></td><td></td><td></td><td></td><td></td><td></td><td></td></tr>
<tr><td rowspan="3">위 전자 세금계산서 외의 발급분</td><td>사업자등록 번호 발급분</td><td></td><td></td><td></td><td></td><td></td><td></td><td></td><td></td><td></td><td></td><td></td><td></td></tr>
<tr><td>주민등록번호 발급분</td><td></td><td></td><td></td><td></td><td></td><td></td><td></td><td></td><td></td><td></td><td></td><td></td></tr>
<tr><td>소 계</td><td></td><td></td><td></td><td></td><td></td><td></td><td></td><td></td><td></td><td></td><td></td><td></td></tr>
</table>

<table>
<tr><td colspan="15">3. 과세기간 종료일 다음달 11일까지 전송된 전자세금계산서 외 발급분 매출처별 명세(합계금액으로 적음)</td></tr>
<tr><td>(11)
번호</td><td>(12)
사업자
등록번호</td><td>(13)
상 호
(법인명)</td><td>(14)
매수</td><td colspan="5">(9) 공급가액
조 십억 백만 천 일</td><td colspan="5">(10) 세 액
조 십억 백만 천 일</td><td>비고</td></tr>
<tr><td>1</td><td></td><td></td><td></td><td></td><td></td><td></td><td></td><td></td><td></td><td></td><td></td><td></td><td></td><td></td></tr>
<tr><td>2</td><td></td><td></td><td></td><td></td><td></td><td></td><td></td><td></td><td></td><td></td><td></td><td></td><td></td><td></td></tr>
<tr><td>3</td><td></td><td></td><td></td><td></td><td></td><td></td><td></td><td></td><td></td><td></td><td></td><td></td><td></td><td></td></tr>
<tr><td>4</td><td></td><td></td><td></td><td></td><td></td><td></td><td></td><td></td><td></td><td></td><td></td><td></td><td></td><td></td></tr>
<tr><td>5</td><td></td><td></td><td></td><td></td><td></td><td></td><td></td><td></td><td></td><td></td><td></td><td></td><td></td><td></td></tr>
</table>

(3) 조회 창 위에

1) [매출]을 클릭하면 「매출처별세금계산서합계표」
2) [매입]을 클릭하면 「매입처별세금계산서합계표」가 조회

(4) 거래처별로 조회기간에 발급한 매출처수, 매수, 공급가액, 매출세액을 구분하여 조회

(5) 조회된 자료를 선택한 후 툴바의 [F6 전표조회]를 클릭하면 해당 거래처에 대한 「매입매출전표」에 입력된 자료 조회 가능

예제 3-2 세금계산서합계표

1. 제 1 기 예정신고기간 중에 공급가액이 가장 큰 매출거래처와 그 금액은 얼마인가?
2. 제 1 기 예정신고기간 중에 총 매입건수와 총 매입세액은 얼마인가?

해설

1. ㈜삼성 126,700,000원

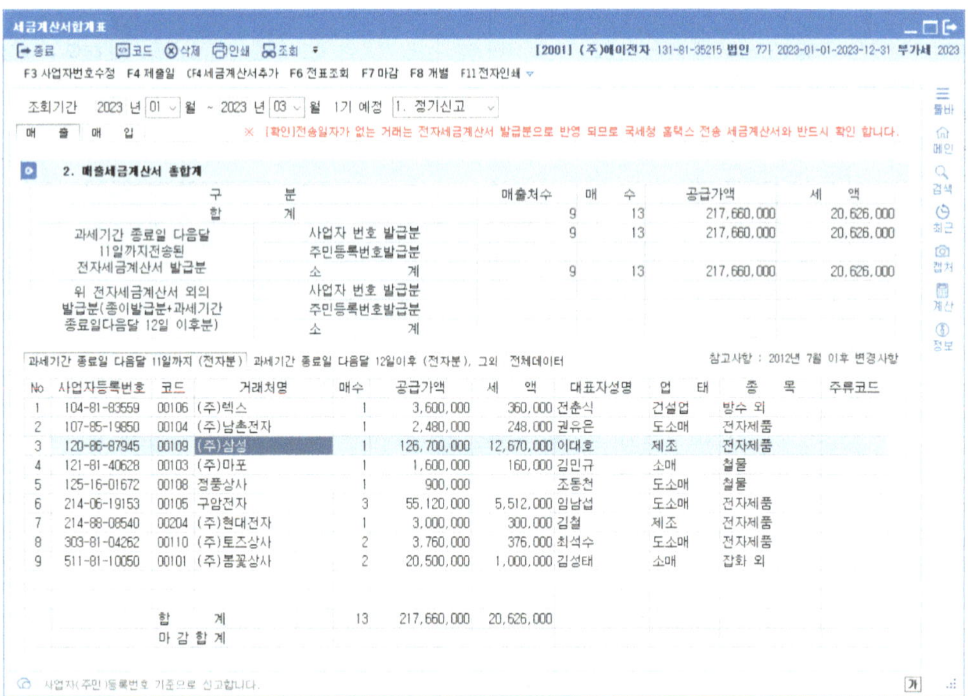
세금계산서합계표

[2001] (주)에이전자 131-81-35215 법인 7기 2023-01-01~2023-12-31 부가세 2023

조회기간 2023 년 01 월 ~ 2023 년 03 월 1기 예정 1. 정기신고

※ [확인]전송일자가 없는 거래는 전자세금계산서 발급분으로 반영 되므로 국세청 홈택스 전송 세금계산서와 반드시 확인 합니다.

2. 매출세금계산서 총합계

구분		매출처수	매수	공급가액	세액
합계		9	13	217,660,000	20,626,000
과세기간 종료일 다음달 11일까지전송된 전자세금계산서 발급분	사업자 번호 발급분	9	13	217,660,000	20,626,000
	주민등록번호발급분				
	소계	9	13	217,660,000	20,626,000
위 전자세금계산서 외의 발급분(종이발급분+과세기간 종료일다음달 12일 이후분)	사업자 번호 발급분				
	주민등록번호발급분				
	소계				

과세기간 종료일 다음달 11일까지 (전자분) 과세기간 종료일 다음달 12일이후 (전자분), 그외 전체데이터 참고사항 : 2012년 7월 이후 변경사항

No	사업자등록번호	코드	거래처명	매수	공급가액	세액	대표자성명	업태	종목	주류코드
1	104-81-83559	00106	(주)렉스	1	3,600,000	360,000	전춘식	건설업	방수 외	
2	107-85-19850	00104	(주)남촌전자	1	2,480,000	248,000	권유은	도소매	전자제품	
3	120-86-87945	00109	(주)삼성	1	126,700,000	12,670,000	이대호	제조	전자제품	
4	121-81-40628	00103	(주)마포	1	1,600,000	160,000	김민규	소매	철물	
5	125-16-01672	00108	정풍상사	1	900,000		조동천	도소매	철물	
6	214-06-19153	00105	구암전자	3	55,120,000	5,512,000	임남섭	도소매	전자제품	
7	214-88-08540	00204	(주)현대전자	1	3,000,000	300,000	김철	제조	전자제품	
8	303-81-04262	00110	(주)토즈상사	2	3,760,000	376,000	최석수	도소매	전자제품	
9	511-81-10050	00101	(주)봄꽃상사	2	20,500,000	1,000,000	김성태	소매	잡화 외	
		합계		13	217,660,000	20,626,000				
		마감합계								

사업자(주민)등록번호 기준으로 신고합니다.

2. 14건 16,149,000원

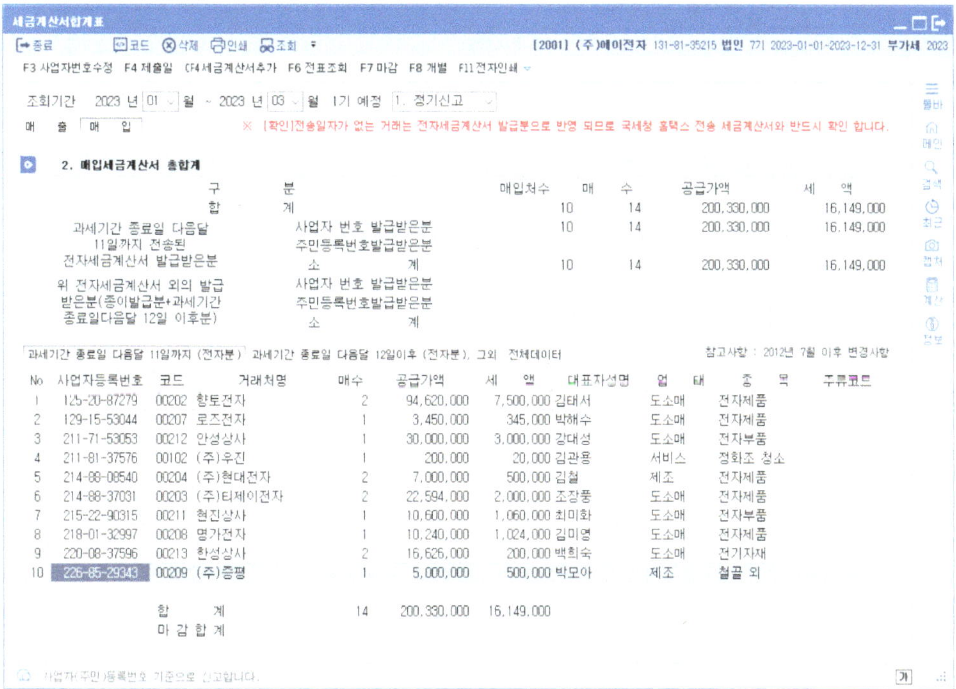

세금계산서합계표

[2001] (주)에이전자 131-81-35215 법인 7기 2023-01-01~2023-12-31 부가세 2023

F3 사업자번호수정 F4 제출일 CF4 세금계산서추가 F6 전표조회 F7 마감 F8 개별 F11 전자인쇄

조회기간 2023 년 01 월 ~ 2023 년 03 월 1기 예정 1. 정기신고

매출 매입

※ [확인]전송일자가 없는 거래는 전자세금계산서 발급분으로 반영 되므로 국세청 홈택스 전송 세금계산서와 반드시 확인 합니다.

2. 매입세금계산서 총합계

구분		매입처수	매수	공급가액	세액
합계		10	14	200,330,000	16,149,000
과세기간 종료일 다음달 11일까지 전송된 전자세금계산서 발급받은분	사업자 번호 발급받은분	10	14	200,330,000	16,149,000
	주민등록번호발급받은분				
	소계	10	14	200,330,000	16,149,000
위 전자세금계산서 외의 발급받은분(종이발급분+과세기간 종료일다음달 12일 이후분)	사업자 번호 발급받은분				
	주민등록번호발급받은분				
	소계				

과세기간 종료일 다음달 11일까지 (전자분) 과세기간 종료일 다음달 12일이후 (전자분), 그외 전체데이터

참고사항 : 2012년 7월 이후 변경사항

No	사업자등록번호	코드	거래처명	매수	공급가액	세액	대표자성명	업태	종목	주류코드
1	125-20-87279	00202	향토전자	2	94,620,000	7,500,000	김태서	도소매	전자제품	
2	129-15-53044	00207	로즈전자	1	3,450,000	345,000	박해수	도소매	전자제품	
3	211-71-53053	00212	안성상사	1	30,000,000	3,000,000	강대성	도소매	전자부품	
4	211-81-37576	00102	(주)우진	1	200,000	20,000	김관용	서비스	정화조 청소	
5	214-88-08540	00204	(주)현대전자	2	7,000,000	500,000	김철	제조	전자제품	
6	214-88-37031	00203	(주)티제이전자	2	22,594,000	2,000,000	조장풍	도소매	전자제품	
7	215-22-90315	00211	현진상사	1	10,600,000	1,060,000	최미화	도소매	전자부품	
8	218-01-32997	00208	명가전자	1	10,240,000	1,024,000	김미영	도소매	전자제품	
9	220-08-37596	00213	한성상사	2	16,626,000	200,000	백희숙	도소매	전기자재	
10	226-85-29343	00209	(주)증평	1	5,000,000	500,000	박모아	제조	철골 외	
			합계	14	200,330,000	16,149,000				
			마감합계							

사업자(주민)등록번호 기준으로 신고합니다.

Chapter 4

장부조회

Guide

KcLep은 전표를 이용하여 회계처리하면서 「계정과목」, 「거래처」, 「적요」 등이 모두 코드로 연결되어 관련된 장부에 반영된다. 회계자료를 폭넓게 활용하기 위하여 장부간의 연관관계를 파악하는데 초점을 맞추어 연습해야 한다.

제1절 일계표 / 월계표

1. 분개집계표

(1) KcLep은 전표를 이용하여 회계처리하므로 『분개장』에 반영되기 전에 전표를 집계

1) 일 단위로 집계한 것이 『일계표』

2) 월 단위로 집계한 것이 『월계표』

2. 일계표 / 월계표

(1) 특정일 또는 특정월의 특정 계정과목의 현금거래액과 대체거래액을 조회 가능

(2) 조회 창에서

1) 『일계표』를 클릭하고, 조회일을 지정하면 그 날의 집계된 자료가 표시

2) 『월계표』를 클릭하고, 조회기간을 지정하면 그 기간의 집계된 자료가 표시

3) 특정 계정과목을 선택한 후 툴바의 [F6 원장조회]를 클릭하거나 더블클릭하면

→ 『계정별원장』이 조회되고, 특정일의 거래를 선택한 후 더블클릭하면

→ 해당 거래의 전표가 조회되어 전표 수정 · 삭제 가능

예제 4-1 일계표 / 월계표

1. 3월 중 「판매비와관리비」로 분류되는 「통신비」 중 현금으로 지급된 금액은 얼마인가?

2. 2월 원재료 매입액은 얼마인가?

1. 일계표(월계표) 3월 ~ 3월 : 통신비 105,200원

일계표(월계표)

종료 코드 삭제 인쇄 조회 [2001] (주)에이전자 131-81-35215 법인 7기 2023-01-01~2023-12-31 부가세 2023

F3 계정코드 F4 임대 F6 원장조회

일계표 | 월계표

조회기간 : 2023 년 03 월 ~ 2023 년 03 월

차변 계	차변 대체	차변 현금	계정과목	대변 현금	대변 대체	대변 계
			미지급금		3,850,000	3,850,000
			예수금		175,000	175,000
			부가세예수금	1,747,272		1,747,272
3,000,000	3,000,000		미지급배당금			
			3.자본금		1,000,000	1,000,000
			자본금		1,000,000	1,000,000
1,000,000	1,000,000		4.자본조정			
1,000,000	1,000,000		미교부주식배당금			
			5.매출	7,472,728	10,000,000	17,472,728
			제품매출	7,472,728	10,000,000	17,472,728
6,998,000	6,998,000		6.제조원가			
4,800,000	4,800,000		<노무비>			
4,800,000	4,800,000		임금			
2,198,000	2,198,000		<제조경비>			
198,000	198,000		가스수도료			
2,000,000	2,000,000		전력비			
5,105,200	5,000,000	105,200	7.판매비및일반관리비			
5,000,000	5,000,000		급여			
105,200		105,200	통신비			
450,000	450,000		8.영업외비용			
450,000	450,000		매출채권처분손실			
164,717,200	164,612,000	105,200	금월소계	9,220,000	164,612,000	173,832,000
36,347,700		36,347,700	금월잔고/전월잔고	27,232,900		27,232,900
201,064,900	164,612,000	36,452,900	합계	36,452,900	164,612,000	201,064,900

[F6 원장조회] 또는 더블클릭하여 원장조회한 후 3. 22 자료를 더블클릭하여 전표 조회

원장조회

기간 2023 년 3 월 1 일 ~ 2023 년 3 월 31 일 전표수정(F3) 합계옵션(F6) 원장인쇄(F9)

계정과목 0814 통신비 ~ 0814 통신비 << < 0814:통신비 > >>

일자	번호	적요	코드	거래처	차변	대변	잔액
		[전 월 이 월]			120,000		120,000
03-22	00001				105,200		225,200
		[월 계]			105,200		
		[누 계]			225,200		

일반전표 2023-03-22 (00001) 대차차액: F4-수정취소 F5-삭제 F6-저장 차량 고정 외화

No	월	일	번호	구분	계정과목	거래처	차변	대변	적요	카드등
1	3	22	00001	출금	0814 통신비		105,200	(현금)		
2										
					합계		105,200	105,200		

2. 일계표(월계표) 2월 ~ 2월 : 원재료 16,050,000원

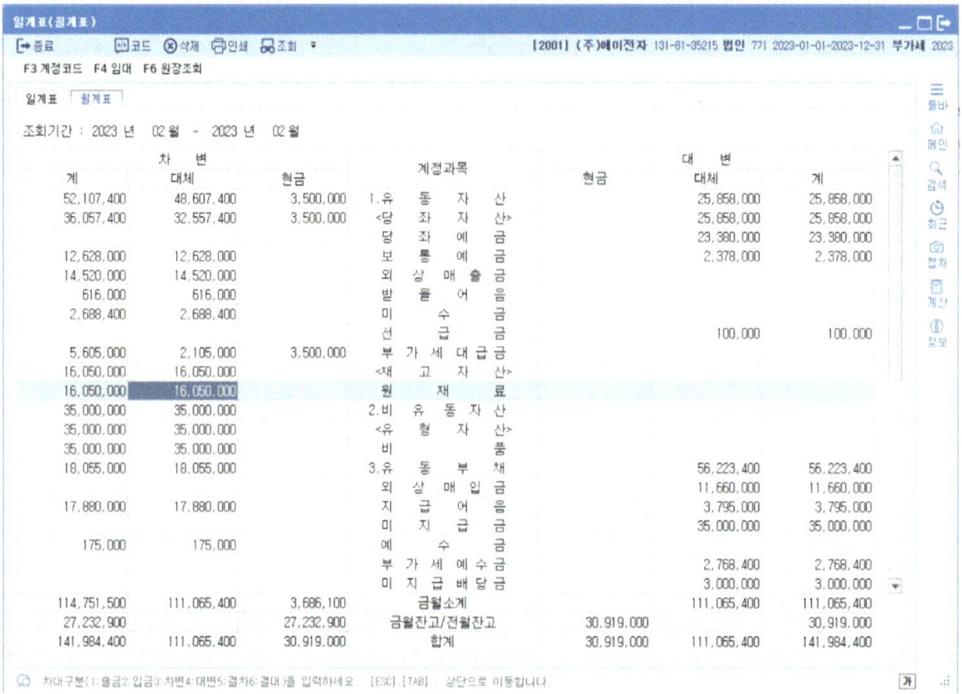

일계표(월계표)

조회기간 : 2023 년 02 월 ~ 2023 년 02 월

차변 계	차변 대체	차변 현금	계정과목	대변 현금	대변 대체	대변 계
52,107,400	48,607,400	3,500,000	1.유동자산		25,858,000	25,858,000
36,057,400	32,557,400	3,500,000	<당좌자산>		25,858,000	25,858,000
			당좌예금		23,380,000	23,380,000
12,628,000	12,628,000		보통예금		2,378,000	2,378,000
14,520,000	14,520,000		외상매출금			
616,000	616,000		받을어음			
2,688,400	2,688,400		미수금			
			선급금		100,000	100,000
5,605,000	2,105,000	3,500,000	부가세대급금			
16,050,000	16,050,000		<재고자산>			
16,050,000	16,050,000		원재료			
35,000,000	35,000,000		2.비유동자산			
35,000,000	35,000,000		<유형자산>			
35,000,000	35,000,000		비품			
18,055,000	18,055,000		3.유동부채		56,223,400	56,223,400
			외상매입금		11,660,000	11,660,000
17,880,000	17,880,000		지급어음		3,795,000	3,795,000
			미지급금		35,000,000	35,000,000
175,000	175,000		예수금			
			부가세예수금		2,768,400	2,768,400
			미지급배당금		3,000,000	3,000,000
114,751,500	111,065,400	3,686,100	금월소계		111,065,400	111,065,400
27,232,900		27,232,900	금월잔고/전월잔고	30,919,000		30,919,000
141,984,400	111,065,400	30,919,000	합계	30,919,000	111,065,400	141,984,400

[F6 원장조회] 또는 더블클릭하여 원장조회

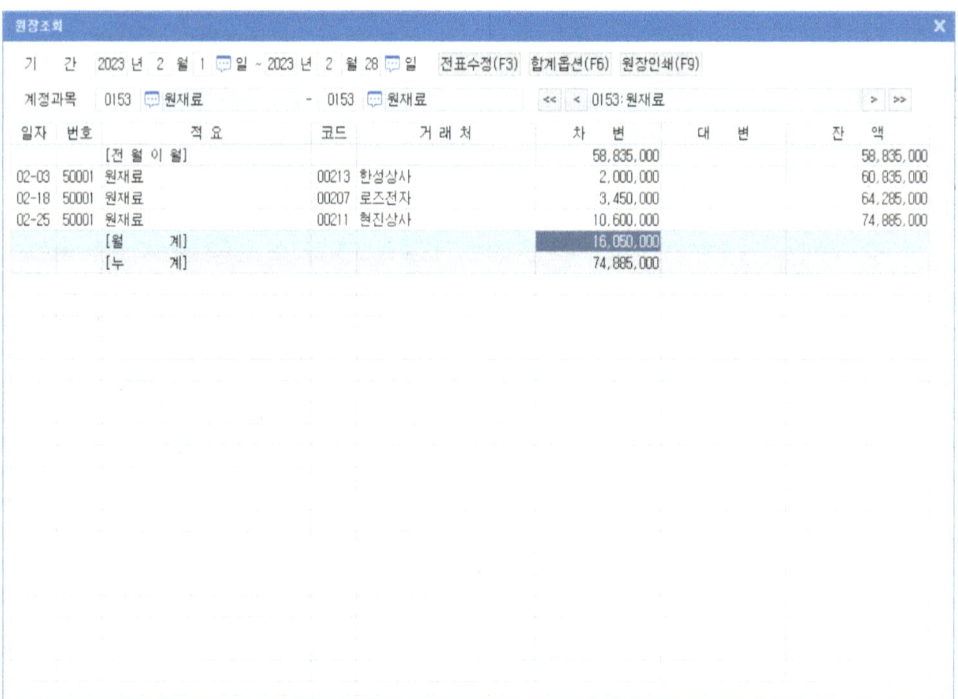

원장조회

기간 2023 년 2 월 1 일 ~ 2023 년 2 월 28 일

계정과목 0153 원재료 - 0153 원재료

일자	번호	적요	코드	거래처	차변	대변	잔액
		[전 월 이 월]			58,835,000		58,835,000
02-03	50001	원재료	00213	한성상사	2,000,000		60,835,000
02-18	50001	원재료	00207	로즈전자	3,450,000		64,285,000
02-25	50001	원재료	00211	현진상사	10,600,000		74,885,000
		[월 계]			16,050,000		
		[누 계]			74,885,000		

제2절 합계잔액시산표

1. 합계잔액시산표

(1) 의의

1) 결산 본 절차(기말수정분개)에 앞서 전기의 적정성 여부를 파악하기 위해 모든 계정의 차변 합계와 대변 합계가 일치하는지 검증하는 표
2) KcLep은 전표 처리하면 코드에 의해 관련된 장부와 『합계잔액시산표』에 실시간으로 거래내역이 반영
3) 결산일이 아니어도 언제든지 대차 일치 여부를 조회 가능
4) 특정 계정과목을 선택한 후 툴바의 [F6 원장조회]를 클릭하거나 더블클릭하면
   → 『계정별원장』이 조회되고, 특정일의 거래를 선택한 후 더블클릭하면
   → 해당 거래의 전표가 조회되어 전표 수정 · 삭제 가능

2. 조회 형식

(1) [관리용]

세분화된 계정과목이 나타나고, 계정과목별로 잔액을 확인할 경우 조회

(2) [제출용]

1) 세분화된 계정과목이 통합된 계정과목으로 나타남
   ① 「현금」과 「당좌예금」 등 → 「현금및현금성자산」
   ② 「외상매출금」과 「받을어음」 → 「매출채권」
2) 통합된 계정과목별로 잔액을 확인할 경우 조회

* 예제 4-1의 경우 「합계잔액시산표」를 조회해서는 안 된다.
「합계잔액시산표」에서는 특정 시점까지의 누적자료가 나타나므로 특정 기간의 자료를 알고자 할 경우에는 「일계표/월계표」를 조회해야 한다.

예제 4-2 합계잔액시산표

1. 10월까지 「판매비와관리비」 중 발생금액이 가장 큰 계정과목과 금액은 얼마인가?
2. 10월 31일의 「외상매출금」과 「받을어음」의 금액을 「관리용」에서 확인하고, 「제출용」으로 조회하여 「매출채권」의 금액을 확인하고 비교하시오.
3. 3월말 현재 유동자산은 전년도 12월말 유동자산보다 얼마나 더 변동하였는가?
4. 6월말 현재 전력비(제조원가)는 전년도 12월말 전력비보다 얼마나 변동하였는가?

해설

1. 판매비와관리비 - 급여 20,000,000원

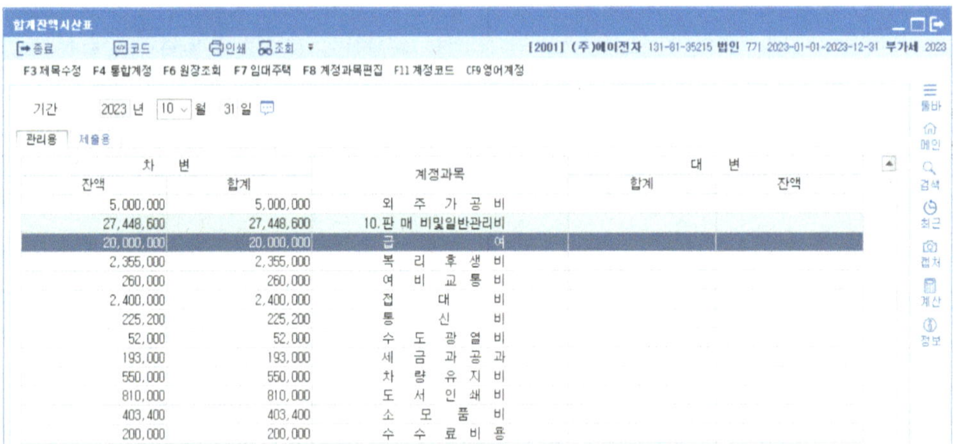

차변 잔액	차변 합계	계정과목	대변 합계	대변 잔액
5,000,000	5,000,000	외주가공비		
27,448,600	27,448,600	10.판매비및일반관리비		
20,000,000	20,000,000	급여		
2,355,000	2,355,000	복리후생비		
260,000	260,000	여비교통비		
2,400,000	2,400,000	접대비		
225,200	225,200	통신비		
52,000	52,000	수도광열비		
193,000	193,000	세금과공과		
550,000	550,000	차량유지비		
810,000	810,000	도서인쇄비		
403,400	403,400	소모품비		
200,000	200,000	수수료비용		

2. 관리용과 제출용

(1) [관리용] 외상매출금 108,252,000원 받을어음 10,616,000원

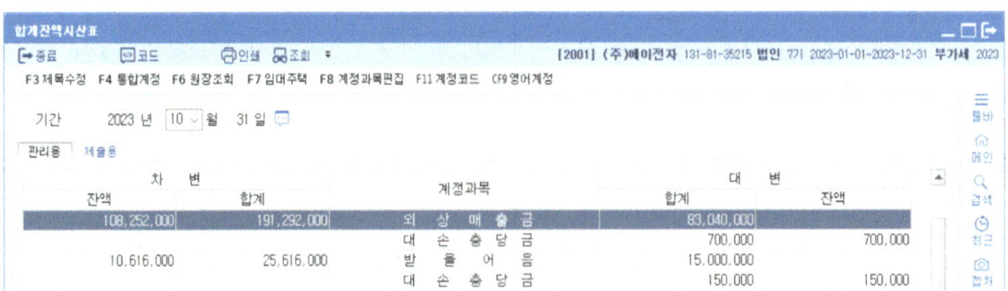

차변 잔액	차변 합계	계정과목	대변 합계	대변 잔액
108,252,000	191,292,000	외상매출금	83,040,000	
		대손충당금	700,000	700,000
10,616,000	25,616,000	받을어음	15,000,000	
		대손충당금	150,000	150,000

(2) [제출용] 매출채권 118,868,000원 (= 108,252,000원 + 10,616,000원)

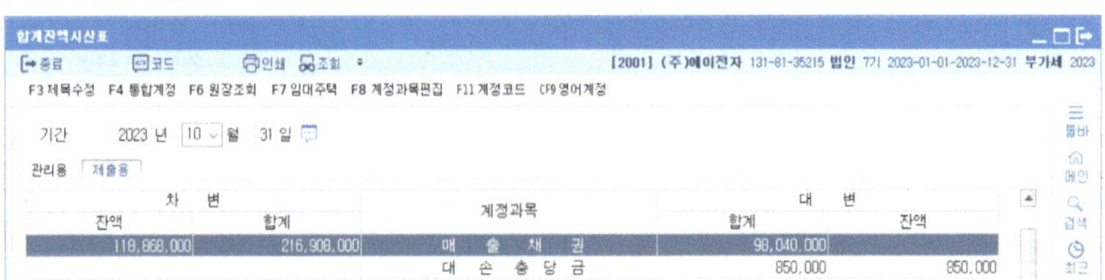

차변 잔액	차변 합계	계정과목	대변 합계	대변 잔액
118,868,000	216,908,000	매출채권	98,040,000	
		대손충당금	850,000	850,000

3. 재무상태표 3월 조회 : 370,361,000원 증가 (873,866,000원 - 503,505,000원)

(1) 3월 : 873,866,000원　　전기 말 : 503,505,000원

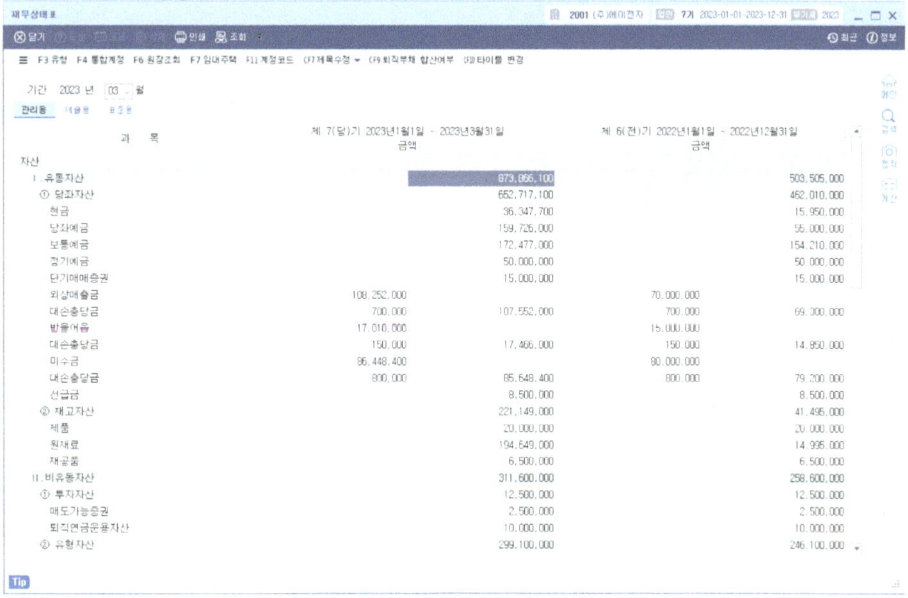

기간 2023 년 03 월

과목	제 7(당)기 2023년1월1일 ~ 2023년3월31일 금액		제 6(전)기 2022년1월1일 ~ 2022년12월31일 금액	
자산				
Ⅰ.유동자산		873,866,100		503,505,000
① 당좌자산		652,717,100		462,010,000
현금		36,347,700		15,950,000
당좌예금		159,726,000		55,000,000
보통예금		172,477,000		154,210,000
정기예금		50,000,000		50,000,000
단기매매증권		15,000,000		15,000,000
외상매출금	108,252,000		70,000,000	
대손충당금	700,000	107,552,000	700,000	69,300,000
받을어음	17,616,000		15,000,000	
대손충당금	150,000	17,466,000	150,000	14,850,000
미수금	86,448,400		80,000,000	
대손충당금	800,000	85,648,400	800,000	79,200,000
선급금		8,500,000		8,500,000
② 재고자산		221,149,000		41,495,000
제품		20,000,000		20,000,000
원재료		194,649,000		14,995,000
재공품		6,500,000		6,500,000
Ⅱ.비유동자산		311,600,000		258,600,000
① 투자자산		12,500,000		12,500,000
매도가능증권		2,500,000		2,500,000
퇴직연금운용자산		10,000,000		10,000,000
② 유형자산		299,100,000		246,100,000

(2) 이 경우에 『합계잔액시산표』를 통해 파악하려면 회계기간을 전기로 바꾸어 12월 31일의 유동자산 금액을 파악한 후, 다시 당기 3월 말의 유동자산을 파악하여 비교해야 한다.

(3) 그러나, 『재무제표』는 당기분과 전기분을 비교하여 표시하도록 하고 있어 이런 유형의 문제는 관련된 『재무제표』를 조회하는 것이 좋다.

4. 제조원가명세서 6월 조회 : 1,585,000원 감소 (2,000,000원 - 3,585,000원)

6월 : 2,000,000원　　전기 말 : 3,585,000원

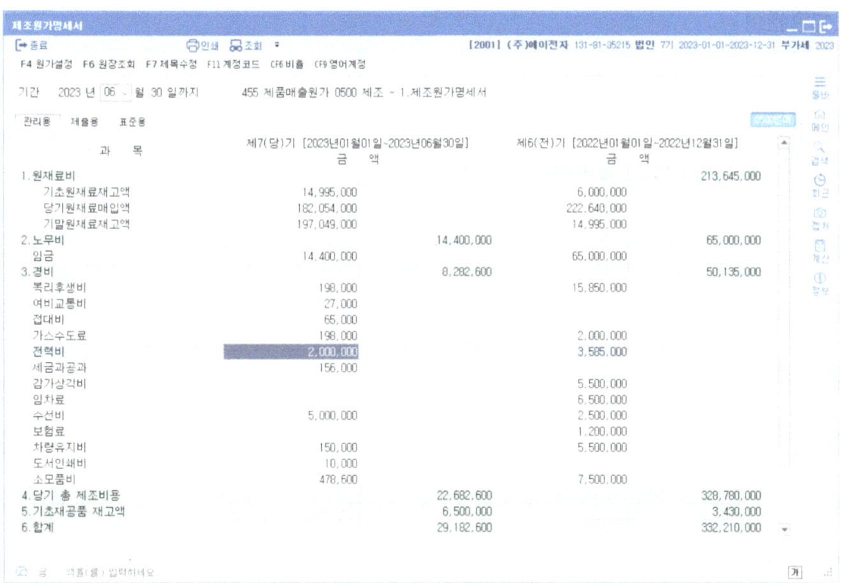

기간 2023 년 06 월 30 일까지　455 제품매출원가 0500 제조 - 1.제조원가명세서

과목	제7(당)기 [2023년01월01일~2023년06월30일] 금액		제6(전)기 [2022년01월01일~2022년12월31일] 금액	
1.원재료비				213,645,000
기초원재료재고액	14,995,000		6,000,000	
당기원재료매입액	182,054,000		222,640,000	
기말원재료재고액	197,049,000		14,995,000	
2.노무비		14,400,000		65,000,000
임금	14,400,000		65,000,000	
3.경비		8,282,600		50,135,000
복리후생비	198,000		15,850,000	
여비교통비	27,000			
접대비	65,000			
가스수도료	198,000		2,000,000	
전력비	2,000,000		3,585,000	
세금과공과	156,000			
감가상각비			5,500,000	
임차료			6,500,000	
수선비	5,000,000		2,500,000	
보험료			1,200,000	
차량유지비	150,000		5,500,000	
도서인쇄비	10,000			
소모품비	478,600		7,500,000	
4.당기 총 제조비용		22,682,600		328,780,000
5.기초재공품 재고액		6,500,000		3,430,000
6.합계		29,182,600		332,210,000

제3절 계정별원장

1. 계정별원장

(1) 조회 창

1) 조회하려는 기간과 계정과목을 입력하면
→ 해당 계정과목이 거래 일자별로 거래처와 함께 증감내역, 잔액이 함께 나타남
2) 단일 또는 다수의 계정과목 조회 가능
3) 특정일의 거래를 선택한 후 더블클릭하면
→ 해당 거래의 전표가 조회되어 전표 수정 · 삭제 가능
4) 「현금」 계정은 『현금출납장』에서 관리되므로 『계정별원장』에서 조회되지 않음

(2) 총계정원장과의 차이점

1) 총계정원장은 각 계정과목의 월별 · 일별 증감내역과 잔액이 표시
2) 해당 월 · 일을 선택하고 툴바의 [F6 원장조회]를 클릭하면
→ 『계정별원장』이 조회되고, 특정일의 거래를 선택한 후 더블클릭하면
→ 해당 거래의 전표가 조회되어 전표 수정 · 삭제 가능
3) 특정 계정과목의 월별 증감액 내역을 확인할 경우 총계정원장을 조회하면 능률적
4) 총계정원장에서는 「현금」 계정의 월별 증감액과 잔액도 조회 가능

예제 4-3 계정별원장

1. 1분기의 당좌예금 ~ 단기매매증권 계정을 지정하여 「계정별원장」을 조회하고, 당좌예금 계정의 2월 10일 전표를 조회하시오.
2. 3분기의 「외상매출금」의 회수액은 얼마인가?

1. 계정별 원장
   1월 ~ 3월 102.당좌예금 ~ 107.단기매매증권
   당좌예금 2월 10일 전표 조회

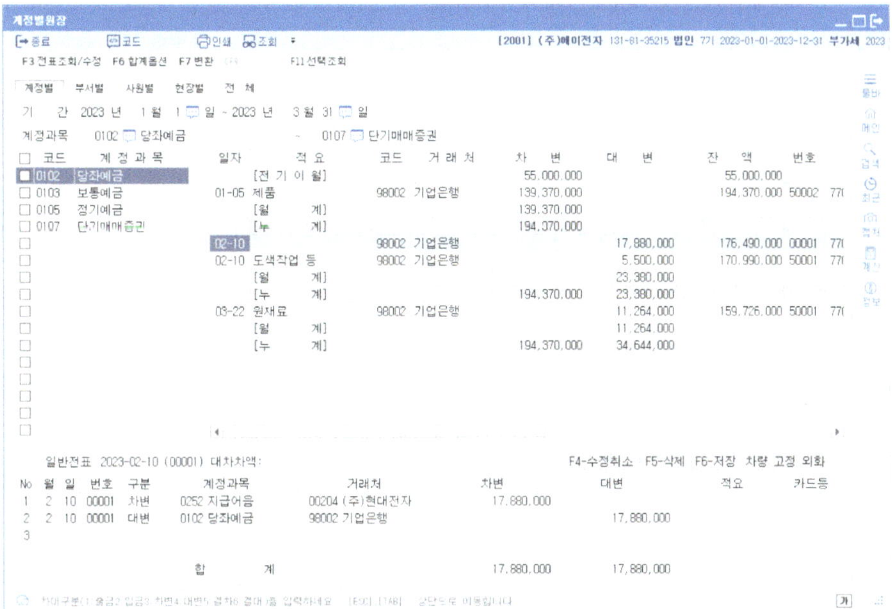

2. 외상매출금 회수액 (감소액) : 55,000,000원
   7월 1일 ~ 9월 30일 108.외상매출금 (누계 76,000,000원 - 전월이월 21,000,000원)

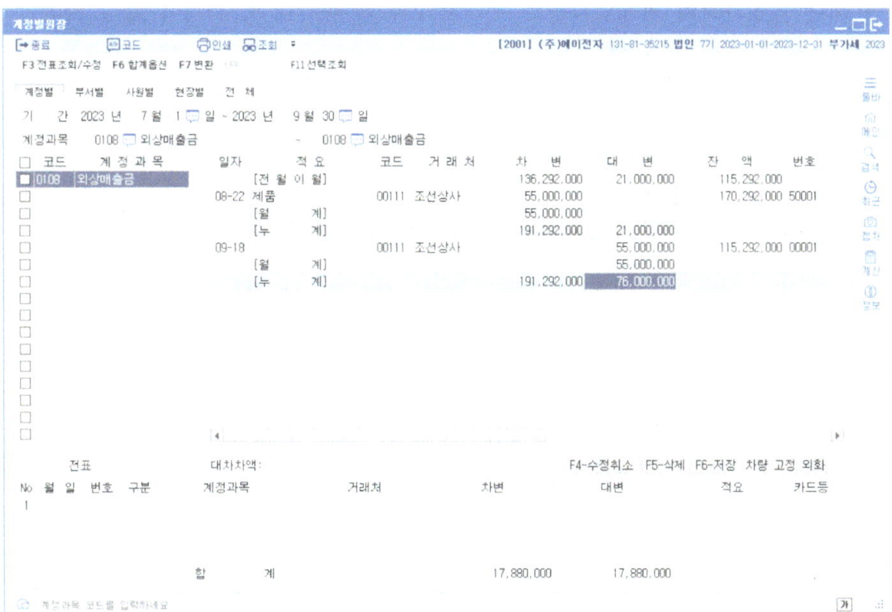

제4절 거래처원장

1. 장부 구조

(1) 회계는 회사에서 일어나는 회계거래를 체계적으로 기록하여 관리하는 과정이므로 장부구조를 세분화하여 관리

(2) 전표에 분개하면 계정과목과 거래처 등이 코드로 연결되어 관련된 보조장부에 자동으로 반영

① 주요부 분개장, 총계정원장

② 보조부 • 보조원장 : 매출장, 매입장, 현금출납장, 받을어음기입장, 지급어음기입장 등

• 보조기입장 : 매출처원장, 매입처원장, 상품재고장

* KcLep은 매출처원장과 매입처원장을 「거래처원장」에서 함께 관리하고 있다.
상품재고장은 재고자산의 입고 및 출고를 관리하는 장부로서 회계장부는 아니다.

2. 거래처원장

(1) 의의

1) 특정 거래처의 특정 계정과목의 잔액 또는 내용을 나타냄

2) 전표를 입력할 때 코드로 입력하지 않고 거래처명을 단순 입력하면 반영되지 않음

(2) 조회 창

1) 조회하려는 기간과 특정 거래처와 계정과목을 입력하면
→ 해당 계정과목이 거래일자별로 거래처와 함께 증감내역, 잔액이 함께 나타남

2) 단일 또는 다수의 계정과목 조회 가능

3) 「잔액」을 클릭하면

① 거래처별로 조회기간의 해당 계정과목의 증감내역과 잔액이 표시

② 특정 거래처를 선택한 후 더블클릭하면
→ 「내용」으로 조회한 화면으로 바뀌어 거래내용을 확인 가능

③ 특정일을 선택한 후 [F3전표조회/수정]을 클릭하거나 더블클릭하면
→ 해당 거래의 전표가 조회되어 전표 수정 · 삭제 가능

4) 「내용」을 클릭하면

① 거래처별로 조회기간의 해당 계정과목의 거래내역이 일자별로 표시

② 특정일을 선택한 후 [F3전표조회/수정]을 클릭하거나 더블클릭하면
→ 해당 거래의 전표가 조회되어 전표 수정 · 삭제 가능

예제 4-4 거래처원장

5월 중 향토전자에게 지급한 외상매입금은 얼마인가?

해설

거래처원장 조회 : 5월 1일 ~ 5월 31일 「향토전자」
[잔액] 외상매입금 감소액 (차변) 4,345,000원

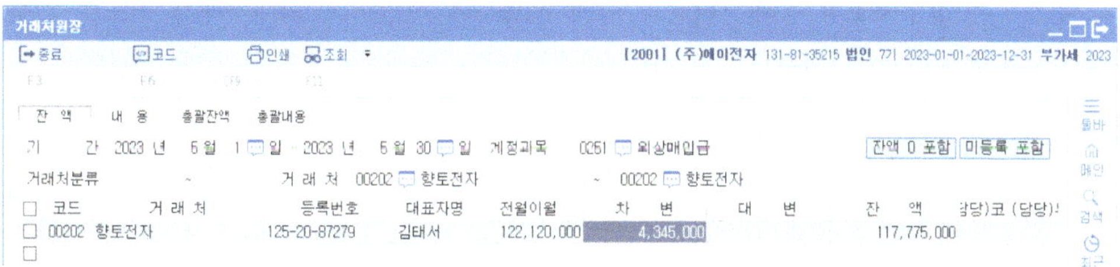

[내용] 5월 19일 거래를 선택한 후 [F3전표조회/수정]을 클릭하거나 더블클릭

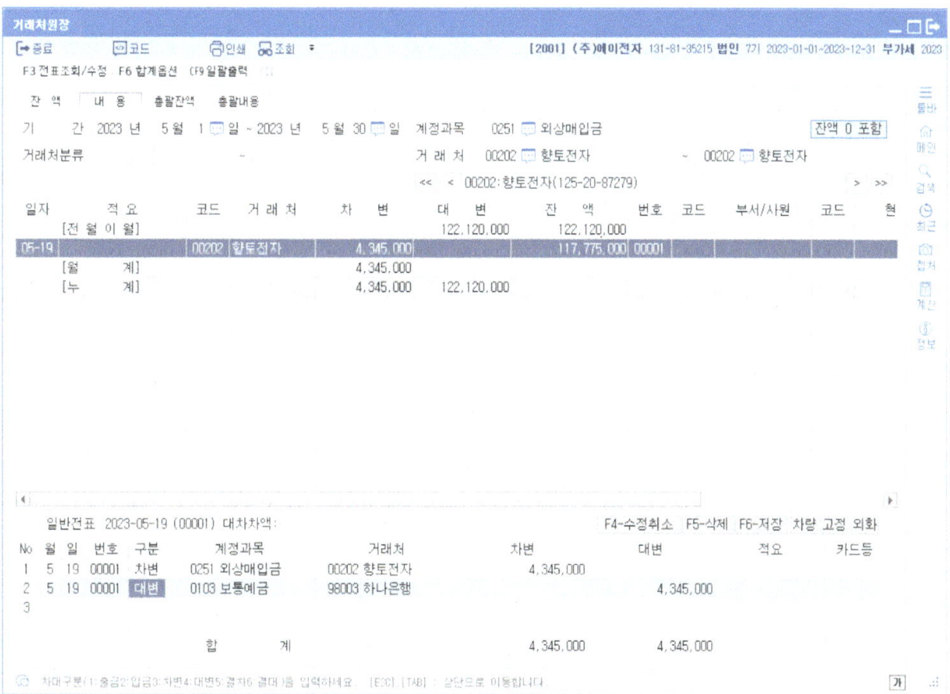

제5절 분개장

1. 분개장

(1) 회계순환과정

1) 회계거래 발생 → 분개 (분개장) → 전기 (총계정원장)
2) 분개장은 장부구조상 총계정원장과 함께 주요부에 해당하고 회계거래가 최초로 기록되는 장부로서 KcLep은 전표를 이용하여 분개하므로 『분개장』에 직접 분개하지 않음

(2) 조회 창

1) 조회 기간 등을 입력하면 일자별로 분개 조회
2) 구분

   1.전체 2.출금전표 3.입금전표 4.대체전표로 구분하여 조회
3) 유형

   1.전체 2.일반전표 3.매입매출전표로 구분하여 조회
4) 툴바의 [검색]을 클릭하면 조건을 입력하여 자료 조회 가능

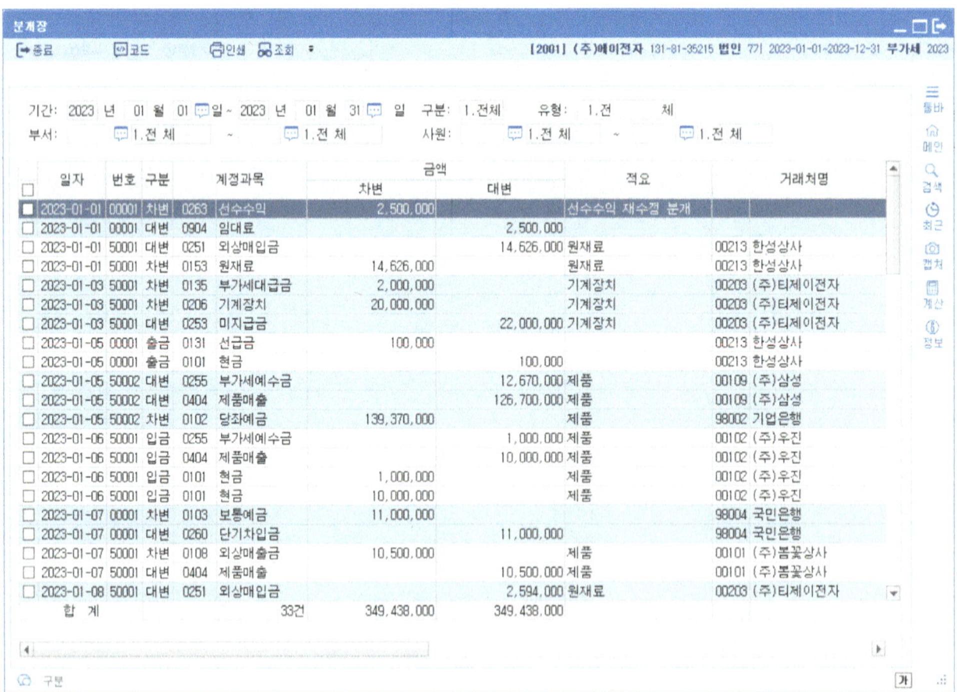
분개장

종료 코드 인쇄 조회

[2001] (주)에이전자 131-81-35215 법인 7기 2023-01-01~2023-12-31 부가세 2023

기간: 2023 년 01 월 01 일 ~ 2023 년 01 월 31 일 구분: 1.전체 유형: 1.전 체

부서: 1.전 체 ~ 1.전 체 사원: 1.전 체 ~ 1.전 체

일자	번호	구분	계정과목		금액 차변	금액 대변	적요	거래처명	
2023-01-01	00001	차변	0263	선수수익	2,500,000		선수수익 재수겸 분개		
2023-01-01	00001	대변	0904	임대료		2,500,000			
2023-01-01	50001	대변	0251	외상매입금		14,626,000	원재료	00213	한성상사
2023-01-01	50001	차변	0153	원재료	14,626,000		원재료	00213	한성상사
2023-01-03	50001	차변	0135	부가세대급금	2,000,000		기계장치	00203	(주)티제이전자
2023-01-03	50001	차변	0206	기계장치	20,000,000		기계장치	00203	(주)티제이전자
2023-01-03	50001	대변	0253	미지급금		22,000,000	기계장치	00203	(주)티제이전자
2023-01-05	00001	출금	0131	선급금	100,000			00213	한성상사
2023-01-05	00001	출금	0101	현금		100,000		00213	한성상사
2023-01-05	50002	대변	0255	부가세예수금		12,670,000	제품	00109	(주)삼성
2023-01-05	50002	대변	0404	제품매출		126,700,000	제품	00109	(주)삼성
2023-01-05	50002	차변	0102	당좌예금	139,370,000		제품	98002	기업은행
2023-01-06	50001	입금	0255	부가세예수금		1,000,000	제품	00102	(주)우진
2023-01-06	50001	입금	0404	제품매출		10,000,000	제품	00102	(주)우진
2023-01-06	50001	입금	0101	현금	1,000,000		제품	00102	(주)우진
2023-01-06	50001	입금	0101	현금	10,000,000		제품	00102	(주)우진
2023-01-07	00001	차변	0103	보통예금	11,000,000			98004	국민은행
2023-01-07	00001	대변	0260	단기차입금		11,000,000		98004	국민은행
2023-01-07	50001	차변	0108	외상매출금	10,500,000		제품	00101	(주)봄꽃상사
2023-01-07	50001	대변	0404	제품매출		10,500,000	제품	00101	(주)봄꽃상사
2023-01-08	50001	대변	0251	외상매입금		2,594,000	원재료	00203	(주)티제이전자
합 계				33건	349,438,000	349,438,000			

구분

제6절 총계정원장

1. 총계정원장

(1) 의의

1) 분개장과 함께 장부구조상 주요부에 해당하며 모든 계정과목을 모아놓은 장부
2) 계정과목별로 월별 · 일별 증감내역과 잔액 조회 가능

(2) 조회 창

1) 조회하려는 기간과 계정과목을 입력하면
   → 해당 계정과목이 거래일자별로 거래처와 함께 증감내역, 잔액이 함께 나타남
2) 단일 또는 다수의 계정과목 조회 가능
3) 「월별」을 클릭하면 특정 계정과목의 월별 증감내역, 잔액이 표시
4) 「일별」을 클릭하면 특정 계정과목의 일별 증감내역, 잔액이 월계, 누계와 함께 표시
5) 특정 월 · 일을 선택하고 툴바의 [F6 원장조회]를 클릭하거나 더블클릭하면
   → 「계정별원장」이 조회되고, 특정일의 거래를 선택한 후 더블클릭하거나 [전표수정 F6]을 클릭하면
   → 해당 거래의 전표가 조회되어 전표 수정 · 삭제 가능

예제 4-5 총계정원장

상반기 중 제품 매출액이 가장 큰 달과 두 번째로 큰 달의 차액은 얼마인가?

해 설

총계정원장 : 1월 1일 ~ 6월 30일 「제품매출」 조회

140,288,182원 (= 1월 190,688,182원 - 6월 50,400,000원)

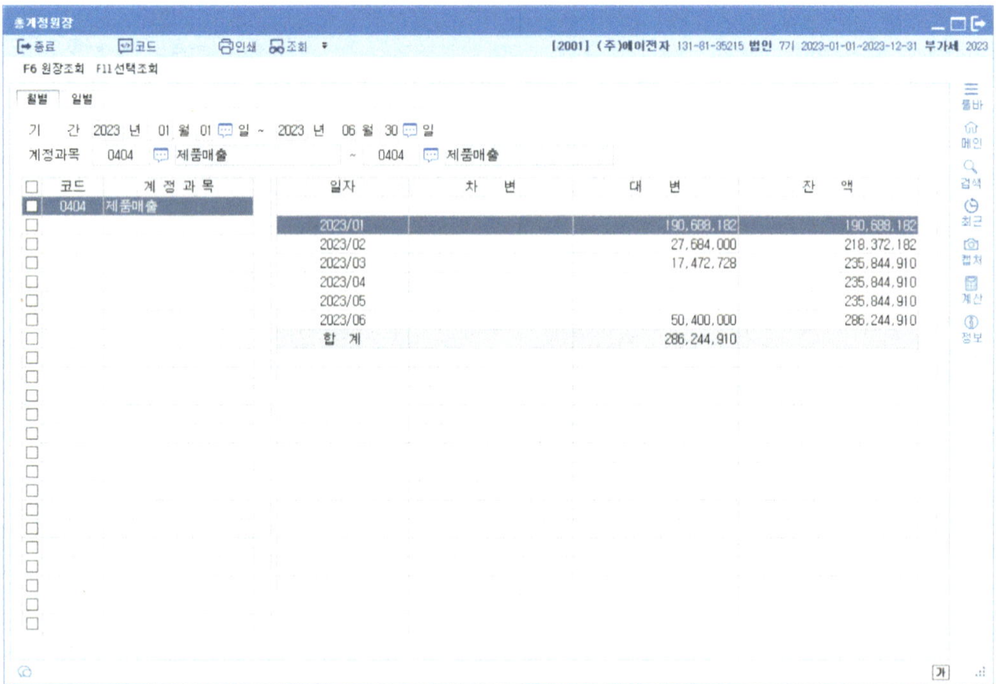

제7절 현금출납장

1. 현금출납장

(1) 의의

1) 계정별 잔액은 『계정별원장』에서 조회
2) 현금은 중요성이 큰 자산이므로 『현금출납장』이 별도로 작성 · 관리

(2) 조회 창

1) 조회 기간을 입력하면 거래일자별로 적요, 거래처명, 현금의 입 · 출금 내역, 잔액이 나타나고 월계와 누계도 나타냄
2) 특정 일자를 선택하고 [F3전표조회/수정]을 클릭하거나 더블클릭하면
→ 해당 거래의 전표가 조회되어 전표 수정 · 삭제 가능

예제 4-6 현금출납장

1. 6월 중의 현금 입금액은 얼마인가?
2. 기초 금액을 포함하여 상반기의 현금 입금 총액과 출금 총액 및 그 차액은 얼마인가?

해설

1. 6월 중 현금 입금액 : 월계 48,400,000원

현금출납장

종료 코드 인쇄 조회 [2001] (주)에이전자 131-81-35215 법인 7기 2023-01-01~2023-12-31 부가세 2023

F3 전표조회/수정 F6 합계옵션

전체 부서별 사원별 현장별 프로젝트별

기 간 2023 년 6 월 1 일 ~ 2023 년 6 월 30 일

일자	코드	적요	코드	거래처	입금	출금	잔액
		[전 월 이 월]			41,070,000	5,694,300	35,375,700
06-03		제품	00106	(주)렉스	2,500,000		
06-03		제품	00106	(주)렉스	25,000,000		62,875,700
06-25						46,600	
06-25						105,300	62,723,800
06-26		제품	00108	정풍상사	1,900,000		
06-26		제품	00108	정풍상사	19,000,000		83,623,800
		[월 계]			48,400,000	151,900	
		[누 계]			89,470,000	5,846,200	

2. 기초 금액을 포함한 상반기의 현금 입금 총액과 출금 총액 및 그 차액

입금 89,470,000원 출금 5,846,200원 차액 83,623,800원

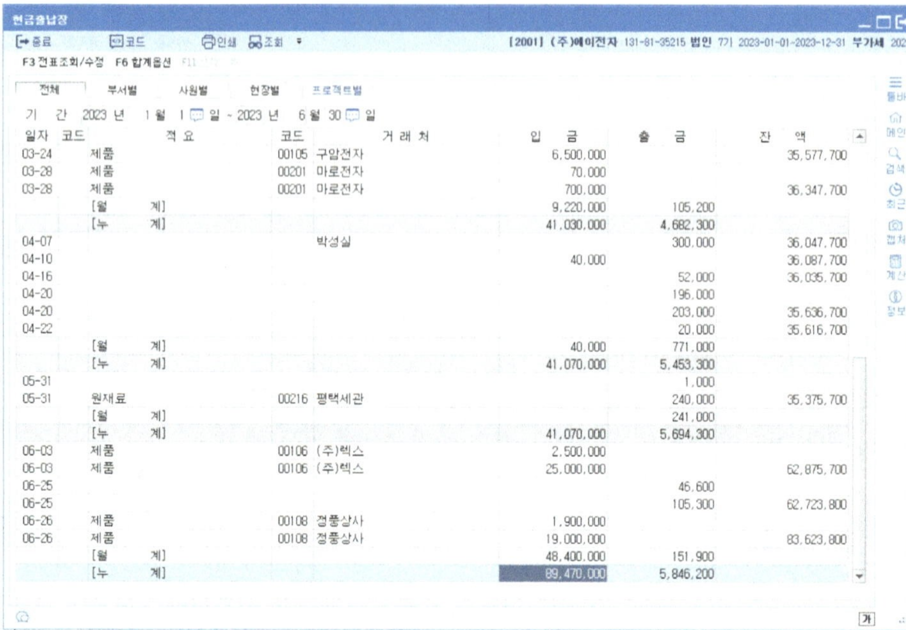

현금출납장

[2001] (주)에이전자 131-81-35215 법인 7기 2023-01-01~2023-12-31 부가세 2023

기 간 2023 년 1 월 1 일 ~ 2023 년 6 월 30 일

일자	코드	적요	코드	거래처	입금	출금	잔액
03-24		제품	00105	구암전자	6,500,000		35,577,700
03-28		제품	00201	마로전자	70,000		
03-28		제품	00201	마로전자	700,000		36,347,700
		[월 계]			9,220,000	105,200	
		[누 계]			41,030,000	4,682,300	
04-07				박성실		300,000	36,047,700
04-10					40,000		36,087,700
04-16						52,000	36,035,700
04-20						196,000	
04-20						203,000	35,636,700
04-22						20,000	35,616,700
		[월 계]			40,000	771,000	
		[누 계]			41,070,000	5,453,300	
05-31						1,000	
05-31		원재료	00216	평택세관		240,000	35,375,700
		[월 계]				241,000	
		[누 계]			41,070,000	5,694,300	
06-03		제품	00106	(주)렉스	2,500,000		
06-03		제품	00106	(주)렉스	25,000,000		62,875,700
06-25						46,600	
06-25						105,300	62,723,800
06-26		제품	00108	정풍상사	1,900,000		
06-26		제품	00108	정풍상사	19,000,000		83,623,800
		[월 계]			48,400,000	151,900	
		[누 계]			89,470,000	5,846,200	

제8절 매입매출장

1. 매입매출장

(1) 의의

1) 매입매출전표에서 부가세 유형별로 거래자료를 입력하면 『부가가치세 신고서』에 반영

2) 부가세 유형별로 금액을 파악하려면 『부가가치세 신고서』를 조회하면 됨

3) 『부가가치세 신고서』에서는 구체적인 거래내역 등을 파악할 수 없음

* 예를 들면, 『부가가치세 신고서』는 「17.카과 신용카드전표 발급분」과 「22.현과 현금영수증 발급분」은 합산하여 반영하므로 두 항목이 구분되지 않는다.

4) 이 경우에 매입매출장은 부가세 유형별로 나타내므로 유용

(2) 조회 창

1) 매입매출전표에 입력한 거래 자료를 「1.전체」, 「2.매출」, 「3.매입」으로 구분하여 부가세 유형별로 조회 가능
2) 조회 기간과 유형, 부가세 유형을 입력하면
   ① 거래일자별로 거래처명, 품명, 공급가액, 부가세 등이 함께 표시
   ② 거래건수와 매수, 합계, 월계와 분기누계 및 누계가 표시
3) 특정 일자를 선택하고 [F3전표조회/수정]을 클릭하거나 더블클릭하면
   → 해당 거래의 전표가 조회되어 전표 수정 · 삭제 가능

예제 4-7 매입매출장

1. 7월부터 9월까지 계산서를 수취한 금액은 얼마인가?
2. 제 1 기 예정 부가가치세 신고기간 중 「현금영수증」을 발행하여 매출된 공급대가의 합계액은 얼마인가?
3. 제 1 기 예정 부가가치세 신고에 반영된 내역 중 2월에 카드로 매출된 공급대가는 얼마인가?

해설

1. 7월 ~ 9월 계산서 수취금액 : [구분] 3.매입 [유형] 53.면세 2,299,000원

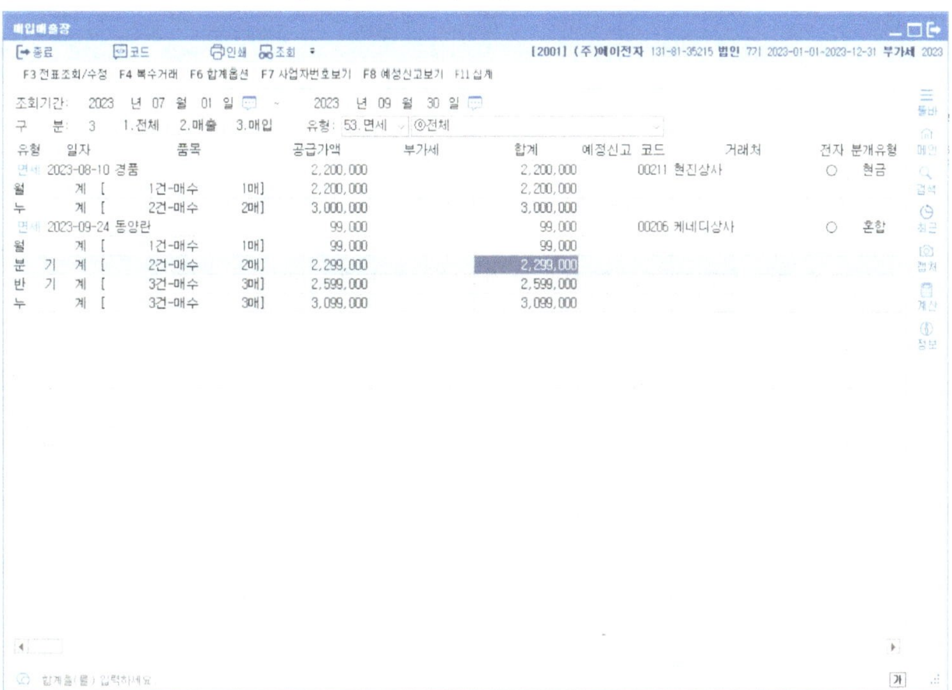

유형	일자	품목		공급가액	부가세	합계	예정신고	코드	거래처	전자	분개유형
면세	2023-08-10	경품		2,200,000		2,200,000		00211	현진상사	○	현금
월	계 [	1건-매수	1매]	2,200,000		2,200,000					
누	계 [	2건-매수	2매]	3,000,000		3,000,000					
면세	2023-09-24	동양란		99,000		99,000		00206	케네디상사	○	혼합
월	계 [	1건-매수	1매]	99,000		99,000					
분 기	계 [	2건-매수	2매]	2,299,000		2,299,000					
반 기	계 [	3건-매수	3매]	2,599,000		2,599,000					
누	계 [	3건-매수	3매]	3,099,000		3,099,000					

* 이 경우에는 「부가가치세신고서」를 조회해도 된다.
7월 ~ 9월 : 과세표준명세 – 85.계산서수취금액 2,299,000원

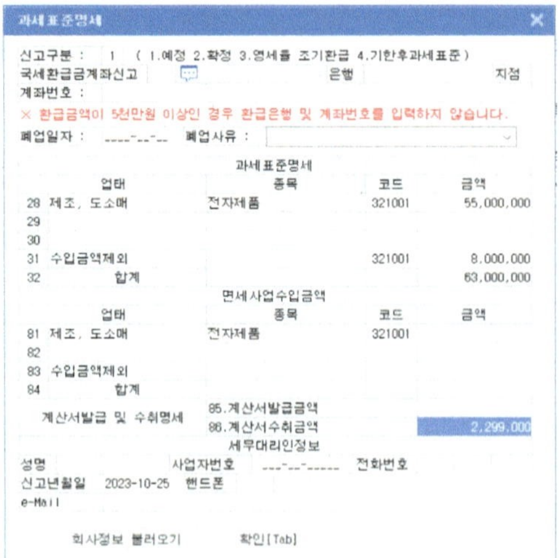

과세표준명세

신고구분 : 1 (1.예정 2.확정 3.영세율 조기환급 4.기한후과세표준)
국세환급금계좌신고 은행 지점
계좌번호 :
× 환급금액이 5천만원 이상인 경우 환급은행 및 계좌번호를 입력하지 않습니다.
폐업일자 : ----·--·-- 폐업사유 :

과세표준명세

	업태	종목	코드	금액
28	제조, 도소매	전자제품	321001	55,000,000
29				
30				
31	수입금액제외		321001	8,000,000
32	합계			63,000,000

면세사업수입금액

	업태	종목	코드	금액
81	제조, 도소매	전자제품	321001	
82				
83	수입금액제외			
84	합계			

계산서발급 및 수취명세	85.계산서발급금액	
	86.계산서수취금액	2,299,000

세무대리인정보

성명 사업자번호 ---·--·----- 전화번호
신고년월일 2023-10-25 핸드폰
e-Mail

회사정보 불러오기 확인[Tab]

2. 1월 ~ 3월 현금영수증을 발행한 공급대가 : 22.현과 13,720,000원

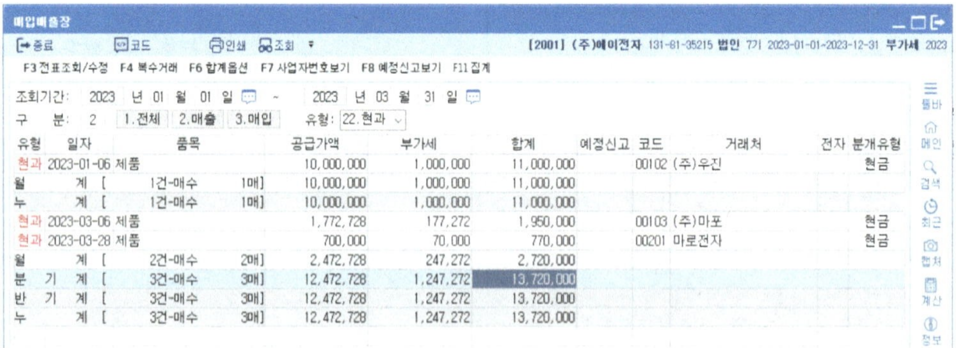

매입매출장

종료 코드 인쇄 조회 [2001] (주)예이전자 131-81-35215 법인 7기 2023-01-01~2023-12-31 부가세 2023
F3 전표조회/수정 F4 복수거래 F6 합계옵션 F7 사업자번호보기 F8 예정신고보기 F11 집계

조회기간: 2023 년 01 월 01 일 ~ 2023 년 03 월 31 일
구 분: 2 1.전체 2.매출 3.매입 유형: 22.현과

유형	일자	품목	공급가액	부가세	합계	예정신고	코드	거래처	전자	분개유형
현과	2023-01-06	제품	10,000,000	1,000,000	11,000,000		00102	(주)우진		현금
월 계 [		1건-매수 1매]	10,000,000	1,000,000	11,000,000					
누 계 [		1건-매수 1매]	10,000,000	1,000,000	11,000,000					
현과	2023-03-06	제품	1,772,728	177,272	1,950,000		00103	(주)마포		현금
현과	2023-03-28	제품	700,000	70,000	770,000		00201	마로전자		현금
월 계 [		2건-매수 2매]	2,472,728	247,272	2,720,000					
분 기 계 [		3건-매수 3매]	12,472,728	1,247,272	13,720,000					
반 기 계 [		3건-매수 3매]	12,472,728	1,247,272	13,720,000					
누 계 [		3건-매수 3매]	12,472,728	1,247,272	13,720,000					

* 이 경우 『부가가치세 신고서』를 조회할 경우 「3. 신용카드 · 현금영수증 발행분」에 반영된 금액으로 조회해서는 안 된다. 「17.카과」와 「22.현과」가 혼합되어 있기 때문이다.

3. 2월 카드 매출 공급대가 : 17.카과 2,668,400원

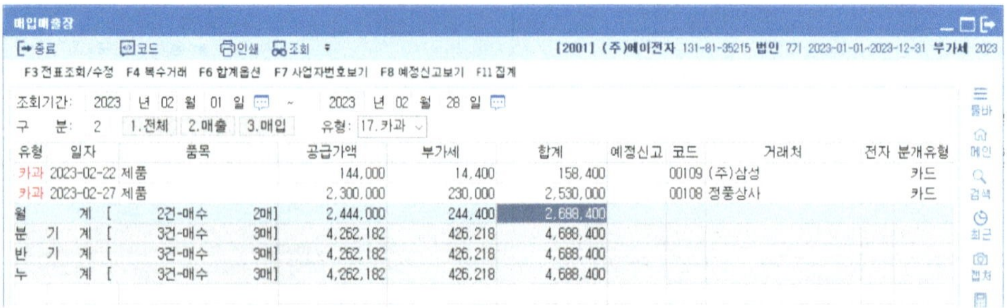

매입매출장

종료 코드 인쇄 조회 [2001] (주)예이전자 131-81-35215 법인 7기 2023-01-01~2023-12-31 부가세 2023
F3 전표조회/수정 F4 복수거래 F6 합계옵션 F7 사업자번호보기 F8 예정신고보기 F11 집계

조회기간: 2023 년 02 월 01 일 ~ 2023 년 02 월 28 일
구 분: 2 1.전체 2.매출 3.매입 유형: 17.카과

유형	일자	품목	공급가액	부가세	합계	예정신고	코드	거래처	전자	분개유형
카과	2023-02-22	제품	144,000	14,400	158,400		00109	(주)삼성		카드
카과	2023-02-27	제품	2,300,000	230,000	2,530,000		00108	정풍상사		카드
월 계 [		2건-매수 2매]	2,444,000	244,400	2,688,400					
분 기 계 [		3건-매수 3매]	4,262,182	426,218	4,688,400					
반 기 계 [		3건-매수 3매]	4,262,182	426,218	4,688,400					
누 계 [		3건-매수 3매]	4,262,182	426,218	4,688,400					

Chapter 5 데이터관리

Guide

입력된 자료를 백업하지 않은 경우 예기치 않은 이유로 입력된 자료를 잃을 위험이 있으므로 입력 후에 저장하여 관리하고, 파일을 저장장치 또는 전송하여 복구한 후 사용할 수 있다.

1. 데이터 저장

(1) 「데이터관리」 - 「데이터저장및압축」

(2) 「데이터저장및압축」 창에서 「저장파일명」을 입력하고 [저장] 클릭

(3) 「저장파일명.zip」 파일이 「C:₩KcLepDB」와 「USB」에 저장

(4) 내컴퓨터 - C드라이브 - KcLepDB 폴더에 「압축파일」이 생성된 것을 확인 가능

(5) 「데이터」를 USB로 이동하거나, 이메일로 전송 가능

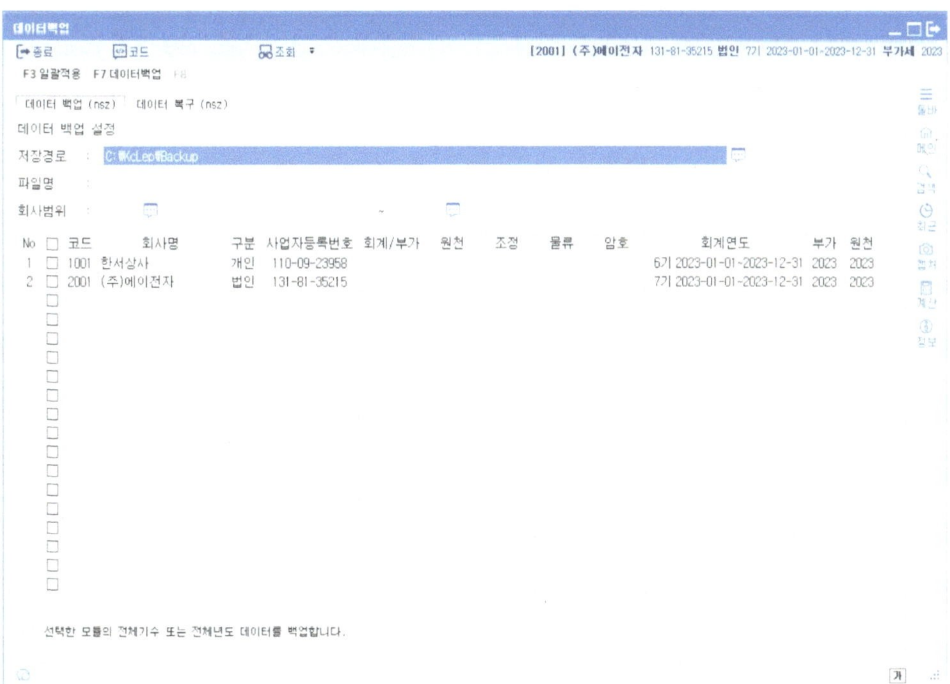

2. 데이터 복구

(1) 「압축파일」의 압축을 풀면 「저장파일명.zip」과 같은 코드의 「회사폴더」가 생성

(2) 「회사폴더」를 내컴퓨터 - C드라이브 - KcLepDB - KcLep 폴더에 「붙여넣기」

(3) 「기초정보등록」 중 「회사등록」 클릭

(4) 「회사등록」의 툴바 「F4 회사코드재생성」을 클릭
→ 입력된 회사의 데이터를 불러옴

김 범 준

세무사, 경영지도사
미래세무회계사무소

현) 아이파경영아카데미 세법 강사
미래경영아카데미 전산회계, 전산세무 강사
전) 더존이택스 강사
지식경제부 공무원교육원 강사

콤팩트 전산회계 1급

초판발행 • 2023년 6월 8일

지은이 • 김 범 준
펴낸이 • 김 대 명
펴낸곳 • 나우퍼블리셔
등록번호 • 2020년 1월 20일 (제2020-000005호)
주소 • 서울특별시 성동구 한림말5길 11 덕성빌딩
전화 • 010-9133-5272 | 팩스 02-6305-3639
전자우편 • nowpublisher@daum.net
홈페이지 • www.nowpublisher.co.kr
ISBN • 979-11-91345-98-8 (93320)
가격 • 25,000원